Hans-Walter Schmuhl

EVANGELISCHE KRANKENHÄUSER UND DIE HERAUSFORDERUNG DER MODERNE

Hans-Walter Schmuhl

EVANGELISCHE KRANKENHÄUSER UND DIE HERAUSFORDERUNG DER MODERNE

75 Jahre
Deutscher Evangelischer Krankenhausverband
(1926–2001)

Herausgegeben für den DEKV und mit
einem Beitrag versehen von Wolfgang Helbig

EVANGELISCHE VERLAGSANSTALT
Leipzig

Titelfoto: Evangelisches Krankenhaus Königin Elisabeth Herzberge gGmbH, Berlin
(links im Bild)
Krankenhaus der Henriettenstiftung, Hannover (rechts im Bild)

Die Deutsche Bibliothek – CIP-Einheitsaufnahme

Schmuhl, Hans-Walter:
Evangelische Krankenhäuser und die Herausforderung der Moderne : 75 Jahre
Deutscher Evangelischer Krankenhausverband (1926–2001) / Hans-Walter Schmuhl. –
Im Auftr. von: Deutscher Evangelischer Krankenhausverband. Hrsg.: Wolfgang Helbig. –
Leipzig : Evang.Verl.-Anst., 2002
ISBN 3-374-02000-3

© 2002 by Evangelische Verlagsanstalt GmbH, Leipzig
Printed in Germany · H 6778
Alle Rechte vorbehalten
Satz: Evangelische Verlagsanstalt GmbH
Druck und Binden: Druckerei Böhlau, Leipzig

ISBN 3-374-02000-3

Zum Geleit

Der Vorstand des Deutschen Evangelischen Krankenhausverbandes (DEKV) ist dankbar, daß nun das Buch über die bisher ungeschriebene Geschichte unseres Verbandes erscheint. Dies ist das besondere Verdienst des Historikers Dr. Hans-Walter Schmuhl, Bielefeld. Dr. Schmuhl hat Weg und Gestalt des DEKV über einen Zeitraum von 75 Jahren erforscht, viele Akten gewälzt und ist, wie wir glauben, auf das Erfolgreichste fündig geworden. Dies schlägt sich nieder in einer aufschlussreichen Studie, die wir nun unter dem Titel

„**Das evangelische Krankenhaus und die Herausforderung der Moderne. 75 Jahre Deutscher Evangelischer Krankenhausverband (1926 bis 2001)**"

der Öffentlichkeit übergeben. Eine Fundgrube nicht nur für die Fachleute aus dem Krankenhaus- und Gesundheitswesen, sondern für alle, die Interesse an unserer – nicht immer einfachen und sehr wechselvollen – Geschichte haben. Auch kritische Zeiten werden nicht verschwiegen, aber ebenso werden die immer wieder beeindruckenden Neuanfänge gewürdigt, insbesondere die Aufbrüche nach dem 2. Weltkrieg und im Zuge der deutschen Wiedervereinigung. So haben wir Dr. Schmuhl für diesen Blick von außen auf die 75-jährige Geschichte unseres Verbandes sehr zu danken.

Ebenso gilt unser Dank unserem langjährigen Vorstandsvorsitzenden Pastor Wolfgang Helbig. Bereits 1976 wurde er in den Vorstand des DEKV berufen, von 1976 bis 1990 trug er als stellvertretender Vorsitzender, von 1990 bis 2001 als Vorstandsvorsitzender Verantwortung für die Arbeit des Verbandes. Wer könnte besser als er quasi von innen, aus eigenem hautnahen Erleben und engagierten Mitgestalten heraus beschreiben, vor welche bleibenden und wechselnden Herausforderungen sich der Verband gestellt sah und wie er die ihm gestellten Aufgaben anpackte. Wolfgang Helbig hebt in seinem Beitrag in einer sehr anschaulichen und lebendigen Weise das evangelische Profil, also das Eigentliche der Mitgliedshäuser des Deutschen Evangelischen Krankenhausverbandes hervor, wie er es in seiner Zeit der Vorstandstätigkeit immer getan hat. Hierfür gebührt ihm Dank. Wenn Wolfgang Helbig auf die zukünftigen Herausforderungen unseres Verbandes eingeht und hierbei aus seiner Sicht die Moderne beschreibt, so geschieht dies in voller Übereinstimmung mit dem amtierenden Vorstand des DEKV.

Zum Geleit

Dieses Buch hätte so nicht geschrieben werden können, wenn nicht Zeitzeugen sehr persönlich ihren Beitrag aus Erinnerungen und eigenen Erlebnissen dazu beigesteuert hätten. Hier sind zu nennen: Prof. Dr. Reinhard Turre, Pfarrer Peter Gierra, Prof. Dr. Sieghart Grafe, Dr. Wilfrid Koltzenburg, denen wir herzlich Dank sagen.

So freuen wir uns als Vorstand des DEKV, dass unsere Verbandsgeschichte nunmehr in wissenschaftlichen Bibliotheken ebenso wie in Krankenhausbüchereien, in Kirche und Diakonie sowie bei den Verantwortlichen im Gesundheitswesen präsent sein wird und, so hoffen wir, nicht nur zu weiteren und vertiefenden Forschungen anregen, sondern hilfreiche Impulse für die praktische Arbeit freisetzen mag.

Otto Buchholz
Vorsitzender Deutscher Evangelischer Krankenhausverband

Vorwort

Wozu eine Verbandsgeschichte? Man kann skeptisch darüber urteilen, ob die Chronologie einer Krankenhausvereinigung Erkenntnisgewinn verspricht.

Ein Arbeitsprotokoll über 75 Jahre DEKV[1] war deshalb weniger unser Ziel. Eine verbandsinterne „Ahnengalerie" auch nicht. Zwar hatten ganz offenkundig hervorragende Persönlichkeiten der Diakonie und damit des deutschen Sozialwesens eine prägende Wirksamkeit entfaltet. Manche hatten für das Krankenhauswesen unseres Landes insgesamt große Bedeutung. Was uns jedoch vor allem interessierte, war ein Querschnitt durch die Zeit: In welchen Höhen und Tiefen der Verbandstätigkeit spiegelte sie sich?

Es ging uns also zuerst um einen Versuch der Problemgeschichte des evangelischen Krankenhauses im „Zeitalter der Extreme".[2] Was waren in den dramatischen Wechselfällen der Geschichte für den DEKV die entscheidenden Anstöße zum Handeln, was die bestandenen und die vielleicht nicht bestandenen Bewährungsproben?

Weiter: Von welchen „Herausforderungen der Moderne" jenseits der Politik haben wir zu berichten? Hier wäre, so stand uns vor Augen, auf das ganze Spektrum von Medizin, Pflege, Pädagogik, Ökonomie, Recht, Diakonik und Theologie insgesamt zu achten. Was bedeuteten sie in diesem Zeitraum für Theorie und Praxis des evangelischen Krankenhauses?

Schließlich: Welche öffentliche Relevanz hatten die konfessionellen Kliniken in evangelischer Trägerschaft für das Krankenhauswesen?

Diese Fragen stellen heißt, eine Ahnung bekommen von dem schier unbegrenzten Terrain, das sich da auftut. Es ist, wie Hans-Walter Schmuhl schreibt, „weitgehend unerforschtes Neuland". Das gilt für die Diakonie- und Sozialgeschichte, aber auch für die Organisations- und Wissenschaftshistorie. Sie alle haben in 75 Jahren markante Veränderungen erlebt. Wir sind H.-W. Schmuhl dankbar, daß er uns Wege in das bisher Unerschlossene gebahnt und Quellen eröffnet hat. Seine Arbeit wird über den Kreis der

---

[1] Vgl. dazu die „Mitteilungen des Reichsverbandes der privaten gemeinnützigen Kranken- und Pflegeanstalten Deutschlands", die Mitteilungen des Deutschen Evangelischen Krankenhausverbandes" (ab 1927), die Zeitschrift „Gesundheitsfürsorge" (ab 1928), die Mitteilungen, Geschäfts- und Kongreßberichte wie die Verbandsmitteilungen der Zeit nach dem Kriege.

[2] Eric Hobsbawm hat das 20. Jahrhundert so genannt und läßt es unter dieser Kennzeichnung von 1914 bis 1991 dauern.

Mitglieder unseres Verbandes hinaus nachhaltiges Interesse wecken, dessen sind wir uns sicher. Und deshalb hoffen wir auch, daß sie weitere Forschungsimpulse auslöst. Denn es läßt sich leicht vorstellen, daß wir mit unseren knappen zeitlichen und finanziellen Mitteln sehr bald an Grenzen stoßen mußten. Viele Fragen hatten geradezu zwangsläufig offen zu bleiben. Sie bilden wichtige Merkposten.

Eine Schwierigkeit besteht in der Abgrenzung. Der notwendige Blick auf Partner, mit denen wir kooperierten oder uns auseinandersetzten, war oft nicht möglich. Bezugnahmen und Transfers zu Mitgliedshäusern haben wir nicht grundsätzlich, sondern umständehalber ausgelassen. Erst weitere Forschungen können erweisen, was hiervon für den Verband relevant ist. Er ist eine Organisation von Krankenhäusern. Wollten wir die Mitglieder prinzipiell ausklammern, bliebe das Bild unserer Geschichte unvollständig. Der Blick von außen gehört zur Wahrnehmung des Verbandes.

Natürlich bieten auch die Archive des Diakonischen Werkes der EKD, der Landesverbände des DEKV und des DW, die Akten der Gemeinschaftsdiakonie, der Freikirchen, genauso die der Schwesternschaften des Zehlendorfer Verbandes, der Johanniterschwesternschaft, beruflicher Vereinigungen und andere unmittelbar wichtige Quellen. Wir können gar nicht alle aufzählen. Die publizierten Materialien sind nicht zuletzt für die theologische und betriebswirtschaftliche Betrachtung unverzichtbar. In ihnen äußern sich immer wieder typische Verbandserfahrungen.

Einige Themenkomplexe warten auf Vertiefung. Für die NS-Zeit ist das Kapitel „Eugenik, Sterilisation, ‚Euthanasie'" am umfangreichsten in der wissenschaftlichen Literatur bearbeitet. Es bedarf der Ergänzung aus der Perspektive unserer Mitgliedshäuser und der Ausweitung auf die Themen „jüdische Schwestern und Mitarbeiter"[3] sowie „Fremdarbeiter".

Die Kriegs- und Nachkriegszeit haben enorme menschliche und materielle Verluste gebracht. Hier besitzen wir nicht einmal eine ungefähre Übersicht.[4] Sie wäre ein wichtiger Teil der Verbandsgeschichte.

Die vierzig Jahre DDR und die Periode der sowjetischen Besatzungszone davor wecken viele Fragen. Zwar muß berücksichtigt werden, daß es über Jahrzehnte im Osten Nachkriegsdeutschlands keinen DEKV oder Entsprechendes gab. Dennoch bilden aber die vielfältigen Kontakte ein besonderes Kapitel der „informellen" Verbandsgeschichte.

Die Archive allein, etwa der Häuser, bieten für diesen Geschichtsabschnitt aber schwerlich genug Quellen, und was die Stasi-Unterlagen hergeben, bleibt abzuwarten. Auf das Zeugnis der Beteiligten kann deshalb nicht verzichtet werden. Der Prozeß einer „Konstruktion" der Vergangen-

---

[3] Vgl. den „Fall" des Medizinstudenten Karl-Heinz Jost, S. 96 f.
[4] 80 Prozent aller deutschen Krankenhäuser waren 1945 zerstört oder beschädigt.

heit (und d. h. nicht nur dieses Abschnitts unserer 75 Jahre) aus den unterschiedlichsten Materialien muß persönlich Erlebtes in den Blick nehmen. Akten, vor allem aus der ehemaligen DDR, bilden zuweilen so etwas wie ein sterilisiertes Substrat. Dafür steht die Sache mit dem „Päckchen".[5] Sie könnte für eine wenig bedeutungsvolles Geschichtchen gehalten werden. Stattdessen mag der Bericht ein Exempel dafür geben, wie vorsichtig, auf welch verschlungenen Wegen Mitteilungen und anderes bekanntermaßen übermittelt wurden und wie darüber kommuniziert werden mußte.

In den Jahren 1989 bis 1991 wurde ein ungeheurer Arbeitsanfall erledigt, gerade auch im – damals mühsamen – telefonischen Kontakt mit den evangelischen Krankenhäusern im Osten, dann mit den Vorstandsmitgliedern des DEKV, mit einzelnen unserer Häuser und anderen Partnern. Das gilt etwa im Blick auf medizinische und Pflegegeräte, die innerhalb von Wochen und Tagen in die noch-DDR gebracht wurden. Es umfaßt organisatorische Beratung. Es betrifft aber insbesondere auch viele Gespräche vor Ort,[6] die dem Wechsel bisheriger örtlich-staatlicher Krankenhäuser in eine evangelische Trägerschaft dienten.[7] Unser Ziel war, zu einer lebendigen Trägerpluralität beizutragen. Sie allein konnte die Krankenhauslandschaft in den östlichen fünf Bundesländern von Grund auf erneuern.

Deshalb muß für die Geschichte der Jahre 1945 bis 1990 die Befragung von Zeitzeugen Priorität haben. Es wird dafür höchste Zeit. Einige von ihnen können wir leider nicht mehr zu Rate ziehen.

Ein wichtiger Anfang ist gemacht. Der Vorstand des DEKV freut sich, diese Arbeit über die ersten 75 Jahre unserer Verbandsgeschichte vorlegen zu können. Nur wer die Vergangenheit kennt, kann die Zukunft gewinnen.

Wolfgang Helbig

---

[5] S. 192.
[6] Allein in den ersten vier Monaten des Jahres 1990 habe ich für den DEKV eine große Anzahl solcher Häuser besucht, deren Türen uns bis dahin absolut verschlossen waren. An schriftliche Berichte war unter dem Druck der Ereignisse neben den sonstigen Aufgaben für einen hier ehrenamtlich Tätigen meist nicht zu denken. Insofern bieten die Vermerke von H.-G. Ehrich, die er als Referent des DW der EKD für den Präsidenten schrieb, einiges Material, wenn sie die Lücke auch nicht schließen können.
[7] Vollzogen wurde das freilich immer durch unsere Mitglieder. Einige durchaus ergänzungsfähige Beispiele: Rektor Dr. C.-H. Feilcke engagierte sich mit beispielhaftem Erfolg in Mecklenburg-Vorpommern. Ihm ist die schwiegrige, innerkirchlich zunächst z. T. durchaus diskutierte Übernahme der Häuser in Neubrandenburg, Röbel, Malchin, Anklam, Ueckermünde und Waren mit im Jahre 1990 insgesamt 2754 Betten zu verdanken. Vorsteher Dr. R. Bookhagen wurde in Zossen, Ludwigsfelde und Luckau tätig (461 Betten).

Inhalt

1. Einleitung 13
2. Vorgeschichte und Gründung des DEKV
   (1924–1926/29) 16
   - 2.1 Berlin oder Bochum? Konflikte im Vorfeld der Verbandsgründung (1924–1926) 17
   - 2.2 Die Gründung des DEKV (1926–1927) 27
   - 2.3 Vom DEKV zum Gesamtverband der deutschen evangelischen Kranken- und Pflegeanstalten (1928–1929) 34
3. Der DEKV in der Weimarer Republik (1926–1932) . . . 39
   - 3.1 „War Lukas ein schlechterer Evangelist, weil er Arzt war?" Der DEKV und die „Ärztefrage" 39
   - 3.2 „Der vierte Dienst" – Die Anfänge der Krankenhausfürsorge . . 49
   - 3.3 Die Abendmahlsfeier im Badezimmer – Der Kampf um die Krankenhausseelsorge 52
   - 3.4 Sterben Diakonissen früher? Probleme der Schwesterngesundheitsfürsorge 54
   - 3.5 Die Evangelische Gesundheitsfürsorgeschule und die Schwesternfortbildung 56
   - 3.6 Der Kampf um die wirtschaftliche Existenz der evangelischen Krankenhäuser 58
   - 3.7 „Heilfaktoren, die nichts kosten" – Die Mitarbeit des DEKV an Ausstellungen . . 62
   - 3.8 Die bevölkerungspolitische und „eugenetische" Neuorientierung der evangelischen Gesundheitsfürsorge (1931–1932) 63
   - 3.9 Der Devaheim-Skandal und der DEKV (1931–1932) 71
4. Der DEKV im „Dritten Reich" (1933–1942) 76
   - 4.1 Der DEKV, die kirchenpolitischen Richtungskämpfe in der Inneren Mission und der Einbruch der NSV in die Dachverbände der freigemeinnützigen Wohlfahrtspflege 76
   - 4.2 Der Kampf gegen die „Entkonfessionalisierung" 81
   - 4.3 „Es muß doch endlich damit aufgeräumt werden, daß der Arzt machen kann, was er will" – Die „Ärztefrage" im „Dritten Reich" 87
   - 4.4 „Die Schwesternfrage erscheint fast hoffnungslos" – Das Problem des Schwesternmangels 98
   - 4.5 „Planwirtschaft" als Existenzbedrohung – Wirtschafts- und Steuerfragen . . 101
   - 4.6 „Die Tötung rüttelt an den Fundamenten unseres Daseins" – Sterilisierung und Euthanasie. 105
5. Neuanfang in der Nachkriegszeit (1948–1950/51) 111

6. Der DEKV in der Bundesrepublik Deutschland (1950/51–1989/90) 124

- 6.1 Verbandsstrukturen im Wandel 124
- 6.2 „Es geht um Dich und Dein Krankenhaus!" Evangelische Kirche und evangelisches Krankenhaus 134
- 6.3 Das „Grundrecht auf Gewissensfreiheit gegen jedermann verteidigen" – Der DEKV, das evangelische Krankenhaus und der § 218 142
- 6.4 „Jesus Christus gestern und heute" – Die Krankenhausseelsorge vor neuen Herausforderungen 144
- 6.5 Die Weiterentwicklung der Krankenhausfürsorge 148
- 6.6 „Frontdienst der Liebe" – Der DEKV und die Krankenpflegeausbildung . 152
- 6.7 „Sklavenhandel in moderner Form"? Koreanische Krankenschwestern in Deutschland 160
- 6.8 „Sexy und sonnig: Schwester Karin" – Schwesternmangel und Schwesternwerbung 168
- 6.9 „... polemisiert im bekannten Style des Marburger Bundes" – Der DEKV und die Lösung der „Ärztefrage" 170
- 6.10 Der DEKV und die evangelischen Krankenhäuser in der DDR 183
- 6.11 „Am goldenen Zügel" – Probleme der Krankenhausfinanzierung 193
- 6.12 Das evangelische Krankenhaus und die Moderne – Eine Zwischenbilanz 205

7. Der DEKV vor neuen Herausforderungen (1989/90–2001) 207

- 7.1 Go East! Der DEKV und die deutsche Wiedervereinigung 207
- 7.2 Ethik im Krankenhaus – Die Herausforderung des 21. Jahrhunderts . . . 219

8. DEKV-Übersicht 230

9. Vorsitzende und Geschäftsführer des DEKV 232

10. Verzeichnisse 233

1. Quellenverzeichnis 233
2. Literaturverzeichnis 233
3. Abkürzungsverzeichnis 238

11. Bildteil 240

12. Personenregister 252

Profil zeigen – Herausforderungen meistern (Wolfgang Helbig) 255

1. Ohne einen eigenen Verband geht es nicht mehr – Innere Beweggründe 255
   - Professionalisierungsprozesse 255
2. Anstöße von außen und Formen partnerschaftlicher Zusammenarbeit . . 256

Inhalt

	Staatliche Wohlfahrtspolitik	256
	Zusammenarbeit mit der Inneren Mission/dem Diakonischen Werk	258
	Förderung der Kooperation an der Basis	259
	Zwischenkirchliche und ökumenische Zusammenarbeit	259
	Zusammenarbeit im Rahmen der Deutschen Krankenhausgesellschaft	260
3.	Was bedeutet Säkularisierung für unsere Arbeit?	261
	Der Begriff	261
	„De-Institutionalisierung"	262
	„Religiöser Wandel"	263
4.	Krankenhausberufe professionalisieren sich	264
	Pflegende	264
	Theologen	266
	Ärzte	268
	Verwalter/Ökonomen	271
5.	„Säkularisierung" – macht sie alle Krankenhäuser gleich?	274
	Die Herausforderung durch die staatliche Regulierung des Gesundheitswesens	274
6.	Sind wir auf dem Wege in ein „religionsloses Zeitalter"?	277
	Notwendigkeit und Chance, dem Christlichen neu Ausdruck zu geben	277
	Kontinuität und Wandel: Der DEKV verändert sich und bleibt sich so treu – Die Entwicklung von Leitbildern	278
	Eine Neuerung in den deutschsprachigen Ländern – Klinische Ethik-Komitees	280
	Qualitätsmanagement und Zertifizierung – Die konfessionellen Krankenhausverbände an der Spitze einer neuen Entwicklung	283
	Qualität in der Sicht des evangelischen Krankenhauses	283
	Die proCum Cert GmbH	284
7.	Leitmotive der Arbeit – Die evangelischen Krankenhauskongresse	286
8.	Ausblick	289

1. Einleitung

Seit dem 19. Jahrhundert rang der Protestantismus – im Gegensatz zum katholischen Ultramontanismus mit seiner scharfen Kehrtwendung gegen alle geistigen Strömungen der Neuzeit – darum, seinen Platz in der modernen Welt zu finden.[1] Auf der einen Seite deuteten Phänomene wie die Entkirchlichung breiter Bevölkerungsschichten, die Emanzipation der Wissenschaften aus der Vormundschaft der Theologie, die Überführung der kirchlichen Armenpflege in den Zuständigkeitsbereich der Städte und Gemeinden, die Zurückdrängung der Geistlichen aus der Schulaufsicht oder die Einführung der Zivilehe auf einen fortschreitenden Einflußverlust der Religion hin. Schaut man genauer hin, entdeckt man jedoch unter der Oberfläche des scheinbar übermächtigen Säkularisierungsprozesses manch starke Unterströmung. In vielen Bereichen zeichnete sich im späten 19. und frühen 20. Jahrhundert eine Renaissance religiöser, wenn auch nicht mehr eindeutig kirchlich geprägter Orientierungen ab, erschlossen sich der Religion neue Aufgabenfelder und Einflußzonen, die sie bis heute allen Herausforderungen zum Trotz behauptet hat.

In diesem Zusammenhang kommt der evangelischen Diakonie und der katholischen Caritas eine besondere Bedeutung zu. Auf evangelischer Seite waren es der *Verbands*protestantismus und sein Herzstück, die Innere Mission, die der evangelischen Diakonie einen festen Platz im entstehenden modernen Sozialstaat sicherten. Gerade der Aufbau eines evangelischen Krankenhauswesens ist als wichtige Grenzüberschreitung anzusehen, sprengte doch das moderne Krankenhaus, das auf Therapie und Rehabilitation unter dem Primat der Medizin ausgerichtet ist, den Rahmen des mittelalterlichen und frühneuzeitlichen Hospitals, das der Absonderung, Verwahrung und Pflege im Geiste tätiger Nächstenliebe diente. Das evangelische Krankenhaus bildet mithin für Kirche und Gemeinde ein „Modell für die Begegnung mit und die Bewährung an den Strukturen der heutigen Gesellschaft".[2] Als wichtiger Baustein des modernen Sozialstaats kann das evangelische Krankenhaus als spezifisch protestantischer Beitrag zum Projekt der Moderne gedeutet werden.

---

[1] Dazu grundlegend: T. Nipperdey, Religion im Umbruch. Deutschland 1870–1918, München 1988.
[2] Diplom-Volkswirt Brechtelsbauer, Henriettenstift Hannover, „Wie kann das Evangelische Krankenhaus seinem Auftrag gerecht werden?", Ms. o. D., Archiv des Diakonischen Werkes Berlin (= ADW), DEKV 37.

Auf diesem Hintergrund will das vorliegende Buch die Geschichte des *Deutschen Evangelischen Krankenhausverbandes* (DEKV) skizzieren, der am 26. April 1926 gegründet wurde. Auf der Ebene dieses Fachverbandes bündeln sich wie in einem Brennglas zwei Perspektiven auf den modernen Sozialstaat: zum einen die *mikro*historische Froschperspektive aus dem Blickwinkel des Krankenhauses, zum anderen die *makro*historische Vogelperspektive aus der Sicht der Inneren Mission, der Kirche und des Staates.

Die evangelischen Krankenhäuser bewegten sich seit dem ausgehenden 19. Jahrhundert in einem Spannungsfeld zwischen vier Polen: ihrem diakonischen Selbstverständnis, dem durch die Fortschritte der Medizin verursachten Strukturwandel im Krankenhauswesen, wirtschaftlichen Zwängen und politischen Vorgaben unter den wechselnden Vorzeichen des entstehenden und sich fortentwickelnden modernen Sozialstaats. Zwischen diesen vier Polen mußten die evangelischen Krankenhäuser ihre innere Linie finden. Gerade in Phasen wirtschaftlicher Krisen, wenn die finanziellen Ressourcen der Krankenhäuser knapper wurden, oder unter den Rahmenbedingungen des NS-Staates, als sich starke Kräfte gegen die konfessionellen Krankenhausträger formierten, standen die evangelischen Krankenhäuser vor der Herausforderung, ihren diakonischen Charakter zu behaupten. Vor diesem Hintergrund muß eine Geschichte des DEKV vor allem auf die Fragestellung ausgerichtet sein, welchen Beitrag der Verband in so grundverschiedenen politischen Systemen wie der Weimarer Republik, dem „Dritten Reich" und der Bundesrepublik Deutschland zur Schärfung des christlichen Profils der evangelischen Krankenhäuser geleistet hat.

Welche Strategien hat der DEKV entwickelt, um den diakonischen Auftrag des evangelischen Krankenhauses angesichts der Herausforderungen durch die Basisprozesse der Moderne im Bereich des Krankenhauswesens zu wahren? Zu diesen Herausforderungen gehören die Verberuflichung der Krankenpflege und die Professionalisierung der Ärzteschaft ebenso wie die Ökonomisierung des Gesundheitswesens oder die Anonymisierung des Krankenhausbetriebs. In jüngster Zeit zeichnet sich zudem ein völlig neuartiges Basisproblem ab: die Aufweichung überkommener moralischer Vorstellungen im Umgang mit Kranken und Behinderten durch den medizinischen Fortschritt. Die Entwicklung einer tragfähigen „Ethik im Krankenhaus" stellt eines der wichtigsten Aufgabenfelder des DEKV im beginnenden 21. Jahrhundert dar.

Das vorliegende Buch soll mehr bieten als eine reine Verbandsgeschichte. Gleichwohl sind in der Darstellung auch die im engeren Sinne *institutionengeschichtlichen Leitlinien* zu berücksichtigen: der Wandel der in den Satzungen niedergelegten Zwecke und Ziele des DEKV, die institutionellen und personellen Veränderungen in den zentralen Verbandsorganen, die Mitgliederentwicklung. Zu untersuchen sind ferner institutionelle

Netzwerke, in die der DEKV eingebunden ist. Das Verhältnis des DEKV zu den ihm angeschlossenen Krankenhäusern und den regionalen evangelischen Krankenhausverbänden, zur Inneren Mission bzw. zum Diakonischen Werk und zur Deutschen Evangelischen Kirche, zur katholischen Caritas, zu überkonfessionellen Dachverbänden und zum Staat muß also mit in den Blick genommen werden.

Breiten Raum soll zudem die Darstellung *ausgesuchter Arbeitsfelder* einnehmen:

1. die Einbindung der Ärzteschaft in das evangelische Krankenhaus;
2. Krankenpflegeaus- und -fortbildung, Schwesternmangel und Schwesternwerbung;
3. Krankenhausfürsorge;
4. Krankenhausseelsorge;
5. Krankenhausfinanzierung und Strukturreform im Gesundheitswesen;
6. Probleme der Ethik im Krankenhaus.

Mit Blick auf die Weimarer Republik und das „Dritte Reich" ist ferner die Konfrontation des DEKV mit Rassenpolitik, Eugenik, Sterilisation und *Euthanasie* genauer in den Blick zu nehmen.

Die vorliegende Arbeit betritt weitgehend unerforschtes Neuland – die Geschichte des DEKV ist bislang noch nicht wissenschaftlich untersucht worden. Frühere Versuche des Verbandes, sich der eigenen Geschichte zu nähern, sind über erste Ansätze nicht hinausgekommen.[3] In Publikationen zum Verbandsprotestantismus und zur Inneren Mission taucht der DEKV nur ganz am Rande, zumeist nur im Anmerkungsapparat, auf. Aufgrund dieses völlig unzureichenden Forschungsstandes ist im Rahmen dieser Studie kaum mehr möglich, als eine erste Schneise in dieses Forschungsfeld zu schlagen. Dazu steht ein reiches Quellenmaterial zur Verfügung. Die Arbeit stützt sich auf etwa 250 Akten aus dem Archiv des Diakonischen Werkes der Deutschen Evangelischen Kirche in Berlin sowie auf die umfangreichen, noch ungeordneten Bestände im Archiv des DEKV. Ausgewertet wurden ferner die Zeitschriften des DEKV. Mehrere Zeitzeugeninterviews sollen das Bild abrunden.

---

[3] 1965 trat der DEKV der „Deutschen Gesellschaft für Krankenhausgeschichte" bei, es kam aber zu keiner dauerhaften Zusammenarbeit. Vgl. ADW, DEKV 98. Vgl. auch O. Ohl, 40 Jahre Deutscher Evangelischer Krankenhausverband – Rückblick und Ausblick, in: Die evangelische Krankenpflege 16. 1966, S. 92.

2. Vorgeschichte und Gründung des DEKV (1924–1926/29)

Zu Beginn der Weimarer Republik standen die evangelischen Krankenhäuser unter starkem Druck. *Erstens* litten sie – wie alle Krankenhäuser – unter den Folgen des Ersten Weltkrieges und der Inflation von 1922/23. *Zweitens* war das gesamte Krankenhauswesen aufgrund des schlechten Gesundheitszustands der Bevölkerung überlastet – hier fielen Kriegsfolgeschäden wie die chronische Unterernährung und der sprunghafte Anstieg der Tuberkulosesterblichkeit mit der verheerenden Grippeepidemie von 1918/19 zusammen. *Drittens* sahen sich die Krankenhäuser durch den im Entstehen begriffenen Wohlfahrtsstaat vor neue Herausforderungen gestellt, die gerade für die freigemeinnützigen Krankenhäuser, die nicht von der öffentlichen Hand subventioniert wurden, nur schwer zu bewältigen waren. *Viertens* schließlich war das politische Klima der frühen Weimarer Republik alles andere als günstig für die freigemeinnützigen Krankenhausträger, gab es doch eine starke, von Sozialdemokraten und Kommunisten ausgehende Bewegung gegen die freie Wohlfahrtspflege. Praktische Probleme, mit denen sich die freigemeinnützigen Krankenhäuser herumzuschlagen hatten, waren die hohe Verschuldung, die scharfe Konkurrenz der kommunalen Krankenhäuser, die Durchsetzung von Lohnerhöhungen, die Einführung des Achtstundentages und die Einrichtung von Betriebsräten.[1] Angesichts dieser Belastungen und Gefährdungen sahen sich die freigemeinnützigen Krankenhäuser veranlaßt, enger zusammenzurücken und einen Dachverband zur Vertretung ihrer gemeinsamen Interessen zu gründen. Wollten die *evangelischen* Krankenhäuser dabei ihre besonderen Interessen wahren und in Abgrenzung zu den anderen Krankenhausträgern ihr diakonisches Profil schärfen, so mußten sie sich zu einem eigenen Verband zusammenschließen, wie es auf katholischer Seite schon vor dem Ersten Weltkrieg geschehen war.

---

[1] [Hans Harmsen], Evangelische Gesundheitsfürsorge 1926–1936. Denkschrift anläßlich des zehnjährigen Bestehens des Deutschen Evangelischen Krankenhausverbandes, zugleich Arbeitsbericht des Gesamtverbandes der deutschen evangelischen Kranken- und Pflegeanstalten und des Referates Gesundheitsfürsorge im Central-Ausschuß für die Innere Mission der Deutschen Evangelischen Kirche, Berlin 1936, S. 9-12. Einzelbeispiele: H. Ackermann, Ich bin krank gewesen ... Das Evangelische Krankenhaus Düsseldorf 1849– 1999, Düsseldorf 1999, S. 105-113; M. v. Alemann-Schwartz, ... dem Menschen verpflichtet. Die Geschichte der Stiftung Evangelisches Kranken- und Versorgungshaus zu Mülheim an der Ruhr 1850–2000, Mülheim 2000, S. 238-253.

2.1 Berlin oder Bochum?
Konflikte im Vorfeld der Verbandsgründung (1924–1926)

Die erste Inititiative zur Gründung eines Verbandes der evangelischen Kranken- und Pflegeanstalten ging vom Direktor der Abteilung Wohlfahrtspflege im Central-Ausschuß (CA) für die Innere Mission, Pastor D. Johannes Steinweg, aus. In einem Schreiben an den Direktor des Kaiserswerther Verbandes, Pastor D. Johannes Thiel, vom 20. September 1924[2] legte er drei Gründe dar, die für die Schaffung eines solchen Verbandes sprachen:

Erstens ging es darum, eine empfindliche Lücke in der Organisationsstruktur der Inneren Mission zu schließen. Johann Hinrich Wichern hatte schon in seinem berühmten Aufruf zur Gründung der Inneren Mission im Jahre 1848 eine *duale Struktur* vorgeschlagen: Zum einen sollte die Innere Mission *vertikal* aufgebaut sein. Wichern regte die Gründung von Gemeindevereinen der Inneren Mission an, die sich zu Kreis- und Stadtvereinen zusammenschließen sollten, diese wiederum zu Provinzial- und Landesvereinen, und an der Spitze sollte schließlich der CA für die Innere Mission entstehen. In Wirklichkeit erfolgte die Organisation in umgekehrter Richtung, nicht von unten, sondern von oben: Am Anfang stand der CA, und von dort aus verbreitete sich die Organisation nach unten. Die Provinzial- und Landesverbände erlangten große Bedeutung, während sich nur wenige Kreis- und Gemeindevereine bildeten, die zumeist rasch wieder eingingen. Zum anderen sollte die Innere Mission *horizontal* aufgebaut sein: Einrichtungen und Vereine, die auf bestimmten Gebieten der Wohlfahrtspflege tätig waren, sollten sich zu Fachkonferenzen zusammenschließen. Es sollte also „geographische Querschnitte und fachliche Längsschnitte" geben, die „Schnittlinien"[3] sollten sich im CA kreuzen. Es entstanden auch einzelne, teilweise sehr bedeutende Fachverbände, jedoch in völligem Wildwuchs, so daß es auf einzelnen Arbeitsfeldern überhaupt nicht zur Gründung eines umfassenden Fachverbandes kam – so auch im Bereich des evangelischen Krankenhauswesens. Zudem blieb die Verbindung der einzelnen Verbände untereinander und zum CA ganz lose. Sie wurde einfach dadurch hergestellt, daß man seinen Anschluß an den CA erklärte. Eine Satzungsänderung oder eine besondere Rechtsform war dazu nicht erforderlich. So ergab sich ein kunterbuntes Bild: Neben einer Reihe von Verbänden, bei denen aber sehr wichtige fehlten, gehörten auch einzelne Einrichtungen unterschiedlichster Art und Größe dem CA an.

---

2 Steinweg an Thiel, 20.9.1924, ADW, CA/G 94.
3 Evangelische Gesundheitsfürsorge, S. 21.

Um eine straffere Organisation zu schaffen, wurde auf dem 30. Kongreß für Innere Mission (September 1920 in Breslau) der „Centralverband der Inneren Mission" aus der Taufe gehoben. Er war ein „Verband der Verbände", nur der CA, die Landes- und Provinzialverbände und diejenigen Fachverbände, deren Tätigkeit über die Grenzen eines Landes oder einer Provinz hinausging, gehörten dem Centralverband an. Dagegen konnten einzelne Anstalten und Vereine auf lokaler Ebene nicht Mitglied des Centralverbandes werden; sie mußten sich einem Landes-, Provinzial- oder Fachverband anschließen – sie konnten also nur in mittelbarer Verbindung mit dem CA stehen. Im CA wurden für die verschiedenen Arbeitsfelder besondere Abteilungen eingerichtet – für die evangelischen Krankenhäuser war die von Steinweg geleitete Wohlfahrtsabteilung zuständig.

Steinweg, der zu den treibenden Kräften bei der Organisationsreform der Inneren Mission gehört hatte, machte sich nun zielstrebig daran, die unübersichtliche Landschaft der evangelischen Fachverbände auf dem Gebiet der geschlossenen Fürsorge umzugestalten. Mit Hilfe des neu zu gründenden Verbandes evangelischer Kranken- und Pflegeanstalten sollten „auch Verbände und Anstalten dem Central-Verband angeschlossen [werden], deren direkter Anschluß nicht immer ganz einfach ist". Steinweg dachte dabei an die Krankenhäuser des Verbandes der Freikirchlichen Diakonissenmutterhäuser und des Gemeinschaftsdiakonieverbandes, aber auch an die große Zahl der von Gemeinden und Synoden getragenen Krankenhäuser, die bis dahin noch außerhalb der Inneren Mission gestanden hatten. Der neu zu gründende deutsche evangelische Krankenhausverband sollte mithin dazu dienen, das evangelische Krankenhauswesen unter dem Dach des Centralverbandes zu vereinen.

Zweitens ging es darum, den evangelischen Krankenhäusern im Konzert der Krankenhausträger eine lautere Stimme zu geben. Um die Jahreswende 1919/20 hatten sich die freigemeinnützigen Krankenhäuser zu einem Kartellverband zusammengeschlossen. Diesem „Reichsverband der privaten gemeinnützigen Kranken- und Pflegeanstalten Deutschlands", der sich am 28. Oktober 1919 konstituierte und am 4. Februar 1920 erstmals an die Öffentlichkeit trat, gehörten der „Verband Katholischer Kranken- und Pflegeanstalten Deutschlands", der „Kaiserswerther Verband deutscher Diakonissen-Mutterhäuser", der „Verband der Krankenpflegeanstalten vom Roten Kreuz", der neu gegründete „Bund der Jüdischen Kranken- und Pflegeanstalten Deutschlands" sowie die „Vereinigung der freien privaten gemeinnützigen Kranken- und Pflegeanstalten" („Fünfter Verband", ab 1931: „Deutscher Paritätischer Wohlfahrtsverband") an.[4]

---

[4] Dem Zusammenschluß der Fachverbände für das freigemeinnützige Krankenhauswesen folgte der Zusammenschluß der Spitzenverbände der freien Wohlfahrtspflege: Am 22. De-

Daß der 1916 gegründete Kaiserswerther Verband, der dem CA zu diesem Zeitpunkt übrigens noch gar nicht angeschlossen war, im neu geschaffenen Reichsverband die Belange der evangelischen Krankenhäuser vertrat, war eine Notlösung, die durch die lockere Organisationsstruktur der Inneren Mission bedingt war – es gab auf evangelischer Seite schlicht und einfach noch kein Pendant zum katholischen Krankenhausverband. Zwar konnte der Kaiserswerther Verband für sich in Anspruch nehmen, den größten Teil der evangelischen geschlossenen Anstaltsfürsorge in sich zu vereinen, aber eine *Gesamt*vertretung der evangelischen Krankenhäuser war er nicht, ja er vertrat nicht einmal alle Krankenhäuser, die der Inneren Mission angeschlossen waren.[5] Von außen betrachtet waren diese verwickelten Verhältnisse indessen schwer zu durchschauen. Selbst der spätere Geschäftsführer des Reichsverbandes, Dr. Otto v. Holbeck, äußerte 1924 Pastor Thiel gegenüber seine Überraschung, „daß es eine große Anzahl von Anstalten gibt, die wohl der Inneren Mission und nicht dem Kaiserswerther Verband angehören".[6] Wie der Geschäftsführer des DEKV, Hans Harmsen, rückblickend feststellte, konnte es „kein Dauerzustand bleiben, daß in so bedeutsamen Belangen der Teil das Ganze vertrat".[7]

Drittens schließlich ging es darum, die Professionalität der evangelischen Krankenhäuser zu heben – wobei man von Anfang an besonders an die Sozialhygiene dachte – und in Konkurrenz zu den anderen freigemeinnützigen Krankenhäusern das spezifisch evangelische Profil zu schärfen. Steinweg sprach diesen Punkt in seinem Brief ganz offen an:

> „Dringend notwendig erscheint mir dann auch innerhalb des Verbandes evangelischer Kranken- und Pflegeanstalten die systematische Behandlung der Probleme der Krankenpflege und Gesundheitsfürsorge, sonst werden wir bald noch viel stärker hinter dem Caritasverband und dem Roten Kreuz stehen. Vom fünften Verband gar

---

zember 1924 schlossen sich der CA für die Innere Mission, der Deutsche Caritasverband, die Zentralwohlfahrtsstelle der Deutschen Juden, der Fünfte Wohlfahrtsverband und der Zentralwohlfahrtsausschuß der christlichen Arbeiterschaft zur „Deutschen Liga der freien Wohlfahrtspflege" zusammen. 1926 trat ihr auch das Deutsche Rote Kreuz bei, nur die Arbeiterwohlfahrt hielt sich fern. Das Verhältnis zwischen der Liga und dem Reichsverband war nicht genau geklärt. Vgl. J.-C. Kaiser, Sozialer Protestantismus im 20. Jahrhundert. Beiträge zur Geschichte der Inneren Mission 1914–1945, München 1989, bes. S. 114 ff., 135–139.

[5] Das Evangelische Krankenhaus Köln-Lindenthal war bei der Gründung des Reichsverbandes der privaten gemeinnützigen Kranken- und Pflegeanstalten Deutschlands sogar dem Fünften Verband beigetreten, um in dem Dachverband vertreten zu sein. Die Krankenhausleitung fragte im Vorfeld der Gründung des DEKV in Berlin nach, ob auch eine Doppelmitgliedschaft im DEKV und im Fünften Verband möglich sei. Evangelisches Krankenhaus Köln-Lindenthal an Thiel, 1.12.1925, ADW, CA/G 94.

[6] Landesverband für die Innere Mission Oldenburg an CA, 20.9.1924, ADW, CA/G 94.

[7] Evangelische Gesundheitsfürsorge, S. 22.

nicht zu reden, der durch seine Verbindung mit den sozialhygienischen Reichsfachverbänden in Bezug auf die Behandlung der Probleme der Gesundheitsfürsorge an sich schon einen weiten Vorsprung hat."[8]

Auch wenn man auf der Ebene des Reichsverbandes konfliktfrei zusammenarbeitete, betrachtete man auf evangelischer Seite den Organisationsvorsprung des katholischen Krankenhauswesens mit großer Sorge. Der Zusammenschluß der katholischen Krankenhäuser war bereits im späten Kaiserreich in Gang gekommen, nachdem der Leipziger Verband auf dem 37. Deutschen Ärztetag zu Lübeck im Jahre 1909 Leitsätze zur Stellung der Krankenhausärzte verabschiedet hatte, die eine offene Kampfansage an die konfessionellen Krankenhäuser bedeuteten. Um der Organisationsmacht der Ärzteschaft eine kraftvolle Interessenvertretung der katholischen Krankenhäuser entgegensetzen zu können, war am 12. Oktober 1910 die „Freie Vereinigung der katholischen Krankenhausvorstände Deutschlands" gegründet worden. Bis zum Beginn des Ersten Weltkrieges war der Ausbau des katholischen Krankenhausverbandes nur schleppend in Gang gekommen, während des Krieges trieb dann aber die Fuldaer Bischofskonferenz den Ausbau der „Freien Vereinigung" energisch voran, wobei die Bischöfe den Krankenhausverband an die kurze Kette legten. Das Kalkül der Bischöfe ging auf. Der „Verband Katholischer Kranken- und Pflegeanstalten Deutschlands", wie er seit 1919 hieß, ging aus Krieg und Nachkriegszeit gestärkt hervor und etablierte sich vorerst als stärkste Kraft auf dem Feld der konfessionellen Krankenhäuser. So schloß der katholische Krankenhausverband bereits 1920 im Alleingang ein Separatabkommen mit dem „Verband der Krankenhausärzte" ab, während man auf evangelischer Seite wegen des fehlenden Dachverbandes noch völlig handlungsunfähig war.[9]

Seit 1924 war man sich im CA also darüber im klaren, daß gewichtige Gründe dafür sprachen, einen Deutschen Evangelischen Krankenhausverband zu schaffen, und doch geschah zunächst einmal – gar nichts. Als Pastor Martin Niemöller, der Geschäftsführer des Westfälischen Provinzialverbandes für die Innere Mission, im Juli 1925 auf die Notwendigkeit eines solchen Verbandes hinwies, bekam er im September von Pastor Thiel zur Antwort, der Kaiserswerther Verband „als Beauftragter des Central-Ausschusses"[10] werde das weitere veranlassen. In den Akten findet sich

---

[8] Steinweg an Thiel, 20.9.1924, ADW, CA/G 94.
[9] Dazu umfangreiche Unterlagen im Archiv des Deutschen Caritasverbandes Freiburg (= ADCV), R 334. Demnächst: H.-W. Schmuhl, Ärzte in konfessionellen Kranken- und Pflegeanstalten, in: ders. u. F.-M. Kuhlemann (Hg.), Beruf und Religion im 19. und 20. Jahrhundert, voraussichtlich Stuttgart 2003.
[10] Niemöller an CA, 28.7.1925; Thiel an Niemöller, 7.9.1925 (Zitat), ADW, CA/G 94. Auch die Pommersche Krüppelanstalt Bethesda in Züllchow regte einen Zusammenschluß

jedoch keinerlei Hinweis, daß das Projekt tatsächlich in Angriff genommen wurde.

Da wurde der CA durch eine Initiative aus Westfalen überrascht. Sie ging von Pfarrer Bockamp, dem Vorsteher des Augusta-Krankenhauses in Bochum, und vor allem von seinem Rendanten Nau aus. „In unserem Rheinisch-Westfälischen Industriebezirk entbehren wir schon lange eine ‚Vereinigung Evangelischer Krankenanstalten', wie eine solche auf katholischer Seite schon seit Jahren besteht", schrieb Nau am 16. November 1925 an Pastor D. Otto Ohl, den Geschäftsführer des Rheinischen Provinzialverbandes für die Innere Mission, „wir möchten nun unsererseits die Angelegenheit endlich in die Hand nehmen".[11] Ohl wurde gebeten, an einer Gründungsversammlung teilzunehmen, die im Dezember stattfinden sollte. Er sagte zu, benachrichtigte aber gleichzeitig Pastor Thiel vom Kaiserswerther Verband: Die Sache sei ihm „höchst unangenehm". Hinter der „Aktion" stünde der Gemeinschaftsdiakonieverband in Marburg.[12] Ohl machte kein Hehl daraus, daß es ihm lieber gewesen wäre, wenn die Initiative vom Kaiserswerther Verband ausgegangen wäre. Er habe Nau und Bockamp „immer wieder auf Euere Pläne vertröstet. Jetzt gehen sie endlich vor, und wir werden uns dem kaum entziehen können. Mir wäre nur lieb, wenn Du dafür sorgen wolltest, daß bei dieser Besprechung [...] möglichst viele tüchtige Leute von Euerer Seite zugeen wären".[13]

Ohls Schreiben löste in Berlin offenbar hektische Aktivitäten aus. Am 27. November 1925 wandte sich Thiel an Ohl, um das weitere Vorgehen abzustimmen. An der Tatsache, daß die Initiative vom Gemeinschaftsdiakonieverband ausgehe, lasse sich „ja nun leider nichts mehr ändern. Um so nötiger aber ist es dafür zu sorgen, daß die zukünftige Leitung dieser Vereinigung nicht in die Hand des Einberufers kommt." Thiel bat, daß Ohl für den rheinischen und Niemöller für den westfälischen Teil des Industriebezirks die Anstalten des Kaiserswerther Verbandes zur Gründungsversammlung des rheinisch-westfälischen Verbandes einladen sollten – das sei wirkungsvoller als ein Ruf aus Berlin. Die beiden Pastoren sollten sich in den Vorstand des neuen Verbandes wählen lassen und dessen künftigen Kurs steuern. „Im übrigen hat Dein Schreiben dazu Veranlassung gegeben, daß Bruder [Lic. Paul] Cremer, Steinweg und ich sofort zusammengetreten sind

---

der dem CA angegliederten Kranken- und Pflegeanstalten an. Krüppelanstalt Bethesda an CA, 7.10.1924, ADW, CA/G 94.
11 Nau an Ohl, 16.11.1925, ADW, CA/G 94.
12 Zum Gemeinschaftsdiakonieverband vgl. Michael Diener, Kurs halten in stürmischer Zeit. Walter Michaelis (1866–1953). Ein Leben für Kirche und Gemeinschaftsbewegung, Gießen 1998, S. 428–436.
13 Ohl an Thiel, 21.11.1925, ADW, CA/G 94.

und die Gründung eines evangelischen Krankenhausverbandes in die Wege geleitet haben".[14]

Der Aufruf zur Gründung des Deutschen Evangelischen Krankenhausverbandes, der noch am gleichen Tag veröffentlicht wurde, war mithin eine unmittelbare Reaktion auf den Gründungsaufruf aus Rheinland-Westfalen. In diesem Rundschreiben wurden erstmals die Aufgaben des zu gründenden evangelischen Krankenhausverbandes näher umrissen:

> „1. die Interessen der evangelischen Krankenhäuser gegenüber Reichs-, Staats- und Kommunalbehörden, Versicherungsträgern und anderen Interessengruppen zu vertreten und mit Energie zur Geltung zu bringen. Es ist wünschenswert, daß alle evangelischen Krankenanstalten ein Mandat für eine solche gemeinsame Interessenvertretung erteilen. [...]
> 2. den evangelischen Charakter unserer Anstalten zu pflegen;
> 3. die Fragen der Krankenseelsorge und der sozialen Fürsorge für die Kranken und ihre Angehörigen zu behandeln;
> 4. die Anstalten in Fragen der inneren Organisation zu beraten;
> 5. die Fragen der Sozialhygiene mehr als bisher von evangelischer Seite zu bearbeiten."[15]

Vergleicht man die gedruckte Endfassung des Gründungsaufrufs mit dem handschriftlichen Vorentwurf, so stellt man fest, daß die letzten beiden Punkte des Aufgabenkatalogs im Zuge der Beratungen zwischen Thiel, Steinweg und Cremer entschärft worden waren. Im Entwurf ging es unter dem vierten Punkt noch ganz konkret „um die Stellung der Ärzte im Organismus der evangelischen Anstalten". Zum fünften Punkt hieß es im Entwurf zudem erläuternd, die Fragen der Sozialhygiene seien „im heutigen Stand der Entwickelung [sic!] nicht mehr rein medizinische, sondern ebenso sehr soziale, ja zum großen Teil seelische und innerliche. Wir dürfen daher ihre Behandlung nicht allein medizinisch geschulten Fachleuten überlassen".[16] Hier zeigt sich, daß die *Ärztefrage*, die schon bald zu einem der zentralen Arbeitsfelder des DEKV werden sollte, bereits bei den Beratungen im Vorfeld der Verbandsgründung eine Rolle spielte, zunächst jedoch aus dem offiziellen Aufgabenkatalog ausgeklammert wurde, um in der konfliktgeladenen Entstehungsphase des DEKV keine weitere Front zu eröffnen.

In seinem Gründungsaufruf forderte Pastor Thiel die evangelischen Krankenhäuser auf, bis zum 15. Dezember 1925 ihren Beitritt zu dem neu zu gründenden Deutschen Evangelischen Krankenhausverband zu erklären.

---

[14] Thiel an Ohl, 27.11.1925, ADW, CA/G 94.
[15] Aufruf an die evangelischen Krankenhäuser, 27.11.1925, ADW, CA/G 94; auch abgedruckt in: Evangelische Gesundheitsfürsorge, S. 27 f.
[16] Aufruf an die evangelischen Krankenhäuser, 27.11.1925, handschriftlicher Entwurf, ADW, CA/G 94.

Sollte innerhalb der gesetzten Frist keine Antwort eingehen, wollte man, so Thiel, auf seiten des Centralverbandes das „Stillschweigen als Bereitwilligkeit zum Beitritt"[17] auffassen. Damit versuchte man, die Gründung des Verbandes der evangelischen Krankenanstalten von Rheinland und Westfalen zu verhindern, die am 17. Dezember in Essen stattfinden sollte. In Bochum reagierte man prompt, indem Rendant Nau in einer Nachschrift zu seiner Einladung zur Gründungsversammlung in Essen die evangelischen Krankenhäuser aufforderte, die von Thiel erbetene Beitrittserklärung bis nach dem 17. Dezember hinauszuzögern, „da sie durch die zu erwartende Gründung für Rheinland-Westfalen wahrscheinlich gegenstandslos wird". Das war eine offene Kampfansage. Ganz offen formulierte Nau seine Kritik an der Berliner Initiative: „Wenn die Vereinigung eine lebendige und wirklich zweckentsprechende sein soll, so muß die Gründung eine Gründung der Anstalten sein, von diesen ausgehen und die Vereinigung zwar in engster Fühlung mit der Inneren Mission, aber nicht unter ihr stehen."[18] Gegen diese Nachschrift intervenierte nun wieder Otto Ohl. Er stellte gegenüber Nau klar, daß er den Anschluß des rheinisch-westfälischen Verbandes an den zu gründenden Reichsverband wünschte. Ohl warnte davor, die Krankenanstalten des Kaiserswerther Verbandes im rheinisch-westfälischen Industriegebiet aus dem zu gründenden Landesverband fernzuhalten, der sonst ein „Rumpfparlament"[19] bleiben werde. Nau beeilte sich, das Schreiben Ohls zu beantworten. Dabei nahm er kein Blatt vor den Mund und machte seinem Ärger Luft: Auch das Augusta-Krankenhaus in Bochum sei Mitglied des Kaiserswerther Verbandes, man habe dort aber

> „nie von praktischer Arbeit des Kaiserswerther Verbandes etwas gehört [...]. Vielleicht hätte im anderen Falle ja der Kaiserswerther Verband ausgebaut werden können, so aber wußten wir ja kaum etwas von seinem Bestehen. Und nun die Nachschrift. Ich will Ihnen gerne und offen zugeben, daß sie aus einer etwas gereizten Stimmung geboren ist, denn ich war und bin auch heute noch der Ansicht, daß

---

17 Aufruf an die evangelischen Krankenhäuser, 27.11.1925, ADW, CA/G 94. Am 10. Dezember 1925 setzte Thiel nach, indem er eine Postkarte an alle evangelischen Krankenanstalten verschickte. Darin hieß es abermals, daß der Centralverband davon ausgehe, „daß diejenigen Anstalten, die sich auf unsere Zuschrift nicht äußerten, ihre Bereitwilligkeit zum Beitritt stillschweigend erklären. Um auch hierüber Gewißheit zu erlangen und Irrtümer zu vermeiden, erlauben wir uns die ergebene Bitte, Ihre Bereitschaft zum Beitritt auf der angebogenen Karte möglichst umgehend uns mitteilen zu wollen." ADW, CA/G 94.
18 Zit. nach Kirschsieper an Thiel, 7.12.1925, ADW, CA/G 94. An Thiel schrieb Nau lediglich, daß sich der Aufruf aus Berlin „ganz unglücklich [...] mit unserer intensiven Arbeit zur Begründung eines lebendigen evangelischen Krankenhausverbandes" treffe. Nau an Thiel, 5.12.1925, ADW, CA/G 94.
19 Ohl an Nau, 4.12.1925, ADW, CA/G 94.

das Schreiben des Herrn Pastor Thiel hinausgeschickt ist, nachdem man in Berlin von unserem Vorhaben, einen Verband zu gründen, Kenntnis erhalten hatte. Das habe ich natürlich so aufgefaßt, als wolle man dem neuen Verbande Schwierigkeiten bereiten und dem mußte dann eben vorgebeugt werden. Und, trifft es sich denn nicht wirklich ganz eigenartig, daß man von Berlin, nachdem in dieser Hinsicht Jahre hindurch nichts geschehen war, gerade in diesem Augenblick, wo wir das Versäumte nachholen wollen, ganz plötzlich auch etwas unternimmt?"

Nau stellte klar, wie er sich „den neuen Verband, von dem ich wünschen möchte, daß er alle die kleinen Verbändchen, und zwar die lebenden und die toten, in sich zu neuer tatkräftiger Arbeit vereinigt," vorstellte: nämlich „unter der Leitung der Zentrale in Berlin, die sich aber der ständigen Mitarbeit von Männern des Fachs versichern muß. – Also letzten Endes: Arbeit für und nicht gegen die Zentralstelle der Inneren Mission."[20]

Wenngleich Nau hier eine Perspektive für einen Kompromiß zwischen Berlin und Bochum aufzeigte, ließ seine harsche Art den Konflikt doch weiter eskalieren. Es drohte eine offene Konfrontation. Pastor Paul Kirschsieper, der stellvertretende geistliche Vorsteher der Diakonissenanstalt Sarepta, einer der drei Teilanstalten der v. Bodelschwinghschen Anstalten Bethel, benannte die beiden entscheidenden Konfliktpunkte, indem er darauf hinwies, daß „einerseits die Gefahr besteht, daß die Rendanten der Krankenhäuser die Sache an sich reißen und den neu zu gründenden Verband nach nicht-diakonischen Grundsätzen zu leiten versuchen und andererseits auch die Gemeinschaftskrankenhäuser anscheinend einen bestimmenden Einfluß zu gewinnen suchen."[21]

Es war schließlich Pastor Bockamp, der Vorsteher des Augusta-Krankenhauses, der die Wogen glättete und eine Verständigung herbeiführte. Am 8. Dezember 1925 wandte er sich an Thiel: Der im Entstehen begriffene Verband der evangelischen Krankenanstalten von Rheinland und Westfalen richte sich keineswegs gegen die Innere Mission. Bockamp wies darauf hin, daß Ohl und Niemöller, die Geschäftsführer des Rheinischen und des Westfälischen Provinzialverbandes für die Innere Mission, zur Gründungsversammlung in Essen geladen waren. Auch versuchte Bockamp, Bedenken zu zerstreuen, daß die Einladung von Häusern ausgehe, deren Verwaltung unter dem Einfluß des Gemeinschaftsdiakonieverbandes stünden. In Bochum beschäftige man zwar, der Not gehorchend, seit Jahren Neuvandsburger Schwestern, aber mit „Marburg" habe man „nicht immer die angenehmsten Verhandlungen. Den Verwaltungsdiakon Böcking haben wir uns in unserem interkonfessionellen Zweckverband [Zweckverband der freigemeinnützigen Krankenhäuser des Ruhrkohlengebietes] und für unser

---

20 Nau an Ohl, 5.12.1925, ADW, CA/G 94. Hervorhebung im Original.
21 Kirschsieper an Thiel, 7.12.1925, ADW, CA/G 94. Sarepta hatte übrigens keine Einla-

Krankenhaus ganz verbeten."²² Um den Konflikt im Vorfeld auszuräumen, lud Bockamp Thiel und Ohl zu einer Vorbesprechung unmittelbar vor der Gründungsversammlung des Verbandes der evangelischen Krankenanstalten von Rheinland und Westfalen am 17. Dezember 1925 in Essen ein. Bei diesem Treffen wurde ein Kompromiß ausgehandelt: Der Verband der evangelischen Krankenanstalten von Rheinland und Westfalen sagte zu, dem noch zu gründenden Deutschen Evangelischen Krankenhausverband als Landesverband geschlossen beizutreten und ihm auf diese Weise die evangelischen Krankenhäuser Rheinlands und Westfalens zuzuführen, im Gegenzug wurde vereinbart, daß der rheinisch-westfälische Landesverband im Vorstand des Deutschen Evangelischen Krankenhausverbandes angemessen vertreten sein sollte.

Durch diesen – buchstäblich im letzten Augenblick zustandegekommenen – Kompromiß konnte ein offener Eklat abgewendet werden. Die Essener Gründungsversammlung nahm – von polemischen Seitenhieben Naus gegen den CA abgesehen – einen ruhigen Verlauf. Für die künftige Entwicklung des im Entstehen begriffenen Deutschen Evangelischen Krankenhausverbandes war die Gründung des rheinisch-westfälischen Verbandes trotz aller Querelen von großer Bedeutung. Wie Bockamp, der erwartungsgemäß zum Vorsitzenden des rheinisch-westfälischen Verbandes gewählt worden war, stolz ankündigte, würden dem DEKV durch den rheinisch-westfälischen Landesverband mit einem Schlag 121 Krankenhäuser, genau ein Drittel aller in der Statistik der Inneren Mission geführten 362 Fachanstalten, zugeführt.²³ Auch wenn die Mitgliederentwicklung des Landesverbands, wie sich bald herausstellen sollte, zunächst hinter den Erwartungen zurückblieb – im April 1926 waren nach Angaben der Geschäftsführung 65 von 82 in Frage kommenden Anstalten dem Landesverband beigetreten²⁴ –, so trug er doch entscheidend dazu bei, daß der DEKV im Rheinland und in Westfalen, wo der Schwerpunkt des evangelischen Krankenhauswesens in Deutschland lag, rasch Fuß fassen konnte. Mit dem Kompromiß zwischen Berlin und Bochum war übrigens auch eine Grundsatzentscheidung über die künftige Verbandsstruktur gefallen, war doch prinzipiell die Möglichkeit eröffnet worden, daß sich regionale evangelische Krankenhausverbände

---

dung zu der Gründungsversammlung des rheinisch-westfälischen Verbandes erhalten, wußte aber über Ohl Bescheid und wollte einen Delegierten nach Essen schicken.
22 Bockamp an Thiel, 8.12.1925, ADW, CA/G 94. Der Vorstand des DEKV lehnte denn auch am 28. März 1928 den Antrag Böckings, die Gemeinnützige Wohlfahrtsgesellschaft m. b. H., Frankfurt/M., in den DEKV aufzunehmen, mit der Begründung ab, daß „das Haus satzungsgemäß keine evangelische Einrichtung ist". Protokoll der Vorstandssitzung am 28.3.1928, ADW, CA/G 99.
23 Bockamp an Thiel, 18.12.1925, ADW, CA/G 94.
24 Nau an Thiel, 8.4.1926, ADW, CA/G 94.

zwischen den DEKV und die einzelnen Krankenhäuser schieben konnten: Dem Antrag des bayerischen Landesverbandes für Innere Mission, die evangelischen Krankenhäuser Bayerns über den neu gegründeten Landesverband evangelischer Kranken- und Pflegeanstalten dem DEKV korporativ beitreten zu lassen, mußte nach dem für das Rheinland und Westfalen geschaffenen Präzedenzfall jedenfalls entsprochen werden.[25]

Zwar hatte man den offenen Konflikt zwischen Berlin und Bochum abwenden können, die Spannungen blieben jedoch bestehen. In Berlin hegte man große Vorbehalte gegen die Person Naus, der zum Geschäftsführer des rheinisch-westfälischen Verbandes bestellt worden war. Hinter dieser Personaldebatte verbarg sich letztlich ein struktureller Konflikt: Wer sollte an der Spitze des konfessionellen Krankenhauses stehen, ein Verwaltungsfachmann oder ein Geistlicher? Thiel betonte gegenüber Bockamp, daß er in seiner Zeit als geistlicher Vorstand des Central-Diakonissenhauses Bethanien in Berlin die Arbeit des Verwaltungsbeamten durchaus zu schätzen gelernt habe. Die Führung eines Krankenhauses wie auch eines Krankenhausverbandes gehöre jedoch in die Hände eines Geistlichen. Er sei beruhigt, daß der Geschäftsführer des Landesverbandes nur unter Leitung und auf Anweisung des Vorsitzenden handeln sollte, „aber Sie werden zugeben, daß erfahrungsgemäß nicht selten der Geschäftsführer die Zügel des Verbandes mehr in der Hand hat als der Vorsitzende".[26]

Welche Möglichkeiten zur Obstruktion dem Geschäftsführer des rheinisch-westfälischen Landesverbandes zu Gebote standen, zeigte sich bereits im Vorfeld der Gründungsversammlung des DEKV. Nau setzte alles daran, daß das Rheinland und Westfalen bei der Versammlung nur durch den Landesverband vertreten waren. Zu diesem Zweck verschleppte er die Bitte Thiels, eine Mitgliederliste des Landesverbandes nach Berlin zu schicken. Schließlich verschickte Thiel Einladungen an alle rheinisch-westfälischen Krankenanstalten. Daraufhin sandte Nau Postkarten an die dem Landesverband angeschlossenen Häuser, auf denen es hieß, die Anwesenheit von Vertretern einzelner Krankenhäuser sei nicht erforderlich. Letztlich hatte Thiel in diesem Pokerspiel die besseren Karten, denn es gelang ihm, Ohl und Niemöller zur Teilnahme an der Gründungsversammlung des DEKV zu gewinnen. Es sei, so ließ er die beiden wissen, „notwendig, daß Rheinland und Westfalen nicht etwa nur durch diejenigen vertreten sind, die Nau und Bockamp um sich sammeln".[27] Zu diesem Zeitpunkt wußte

---

25 Landesverband für Innere Mission Bayern/Pfarrer Meinzolt an Thiel, 1.12.1925; Thiel an Meinzolt, 13.12.1925, ADW, CA/G 94.
26 Thiel an Bockamp, 31.12.1925, ADW, CA/G 94.
27 Thiel an Ohl bzw. Niemöller, 3.4.1926, ADW, CA/G 94. Die beiden „Gaufürsten" der Inneren Mission bekamen sogar die Reisekosten erstattet.

Thiel bereits, daß das Störfeuer aus Rheinland und Westfalen die Gründung des DEKV nicht ernsthaft gefährden konnte: Bis zum Januar 1926 hatten 225 der 362 in der Statistik der Inneren Mission aufgeführten evangelischen Fachanstalten ihre Bereitschaft zum Beitritt erklärt.

2.2 Die Gründung des DEKV (1926–1927)

Die Gründungsversammlung des DEKV fand schließlich am 16. April 1926 im Saal des Hospizes St. Michael in der Wilhelmstraße 34 in Berlin statt. Der rheinisch-westfälische Krankenhausverband, der Kaiserswerther Verband und der Johanniterorden hatten Vertreter entsandt, ebenso eine Reihe von Krankenhäusern aus Berlin, aus den Provinzen Brandenburg, Rheinland, Westfalen, Hessen und Schlesien sowie aus den Freistaaten Sachsen und Braunschweig.[28] Es fällt auf, daß die evangelischen Krankenhäuser Süddeutschlands (Bayern, Württemberg, Baden, Pfalz) bei der Gründungsversammlung nicht repräsentiert waren – hier sollte der DEKV auch in Zukunft nicht besonders fest verankert sein. Auch der norddeutsche Raum (Hannover, Oldenburg, Mecklenburg, Hamburg, Bremen, Lübeck und Schleswig-Holstein) fehlte, die preußischen Ostprovinzen waren nur schwach vertreten. Insgesamt zeichneten sich sehr deutlich die geographischen Schwerpunkte des evangelischen Krankenhauswesens in Deutschland ab – der Großraum Berlin sowie Rheinland-Westfalen.

Der von seiten des CA vorgelegte Satzungsentwurf wurde von der Gründungsversammlung beraten und einstimmig angenommen. Danach hatte der DEKV seinen Sitz in Berlin und war Mitglied des CA. Zu den Zielen und Aufgaben des DEKV hieß es in der Satzung:

> „Der Verband hat den Zweck, die evangelischen Krankenhäuser in der Erfüllung ihrer Aufgaben zu beraten und zu fördern sowie ihre Interessen wahrzunehmen und zu vertreten. Insbesondere ist es seine Aufgabe,
> 1. den evangelischen Charakter der ihm angeschlossenen Anstalten und ihre Verbindung mit den übrigen Arbeitsgebieten der Inneren Mission, vor allem mit den Diakonissenmutterhäusern zu pflegen;
> 2. die Krankenhausseelsorge und die soziale Fürsorge für die Kranken und ihre Angehörigen zu fördern;
> 3. die Anstalten in Fragen der inneren Organisation und der Wirtschaftsführung zu beraten;
> 4. die Fragen der Sozialhygiene in seinem Aufgabenbereich zu bearbeiten;
> 5. die Interessen der evangelischen Krankenhäuser gegenüber Behörden, Versicherungsträgern und anderen Interessengruppen zur Geltung zu bringen."[29]

---

[28] Evangelische Gesundheitsfürsorge, S. 28.
[29] Satzung des DEKV v. 16.4.1926, § 2, ADW, CA/G 96, auch abgedruckt in: Evangelische Gesundheitsfürsorge, S. 28–30.

Wieder ist der Vergleich der Endfassung, die schließlich der Gründungsversammlung vorgelegt wurde, mit einem im CA entstandenen Vorentwurf von Interesse. Dieser Entwurf umschrieb die Aufgaben des DEKV wie folgt:

„1. die Pflege der Seelsorge in den Anstalten;
2. die Zusammenarbeit zwischen Anstaltspflege und offener evangelischer Fürsorge;
3. die Förderung gemeinsamer Arbeit zwischen den Krankenhäusern und anderen Anstalten der I.M., vor allem den Diakonissen-Mutterhäusern;
4. die Zusammenarbeit der Krankenhäuser mit den übrigen Einrichtungen der I.M.;
5. die Beratung der Mitglieder in wirtschaftlichen Fragen;
6. der Austausch von Erfahrungen und Material;
7. die Vertretung der Anstaltsinteressen gegenüber den kommunalen, den Reichs- und Staatsbehörden, sowie anderen Stellen;
8. die Unterrichtung der Öffentlichkeit, in erster Linie durch zweckentsprechende Mitteilungen an die Presse."[30]

Man erkennt deutlich, daß der Vorentwurf die Verzahnung der evangelischen Krankenhäuser mit der Inneren Mission, die durch den DEKV auch erreicht werden sollte, stärker hervorhob, während die Endfassung diesen Aspekt weitgehend wieder zurücknahm und, an die Formulierungen des Gründungsaufrufs anknüpfend, die Interessenvertretung nach außen und die Beratungstätigkeit in inhaltlichen Fragen als zentrale Aufgabenfelder des DEKV in den Vordergrund stellte.

Mitglied des DEKV konnte jedes evangelische Krankenhaus werden. Regionale evangelische Krankenhausverbände wurden – ebenso wie der Johanniterorden – als Unterverbände in den DEKV eingegliedert. Die in den Regionalverbänden zusammengeschlossenen Krankenhäuser wurden dem DEKV korporativ angeschlossen.

Auf der zentralen Ebene der Verbandsstruktur wurden durch die Satzung vom 16. April 1926 zwei Organe geschaffen: die Mitgliederversammlung und der Vorstand. Die *Mitgliederversammlung* mußte mindestens einmal jährlich zusammentreten; sie wurde vom Vorstand einberufen, der Ort, Zeit und Tagesordnung festsetzte; geleitet wurde die Mitgliederversammlung vom Vorsitzenden des Vorstands. Jedes Krankenhaus hatte bei der Mitgliederversammlung eine Stimme, die durch einen Vertreter oder eine Vertreterin abgegeben wurde. Die Übertragung mehrerer Stimmen auf eine Person war unzulässig – eine Vorsichtsmaßnahme, die es den Regionalverbänden – nach Lage der Dinge: dem Verband der evangelischen Krankenanstalten von Rheinland und Westfalen – erschwerte, Stimmen-

---

[30] Satzung des DEKV, Vorentwurf, ADW, CA/G 96.

blöcke zu bilden, um die Mitgliederversammlung zu majorisieren. Die Mitgliederversammlung beschloß „über alle Verbandsangelegenheiten",[31] nahm den Geschäfts- und Kassenbericht entgegen und wählte den Vorstand.

Der *Vorstand* setzte sich wie folgt zusammen:
– Die Mitgliederversammlung wählte aus den Reihen der Vertreter der angeschlossenen Krankenhäuser *drei* Vorstandsmitglieder.
– Die Wohlfahrtsabteilung des CA entsandte ebenfalls *drei* Vertreter in den Vorstand des DEKV.
– Der Kaiserswerther Verband stellte *ein* Vorstandsmitglied.
– Unterverbände mit mehr als dreißig Mitgliedern hatten das Recht, je *einen* Vertreter in den Vorstand zu entsenden, Unterverbände mit mehr als sechzig Mitgliedern konnten *zwei* Vertreter schicken.

Der Vorstand wählte aus seiner Mitte einen Vorsitzenden, einen stellvertretenden Vorsitzenden und einen Schatzmeister. Diese drei Vorstandsmitglieder bildeten den *engeren Vorstand*, „der die laufenden Geschäfte erledigt, die Vorstandssitzungen und Mitgliederversammlungen vorbereitet und die von den letzteren gefaßten Beschlüsse zur Ausführung bringt".[32] Weiter sah die Satzung die Einrichtung einer ständigen Geschäftsstelle mit einem eigenen *Geschäftsführer* vor, der vom Vorstand zu berufen war. Es ist unschwer zu erkennen, daß die Verbandsstruktur ganz auf den Vorstand, insbesondere auf den Vorsitzenden zugeschnitten war – eine energische Persönlichkeit an der Verbandsspitze hatte alle Mittel und Möglichkeiten, den Vorstand und erst recht die Mitgliederversammlung zu überspielen. Eine unbekannte Größe war der Geschäftsführer, der zwar formal vom Vorstand abhängig war, faktisch aber durch die ständige Geschäftsstelle und die Herausgabe des Mitteilungsblattes des DEKV ein starkes Gewicht innerhalb des Verbandes gewinnen konnte.

Mit der vorläufigen Geschäftsführung betraute die Gründungsversammlung Pastor Thiel, den Direktor des Kaiserswerther Verbandes. In den Vorstand wurden weiter Pastor Dittmar (Dinslaken) und Pastor Schulte (Grünberg) gewählt. Die Kooptation eines Repräsentanten der süddeutschen Krankenhäuser blieb dem zukünftigen Vorstand überlassen. Weiter forderte die Gründungsversammlung den CA, den Kaiserswerther Verband und den Johanniterorden auf, die ihnen nach der Satzung zustehenden Vorstandsplätze zu besetzen, so daß sich der Vorstand konstituieren konnte. Die vorläufige Geschäftsstelle des DEKV sollte in den Räumen des Kaiserswerther Verbandes am Kurfürstendamm 177 eingerichtet werden.

---

31 Satzung des DEKV v. 16.4.1926, § 8.
32 Ebd., § 10.

Schließlich beschloß die Mitgliederversammlung die Herausgabe eines Verbandsorgans, das unter dem Titel „Mitteilungen des Deutschen Evangelischen Krankenhausverbandes" in zwangloser Folge erscheinen sollte. Zwei Grundsatzreferate – das eine von Rendant Nau über „Die Dreigliederung der Krankenhausverwaltung", das andere von Pastor Isleib (Bethel) über „Die Durchführung der Seelsorge in den evangelischen Krankenhäusern" – schlossen die Gründungsversammlung ab.

Am 12. Juni 1926 fand in den Räumen der vorläufigen Geschäftsstelle die konstituierende Vorstandssitzung statt. Sie war noch immer geprägt von den Spannungen zwischen dem DEKV und seinem größten Unterverband, dem Verband der evangelischen Krankenanstalten von Rheinland und Westfalen. Der in Bochum ausgehandelte Kompromiß hatte die latenten Konflikte nicht wirklich ausgeräumt, handelte es sich doch um konkurrierende Parallelgründungen mit teilweise unterschiedlichen Ausgangspunkten und Zielsetzungen. Nachdem der rheinisch-westfälische Landesverband bei der Gründungsversammlung nicht recht zum Zuge gekommen war, ging er bei der konstituierenden Vorstandssitzung in die Offensive und legte ein ganzes Bündel von Anträgen zur Änderung der Satzung vor, die alle darauf hinausliefen, die Stellung des rheinisch-westfälischen Verbandes zu stärken. Sie wurden vom vorläufigen Vorstand jedoch zumeist abgelehnt. So wurde der Antrag, die Zahl der von der Wohlfahrtsabteilung des CA zu entsendenden Vorstandsmitglieder von drei auf zwei herabzusetzen, ebenso verworfen wie der Antrag, folgenden Passus in die Satzung aufzunehmen: „Alle Beschlüsse, die der Verband faßt, können nur den Charakter von Richtlinien haben." Dazu merkte der Vorstand an, daß „eine derartige Bestimmung [...] als zu weitgehend angesehen" werde. „Der Verband kann in die Selbständigkeit des einzelnen Hauses nicht eingreifen; aber es muß die Möglichkeit gegeben sein, daß der Verband für seine Mitglieder bindende Beschlüsse faßt." Zurückgewiesen wurde auch der Antrag, in der Satzung festzuschreiben, daß der Posten des stellvertretenden Vorsitzenden des DEKV jeweils dem Vorsitzenden des rheinisch-westfälischen Landesverbandes zufallen sollte. Eine solche Bestimmung, so der Vorstand, würde „der Entwicklung vorgreifen". Man sicherte den Vertretern des Landesverbandes jedoch zu, ihrer Forderung nach dem stellvertretenden Vorsitz bei der noch in derselben Sitzung anstehenden Vorstandswahl Rechnung zu tragen. Tatsächlich wurde Bockamp zum stellvertretenden Vorsitzenden gewählt, und auch der rebellische Rendant Nau fand als Delegierter des rheinisch-westfälischen Verbandes seinen Platz im Vorstand.

Der erste Vorstand des DEKV setzte sich daher folgendermaßen zusammen:

– Pastor Thiel, Vorsitzender (delegiert vom Kaiserswerther Verband);
– Pastor Bockamp, stellvertretender Vorsitzender (delegiert vom

rheinisch-westfälischen Krankenhausverband);
- D. Cremer, Schatzmeister (delegiert vom CA);
- Freiherr v. Malzahn-Gültz, Werkmeister des Johanniterordens;
- Direktor Lic. Steinweg (delegiert vom CA);
- Pastor Lic. Ohl (vom CA delegiert);
- Rendant Nau (delegiert vom rheinisch-westfälischen Krankenhausverband);
- Pastor Dittmar (von der Mitgliederversammlung gewählt);
- Pastor Schulte (von der Mitgliederversammlung gewählt).

Einen Teilerfolg konnte der rheinisch-westfälische Landesverband mit einem weiteren Antrag landen. Der Vorstand erklärte sich bereit, der Mitgliederversammlung vorzuschlagen, in die Satzung eine Klausel einzufügen, daß eine außerordentliche Mitgliederversammlung einberufen werden mußte, wenn mindestens dreißig Mitglieder dies beantragten – damit hatte sich der Landesverband die Möglichkeit eröffnet, jederzeit eine Mitgliederversammlung zu erzwingen.[33]

Bis zur zweiten Vorstandssitzung, die am 12. November 1926 stattfand, waren die Vorverhandlungen mit dem designierten Geschäftsführer, dem Arzt und Nationalökonom Dr. med. Dr. phil. Hans Harmsen, zum Abschluß gekommen. Harmsen, 1899 als Sohn eines Ingenieurs und Patentanwalts geboren, war seit seiner Jugend aktives Mitglied des national-völkischen Jungdeutschen Bundes und der grenz- und auslandsdeutschen Bewegung. Nach dem Studium der Medizin wurde er 1924 an der medizinischen Fakultät der Universität Berlin über „Die französische Sozialgesetzgebung im Dienste der Bekämpfung des Geburtenrückganges" und 1927 an der philosophischen Fakultät der Universität Marburg mit einer nationalökonomischen Arbeit über „Bevölkerungsprobleme Frankreichs unter besonderer Berücksichtigung des Geburtenrückganges" promoviert. Harmsen hatte sich durch verschiedene wissenschaftliche Publikationen einen Namen als Sozialhygieniker mit dem Schwerpunkt Eugenik und Bevölkerungspolitik gemacht. 1925 wurde er vom CA als einziger nicht theologischer Facharbeiter zum Geschäftsführer der Arbeitsgemeinschaft für Volksgesundheit ernannt. In dieser Funktion unterhielt er enge Kontakte zu Johannes Steinweg – in zahlreichen Fragen, etwa beim Gesetz zur Bekämpfung der Geschlechtskrankheiten, arbeiteten die beiden Männer eng zusammen. Nach der Abgabe seiner volkswirtschaftlichen Promotion im September 1926 wandte sich Harmsen mit der Bitte um ein Gespräch über seine weitere berufliche Laufbahn an Steinweg, wobei er unterstellte, daß Steinweg ein Interesse am Fortgang seiner Arbeiten habe.[34]

---

[33] Prot. der Vorstandssitzung am 12.5.1926, ADW, CA/G 96.

Die Berufung eines Arztes zum Geschäftsführer des DEKV war eine durchaus heikle Angelegenheit, war doch um die Stellung des leitenden Arztes im konfessionellen Krankenhaus schon seit geraumer Zeit ein zähes Tauziehen zwischen Krankenhaus- und Ärzteverbänden im Gange. Das Für und Wider einer Berufung Harmsens wurde im Vorstand sorgfältig abgewogen:

> „Er ist ein Mann von evangelischer Gesinnung, und da er nicht praktizierender Arzt ist, steht er auch den Ärzte-Organisationen fern. In sehr eingehender Besprechung wird das Bedenken geltend gemacht, daß ein Arzt als Geschäftsführer in schwierige Situationen hereinkommen könnte, da die Stellung der Ärzte dem Verbande gegenüber an gewissen Punkten eine nicht freundliche sein kann. Andererseits wird auch anerkannt, daß gerade die Berufung eines Arztes dem Verbande Vertrauen gewinnen kann und daß ein solcher mit der Vorbildung von Dr. Harmsen besonders geeignet erscheint, einzelne dem Verbande erwachsende Aufgaben zu erfüllen."[35]

Der Vorstand beschloß nach längerer Beratung, Harmsen bis zum 31. März 1927 auf Probe anzustellen. Damit war – nicht nur in Bezug auf die Ärztefrage – eine grundsätzliche Weichenstellung erfolgt. Mit der Anstellung „eines wissenschaftlich orientierten Mediziners und Technokraten" gab der DEKV ein klares Votum für die moderne Sozialhygiene ab – das war nur konsequent, hatte man doch die Sozialhygiene als zentrales Aufgabengebiet bereits in den Satzungen des DEKV fest verankert. Problematisch wurde diese Entscheidung jedoch dadurch, daß Hans Harmsen für eine besondere, biologistisch fundierte, eugenisch ausgerichtete Schule der Sozialhygiene stand, „die nicht an demokratischen Strukturen, der sozialen Situation von Menschen und der Wahrung ihrer Selbstbestimmung orientiert war".[36]

Am 15. November 1926 trat der neue Geschäftsführer seinen Dienst an, wobei die Geschäftsstelle nun im Wohlfahrtshaus in der Oranienburger Straße 13/14 in Berlin ihren Platz fand. Harmsen erwies sich rasch als versierter Verbandsfunktionär. Er stellte enge Kontakte zu den anderen Verbänden auf dem Feld der freien Wohlfahrtspflege her, z. B. zur Deutschen Liga der freien Wohlfahrtspflege, zum Reichsverband der privaten gemeinnützigen Kranken- und Pflegeanstalten Deutschlands, zum Gutachterausschuß für das öffentliche Krankenhauswesen, zum Deutschen Verein für öffentliche und private Fürsorge wie auch zu den zuständigen Stellen der

---

[34] S. Schleiermacher, Sozialethik im Spannungsfeld von Sozial- und Rassenhygiene. Der Mediziner Hans Harmsen im Centralausschuß für die Innere Mission, Husum 1998, bes. S. 15 f., 146 f.
[35] Prot. der Vorstandssitzung v. 12.11.1926, ADW, CA/G 99.
[36] Schleiermacher, Sozialethik, S. 149, 150. Zum stellvertretenden Geschäftsführer wurde am 28. März 1928 der Kaufmann Walter Schlunk, Direktor der Wirtschaftsabteilung des CA, gewählt. Prot. der Vorstandssitzung am 28.3.1928, ADW, CA/G 99.

Reichs- und Länderregierungen. Außerdem unternahm er in den ersten Monaten seiner Tätigkeit ausgedehnte Reisen in alle Teile des Deutschen Reiches und besuchte eine Vielzahl von evangelischen Kranken- und Pflegeanstalten. „So festigte sich zusehends die Verbindung zwischen dem Verband und den ihm angehörenden Anstalten, deren Zahl im ersten halben Jahr von 225 auf 360 wuchs."[37] Im März 1927 konnte Harmsen zudem das erste Heft der „Mitteilungen des Deutschen Evangelischen Krankenhausverbandes" vorlegen.[38] Angesichts der im ersten halben Jahr erzielten Fortschritte war die Festanstellung Harmsens zum 1. April 1927 eine reine Formsache.

Im Vorfeld der ersten ordentlichen Mitgliederversammlung, die am 30. Juni 1927 im Hause der Bürgergesellschaft in Köln stattfand, unternahm der rheinisch-westfälische Landesverband einen weiteren Versuch, die Satzungen des DEKV in seinem Sinne zu verändern. Obwohl dies vom Vorstand im Jahr zuvor bereits abgelehnt worden war, beantragte Bockamp nochmals, das Recht des rheinisch-westfälischen Verbandes auf den stellvertretenden Vorsitz in den Satzungen festzuschreiben. Außerdem wollte er die Zahl der von der Mitgliederversammlung des DEKV zu wählenden Vorstandsmitglieder von drei auf vier erhöhen. „Ein Krankenhausverbandsvorstand", so begründete Bockamp diesen letzten Antrag, „muß in der Mehrzahl aus Vertretern der Krankenhäuser bestehen."[39] Beide Vorschläge wurden abgewiesen. Die Mitgliederversammlung segnete aber die auf die Initiative des rheinisch-westfälischen Landesverbandes zurückgehende Satzungsänderung ab, wonach eine außerordentliche Mitgliederversammlung einberufen werden mußte, wenn ein Fünftel der Mitglieder dies verlangte. Die Friktionen zwischen dem DEKV und dem rheinisch-westfälischen Landesverband rissen auch in der Folgezeit nicht ab. Gleichwohl waren die beiden Verbände aufeinander angewiesen: Der DEKV konnte ohne die Mehrzahl der rheinisch-westfälischen Anstalten, die im Landesverband zusammengeschlossen waren, keine hinreichende Organisationsmacht entfalten, um sich als Gesamtvertretung des evangelischen Krankenhauswesens zu etablieren, der rheinisch-westfälische Unterverband war auf Verbandsstrukturen auf Reichsebene angewiesen, da viele der Probleme, an deren Lösung er arbeitete, nur im nationalen Rahmen sinnvoll

---

[37] Evangelische Gesundheitsfürsorge, S. 31.
[38] Mitteilungen des Deutschen Evangelischen Krankenhausverbandes, Berlin 1. 1927–2. 1928; fortgeführt als: Gesundheitsfürsorge der Inneren Mission, Berlin 2. 1928–3. 1929; fortgeführt als: Gesundheitsfürsorge. Zeitschrift der Evangelischen Kranken- und Pflegeanstalten, Berlin 4. 1930–12. 1938; fortgeführt als: Evangelische Gesundheitsfürsorge. Zeitschrift der Evangelischen Kranken- und Pflegeanstalten, Berlin 13. 1939–15. 1941.
[39] Bockamp an Vorstand des DEKV, 30.5.1927, ADW, CA/G 96.

angegangen werden konnten. So sahen sich die beiden rivalisierenden Verbände – oft eher widerwillig – zur Kooperation gezwungen.

Auf der Mitgliederversammlung am 30. Juni 1927 wurde der Aufgabenkatalog des DEKV vervollständigt, indem als weiterer Zweck des Verbandes „die Schulung, Weiterbildung und Beaufsichtigung des Pflegepersonals"[40] in die Satzung aufgenommen wurde. Außerdem wurde der Vorstand komplettiert: Weil sich bis dahin kein Repräsentant der evangelischen Krankenhäuser in Süddeutschland gefunden hatte, den man in den Vorstand hätte kooptieren können, wählte die Mitgliederversammlung am 30. Juni 1927 auf Vorschlag des Vorstandes Prof. Hans Burghart, den Chefarzt der Inneren Abteilung des Elisabeth-Kranken- und Diakonissenhauses Berlin, auf den für die süddeutschen Krankenhäuser reservierten, noch immer vakanten Vorstandssitz. Die Aufnahme eines Chefarztes bewährte sich rasch, und so entwickelte sich dieser Vorstandssitz zu einer Art *Erbhof*. Nach dem Tode Burgharts im Jahre 1932 wurde sein Nachfolger als Chefarzt der Inneren Abteilung am Elisabeth-Krankenhaus, Prof. Friedrich Wilhelm Bremer, in den Vorstand des DEKV gewählt,[41] und nach dem Zweiten Weltkrieg wurde der frühere Oberarzt und designierte Nachfolger des 1944 gestorbenen Friedrich Wilhelm Bremer, Prof. Walter Hochheimer, der 1945 an die Westfälische Diakonissenanstalt Sarepta in Bethel gewechselt war, Mitglied im Vorstand des DEKV.

2.3 Vom DEKV zum Gesamtverband der deutschen evangelischen Kranken- und Pflegeanstalten (1928–1929)

Die erste ordentliche Mitgliederversammlung des DEKV am 30. Juni 1927 markierte das Ende der Gründungsphase: Die Verbandsstrukturen hatten feste Gestalt gewonnen, die wesentlichen Personalentscheidungen waren gefallen, die künftigen Arbeitsfelder abgesteckt. Das evangelische Krankenhauswesen war nunmehr in einem Fachverband der Inneren Mission zusammengeschlossen. Doch bildete das evangelische Krankenhauswesen nur *einen* Sektor der evangelischen geschlossenen Gesundheitsfürsorge. Wollte man das Problem der angemessenen Vertretung der evangelischen Kranken- und Pflegeanstalten im Reichsverband der privaten gemeinnützigen Kranken- und Pflegeanstalten Deutschlands endgültig lösen, mußte der DEKV zu einem *Gesamtverband der deutschen evangelischen Kranken- und Pflegeanstalten* ausgebaut werden, wie er auf katholischer Seite längst

---

[40] Prot. der Mitgliederversammlung am 30.6.1927, ADW, CA/G 98.
[41] Prot. der Mitgliederversammlung v. 24.5.1933, ADW, CA/G 98.

existierte. Johannes Steinweg hatte bei seiner ersten Initiative im Jahre 1924 auf einen solchen Zusammenschluß der evangelischen Kranken- und Pflegeanstalten gedrängt, doch hatten sich die Organisationsbestrebungen in der Gründungsphase des DEKV immer stärker auf die Krankenhäuser konzentriert. Auf der konstituierenden Vorstandssitzung des DEKV am 12. Mai 1926 hatte man sich endgültig darauf verständigt, „daß der Verband auf die eigentlichen Krankenhäuser zu beschränken ist".[42]

Wieder war es Johannes Steinweg, der die Initiative zum weiteren Ausbau ergriff. Auf einer Vorstandssitzung des DEKV am 28. März 1928 warf er zunächst einen kurzen Blick auf die stark zerklüftete Landschaft der evangelischen Fachverbände auf dem Gebiet der geschlossenen Gesundheitsfürsorge: Da gab es den Verband der Krüppelanstalten der Inneren Mission, die Konferenz der Vorsteher der evangelischen Idioten- und Epileptikeranstalten, „die ergänzt und in einen Verband der Gemüts- und Nervenkranken, Schwachsinnigen und Epileptiker umgewandelt werden müßte", ferner den Verband deutscher evangelischer Irrenseelsorger, den Verband evangelischer Erholungs- und Heilstätten für Kinder und Jugendliche sowie die Konferenz der evangelischen Anstalten für Alkoholkranke. Ein Zusammenschluß der evangelischen Anstalten für Taubstumme und Blinde existierte ebensowenig wie einer der Alters- und Siechenheime. „Der Aufbau der einzelnen Verbände und Gruppen ist sehr uneinheitlich, und zum Teil fehlt es an jeglicher Verbindung untereinander." Steinweg schlug vor, alle diese Verbände und Konferenzen – zusammen mit dem DEKV – zu einem Gesamtverband zusammenzufassen, der „die lose Form einer Dachorganisation" haben sollte. Nach den Plänen Steinwegs sollte der DEKV das Rückgrat dieser Dachorganisation bilden: Der Vorsitzende des DEKV sollte auch den Vorsitz des Gesamtverbandes übernehmen, die Geschäftsstelle des DEKV die Geschäfte des Gesamtverbandes mit erledigen, die „Mitteilungen des Deutschen Evangelischen Krankenhausverbandes" sollten zum Organ des Gesamtverbandes umgestaltet werden.[43]

Die Zusammenfassung der verschiedenen, auf dem Feld der geschlossenen Gesundheitsfürsorge tätigen evangelischen Fachverbände zum Gesamtverband der deutschen evangelischen Kranken- und Pflegeanstalten war eng verzahnt mit der gleichzeitig stattfindenden Umstrukturierung des CA für die Innere Mission. Im Zuge dieser Reform wurde innerhalb der Wohlfahrtsabteilung ein *Referat Gesundheitsfürsorge* eingerichtet, dessen Leitung ebenfalls dem Geschäftsführer des DEKV, Dr. Hans Harmsen, übertragen wurde. Der Sitz des neuen Referats war zunächst im Wohlfahrtshaus,

---

[42] Prot. der Vorstandssitzung am 12.5.1926, ADW, CA/G 96.
[43] Prot. der Vorstandssitzung v. 28.3.1928, ADW, CA/G 99.

später – vom Februar 1931 an – im Verwaltungsgebäude des CA in Berlin-Dahlem.

Parallel zu der Einrichtung des Referats Gesundheitsfürsorge wurde den bis dahin unter dem Dach des CA bestehenden *Fachgruppen* – das waren Zusammenschlüsse von evangelischen Fachverbänden, die auf einem Arbeitsfeld der Inneren Mission tätig waren – eine weitere hinzugefügt: die *Fachgruppe IV: Gesundheitsfürsorge und Kranken- und Pflegeanstalten.* An der konstituierenden Sitzung dieser Fachgruppe IV, die am 2. Juli 1928 im Wohlfahrtshaus stattfand, nahmen Vertreter der folgenden Verbände teil:

– DEKV;
– Verband der Deutschen Krüppelheime der Inneren Mission;
– Konferenz der Vorsteher Evangelischer Anstalten für Geistesschwache und Epileptiker;
– Deutscher Verband evangelischer Erholungsheime und Heilstätten für Kinder und Jugendliche;
– Reichsverband der evangelischen Alters- und Siechenfürsorge;
– Verband Deutscher Evangelischer Irrenseelsorger;
– Konferenz Evangelischer Krankenhausseelsorger.

In dieser Sitzung wurde die Gründung des Gesamtverbandes der deutschen evangelischen Kranken- und Pflegeanstalten einstimmig beschlossen und für den Herbst 1928 in Aussicht genommen. Weiter kam man überein, die „Mitteilungen des Deutschen Evangelischen Krankenhausverbandes" unter einem neuen Titel – „Gesundheitsfürsorge der Inneren Mission" – zum Organ des neuen Gesamtverbandes umzuwandeln. Die Schriftleitung verblieb bei Harmsen.

Die Gründungssitzung des Gesamtverbandes der deutschen evangelischen Kranken- und Pflegeanstalten fand am 3. Oktober 1928 im Hospiz Baseler Hof in Frankfurt/M. statt. Es waren bevollmächtigte Vertreter aller in der Fachgruppe IV zusammengeschlossenen Verbände erschienen und erklärten offiziell den Beitritt ihrer Verbände. Unter dem Vorsitz Thiels wurde ein Arbeitsausschuß eingesetzt, dem auch Harmsen als Geschäftsführer des Gesamtverbandes angehörte. Mit der Verabschiedung der Satzung durch die erste Mitgliederversammlung am 12. Februar 1929 war die Gründung des Gesamtverbandes der deutschen evangelischen Kranken- und Pflegeanstalten abgeschlossen. „Mit der Begründung des Gesamtverbandes war die Organisation der evangelischen geschlossenen Gesundheitsfürsorge zu ihrem Abschluß gelangt. Mehr als 1.500 Anstalten mit über 105.000 Betten und rund 20.000 Pflegekräften hatten sich in ihm zusammengefunden."[44]

---

[44] Evangelische Gesundheitsfürsorge, S. 45.

2.3

Der Gesamtverband war, wie erwähnt, als Dachorganisation zur Interessenvertretung der evangelischen Kranken- und Pflegeanstalten im Rahmen des Reichsverbandes der privaten gemeinnützigen Kranken- und Pflegeanstalten gegründet worden. Dieser gab sich denn auch 1930/31 eine neue Satzung und machte auf diese Weise den Weg dafür frei, daß der Gesamtverband der deutschen evangelischen Kranken- und Pflegeanstalten im „Reichsverband der freien gemeinnützigen Kranken- und Pflegeanstalten Deutschlands", wie er fortab hieß, an die Stelle des Kaiserswerther Verbandes treten konnte. Nach der neuen Satzung entsandte der Gesamtverband vier Vertreter – darunter seinen Vorsitzenden Thiel und seinen Geschäftsführer Harmsen – in den 15köpfigen Vorstand des Reichsverbandes.

So war innerhalb weniger Jahre auf dem Feld der geschlossenen Gesundheitsfürsorge ein engmaschiges Netzwerk von Fach- und Dachverbänden entstanden. Im Mittelpunkt dieses Netzwerks standen Johannes Thiel – als Direktor des Kaiserswerther Verbandes, Vorsitzender des DEKV, Obmann der Fachgruppe IV des CA, Vorsitzender des Arbeitsausschusses des Gesamtverbandes, Erster Vorsitzender des Reichsverbandes und Mitglied im Präsidium der Deutschen Liga der freien Wohlfahrtspflege – und mehr noch Hans Harmsen, der in Personalunion die Leitung des Referats Gesundheitsfürsorge im CA und die Geschäftsführung des DEKV und des Gesamtverbandes in seiner Hand vereinigte und auch im Vorstand des Reichsverbandes Sitz und Stimme hatte. Um die Einflußmöglichkeiten auszuloten, die Harmsen zu Gebote standen, muß man sich vergegenwärtigen, wie weitgespannt seine Aufgaben als ärztlicher Referent des CA waren. Er leitete u. a. die „Fachkonferenz für Eugenik", den „Ausschuß für Sexualethik" und den „Internationalen Ausschuß für Familien- und Bevölkerungsfragen" im „Internationalen Verband für Innere Mission und Diakonie". In zahlreichen Arbeitsgruppen und politischen Gremien vertrat Harmsen den CA, so im „Evangelischen Arbeitskreis für Sexualethik", in der „Berufsgenossenschaft für Gesundheitsdienst und Wohlfahrtspflege", im Reichsgesundheitsamt, im Preußischen Landesgesundheitsrat, in zahlreichen gesundheitsfürsorgerischen Fachverbänden und Kommissionen. Er war Begründer und Herausgeber verschiedener Zeitschriften – neben dem Verbandsorgan des DEKV „Gesundheitsfürsorge – Zeitschrift der evangelischen Kranken- und Pflegeanstalten" sind hier „Dienst am Leben", die „Blätter zur Fortbildung im Krankendienst und in der Gesundheitsfürsorge" und das „Archiv für Bevölkerungspolitik, Sexualethik und Familienkunde" zu nennen. In der Verbandszeitschrift „Rundschau der I.M." bearbeitete er die Rubrik „Gesundheitsfürsorge".

In der Fortbildungseinrichtung „Evangelischer Gesundheitsdienst" des CA und im „Institut für Sozialethik und Wissenschaft" der Inneren Mission hielt er Seminare und Kurse über gesundheits- und bevölkerungspolitische

Fragen ab.[45] Für den DEKV hatte die Ämterfülle seines Geschäftsführers einen positiven Effekt, wurde er auf diese Weise doch sogleich in das dichte Netz von Institutionen, Gruppen und Personen fest eingebunden, das auf dem Feld der geschlossenen Gesundheitsfürsorge tätig war. Ohne nennenswerte Anlaufschwierigkeiten rückte der DEKV auf diesem Arbeitsfeld bald in eine zentrale Position.

---

[45] Schleiermacher, Sozialethik, S. 147 f.

3. Der DEKV in der Weimarer Republik (1926–1932)

Schon in der Gründungsphase entfaltete der DEKV eine rege Tätigkeit. Binnen kurzem gelang es ihm, sich im Umgang mit Behörden und Verbänden als Interessenvertretung der evangelischen Krankenhäuser zu etablieren. Er besetzte eine Vielzahl von Arbeitsfeldern, sammelte statistisches Material, verbreitete Informationen, schuf organisatorische Plattformen, veranstaltete Konferenzen und Kurse und entwickelte sich zu einem *think tank*, der neue Ideen und Konzepte auf dem Feld der evangelischen Gesundheitsfürsorge entwickelte und Impulse zur Fortentwicklung des evangelischen Krankenhauswesens gab. Der DEKV arbeitete effektiv, obwohl – oder weil? – er in der Anfangsphase kaum mehr war als ein Ein-Mann-Betrieb. Hans Harmsen war zweifellos die zentrale Figur. Die über die Person des Geschäftsführers hergestellte Verzahnung zwischen dem DEKV, dem Gesamtverband und dem Referat Gesundheitsfürsorge im CA trug entscheidend dazu bei, daß der DEKV sich ohne große Anlaufschwierigkeiten einen festen Platz im Wohlfahrtsstaat von Weimar sicherte. Der Arbeit Harmsens war es auch zu verdanken, daß der noch junge Verband die durch den Devaheim-Skandal verursachte existentielle Krise der Inneren Mission unbeschadet überstand. Daß die Verbandsarbeit ganz auf die Person Harmsens zugeschnitten war, barg jedoch auch Gefahren in sich, geriet der DEKV durch die Arbeitsschwerpunkte seines Geschäftsführers doch am Ende der Weimarer Republik in das Fahrwasser der eugenischen Bewegung.

3.1 „War Lukas ein schlechterer Evangelist, weil er Arzt war?" Der DEKV und die „Ärztefrage"

Seit dem ausgehenden 19. Jahrhundert mußten sich die konfessionellen Krankenhäuser zusehends einer neuen, von außen kommenden Berufsgruppe öffnen: den *Ärzten*. Die Ärzteschaft war zu dieser Zeit dabei, ihre berufliche Lage, ihren sozialen Status und ihre wirtschaftlichen Verhältnisse in einem konfliktgeladenen Professionalisierungsprozeß zu konsolidieren. Die Ärzte, die in katholische oder evangelische Krankenhäuser eintraten, brachten daher spezifische professionelle Interessen mit, die sie auf Anstaltsebene durchzusetzen versuchten. Diese Interessen lassen sich in fünf Punkten zusammenfassen:

– *Erweiterung beruflicher Autonomie*
  Hier ging es der Ärzteschaft vor allem darum, sich Handlungsspielräume gegenüber den geistlichen Vorständen und den Wirtschafts- und Verwaltungsfachleuten zu erschließen – an eine ärztliche Anstaltsleitung, wie man sie in staatlichen Einrichtungen anstrebte, war in den konfessionellen Krankenhäusern nicht zu denken.
  Legitimiert wurde der Anspruch auf berufliche Autonomie durch die Berufung auf das medizinische Expertenwissen und ein spezifisch ärztliches Berufsethos.
– *Materielle Sicherung*
  Die berufliche Autonomie sollte auch materiell abgesichert werden. Einerseits strebten die Ärzte eine beamtenähnliche Stellung mit festen Dienstverträgen, unbefristeter Anstellung, Pensionsansprüchen und einem Gehaltsniveau an, das ihnen eine „standesgemäße Lebensführung" ermöglichte. Andererseits waren sie an einer Ausweitung der Privatliquidation interessiert. Die sich daraus ergebende Zwitterstellung zwischen Beamtentum und freiberuflicher Tätigkeit entwickelte sich zu einer Quelle ständiger Konflikte.
– *Vereinheitlichung des Qualifikationsprofils*
  Das Bestreben der Ärzte mußte dahin gehen, sich in die Rekrutierung des ärztlichen Nachwuchses aktiv einzuschalten und ein möglichst hohes Qualifikationsniveau durchzusetzen, um ihre Position als unabhängige Funktionselite mit exklusivem Expertenwissen zu festigen.
– *Durchsetzung des ärztlichen Behandlungsmonopols gegenüber anderen in den konfessionellen Krankenhäusern tätigen Berufsgruppen*
  Einen der Hauptkonfliktpunkte bildete die Frage, inwieweit Ordensschwestern und -brüder, Diakonissen und Diakone der ärztlichen Weisungsbefugnis unterworfen sein sollten.
– *Anerkennung des medizinischen Konzepts von Krankheit und Behinderung*

Bei der Durchsetzung dieser Interessen wurden die Ärzte in den konfessionellen Krankenhäusern nicht nur von den ärztlichen Berufsverbänden, sondern auch vom Staat unterstützt, der seit den 1890er Jahren kontrollierend und normierend in den Bereich der karitativen Anstalten eingriff. Dies barg ein erhebliches Konfliktpotential in sich, lagen die professionellen Interessen der Ärzteschaft doch teilweise quer zur angestammten Aufgabenstellung und Zielsetzung von Diakonie und Caritas. Die Integration der Ärzteschaft bildete mithin ein *strukturelles Problem*, das sich in allen konfessionellen Krankenhäusern stellte, auf evangelischer wie auf katholischer Seite, und das daher nicht nur auf der Anstalts-, sondern auch auf der Verbandsebene angegangen wurde.

Die Ärztefrage hatte, wie oben erwähnt, bereits im Jahre 1910 den Anstoß zur Gründung der „Freien Vereinigung der katholischen Krankenhausvorstände Deutschlands" gegeben. Am 12. Oktober 1920 wurden zwischen dem „Verband der Krankenhausärzte Deutschlands", der sich unter dem Dach des „Leipziger Verbandes" (auch „Hartmannbund" genannt) formiert hatte, und dem „Verband Katholischer Kranken- und Pflegeanstalten Deutschlands", wie er seit 1919 hieß, erstmals Chefarztrichtlinien für die katholischen Krankenhäuser vereinbart. Diese Übereinkunft wurde aber schon 1922 vom preußischen Wohlfahrtsministerium ausgehebelt, das ohne Absprache mit den freigemeinnützigen Krankenhausverbänden neue, von den Ärztekammern ausgearbeitete Richtlinien erließ. Daraufhin setzten langwierige Verhandlungen ein, in die sich auch der Reichsverband der privaten gemeinnützigen Kranken- und Pflegeanstalten Deutschlands einschaltete. Es kam jedoch abermals zu einem katholischen Alleingang. Unter Vermittlung des preußischen Wohlfahrtsministeriums vereinbarte der katholische Krankenhausverband – unter dem Vorbehalt der Genehmigung durch die Fuldaer Bischofskonferenz – am 28. September 1923 mit dem Krankenhausärzteverband neue Chefarztrichtlinien, die für die Ärzteschaft deutlich günstiger ausfielen. Während der Kaiserswerther Verband, der Verband der Krankenpflegeanstalten vom Roten Kreuz und der Fünfte Verband den neuen Richtlinien zustimmten, wartete der Bund der Jüdischen Kranken- und Pflegeanstalten Deutschlands mit seiner Stellungnahme ab, und auch die katholische Bischofskonferenz zögerte mit ihrer Genehmigung. Als daher der preußische Wohlfahrtsminister die Richtlinien am 30. April 1924 ohne Rücksprache mit den freigemeinnützigen Krankenhausverbänden öffentlich bekanntgab, stellte der Reichsverband klar, daß er sich nur vorbehaltlich der Zustimmung seiner Mitgliedsverbände über die Annahme der Richtlinien geäußert habe. Scharfe Kritik an den neuen Richtlinien kam vor allem von den überkonfessionellen, gleichwohl katholisch dominierten Krankenhauszweckverbänden im Raum Köln. Hauptkonfliktpunkte waren die Anstellungsdauer – die Richtlinien von 1924 sahen eine mindestens fünfjährige Laufzeit der Chefarztverträge vor, eine vorzeitige Auflösung oder eine Nichtverlängerung des Vertragsverhältnisses sollte nur bei Vorliegen wichtiger Gründe zulässig sein – und die Vertretung des Chefarztes im Krankenhausvorstand – nach den neuen Richtlinien sollte dem Chefarzt Sitz *und Stimme* im Vorstand eingeräumt werden. Unter dem Druck der Kölner Krankenhauszweckverbände bestand der Reichsverband darauf, neu zu verhandeln. Über Jahre hinweg traten die Gespräche auf der Stelle. Auf die Kölner Linie einschwenkend, sprach sich der Reichsverband schließlich im April 1928 dafür aus, die Chefarztverträge auf drei bis fünf Jahre zu befristen und den Chefärzten in den Vorständen eine *nur beratende* Stimme einzuräumen.[1]

Als der DEKV im Jahre 1926 die Bühne betrat, herrschte mithin ein vertragsloser Schwebezustand. Die ungelöste Ärztefrage dürfte ein wesentliches Motiv dafür gewesen sein, einen schlagkräftigen evangelischen Krankenhausverband überhaupt erst zu schaffen. Sie stellte jedenfalls das erste Arbeitsgebiet dar, auf dem der DEKV tätig wurde. Schon bei der Gründungsversammlung hatte der Bochumer Rendant Nau den Auftrag erhalten, zur konstituierenden Sitzung des Vorstandes am 12. Mai 1926 eine Vorlage zur Formulierung eigener Chefarztrichtlinien zu erarbeiten.[2] Da Nau erkrankte, legte Pastor Bockamp dem Vorstand den ersten Entwurf eines Anstellungsvertrages vor. Bei dieser Gelegenheit gab der Vorstand seine Meinung zu Protokoll,

> „daß unser Verband nur in Verbindung mit dem Reichsverband in Verhandlungen mit dem Verband der Chefärzte eintreten soll, daß wir aber doch zunächst für unsere besonderen Verhältnisse, in denen der Arzt nicht so sehr in den Vordergrund tritt, Richtlinien zu schaffen suchen, und zwar im Anschluß an die ministeriellen Richtlinien und die dazu getroffenen Ausführungsbestimmungen."

Rendant Nau und Pastor Schulte sollten Material sammeln, um „dann in ähnlicher Weise, wie es auf katholischer Seite geschehen ist, Richtlinien zu entwerfen"[3] – eine Aufgabe, die sie umgehend in Angriff nahmen.[4] In der neu gegründeten Geschäftsstelle des DEKV gingen derweil zahlreiche Bitten evangelischer Krankenhäuser um Nachweis geeigneter Ärzte ein. Dies führte zur Einrichtung einer ärztlichen Stellenvermittlung, die regen Zuspruch fand. 1927 wurde ein 470 Namen umfassendes Kataster der leitenden Ärzte der evangelischen Krankenanstalten aufgestellt.[5] Über die Stiftung einer konfessionell geprägten Gruppenidentität hinaus ging es dem DEKV darum, die Spannungen zwischen der geistlichen Leitung und der Ärzteschaft in den evangelischen Krankenhäusern abzubauen. „Die Lösung der Ärztefrage ist für unser Anstaltswesen von entscheidender Bedeutung", hielt der Vorstand des DEKV im März 1928 fest. „Die große Bedeutung aber, die der Ärztestand für Gedeihen oder Verderb unserer Anstalten der Inneren Mission hat, macht eine Bearbeitung dieser Probleme seitens des Vorstandes nötig."[6]

---

[1] O. v. Holbeck, Richtlinien für die Anstellung von hauptamtlich angestellten Ärzten (Chefarztrichtlinien). Eine Rückschau 1922–1937, ADCV, R 334.
[2] Thiel an Nau, 25.4.1926, ADW, CA/G 95.
[3] Prot. der Vorstandssitzung am 12.5.1926, ADW, CA/G 96.
[4] Rs. Pastor Schulte an alle evangelischen Krankenhäuser, 17.5.1926, ADW, CA/G 95.
[5] Mitteilungen des Deutschen Evangelischen Krankenhausverbandes 1. 1927, S. 160–183.
[6] Prot. der Vorstandssitzung am 28.3.1928, ADW, CA/G 99.

In diesem Zusammenhang betrieb Hans Harmsen eine handfeste Interessenpolitik im Sinne der Ärzteschaft. Nachdem bei einer Zusammenkunft evangelischer Chefärzte in Essen im Mai 1928 angeregt worden war, einen *Evangelischen Ärztetag*[7] zu veranstalten, ergriff Harmsen die Initiative und nahm die Planungen in die Hand. Als Veranstaltungsort faßte er Bethel ins Auge, da hier, wie er meinte, „die Frage bis zu einem gewissen Grade sehr günstig gelöst"[8] sei. Harmsen sicherte sich die Unterstützung Pastor Erich Meyers, des geistlichen Vorstehers der Westfälischen Diakonissenanstalt Sarepta, sowie der leitenden Ärzte von Sarepta, des Internisten Dr. Hanns Löhr, des Chirurgen Dr. Richard Wilmanns und des Psychiaters Dr. Johannes Hobohm.

In einem Brief an Pastor Fritz v. Bodelschwingh, den Vorsteher der v. Bodelschwinghschen Anstalten, begründete Harmsen die Notwendigkeit eines Evangelischen Ärztetages.[9] Zunächst warnte er eindringlich vor der katholischen Konkurrenz:

> „Seitens der Caritas wird eine sehr zielbewußte Ärztepolitik getrieben, die darauf hinausgeht, sich eine vom Klerus und der Kirche völlig abhängige Ärzteschaft zu schaffen. Mittel und Weg zur Erreichung dieses Ziels ist die Ausbildung eines Ärztestammes in den katholischen Orden, sowie durch Hergabe von Stipendien und Unterstützungen im Anschluß an die katholischen Vereinsorganisationen. Die Caritaszentrale hat eine sehr zielbewußt arbeitende Stellenbesetzung und Stellenvermittlung."

Auf dem Caritastag von 1928 sei unumwunden die Hoffnung geäußert worden,

> „daß sich im Hinblick auf die Abtreibungsfrage der Standpunkt der Ärzteschaft mehr und mehr der katholischen Kirchendogmatik nähere und wohl bald mit ihr ganz in Übereinstimmung kommen würde. Ich habe auch mehrfach die Erfahrung gemacht, daß katholische Anstaltsärzte über gewisse Fragen einfach keine eigene Meinung haben dürfen und dies offen aussprechen. Als Entgelt dafür haben sie eine gesicherte Existenz und ein gutes Fortkommen."

Nach dieser Warnung vor einem Organisationsvorsprung auf katholischer Seite entwickelte Harmsen sein eigenes Konzept:

---

7 Dazu auch: H.-W. Schmuhl, Der Evangelische Ärztetag in Bethel 1928, in: M. Benad u. R. van Spankeren (Hg.), Traditionsabbruch, Wandlung, Kontinuitäten (= Forum Diakonie 23), Münster 2000, S. 33–40; ders., Theologen und Ärzte in Bethel, in: F. Schophaus (Hg.), Epileptologie und Seelsorge im Epilepsie-Zentrum Bethel, Bielefeld 2000, S. 12–20.
8 Harmsen an Löhr, 12.6.1928, ADW CA/G 728. Zum Hintergrund: H.-W. Schmuhl, Ärzte in der Anstalt Bethel, 1870–1945, Bielefeld 1998; ders., Ärzte in der Westfälischen Diakonissenanstalt Sarepta, 1890–1970, Bielefeld 2001.
9 Kopien gingen an Thiel, Cremer, Steinweg, Ohl, D. Stahl, Mitglied im CA für die IM und wenig später in den Arbeitsausschuß der Fachgruppe IV des CA gewählt, sowie Pastor Martin Niemöller, Geschäftsführer der IM in Westfalen.

> „Ich halte es für unmöglich, daß auf evangelischer Seite eine gleiche Politik auch nur versucht wird, weil das im Innersten der evangelischen Auffassung widerspricht, und ich bedaure deshalb im Interesse unseres Anstellungswesens ganz besonders die oft sehr einseitige Einstellung von Pastoren gegenüber Chefärzten, wie sie in unseren Anstalten nicht allzu selten ist. Die einzige Grundlage für eine wirklich innerliche Entwicklung unseres in seinem Bestande ernst gefährdeten Anstaltswesens kann ich nur darin sehen, daß wir zu einer starken inneren Arbeitsgemeinschaft zwischen geistlicher, ärztlicher und verwaltungstechnischer Leitung kommen auf Grundlage einer gegenseitigen Anerkennung und eines gegenseitigen Verstehens."

In dieser Richtung, so Harmsen weiter, sei bislang wenig geschehen, und Verhandlungen über Einzelfragen wie die Abgrenzung der Arbeitsfelder oder die Gestaltung der Anstellungsverträge hätten „zu schweren inneren Spaltungen" geführt. Harmsen ging es also deutlich erkennbar darum, die Position des Chefarztes in der Hierarchie der evangelischen Kranken- und Pflegeanstalten zu stärken. Diesen Kurs versuchte er Fritz v. Bodelschwingh schmackhaft zu machen, indem er abschließend, ganz im Sinne der in Bethel und Sarepta verfolgten Rekrutierungspolitik, auf die Bedeutung einer konfessionell gebundenen Ärzteschaft abhob:

> „Ich habe im Laufe der letzten 1 1/2 Jahre sehr ausgiebig die Gelegenheit gehabt, Krankenhäuser und auch andere Anstalten zu besuchen und habe zu meiner Freude feststellen können, daß gerade unter unseren Ärzten zum Teil ein großes Verständnis für die innere und äußere Notwendigkeit für die Arbeit unserer Inneren Mission besteht. Hier gilt es diese Kräfte so stark zu machen, daß sie einen Einfluß auf die anderen Kollegen ausüben können. Es fehlt ja bisher an genügender Erfahrung und Beziehung. Diese herzustellen soll die Aufgabe des evangelischen Ärztetages sein".[10]

Am 8./9. September 1928 kamen 45 Chef- und Oberärzte aus allen Teilen Deutschlands – von Baden bis Schlesien – zum Evangelischen Ärztetag in Bethel zusammen.[11] Die Vorträge kreisten im wesentlichen um die Stellung des Arztes in den evangelischen Kranken- und Pflegeanstalten, wobei zwei Ebenen in den Blick genommen wurden: *erstens* die Konflikte zwischen Theologen und Medizinern, die sich aus der ungelösten Frage der Leitungsstrukturen ergaben, *zweitens* die Spannung zwischen dem medizinischen und dem theologischen Krankheitskonzept, die in den Rollen des Arztes und des Seelsorgers zum Ausdruck kamen.

Dr. Johannes Schlaaff, Chefarzt des Evangelischen Krankenhauses in Lippstadt, referierte eingangs über „Bedeutung und Aufgaben unserer evangelischen Krankenhäuser". Wie von Harmsen bereits im Vorfeld ange-

---

10 Harmsen an v. Bodelschwingh, 26.6.1928, ADW, CA/G 728.
11 Evangelischer Ärztetag in Bethel, in: Mitteilungen des Deutschen Evangelischen Krankenhausverbandes 2. 1928, S. 15f.; Ärztetagung der Chef- und Oberärzte evangelischer Krankenhäuser in Bethel am 8. und 9. September 1928, in: Mitteilungen des Deutschen Evangelischen Krankenhausverbandes 2. 1928, S. 190 ff.

kündigt, richtete er „z. Tl. sehr scharfe Angriffe gegen die Art der Verwaltung und manche Auswüchse in den Mutterhäusern".[12] Anschließend hielt Dr. Richard Wilmanns einen Vortrag über „Direktion, Arzt, Verwaltung und die Grundlagen einer reibungslosen Zusammenarbeit". Dabei nahm er implizit immer wieder Bezug auf das *Modell Bethel*. Doch konnte, wer auf die Zwischentöne achtete, auch aus Wilmanns Vortrag die eine oder andere Anspielung auf latente Spannungen und offene Konflikte in den v. Bodelschwinghschen Anstalten heraushören:

> „Mancher Arzt, der jetzt als ‚Fremdkörper' im Krankenhaus empfunden wird, weil er sich nicht dogmatisch bindet und darum von der Mitarbeit ausgeschlossen wird, würde aufhören ein Außenseiter zu sein ..., wenn ihm Gelegenheit zur Mitarbeit geboten würde."[13]

Schlaaff ging in seinem Beitrag auf die Spannung zwischen Naturwissenschaft und Theologie ein, die der Frontstellung zwischen Ärzten und Pfarrern zugrundelag. Er betonte,

> „daß die Ärzte im allgemeinen gar nicht so schlechte Christen sind, jedoch muß ihnen der Theologe auch eine gewisse Gedankenfreiheit konzedieren. Die Naturwissenschaften schaffen nun einmal leicht einen gewissen Gegensatz zu manchem Herkömmlichen in der Bibel, und eine oberflächliche Beschäftigung mit naturwissenschaftlichen Dingen führt meines Erachtens immer von Gott fort. Wer sich indes der Mühe unterzieht, den Dingen tiefer auf den Grund zu gehen, wird erkennen, daß tatsächlich gar keine Differenz besteht."

Von den evangelischen Ärzten verlangte Schlaaff, „Ärzte des Leibes und der Seele" zu sein – bemerkenswerterweise mit ausdrücklichem Verweis auf die Psychoanalyse:

> „War nicht Christus der beste Psychoanalytiker? ... Wir Ärzte sollten lernen, nicht Krankheiten zu behandeln, sondern kranke Menschen. ... Seien wir uns unserer Aufgabe immer bewußt, *Ärzte und Seelsorger* gleichzeitig sein zu müssen, dann haben wir das Recht, uns auch *evangelische Ärzte* nennen zu dürfen. Oder war Lukas ein schlechterer Evangelist, weil er Arzt war?"[14]

Das hier thematisierte Problemfeld dürfte auch das Leitmotiv der Vorträge von Dr. Hanns Löhr über „Wissenschaftliche Arbeit als Grundlage des beruflichen Wachsens" und von Dr. Wilhelm Philipps, Eckardtsheim, über

---

12 Harmsen an Löhr, 3.9.1928, ADW, CA/G 728.
13 R. Wilmanns, Direktion, Arzt, Verwaltung und die Grundlagen einer reibungslosen Zusammenarbeit, in: Mitteilungen des Deutschen Evangelischen Krankenhausverbandes 3. 1929, S. 19–21, Zitat S. 21.
14 J. Schlaaff, Bedeutung und Aufgaben unserer evangelischen Krankenhäuser, in: Mitteilungen des Deutschen Evangelischen Krankenhausverbandes 2. 1928, S. 166–174, Zitate S. 172 ff. (Hervorhebungen im Original).

„Seelisch-geistige Charakterologie verschiedener Krankheitsgruppen" gewesen sein. Auch Pastor Paul Tegtmeyer von der Westfälischen Diakonenanstalt Nazareth griff es auf, als er am Sonntagvormittag die Festpredigt in der Zionskirche hielt. Er sprach über Matth. 10, Vers 7–8 „Gehet hin und predigt und sprecht: Das Himmelreich ist nahe herbeigekommen und macht die Kranken gesund" und stellte die beiden Fragen: „Was ist ein evangelischer Arzt, und was ist evangelische Heilkunst?" in den Mittelpunkt seiner Predigt. Der – wohl von Harmsen verfaßte – Tagungsbericht vermerkte zu diesem Gottesdienst:

> „Das eigenartige Milieu des Gottesdienstes in Zion, wo neben Gesunden ganze Reihen von Fallsüchtigen dem Worte Gottes lauschten, und die altlutherische Form der Liturgie, die Chöre der Epileptischen und das gemeinsam gesprochene Gebet waren von tiefem Eindruck."[15]

Hinter den Kulissen des Evangelischen Ärztetages ging es freilich um konkrete Interessenpolitik: Die Frage der Chefarztrichtlinien stand auf der Tagesordnung. Sie wurde allerdings unter Ausschluß der Öffentlichkeit bei einem geselligen Beisammensein im Hause Löhrs am Abend des 8. September besprochen, denn – wie Harmsen schon im Vorfeld der Veranstaltung an Löhr geschrieben hatte: „Das Thema selbst erwähnen wir zweckmäßigerweise nach außen hin nicht, um nicht unnötige Angriffe bestimmter Gruppen zu erzeugen."[16] Prof. Hans Burghart, Chefarzt der Inneren Abteilung des Elisabeth-Kranken- und Diakonissenhauses Berlin und ärztlicher Vertreter im Vorstand des DEKV, brachte die versammelten Ärzte auf den neuesten Stand. Harmsen hatte eine Erhebung über die Stellung der leitenden Ärzte in den evangelischen Anstalten durchgeführt, deren Ergebnisse er in Bethel inoffiziell präsentierte. Sie besagte, daß nur zwei Drittel der leitenden Ärzte in den evangelischen Anstalten einen Vertrag hatten. Nur 15% waren lebenslänglich angestellt. Immerhin 80% hatten einen Sitz mit beschließender Stimme im Kuratorium oder im Vorstand ihres Krankenhauses, 10% hatten lediglich eine beratende Stimme, 10% waren in den Leitungsgremien überhaupt nicht vertreten.[17] Die Umfrage hatte übrigens, wie Harmsen in einem Brief an Löhr vertraulich mitteilte, ergeben, daß mehrere evangelische Krankenhäuser einen katholischen Chefarzt hatten und daß eines überhaupt nur katholische Ärzte beschäftigte.[18]

---

15 Ärztetagung der Chef- und Oberärzte evangelischer Krankenhäuser in Bethel am 8. und 9. September 1928, in: Mitteilungen des Deutschen Evangelischen Krankenhausverbandes 2. 1928, S. 191 f.
16 Hans Harmsen an Löhr, 3.9.1928, ADW, CA/G 728.
17 Die vertragliche Stellung unserer Chefärzte, in: Mitteilungen des Deutschen Evangelischen Krankenhausverbandes 3. 1929, S. 34 f.
18 Harmsen an Löhr, 17.7.1928, ADW, CA/G 728.

Im Oktober 1928 sollten im Reichsverband der freien gemeinnützigen Kranken- und Pflegeanstalten Richtlinien zur Gestaltung von Chefarztverträgen verabschiedet werden. Der DEKV hatte bis dahin die Beschlußfassung über den vorliegenden, aus der Feder des Rechtsanwalts Dr. Alexander Philippsborn, des Geschäftsführers des Reichsverbandes, stammenden Entwurf, den Harmsen für „gänzlich unzureichend"[19] hielt, verhindert. In Bethel nun sollten die versammelten Chefärzte ihre Forderungen und Vorschläge zur Überarbeitung des Richtlinienentwurfs formulieren.

Wir wissen nicht, was am Abend des 8. September hinter verschlossenen Türen beraten wurde. Harmsen äußerte kurz nach dem Evangelischen Ärztetag gegenüber Löhr seine Enttäuschung – die Tagung sei „nicht in allen Punkten restlos befriedigend" gewesen, immerhin sei „ein sehr wertvoller Anfang"[20] gemacht. Freilich wurde – wohl anders, als ursprünglich vorgesehen – kein weiterer Evangelischer Ärztetag mehr abgehalten.

Am 3. Oktober 1928 befaßte sich der Vorstand des DEKV mit dem Evangelischen Ärztetag in Bethel. Nach einer „sehr lebhaften Aussprache" wurde festgehalten, „daß in jedem Fall beim Arzt die rechte innere Einstellung zu der Arbeit der Anstalt vorausgesetzt werden muß. Eine wirkliche Mitarbeit des Chefarztes ist aber nur bei voll verantwortlicher Stellung möglich, so daß es sich überall empfiehlt, dem Chefarzt Sitz und Stimme im Kuratorium oder Vorstand zu gewähren." Ferner sprach sich der Vorstand für eine dauerhafte Anstellung mit langen Kündigungsfristen aus, wobei jedoch die Möglichkeit einer Kündigung aus besonderen Gründen erhalten bleiben sollte. Eine Altersversorgung nach dem Muster der Staatsbeamten komme für die evangelischen Krankenhäuser nicht in Frage. Diese sollten aber, je nach ihren wirtschaftlichen Möglichkeiten, durch eine angemessene Ruhestandsversicherung zur Altersversorgung der Chefärzte beitragen. Mit Blick auf die Assistenzärzte wurde festgestellt, „daß sich der Abschluß von Tarifverträgen kaum mehr wird vermeiden lassen".[21]

Einen Tag später, am 4. Oktober 1928, legte der DEKV diese Leitlinien in einer vom Reichsverband anberaumten Sitzung dar. Die Stellungnahme des DEKV dürfte entscheidend dazu beigetragen haben, daß der Reichsverband von seinem bis dahin verfolgten harten Kurs abwich und drei Grundsätze für die weiteren Verhandlungen festlegte, die sich im wesentlichen mit den Positionen des DEKV deckten (langfristige, aber nicht lebenslängliche Anstellung des Chefarztes; Sitz und Stimme im Kuratorium; angemessener Beitrag des Krankenhauses zur Ruhestandsversorgung des Chefarztes). Die Verhandlungen über die Chefarztfrage zogen sich jedoch noch über Jahre

---

[19] Ebd.
[20] Harmsen an Löhr, 11.9.1928, ADW, CA/G 728.
[21] Prot. der Vorstandssitzung am 3.10.1928, ADW, CA/G 99.

hin.²² Vor dem Hintergrund der sich dramatisch verschlechternden Wirtschaftslage der Kranken- und Pflegeanstalten am Ende der Weimarer Republik war keine der beiden Seiten bereit, einen der vielen Richtlinienentwürfe endgültig anzunehmen. Am 4. Juli 1931 bekräftigten der Reichsverband der freien gemeinnützigen Kranken- und Pflegeanstalten Deutschlands und der „Gemeinsame Ausschuß der ärztlichen Spitzenverbände für Krankenhausarztfragen" in einer gemeinsamen Erklärung ihren guten Willen, die schwebenden Verhandlungen beschleunigt zum Abschluß zu bringen. Von einer Einigung aber war man weit entfernt. Im Gegenteil: Zu den bisherigen Streitpunkten – Anstellungsdauer, Stimmrecht im Kuratorium und Altersversorgung – kam nun ein weiterer hinzu: die Liquidationspraxis. Auch der DEKV, der den Forderungen der Ärzteschaft bis dahin recht freundlich gegenübergestanden hatte, zeigte sich nun unnachgiebig. „Die Unsicherheit der Zukunft unserer Krankenhäuser in wirtschaftlicher Lage läßt es untragbar erscheinen, gegenüber dem Verband der Ärzte weiteres Entgegenkommen in den Verhandlungen zu zeigen," gab der Vorstand am 7. August 1931 zu Protokoll. Die Forderungen der Ärzte nach unbefristeter Anstellungsdauer und großzügiger Altersversorgung wurden als überzogen zurückgewiesen. Grundsätzlich sei zudem

> „eine scharfe Trennung der verschiedenen Vertragsmöglichkeiten notwendig. Entweder entschließt man sich zu einer weitgehenden Verbeamtung des leitenden Arztes durch Gewährung einer nahezu lebenslänglichen Dauerstellung bei einem festen Gehalt, das sich durchaus mit den Bezügen höherer Verwaltungsbeamten messen kann, und weitgehender Sicherung der Pensionsversorgung und Hinterbliebenenansprüche. Dann ist eine gewisse Einschränkung auf jegliche freie Liquidation unbedingt notwendig. Wird der Arzt andererseits im Liquidationsrecht völlig freigestellt, auch in der 3. Klasse, so sind die Forderungen nach Pensionsforderung und lebenslänglicher Anstellung unberechtigt. Der Versuch, die Vorteile beider Anstellungsformen für den Krankenhausarzt durchzusetzen, wie es in den veröffentlichten Richtlinien geschehen ist, sind für unsere Anstalten untragbar".²³

Nachdem der Verband der Krankenhausärzte im Februar 1932 ohne Übereinkunft mit dem Reichsverband seine eigenen Chefarztrichtlinien veröffentlicht und der Reichsverband daraufhin die bisherigen Vereinbarungen für nichtig erklärt hatte, forderte der DEKV am 4. August 1932 die Wiederaufnahme der Gespräche und drohte, besondere Richtlinien für die evangelischen Krankenhäuser aufzustellen, falls die Verhandlungen scheitern sollten. Gleichwohl wurden die Verhandlungen erst zu Beginn des „Dritten Reiches" wiederaufgenommen und führten dann zu einer schnellen Einigung über alle strittigen Punkte.

---

22 Evangelische Gesundheitsfürsorge, S. 37 f., 64 ff.
23 Prot. der Vorstandssitzung am 7.8.1931, ADW, CA/G 99.

Auch an den Verhandlungen mit dem „Reichsverband angestellter Ärzte Deutschlands" („Leipziger Verband"), die am 11. Juni 1929 zu einem Rahmenabkommen über Tarifverträge für Assistenzärzte in konfessionellen Anstalten führten, war der DEKV maßgeblich beteiligt. Das Abkommen war vor dem Hintergrund eines starken Mangels an Assistenzärzten und Medizinalpraktikanten zustandegekommen und war dementsprechend günstig für die Ärzteschaft. Angesichts der sich dramatisch zuspitzenden Wirtschaftslage der Krankenhäuser in der Weltwirtschaftskrise schien den konfessionellen Krankenhausträgern das Abkommen schon bald nicht mehr tragbar. Der Vorstand des DEKV forderte daher am 7. August 1931 den Reichsverband auf, das Abkommen zu kündigen, und empfahl den Krankenhäusern, gemäß den Notverordnungen der Regierung Abzüge von den Assistenzarztgehältern einzubehalten. Der Reichsverband leitete daraufhin Verhandlungen mit dem Leipziger Verband ein, die aber ergebnislos verliefen, so daß der Reichsverband das Rahmenabkommen am 22. Februar 1932 aufkündigte. An einzelnen evangelischen Krankenhäusern kam es zu scharfen Tarifauseinandersetzungen, die dazu führten, daß der „Hartmann-Bund" die betroffenen Häuser auf die *Cavete*-Tafel setzte, d. h. sie für seine Mitglieder sperrte. Es gelang dem Gesamtverband jedoch, mit dem Hartmann-Bund ein *Cavete*-Abkommen abzuschließen, das diese Arbeitskämpfe entschärfte. Auch in die Verhandlungen über die Assistenzarztfrage kam erst Anfang 1933 wieder Bewegung.[24]

3.2 „DER VIERTE DIENST" – DIE ANFÄNGE DER KRANKENHAUSFÜRSORGE

Der Fürsorgedienst im evangelischen Krankenhaus bildete von Anfang an eines der wichtigsten Arbeitsfelder des DEKV. Der von dem Bostoner Arzt Dr. Richard Cabot entwickelte Gedanke der sozialen Krankenhausfürsorge hatte seit Anfang des 20. Jahrhunderts – vermittelt durch Dr. Alice Salomon – auch in Deutschland Fuß gefaßt.[25] Der „Gutachterausschuß für das öffentliche Krankenhauswesen" hatte die Idee aufgegriffen und auf einer Tagung in Bad Pyrmont im Jahre 1926 „Richtlinien für den Fürsorgedienst im Krankenhaus" verabschiedet, in denen Ziele und Zwecke der Krankenhausfürsorge klar herausgearbeitet wurden. Fürsorgedienst im Krankenhaus stand demnach für ein Bündel von Maßnahmen, die den „ärztlichen und pflegerischen Dienst am Kranken vorbereiten, begleiten und fortsetzen". Als Ziele dieser Maßnahmen wurden die „Erhöhung des

---

[24] Evangelische Gesundheitsfürsorge, S. 37, 65 f.
[25] Fs. 40 Jahre Sozialdienst im Krankenhaus 1926–1966, ADW, DEKV 86.

individuellen Wohlbefindens, Unterstützung und Ergänzung der Heilbehandlung, Förderung der sozialen Brauchbarkeit des einzelnen und Verallgemeinerung der sozialen Vorbeugung" festgeschrieben. Es handelte sich, wie man unschwer erkennen kann, um einen sozialmedizinischen Ansatz, bei dem es darum ging, die *gesellschaftliche Bedingtheit von Krankheit* im Behandlungskonzept hinreichend zu berücksichtigen und die Wiedereingliederung des Kranken in die Gesellschaft als Behandlungsziel festzulegen. Ganz leise schwingt hier aber schon ein Mißton mit, ging es doch auch um die *gesellschaftlichen Folgen von Krankheit* und wie man ihnen begegnen sollte, konkret: um die Steigerung der sozialen Brauchbarkeit des kranken Menschen und um eine sozialhygienisch orientierte Krankheitsprophylaxe. Hier wurde Sozialmedizin bereits vom Staat, von der Gesellschaft, vom Volk her gedacht. Diese dunkle Seite der Sozialmedizin trat aber auf dem Feld der Krankenfürsorge nicht weiter hervor – in der Praxis führte der Fürsorgedienst im Krankenhaus dazu, daß der Patient nicht als *Fall*, sondern als *Mensch* in seiner körperlichen, psychischen und sozialen Ganzheit betrachtet und behandelt wurde. – Für die Notwendigkeit eines zielstrebigen Ausbaus des Fürsorgedienstes im Krankenhaus hatte der Gutachterausschuß drei Gesichtspunkte geltend gemacht:

„1. Der in einer Krankenanstalt befindliche *Kranke* bekommt leicht ein Gefühl der Unpersönlichkeit in der Behandlung, wenn Fragen, die über das Arbeitsgebiet von Arzt und Pflegepersonal hinausgehen, nicht die gebührende Berücksichtigung finden. Die Trennung von dem Leben draußen erhöht in ihm das Gefühl der Hilflosigkeit. Die Sorge um seine eigene Zukunft und um das Schicksal seiner Angehörigen bedrückt ihn und verzögert die Wiederherstellung, die Unkenntnis vorhandener Wohlfahrtseinrichtungen und anderer sozialer Hilfsmittel beraubt ihn auch gesundheitlich wertvoller Möglichkeiten;
2. der *Krankenhausarzt* bedarf objektiver Angaben über die häusliche, wirtschaftliche, berufliche Vorgeschichte des Kranken, ohne die er nicht selten bei der Feststellung der Diagnose behindert und in der Behandlung beschränkt ist, während er bei Berücksichtigung des sozialen Momentes oft kausal wirken und auch auf die sozialen Folgen einer Erkrankung durch frühzeitige Inanspruchnahme aller in Betracht kommenden Möglichkeiten zum Nutzen des Kranken und der Allgemeinheit stärkeren Einfluß gewinnen könnte;
3. der *Anstaltsbetrieb* kann durch die im Fürsorgedienst gegebene Vervollkommnung der Heilbehandlung wirtschaftlicher gestaltet werden, was sich vornehmlich in Verkürzung der durchschnittlichen Aufenthaltsdauer und Vermeidung unnötiger Aufnahmen ausdrücken wird. Die offene Fürsorge muß Gelegenheit erhalten, im unmittelbaren Anschluß an den Anstaltsaufenthalt rechtzeitig und durchgreifend einzutreten, sie wird dadurch produktiver und wirkt sparend. Die Ergebnisse der individuellen Krankenbehandlung müssen möglichst lückenlos der sozialen Vor- beugung nutzbar gemacht werden, um der Verwahrlosung des Kranken und seiner Angehörigen auf gesundheitlichem, wirtschaftlichem oder erzieherischem Gebiet entgegenzuarbeiten."[26]

---

26 Zit. nach Evangelische Gesundheitsfürsorge, S. 33. Hervorhebungen im Original.

Das Aufgabenfeld der Krankenhausfürsorge war so weit abgesteckt, daß es von den sowieso schon überlasteten Ärzten, Schwestern und Seelsorgern nicht auch noch mit abgedeckt werden konnte. Zudem wurden von den auf dem Feld der Krankenhausfürsorge tätigen Kräften so vielfältige juristische, administrative, sozialfürsorgerische, psychologische, medizinsoziologische und sozialmedizinische Kompetenzen verlangt, daß eine Professionalisierung auf diesem Gebiet letztlich unumgänglich war. Dies führte zu einer Ausdifferenzierung der Berufsfelder im Krankenhaus: Neben den ärztlichen, pflegerischen und seelsorgerischen Dienst mußte ein vierter, der Fürsorgedienst, treten.

Diese Entwicklung forderte das Selbstverständnis der konfessionellen Krankenhäuser heraus, die ja von jeher den Anspruch erhoben hatten, im Geiste tätiger Nächstenliebe dem Menschen in seiner körperlichen und seelischen Ganzheit zu dienen. Doch sah mit dem Aufstieg des Wohlfahrtsstaates in der Weimarer Republik auch eine Reihe evangelischer Krankenhäuser die Notwendigkeit ein, eine besonders vorgebildete Fürsorgerin einzustellen. Den Anfang machte das Central-Diakonissenhaus Bethanien in Berlin, wo schon im Jahre 1920 eine ausgebildete Wohlfahrtspflegerin ihren Dienst aufnahm. Zwei weitere Berliner Diakonissenhäuser stellten bald darauf Schwestern für die Krankenhausfürsorge ab, und auch manche größeren evangelischen Krankenhäuser in Westdeutschland stellten Krankenhausfürsorgerinnen ein.

So war es kein Wunder, daß sich schon die erste Mitgliederversammlung des DEKV am 30. Juni 1927 eingehend mit dem Thema befaßte. Auf der Grundlage zweier Referate von Ohl und Harmsen verabschiedete die Versammlung „Richtlinien für die evangelische soziale Krankenhausfürsorge". Darin wurde die Notwendigkeit der sozialen Krankenhausfürsorge in den evangelischen Krankenhäusern ausdrücklich anerkannt. Die Organisation sollte den örtlichen Gegebenheiten angepaßt werden, grundsätzlich aber sprach sich der DEKV dafür aus, die Krankenhausfürsorge im Anschluß an eigene evangelische Krankenpflege- oder Wohlfahrtseinrichtungen durchzuführen. Zwei Modelle wurden empfohlen: Die größeren evangelischen Krankenhäuser sollten eine ausgebildete soziale Krankenhausfürsorgerin einstellen bzw. eine Schwester nach einer fürsorgerischen Nachschulung für die Krankenhausfürsorge abstellen. Die kleineren Häuser sollten die Krankenhausfürsorge an die örtlichen Evangelischen Jugend- und Wohlfahrtsdienste bzw. -ämter abgeben, die diese Aufgabe entweder der dort angestellten Fürsorgerin übertragen sollten oder aber einer anderen geeigneten Kraft, welche die evangelischen Kranken in allen in Frage kommenden Häusern betreuen sollte. In bezug auf die Ausbildung verlangte der DEKV, daß für die hauptamtlich angestellten evangelischen Krankenhausfürsorgerinnen eine Ausbildung als Wohlfahrtspflegerin anzustreben sei, daß für die von den Krankenhäusern für den Fürsorgedienst abgestellten Krankenschwestern bzw. für die ehrenamtlichen Kräfte aus der evangelischen Wohlfahrtspflege je eigene Einführungskurse und für alle in der Krankenhausfürsorge tätigen Kräfte von Zeit zu Zeit Fortbildungskurse abgehalten werden sollten. Die Geschäftsstelle des DEKV sollte einen regelmäßigen Erfahrungsaustausch in Ausbildungsfragen sicherstellen.

Um der „Gefahr einer Kommunalisierung dieses Fürsorgegebietes"[27] entgegenzuwirken, organisierten das Referat Gesundheitsfürsorge und der Kaiserswerther Verband in der Zeit vom 5. bis 31. März 1928 im Johannesstift in Spandau einen ersten Einführungskurs für evangelische Krankenhausfürsorgerinnen. 25 Schwestern aus 16 deutschen Mutterhäusern nahmen daran teil. Der Unterricht, der einem von Harmsen entworfenen Lehrplan folgte, wurde durch Besichtigungen wohlfahrtspflegerischer Einrichtungen ergänzt. „Der inneren Vertiefung dienten neben der Teilnahme an den Gottesdiensten, Andachts- und Bibelstunden des Johannesstiftes die Morgenandachten nach Berneuchner Art."[28]

Dieser erste Kurs wurde in seinen Grundzügen das Muster für viele, die im Laufe der Jahre folgten. Das Referat Gesundheitsfürsorge organisierte auch Fortbildungskurse für evangelische Krankenhausfürsorgerinnen. Hatte man anfangs befürchtet, daß die kommunalen Wohlfahrtseinrichtungen versuchen würden, die Krankenhausfürsorge an sich zu ziehen, so schuf die Weltwirtschaftskrise freie Bahn für den weiteren Ausbau der evangelischen Krankenhausfürsorge. Der DEKV wies im September 1931 darauf hin, daß „der unmittelbar bevorstehende Zusammenbruch unserer öffentlichen Gesundheitsfürsorge [...] voraussichtlich für unsere Krankenhäuser in erhöhtem Maße die Notwendigkeit ergeben [werde], selbst der fürsorgerischen Betreuung unserer Kranken vermehrte Aufmerksamkeit zuzuwenden."[29] Dementsprechend wurde die soziale Krankenhausfürsorge 1932 in das Fortbildungsprogramm für Krankenschwestern an der Evangelischen Gesundheitsfürsorgeschule aufgenommen.

3.3 Die Abendmahlsfeier im Badezimmer – Der Kampf um die Krankenhausseelsorge

Auch die Krankenhausseelsorge hatte von Anfang an ihren festen Platz im Aufgabenkatalog des DEKV. Sie stand schon auf der Tagesordnung der Gründungsversammlung am 16. April 1926. Im Anschluß an die dort geführten Gespräche richtete Pastor Schulte im Auftrag des Vorstands einen

---

27 Prot. der Vorstandssitzung am 28.3.1928, ADW, CA/G 99.
28 Evangelische Gesundheitsfürsorge, S. 35.
29 Rs. des DEKV, 17.9.1931, ADW, DEKV 106.

Aufruf an die Krankenhausseelsorger. Darin wurde an den Zusammenschluß der evangelischen Krankenhaus- und Lazarettgeistlichen erinnert, der im Ersten Weltkrieg entstanden war, eine Zeitlang regen Anklang gefunden, sich in der Inflationszeit jedoch aufgelöst hatte. Schulte regte an, diese Initiative wieder aufzugreifen und eine Konferenz evangelischer Krankenhausseelsorger zu gründen, deren Koordination von der Geschäftsstelle des DEKV übernommen werden könnte.

Die erste Mitgliederversammlung des DEKV am 30. Juni 1927, die auch von vielen Krankenhausseelsorgern besucht wurde, bot die Gelegenheit, diese Idee weiter zu beraten. Es wurde beschlossen, unter dem Dach des DEKV eine lose Vereinigung der evangelischen Krankenhausseelsorger zu gründen, in den „Mitteilungen des DEKV" eine Rubrik zur Krankenhausseelsorge zu schaffen und im Anschluß an die Tagungen des DEKV und des CA besondere Fachkonferenzen der Krankenhausseelsorger zu veranstalten. Die erste dieser Konferenzen fand 1928 am Rande des 42. Kongresses für Innere Mission in Königsberg statt. Hier wurde die „Vereinigung evangelischer Krankenhausseelsorger" offiziell aus der Taufe gehoben.

Die Sammlung der Krankenhausseelsorger unter dem Dach des DEKV geschah unter massivem Druck, war doch mittlerweile, vor allem in Berlin unter dem Einfluß des kommunistischen Dezernenten für das Gesundheitswesen in Neukölln, eine Kampagne gegen die Krankenhausseelsorge ins Rollen gebracht worden. Durch einen Magistratsbeschluß wurde den Geistlichen der Zugang zu den städtischen Krankenhäusern erschwert; in manchen Häusern durften keine Gottesdienste mehr auf den Stationen gehalten werden; die Abendmahlsfeiern wurden aus den Sälen in die Badezimmer verlegt; zu den offiziellen Weihnachtsfeiern, die keine religiöse Note haben durften, waren Geistliche nicht mehr zugelassen. Gegen diese Restriktionen legte der DEKV unter Berufung auf das in den Artikeln 135 und 118 der Weimarer Verfassung garantierte Recht auf freie Religionsausübung einen energischen Protest bei den preußischen Ministerien ein, mit dem Erfolg, daß das preußische Staatsministerium am 11. Oktober 1930 alle Einschränkungen der Krankenhausseelsorge aufhob.[30]

---

[30] Prot. der Vorstandssitzung am 28.3.1928, ADW, CA/G 99; Evangelische Gesundheitsfürsorge, S. 36 f.

3.4 Sterben Diakonissen früher?
Probleme der Schwesterngesundheitsfürsorge

Im Jahre 1928 erschien in der „Zeitschrift für das gesamte Krankenhauswesen" ein aufsehenerregender Aufsatz von Geheimrat Alter, Düsseldorf, über die Gesundheitsverhältnisse der Schwestern in den staatlichen und kommunalen Allgemeinkrankenhäusern in Deutschland. Er basierte auf einer Umfrage, die an 1.205 öffentliche Krankenhäuser gerichtet worden war, von denen 451 geantwortet hatten. Von diesen 451 Häusern waren 46 % mit Diakonissen, 20 % mit katholischen Ordensschwestern, 14 % mit freien Schwestern, 11 % mit Schwestern vom Roten Kreuz, 6 % mit Schwestern staatlicher Schwesternschaften und 3 % mit Schwestern aus mehreren Kategorien besetzt. Die Untersuchung Alters kam zu dem Ergebnis, daß die Morbidität (Erkrankungsrate) in den drei Jahren vom 1. Oktober 1923 bis zum 30. September 1926 bei den katholischen Ordensschwestern 23,49 %, bei den Diakonissen 39,6 %, bei den freien Schwestern 101,5 % und bei den staatlichen Schwestern sogar 121,36 % betragen hatte. Die geringere Morbidität der konfessionellen Schwestern hatte Alter darauf zurückgeführt, „daß bei ihnen die persönliche Hingabe an den Beruf nicht nur den subjektiven Gesundheitswillen wirksamer erhält, sondern auch zahlreiche Möglichkeiten der Gesundheitsschädigung vermeidet, denen sich die nichtkonfessionellen Schwestern durch ihre ungezwungenere Lebensweise aussetzen."[31] In bezug auf Berufsunfähigkeit und Mortalität (Sterblichkeitsrate) standen die Ordensschwestern und Diakonissen jedoch wesentlich ungünstiger da als die anderen Schwesterngruppen.

Dieser Befund alarmierte die Diakonissenmutterhäuser, wobei – neben der Sorge um die Gesundheit der Schwestern – sicher auch der drohende Imageverlust der Mutterhausdiakonie eine Rolle gespielt haben dürfte, sah es doch so aus, als würde die Arbeitskraft der Diakonissen so rücksichtslos ausgebeutet, daß sie im Durchschnitt früher starben als die freien Schwestern. Von seiten der Mutterhausdiakonie führte man die hohe Mortalität der Diakonissen dagegen auf die katastrophalen Verhältnisse zurück, unter denen sie in den öffentlichen Krankenhäusern arbeiten und leben mußten. Die von den Diakonissenmutterhäusern in eigener Regie betriebenen Krankenhäuser waren nicht in die Untersuchung mit einbezogen worden. Wäre dies geschehen, so vermutete man in Kreisen der Mutterhausdiakonie, hätte man ein ganz anderes Zahlenmaterial erhalten.

Das war eine Aufgabe für den DEKV. Er führte eine Erhebung über die Mortalität der Mutterhausschwestern im allgemeinen und der Schwestern des Kaiserswerther Verbandes im besonderen durch und gelangte dabei zu

---

[31] Evangelische Gesundheitsfürsorge, S. 39.

dem Ergebnis, daß die Sterblichkeit der Schwestern des Kaiserswerther Verbandes im Zeitraum von 1921 bis 1926 deutlich hinter dem Durchschnitt der Bevölkerung zurückgeblieben war. Stolz wies man darauf hin, daß sich die Tuberkulosesterblichkeit der Schwestern des Kaiserswerther Verbandes, die anfangs doppelt so hoch gewesen war wie die allgemeine Tuberkulosesterbeziffer, bis 1927 nahezu halbiert und an den Bevölkerungsdurchschnitt angepaßt hatte. Diese Erfolgsstatistik spiegelte die Fortschritte der Schwesterngesundheitsfürsorge wider. Ausgangspunkt war eine Erhebung über die Verbreitung der Tuberkulose unter den Schwestern, die der Kaiserswerther Verband 1924 durchführte und die, gemeinsam mit einer Erhebung des Caritasverbandes zu den katholischen Ordensschwestern, die Reichsministerien veranlaßte, erhebliche Finanzmittel für Schwestern-Lungenheilverfahren bereitzustellen. Diese Kampagne gegen die Tuberkulose gab der Schwesterngesundheitsfürsorge einen neuen Schub: Sie wurde systematisiert, die Berufskrankheiten wurden in den Blick genommen, die vorbeugende Gesundheitsfürsorge gewann an Bedeutung. Auch Hans Harmsen wurde in seiner Eigenschaft als Geschäftsführer des DEKV auf diesem Gebiet aktiv. In enger Zusammenarbeit mit dem Kaiserswerther Verband wurden Fragen erörtert wie „ärztliche Aufnahmeuntersuchung, fortlaufende Gesundheitskontrolle, Leibesübungen und Gymnastik, Unterbringung und Beköstigung, Urlaub und Freizeit, Sonderfürsorge für Nachtwachen".[32] Eine eigens für dieses Aufgabengebiet gebildete Kommission, der auch Harmsen angehörte, stellte „Leitsätze für die Schwesterngesundheitsfürsorge" auf. Im Kaiserswerther Verband und in anderen evangelischen Mutterhausverbänden wurde die Schwesterngesundheitsfürsorge intensiv behandelt. Dem DEKV fiel die Aufgabe zu, die statistische Basis zur Bearbeitung dieses Fragenkomplexes zu schaffen. Die 1928 durchgeführte Erhebung über die Morbidität und Mortalität der evangelischen Schwestern wurde Jahr für Jahr wiederholt. Dabei bestätigte sich der Befund, daß die Sterblichkeitsziffer der evangelischen Schwestern unter dem Durchschnitt der entsprechenden Alterskohorten lag. Die Mortalitätsstatistik erbrachte den Nachweis, daß nicht, wie bis dahin angenommen, die Tuberkulose die häufigste Todesursache bei den Schwestern darstellte, sondern – wie auch in der Gesamtbevölkerung – die bösartigen Erkrankungen.

---

[32] Ebd., S. 40.

3.5 Die Evangelische Gesundheitsfürsorgeschule und die Schwesternfortbildung

Die vom preußischen Minister für Volkswohlfahrt am 9. Juli 1929 erlassene staatliche Prüfungsordnung für Krankenpflegepersonen regte an, regelmäßige Fortbildungslehrgänge für das geprüfte Krankenpflegepersonal abzuhalten. In der Praxis wurde jedoch die *Fort*bildung oft genug gegenüber der *Aus*bildung vernachlässigt. Im Bereich der Mutterhausdiakonie machte sich das Bedürfnis nach Fortbildung weniger bei den als *Krankenschwestern* tätigen Diakonissen bemerkbar, die für gewöhnlich eine sehr gründliche Ausbildung hinter sich hatten und für die es auch regelmäßige Fortbildungskurse gab, in denen auch die Gesundheitsfürsorge Berücksichtigung fand. Ein dringender Bedarf an Fortbildungskursen bestand dagegen bei den *Gemeindeschwestern*. Hier ging es, „mehr noch als um die rein krankenpflegerische Fortbildung, vor allem um die Vermittlung von gesundheitsfürsorgerischen und wohlfahrtspflegerischen Kenntnissen. Eine planvolle Fortbildung auf dem Gebiet der sozialen Arbeit ist für die Gemeindeschwester heute unerläßlich". Aber auch die Krankenschwestern sollten „die Bedeutung der fürsorgerischen Maßnahmen im Rahmen der heutigen Medizin erkennen" lernen und „unter psychologischen und pädagogischen Gesichtspunkten Anleitung für ihren Umgang mit kranken Erwachsenen, Jugendlichen und Kindern"[33] erhalten. Die *leitenden und Büroschwestern* sollten darüber hinaus besondere Schulungen auf dem Gebiet der Verwaltung – Verkehr mit den Behörden, Buchführung, Selbstkostenberechnung – erhalten. Schließlich sollten alle Schwestern über die gesundheitlichen Risiken ihres Berufs aufgeklärt und zur persönlichen Gesundheitspflege angehalten werden.

Aus diesen Überlegungen heraus schuf das Referat Gesundheitsfürsorge im CA im Jahre 1930 eine evangelische Gesundheitsfürsorgeschule. Diese Schule, der ein Internat angegliedert war, fand in dem neu erbauten Haus Tabea des Central-Diakonissenhauses Bethanien in Berlin ihren Standort. Seit Mai 1931 wurden hier Fortbildungskurse abgehalten. So wurde vom 12. bis zum 20. Oktober 1931 ein Lehrgang über „Aufgaben und Arbeitsmöglichkeiten im Rahmen der Sparmaßnahmen" abgehalten, der ganz unter dem Eindruck der akuten Finanz- und Wirtschaftskrise stand. Hierbei wurden Themen wie „Strukturwandlungen im Bevölkerungsaufbau und die Zukunftsaufgaben unserer Arbeit", „Die Winterhilfe der freien Wohlfahrtspflege" und „Die Bedeutung und Organisation der nachbarlichen Hilfe" behandelt. Weitere Lehrgänge in den Jahren 1931/32 befaßten sich mit Themen wie:

---

[33] Ebd., S. 48 f. Der Fortbildung der Gemeindeschwestern diente auch die von Harmsen 1930 ins Leben gerufene Fachzeitschrift „Dienst am Leben".

- „Neuerungen auf dem Gebiet der Anstaltsverwaltung",
- „Die Alten und ihre Versorgung",
- „Fortschritte auf dem Gebiete der physikalischen Therapie" (für Röntgenschwestern),
- „Gegenwärtige Erziehungsaufgaben an gefährdeten und verwahrlosten weiblichen Jugendlichen",
- „Die gegenwärtige Lage in der Kindererholungsfürsorge und unsere Aufgabe in der Heimfürsorge"
- „Anstaltsverwaltung und Wirtschaftsführung",
- „Soziale Krankenhausfürsorge"
- „Körpererziehung, Atemgymnastik, Turnen der Schwestern".

Besonderes Gewicht legte das Fortbildungsprogramm der Evangelischen Gesundheitsfürsorgeschule auf Ernährungs- und Diätfragen. Zu diesem Zweck fanden spezielle Diätkurse unter der Leitung eines Facharztes und einer Diätlehrerin statt, in denen sich theoretische Vorträge mit praktischen Unterweisungen in der Zubereitung von Rohkost, Diäten und Schonkost in der neuen Diätküche des Krankenhauses Bethanien verbanden. Gemeinsam mit dem Kaiserswerther Verband und der Zehlendorfer Konferenz verabschiedete der Gesamtverband im Jahre 1932 Richtlinien für die Fortbildung von Diätschwestern. Diese Initiative richtete sich – wie von seiten des DEKV und des Gesamtverbandes freimütig eingeräumt wurde – gegen Bestrebungen, auf dem Gebiet der Diätausbildung einen neuen Spezialberuf mit staatlicher Anerkennung zu schaffen.

Ähnliche Verselbständigungstendenzen zeichneten sich auf dem Berufsfeld der Hebamme ab. In den 20er Jahren, als der Anteil der Krankenhausgeburten gegenüber dem der Hausgeburten sprunghaft anstieg, wurden an vielen mittleren und größeren Krankenhäusern, in denen Diakonissen arbeiteten, neue Entbindungsstationen eingerichtet oder bestehende erweitert. Der Bedarf an ausgebildeten Hebammen nahm daher stetig zu. Wollten die konfessionell gebundenen Schwesternschaften dieses Arbeitsgebiet nicht verlieren, mußte man eine Evangelische Hebammenlehranstalt ins Leben rufen. Begründet und gerechtfertigt wurde die Forderung nach einer solchen Einrichtung mit dem Argument, daß es bei der Ausbildung der Hebamme nicht nur auf die fachliche Qualifikation ankomme, sondern auch auf die Charakterbildung im Geiste der evangelischen Diakonie. Denn das für den Beruf der Hebamme notwendige Verantwortungsbewußtsein sei am ehesten dort zu finden, „wo das Amtsgewissen religiös verankert"[34] sei.

In Absprache mit den zuständigen Ministerien wurde im Jahre 1927 die Rechtslage so weit geklärt, daß gute Aussichten bestanden, die behördliche

---

34   Evangelische Gesundheitsfürsorge, S. 51.

Genehmigung zur Eröffnung der geplanten Hebammenlehranstalt zu erhalten. Weiter wurde durch eine Umfrage bei den Diakonissenhäusern festgestellt, daß es an Schülerinnen nicht fehlen würde. Die Finanzierung durch den Kaiserswerther Verband war gesichert. Verhandlungen zur Übernahme der Provinzial-Hebammenlehranstalt in Hannover nahmen einen günstigen Verlauf. Das Henriettenstift in Hannover erklärte sich bereit, die Anstalt in seine Verwaltung zu übernehmen und für den Anfang das Personal zu stellen. Völlig unerwartet scheiterte das Projekt im letzten Augenblick am Widerstand des Provinziallandtags, wo sich 1930 eine Mehrheit gegen die evangelische Sache fand.

3.6 Der Kampf um die wirtschaftliche Existenz der evangelischen Krankenhäuser

In der Weltwirtschaftskrise geriet das freigemeinnützige Krankenhauswesen in eine gefährliche Schieflage. Die Pflegesätze wurden schon seit 1928 nach unten gedrückt, wobei die Konkurrenz der hoch subventionierten kommunalen Krankenhäuser die freigemeinnützigen Krankenhäuser unter enormen Druck setzte. Am 3. Oktober 1928 beklagte der Vorstand des DEKV, daß die Pflegesätze die Selbstkosten nicht mehr deckten. Zum Beleg machte er folgende Rechnung auf: Bei einem Pflegesatz von 6,– RM betrage das Defizit pro Bett in den städtischen Krankenanstalten Berlins 4,35 RM. Insgesamt schieße die Stadt Berlin 28 Mio. RM pro Jahr zu. „Da diese Zuschußmittel der freien Wohlfahrtspflege nicht zur Verfügung stehen", so die nüchterne Schlußfolgerung des Vorstands, „muß die entstehende Spanne meist durch die Überlastung der Schwestern herausgewirtschaftet werden."[35] Der DEKV machte sich daran, Material zu sammeln, um die Höhe der öffentlichen Zuschüsse zu ermitteln, gegen die dadurch verursachte Wettbewerbsverzerrung zu protestieren und Grundlinien für eine „Planwirtschaft" im Gesundheitswesen zu entwickeln. Tatsächlich veröffentlichte der Gutachterausschuß für das öffentliche Krankenhauswesen Ende 1930 „Richtlinien für die planwirtschaftliche Zusammenarbeit von Krankenanstalten eines Bezirks", um die enormen Reibungsverluste, die sich aus dem Neben- und Gegeneinander von öffentlichen und freigemeinnützigen Krankenhäusern ergaben, zu vermindern. Aufgrund der Beratungen im Gutachterausschuß gab der Präsident des Deutschen Städtetages am 9. März 1930 eine Stellungnahme zu Möglichkeiten und Grenzen von Sparmaßnahmen im Krankenhaus ab, in der das Selbstkostenprinzip ausdrücklich anerkannt wurde – „zum mindesten sollten die Pflegesätze der kommuna-

---

35 Prot. der Vorstandssitzung am 3.10.1928, ADW, CA/G 99.

len Krankenanstalten in der Höhe der durchschnittlichen Selbstkosten der freien gemeinnützigen Krankenanstalten festgesetzt werden".³⁶ In der Praxis änderte sich dadurch aber nichts, die evangelischen Krankenhäuser litten, weil sie der Konkurrenz der öffentlichen Krankenhäuser nicht standzuhalten vermochten, an Unterbelegung, wie eine Erhebung des Gesamtverbandes vom Januar 1931 belegte. Sie ergab vor allem einen starken Rückgang der durchschnittlichen Belegung, und zwar bei 50 % der Krankenhäuser, 83 % der Kindererholungsheime, 70 % der Krüppelanstalten, 20-25 % der Pflegeanstalten. Eine Reduktion der Pflegekosten war bei 45 % der Krankenhäuser, 40 % der Kindererholungsheime und Heilstätten, bei 50 % der Krüppelanstalten und 55 % der Anstalten für Geistesschwache festzustellen. „Besonders bedenklich ist das diktatorische Vorgehen der Landesfürsorgeverbände und Versicherungsträger, die ohne Berücksichtigung der Selbstkosten die Pflegesätze von sich aus willkürlich herabsetzen."³⁷ Die evangelischen Krankenhäuser waren daher von der ohnehin um sich greifenden Unterbelegung in besonderem Maße betroffen. Ende 1932 hatte ihre Belegung mit 56 % ihren absoluten Tiefstand erreicht.³⁸

Kein Wunder, daß die evangelischen Krankenhäuser um jeden Patienten kämpften – so auch um die *Wohlfahrtskranken*, d. h. die auf Kosten der kommunalen Wohlfahrtsämter in Krankenhausbehandlung überwiesenen Patienten. In den vom Magistrat der Stadt Berlin 1921 aufgestellten „Leitsätzen für die Überweisung von Wohlfahrtskranken an nichtstädtische Anstalten" hieß es: „Katholiken darf auf besonderen Wunsch die Aufnahme in einem katholischen, Juden in einem jüdischen Krankenhaus nicht verweigert werden."³⁹ In der Berliner Stadtverordnetenversammlung vom 18. März 1931 stellte die Fraktion der Deutschen Volkspartei den Antrag, diese Bestimmung auch auf evangelische Wohlfahrtskranke zu übertragen. Dieser Antrag wurde mit knapper Mehrheit abgelehnt. Auch der DEKV schaltete sich in die Diskussion ein. Als die Stadt Breslau die freie Krankenhauswahl für städtische Wohlfahrtskranke beschloß, hatte man einen Hebel, um die Monopolstellung der städtischen Krankenhäuser zu durchbrechen.⁴⁰ Am 16. September 1931 verfügte der Berliner Oberbürgermeister eine Ände-

---

36 Zit. nach Evangelische Gesundheitsfürsorge, S. 61.
37 Prot. der Vorstandssitzung am 7.8.1931, ADW, CA/G 99.
38 Evangelische Gesundheitsfürsorge, S. 98. 1932 hatte man auf seiten des DEKV wohl an die Gründung eines Instituts für Wirtschaftsführung unter Leitung des Wirtschaftsberaters Andreas Rapp gedacht. Dies scheiterte aber am entschiedenen Widerstand des rheinisch-westfälischen Landesverbandes, der seine weitere Mitarbeit im DEKV davon abhängig machte, „daß die absolut überflüssige Einrichtung unterbleibt. [...] Seien Sie versichert, uns fehlt nicht Herr Rapp, uns fehlen Kranke!" Nau an Harmsen, 21.7.192, ADW, CA/G 100.
39 Zit. nach Evangelische Gesundheitsfürsorge, S. 57.
40 Prot. der Vorstandssitzung am 7.8.1931, ADW, CA/G 99.

rung der Leitsätze von 1921. „Berechtigten Wünschen um Aufnahme in konfessionelle Krankenanstalten soll soweit wie möglich entsprochen werden",[41] hieß es nunmehr ganz neutral.

Vor dem Hintergrund der besorgniserregenden Unterbelegung der evangelischen Krankenhäuser ist es auch zu verstehen, daß ein Gesetzentwurf aus dem Reichsarbeitsministerium zur Änderung der Reichsversicherungsordnung im Jahre 1929 auf seiten der evangelischen Krankenhäuser für helle Aufregung sorgte. Die geplante Einbeziehung der höheren und leitenden Angestelltenschaft in die Krankenversicherung „mußte die karitativen Krankenhäuser eines großen Teiles ihrer bisherigen Selbstzahler berauben. Die erhöhten Leistungsforderungen im Vergleich zu den niedrigen Pflegesätzen mußten ihren Bestand in Frage stellen." Ferner sah der Gesetzentwurf die Bildung eines Hauptausschusses für Krankenversicherung beim Reichsarbeitsministerium vor, der zu zwei Dritteln von Arbeitnehmervertretern beschickt werden sollte. Hans Harmsen erblickte darin „den Versuch der vorwiegend marxistisch-freigewerkschaftlich eingestellten Kreise, eine völlige Diktatur [...] ihres Krankenkassenwesens zu erreichen."[42] Bei einer Anhörung im Reichsarbeitsministerium im Februar 1930, an der auch der Gesamtverband der deutschen evangelischen Kranken- und Pflegeanstalten teilnahm, forderten die Spitzenverbände der freien Wohlfahrtspflege eine angemessene Vertretung in dem geplanten Hauptausschuß – vergeblich: Durch eine Notverordnung vom 26. Juli 1931 wurde der Hauptausschuß gegründet, ohne daß die freigemeinnützigen Krankenhäuser darin vertreten gewesen wären.

Zu Konflikten mit dem Gesetzgeber kam es auch im Zusammenhang mit einem Gesetzentwurf zur Erweiterung der Unfallversicherung, der im Dezember 1928 vom Reichstag verabschiedet wurde. Dadurch wurde der Gesamtkomplex der freien Wohlfahrtspflege mit allen ihren Einrichtungen und allen ehren-, neben- und hauptamtlichen Arbeitskräften in die gesetzliche Unfallversicherung einbezogen. Sie wurden zusammen mit den Trägern der Sozialversicherung, den Ärzten, Zahnärzten, Dentisten, Hebammen u. a. zu einer besonderen Berufsgenossenschaft für Gesundheitswesen, Wohlfahrtspflege und soziale Fürsorge zusammengefaßt. Die evangelischen Interessenverbände arbeiteten darauf hin, daß die Aufwendungen für Arbeitsunfälle auf jede der in der Berufsgenossenschaft vertretene Gruppe gesondert umgelegt wurden, kam es doch, wie eine Statistik des DEKV belegte, in den Anstalten der freien Wohlfahrtspflege zu verhältnismäßig wenigen Unfällen. Dieses Ziel wurde 1929 erreicht. Gleichwohl wurden immer wieder Verhandlungen mit der Berufsgenossenschaft und dem

---

[41] Zit. nach Evangelische Gesundheitsfürsorge, S. 58.
[42] Ebd., S. 53.

Reichsversicherungsamt notwendig, weil es zu Konflikten um die Umsetzung der gesetzlichen Vorgaben kam. Langwierige Verhandlungen gab es auch über die Unfallverhütungsvorschriften, die schließlich 1932 vom Reichsversicherungsamt in Kraft gesetzt wurden. Hier hatte der DEKV entscheidend dazu beigetragen, einen tragfähigen Kompromiß auszuhandeln, der, „ohne die Anstalten untragbar zu belasten, ihren Mitarbeitern und Pflegekräften den größtmöglichen Schutz"[43] gewährte.

In den Debatten um die Unfallversicherung und -verhütung ging es dem DEKV vor allem darum, daß die eng begrenzten wirtschaftlichen Möglichkeiten der evangelischen Krankenhäuser berücksichtigt wurden. Die Überlebensfähigkeit der evangelischen Krankenhäuser hing letztlich davon ab, daß die Selbstkosten nicht weiter anstiegen, sondern – ganz im Gegenteil – möglichst noch weiter herabgesetzt wurden. Der DEKV versuchte daher, Rationalisierungsreserven im Krankenhausbetrieb auszuschöpfen. In dieser Richtung eröffnete der „Fachnormenausschuß Krankenhaus" (Fanok), der 1926 vom Gutachterausschuß für das öffentliche Krankenhauswesen gegeründet worden war, manche Möglichkeiten. Im Fanok kamen Vertreter aus Industrie und Handwerk, Anstaltsleiter, leitende Ärzte, Krankenschwestern und Verwaltungsbeamte sowie Vertreter des Wirtschaftsbundes[44] zusammen, um die planmäßige Normung der Krankenhauseinrichtung (ärztliche Instrumente, Bettwäsche, Leibwäsche und Bekleidung, Möbel, Geschirr, Krankenpflegeartikel, Formularvordrucke usw.) voranzutreiben. Hans Harmsen gehörte seit 1931 in seiner Eigenschaft als Geschäftsführer des DEKV dem Vorstand des Fanok an. Um Einsparreserven ging es auch bei der Initiative zur Erhaltung der Dispensieranstalten in den karitativen Krankenhäusern im Jahre 1931.[45]

Trotz der wirtschaftlichen Notlage verlor der DEKV auch den Krankenhausneubau nicht aus dem Auge. Mit Sorge verfolgte er die Verschärfung der nach der Inflationszeit vorübergehend gelockerten Vorschriften über Anlage, Bau und Einrichtungen von Krankenanstalten. In einem Gutachten forderte der DEKV, „daß mit Rücksicht auf die Verteuerung der Krankenhausbauten durch die allgemeine Wirtschaftslage die baupolizeilichen Anforderungen so weit herabgesetzt werden müßten, als es mit den Bedürfnissen der Hygiene irgend vereinbar sei".[46] Seit 1928 erörterte der Vorstand des DEKV die Möglichkeiten, eine *Lupus*-Heilstätte[47] und andere

---

[43] Ebd., S.52.
[44] Der 1921 ins Leben gerufene „Wirtschaftsbund der privaten gemeinnützigen Kranken- und Pflegeanstalten" (Wibu) war eine Gründung des Reichsverbandes.
[45] Evangelische Gesundheitsfürsorge, S. 54 ff.
[46] Ebd., S. 55.
[47] *Lupus erythematodes* ist eine Autoimmunerkrankung des elastischen Bindegewebes, die langfristig tödlich enden kann.

Krankenhäuser im Großraum Berlin zu bauen.[48] In seiner Eigenschaft als Geschäftsführer des DEKV gehörte Hans Harmsen zu dem Kreis von Sachverständigen, der die Gründung des „Vereins zur Errichtung evangelischer Krankenhäuser" im Februar 1929 vorbereitete. Dieser Verein stellte die Antwort der evangelischen Kirche und der Inneren Mission auf eine Initiative der katholischen Kirche dar, die in den Jahren von 1927 bis 1931 fünf neue Krankenhäuser in Berlin eröffnete. Hier zog nun die evangelische Seite nach. 1931 wurde als erstes vom Verein zur Errichtung evangelischer Krankenhäuser finanzierter Neubau das Martin Luther-Krankenhaus in Berlin-Schmargendorf eröffnet. Kurz darauf erwarb der Verein das Krankenhaus Hubertus in Berlin-Schlachtensee und wandelte es in ein „Krankenhaus des gebildeten Mittelstandes" um. Bis 1935 gründete der Verein 13 evangelische Krankenhäuser im gesamten Deutschen Reich. Harmsen war als Mitglied des Vorstands an den verschiedenen Bauprojekten maßgeblich beteiligt.[49]

3.7 „Heilfaktoren, die nichts kosten" – Die Mitarbeit des DEKV an Ausstellungen

Für die Ausstellung des Internationalen Krankenhauskongresses in Atlantic City/USA im Jahre 1929 lieferte die Geschäftsstelle des DEKV statistische Unterlagen und Bildmaterial unter dem Leitgedanken „Heilfaktoren, die nichts kosten". Für die Internationale Hygieneausstellung in Dresden 1930/31 übernahm Hans Harmsen im Rahmen der „Kulturhistorischen Schau über 100 Jahre" die Bearbeitung der Themenkomplexe „Karitative Gesundheitsfürsorge", „Fürsorge für Blinde, Taubstumm-Blinde und Taubstumme" sowie „Die karitative Schwester". Auch setzte er sich dafür ein, daß die freie Wohlfahrtspflege bei der Darstellung der Erholungs-, Heil- und Krüppelfürsorge hinreichend berücksichtigt wurde. Für die Sonderschau „Das Krankenhaus" lieferte der DEKV neben statistischem Material auch eine Reihe von Grundrissen evangelischer Krankenhäuser.[50]

---

[48] Prot. der Vorstandssitzung am 28.3.1928 bzw. 3.10.1928, ADW, CA/G 99.
[49] Evangelische Gesundheitsfürsorge, S. 56 f.
[50] Prot. der Vorstandsssitzung am 7.8.1931, ADW, CA/G 99; Evangelische Gesundheitsfürsorge, S. 56.

3.8 Die bevölkerungspolitische und „eugenetische" Neuorientierung der evangelischen Gesundheitsfürsorge (1931–1932)

Seit Mitte der 1920er Jahre wandte sich der CA für die Innere Mission mit stetig steigendem Interesse den Problemen der Sozialhygiene zu. So referierte auf dem 42. Kongreß für Innere Mission (1928) der Arzt und Sozialhygieniker Dr. Carl Coerper über Möglichkeiten der Zusammenarbeit von Medizin und Theologie auf dem Feld der Sozialhygiene. Das Referat fand, wie das Protokoll der Diskussion zeigt, große Beachtung – Sozialhygiene wurde in den Kreisen der Inneren Mission schon zu diesem frühen Zeitpunkt als „angewandte Ethik" weithin anerkannt.[51] Auf lange Sicht bedenklich war, daß die Innere Mission zu einem Konzept von Sozialhygiene tendierte, dessen Grenzen zur Bevölkerungspolitik und Eugenik/Rassenhygiene fließend waren.

Die *Rassenhygiene* entstand, als deutsche Spielart der *Eugenik*, im ausgehenden 19. Jahrhundert.[52] Ihrem Selbstverständnis nach war sie eine Wissenschaft – nämlich eine Gesellschaftswissenschaft auf naturwissenschaftlicher Grundlage. Sie hatte sich zum Ziel gesetzt, die Einflüsse sozialer Strukturen und Prozesse auf die biologische Evolution des Menschen zu untersuchen. Unter dem Gesichtspunkt des darwinistischen Selektionsprinzips erschien den Rassenhygienikern der moderne Zivilisationsprozeß als eine einzige Kette von Pyrrhussiegen. Indem etwa die moderne Medizin immer mehr Menschen am Leben erhalte, die an erblichen Krankheiten litten – so das Argument der Rassenhygieniker –, ermögliche sie es ihnen, sich immer zahlreicher fortzupflanzen. Auf diese Weise trage die Medizin gegen ihren Willen zur Ausbreitung erblicher Krankheiten bei. Charles Darwin und die frühen Sozialdarwinisten hatten dieses Problem bereits gesehen. Sie entwarfen jedoch noch kein eugenisches Programm, um den „contraselektorischen" Effekten des Zivilisationsprozesses entgegenzuwirken. Zu stark war ihr Glaube an die Selbstheilungskräfte der Natur. Zum einen spiegelte der frühe Sozialdarwinismus die zukunftsoptimistischen Wirtschafts- und Gesellschaftstheorien des Liberalismus wider, und so lange der Liberalismus *en vogue* war, galt der Fortschritt geradezu als ein Naturgesetz. Zum anderen gingen die frühen Sozialdarwinisten noch von der Vererbungslehre des französischen Naturforschers Jean-Baptiste de Lamarck aus, die eine Vererbung erworbener Eigenschaften für möglich er-

---

[51] Schleiermacher, Sozialethik, S. 150 f.
[52] Zum folgenden ausführlich – mit weiterführender Literatur – H.-W. Schmuhl, Rassenhygiene, Nationalsozialismus, Euthanasie. Von der Verhütung zur Vernichtung „lebensunwerten Lebens", 1890–1945, 2. Aufl., Göttingen 1992.

klärte. Sie meinten daher, daß Medizin, Hygiene, Körperpflege, Sport, Ernährung und Bildung die genetische Substanz der Menschheit positiv beeinflussen könnten.

Dies änderte sich, als der Liberalismus im letzten Drittel des 19. Jahrhunderts in die Krise geriet und sich gleichzeitig in der Biologie „harte" Vererbungstheorien durchsetzten – hier wirkte die von dem deutschen Zoologen August Weismann im Jahre 1885 entwickelte Keimplasmatheorie bahnbrechend. Unter ihrem Einfluß mutierte der Sozialdarwinismus zur Rassenhygiene. Auch sie setzte die Naturgesetzlichkeit des Gesellschaftsgeschehens voraus, aber sie hielt – im Gegensatz zum frühen Sozialdarwinismus – ein Abweichen der Evolution des Menschen von dem durch die Natur vorgegebenen Entwicklungspfad für möglich. Die genetische Degeneration, die vermeintlich durch die „contraselektorischen" Effekte des Zivilisationsprozesses ausgelöst wurde, erschien den Rassenhygienikern daher als eine ernsthafte Gefahr, die sich innerhalb weniger Generationen zu einer biologischen Katastrophe auszuwachsen drohte, wenn nicht energisch gegengesteuert würde. Eine solche Gegensteuerung war nach Ansicht der Rassenhygieniker nur möglich durch gelenkte Selektionsprozesse, die – über die Abwendung der unmittelbaren „Entartungsgefahr" hinaus – die Evolution des Menschen beschleunigt vorantreiben würden. Dieses Ineinandergreifen von Katastrophenszenarien und Züchtungsutopien ließ radikale Eingriffe in die gesellschaftliche „Auslese" und „Ausmerze" zwingend geboten erscheinen. Dabei hatte der einzelne Mensch – so forderten es die Rassenhygieniker – zurückzustehen hinter den Bedürfnissen der Gesamtgesellschaft, die als ein lebender Organismus höherer Ordnung begriffen wurde.

Unter dem Dach der Rassenhygiene versammelten sich um die Wende vom 19. zum 20. Jahrhundert Wissenschaftler ganz unterschiedlicher Fachrichtungen – Mediziner, Psychiater, Hygieniker, Anthropologen, Ethnologen, Zoologen, Genetiker, Sexualwissenschaftler und Soziologen –, dazu viele soziale Multiplikatoren wie Ärzte, Lehrer, Seelsorger, Juristen und Sozialbeamte. Sie schlossen sich 1910 zur Deutschen Gesellschaft für Rassenhygiene zusammen, die nach dem Ersten Weltkrieg eine rege Propagandatätigkeit entfaltete. Die Rassenhygieniker zielten auf die Durchdringung von Staat und Gesellschaft ab. Auf beiden Feldern agierten sie in den 20er Jahren mit großem Erfolg – bis zum Ende der Weimarer Republik hatte sich die Rassenhygiene mit ihrer Forderung nach einer Freigabe der Sterilisierung aus eugenischer Indikation – Kernstück des rassenhygienischen Programms – weitgehend durchgesetzt. Wer sich Ende der 20er, Anfang der 30er Jahre aus rein ethischen Motiven heraus prinzipiell gegen die Eugenik aussprach, galt damals in weiten Kreisen – zugespitzt formuliert – als ebenso weltfremd und fortschrittsfeindlich wie heute sektiererische Impfgegner. Der eugenische Konsens verlief quer durch alle politischen Fronten, von der völkischen Rechten über das Zentrum bis hin zu den Sozialdemokraten und Kommunisten. Auch in den Kirchen – in der evangelischen Kirche stärker als in der katholischen – mehrten sich die Stimmen, die das eugenische Programm positiv beurteilten. Ein günstiger Nährboden wurde geschaffen durch die „politische Theologie", eine nach dem Ersten Weltkrieg sich herausbildende Richtung innerhalb der evangelischen Kirche, die den völkischen Gedanken in das Christentum zu integrieren versuchte. Der wilhelminische Obrigkeitsstaat war in Krieg und Revolution untergegangen. „So wurde das Volk zum neuen ethischen Bezugspunkt der Theologie, wie es vordem der Thron als Inbegriff der staatlichen und gesellschaftlichen Ordnung gewesen war, und an die Stelle der alten Formel von Thron und Altar trat nun die neue Wendung von Gott und Volk."[53] Ausgangspunkt des Brückenschlages zwischen Protestantismus und Eugenik war – wie es der einflußreiche protestantische Publizist Bernard Bavink ausdrückte – die theologische Prämisse, daß Gott „nicht nur Individuen, sondern auch Familien und Berufsstände, Völker und Rassen schuf und daß deshalb diese denselben Anspruch auf Lebensförderung besitzen wie die Individuen, ja vielleicht unter Umständen einen höheren." Daraus ergab sich eine doppelte Ethik, eine sittliche Verpflichtung sowohl gegenüber den Mitmenschen als auch gegenüber den „überindividuellen Schöpfungseinheiten".[54]

Auch die Innere Mission geriet zusehends in das Fahrwasser der Rassenhygiene. In der Neubesetzung des Referats Gesundheitsfürsorge im CA kam diese Tendenz deutlich zum Tragen. Unter dem Einfluß Hans Harmsens sickerten bevölkerungspolitische und eugenische/rassenhygienische Konzepte in die evangelische Gesundheitsfürsorge ein. Sie nutzten die kontrollierenden, überwachenden und normierenden Momente von Wohlfahrtspflege aus, verschoben den Akzent von der individuellen zur kollektiven Gesundheit, von der Fürsorge zur Vorsorge und postulierten eine natürliche Ungleichheit und Ungleichwertigkeit der Menschen, die zur Grundlage einer „differenzierten Fürsorge" erklärt wurden. Diese Entwicklung wurde durch die Weltwirtschaftskrise beschleunigt vorangetrieben, da es – angesichts der drastischen Mittelkürzungen, der Senkung der Pflegesätze und des Rückgangs der Belegung – dringend geboten schien, alle Einsparpotentiale auszuschöpfen: Eine eugenisch fundierte offene

---

[53] K. Scholder, Die Kirchen und das Dritte Reich, Bd. 1: Vorgeschichte und Zeit der Illusionen 1918–1934, Frankfurt 1986, S. 125.
[54] B. Bavink, Eugenik und Protestantismus, in: G. Just (Hg.), Eugenik und Weltanschauung, Berlin 1932, S. 85–139, Zitate: S. 95, 123. Vgl. M. Schwartz, Bernhard Bavink, Völkische Weltanschauung – Rassenhygiene – „Vernichtung lebensunwerten Lebens", Bielefeld 1993.

Gesundheitsfürsorge stellte sich auch als billige Alternative zur kostenintensiven geschlossenen Fürsorge dar.

Auf Anregung des von Hans Harmsen geleiteten Ausschusses für Familien- und Bevölkerungsfragen des Internationalen Verbandes für Innere Mission und Diakonie beschloß der Vorstand des CA am 31. Januar 1931 die Gründung eines Evangelischen Arbeitskreises für Sexualethik und einer Fachkonferenz für Eugenik.[55] Gleichzeitig veröffentlichte Harmsen in der Zeitschrift „Gesundheitsfürsorge" den programmatischen Aufsatz „Bevölkerungspolitische Neuorientierung unsrer Gesundheitsfürsorge". Ausgangspunkt der Argumentation war der damals unter Demographen und Statistikern gängige Ruf nach einer quantitativen *und* qualitativen Bevölkerungspolitik. Das eigentliche Problem, so Harmsen, sei nicht der quantitative Bevölkerungsrückgang, sondern „die *Verschlechterung der Qualität, die aus der unzureichenden Vermehrung der hochstehenden, sozial leistungsfähigen Schichten und der hemmungslosen Vermehrung der untüchtigen, minderwertigen Bevölkerungsgruppen*"[56] entstehe. Auf der Grundlage dieser Argumentationsfigur stellte Harmsen die Gretchenfrage:

> „Ist das gegenwärtige System der staatlichen Wohlfahrtspflege, die heute überwiegend Minderwertigen dient, nicht zu einer Gefahr für die Erhaltung der gesunden Volkssubstanz geworden? Kann es noch als sinnvoll bezeichnet werden, daß ungewöhnlich hohe Mittel, die in keinem tragbaren Verhältnis zu den sonstigen Bedürfnissen der Gesamtbevölkerung stehen, ausschließlich der Fürsorge für Asoziale, Minderwertige und Behinderte dienen? Während unter dem Druck der Sparmaßnahmen der öffentlichen Hand heute keine Hilfsmöglichkeit mehr für die gefährdete Gesundheit des einzelnen oder der Familie besteht, im Zeichen des Abbaus der vorbeugenden Fürsorge, der Kinder- und Müttererholungsfürsorge usw., stehen für Psychopathen und Asoziale immer noch erstaunlich reiche öffentliche Mittel zur Verfügung.
> *Der freien evangelischen Liebestätigkeit erwächst heute die Aufgabe, neue Wege zu gehen.* Nur eine radikale Änderung unsrer Fürsorge kann eine *Rückkehr zur Volkswohlfahrtspflege* bringen. Voraussetzung für deren Erneuerung ist die *weltanschauliche Neuorientierung in der bewußten Bejahung der natürlichen Ungleichartigkeit der Menschen.*"[57]

Am Ende seines Aufsatzes deutete Harmsen die Aufgaben an, die aus einer solchen bevölkerungspolitischen Neuorientierung der Wohlfahrtspflege erwuchsen:

— Einsparungen beim Anstaltsbau im Bereich der „Anormalen-, Kranken-, Siechen- und Altersfürsorge". In diesem Zusammenhang be-

---

55 Ebd., S. 219.
56 H. Harmsen, Bevölkerungspolitische Neuorientierung unsrer Gesundheitsfürsorge, in: Gesundheitsfürsorge. Zeitschrift der evangelischen Kranken- und Pflegeanstalten 5. 1931, S. 1–6, Zitat S. 5. Hervorhebung im Original.
57 Ebd., S. 5. Hervorhebungen im Original.

klagte Harmsen auch die zu strengen gesetzlichen Vorschriften beim Bau neuer Krankenhäuser: „Unverantwortlich sind die palastartigen Bauten, [...] deren äußere Gestaltung oft [...] dem Geltungsbedürfnis einzelner Personen oder Gruppen diente. [...] Entwurzelt man nicht in den prunkvoll eingerichteten Anstalten viele Patienten, und macht man sie nicht unfähig, in der gewohnten beschränkten Umgebung weiterzuleben, weil sie anspruchsvoll und unzufrieden geworden sind?"[58]
– Stärkung der Selbst- und Nachbarschaftshilfe und Fortbildung der Kranken- und Gemeindeschwester zur Gesundheitsfürsorgerin;
– Einbeziehung ehrenamtlicher Helferinnen in die Fürsorge- und Pflegetätigkeit sowie Ausbau der sozialen Krankenhausfürsorge;
– Ausbau der Mütter- und Kindererholungsfürsorge sowie Förderung der evangelischen Heimstättenbewegung;
– Agitation gegen die kinderlose Ehe und Privilegierung der erbgesunden, kinderreichen Familie.

Einen Schritt weiter ging Harmsen im Mai 1931, als er zum Auftakt der Fachkonferenz für Eugenik, wiederum in der Zeitschrift „Gesundheitsfürsorge", einen weiteren programmatischen Aufsatz „Eugenetische Neuorientierung unsrer Wohlfahrtspflege" folgen ließ. Hier bezog Harmsen in der damals aktuellen Debatte um die Legalisierung der eugenisch indizierten Sterilisation eine vorläufige Position:

> „Wenn anerkannt wird, daß sich ein Volk hinaufentwickeln müsse, um bestehen zu können, dann kann die Frage nicht umgangen werden, was mit dem lebensunwerten und kranken Leben zu geschehen hat, das den Aufstieg hindert. *Und diese Frage betrifft auch unsre Wohlfahrtspflege*, die ebenso eine bevölkerungspolitische wie eugenetische Angelegenheit ist. Es muß deshalb ein Ausweg aus dem jetzigen Zustand gesucht werden, der wertloses Leben um jeden Preis zu erhalten versucht, wertvolles aber verkümmern läßt. Wir haben vor allem die *Entstehung von krankem Leben zu verhüten*. Außer der Asylierung wird es aber notwendig sein, die Frage der *freiwilligen oder auch zwangsweisen operativen Unfruchtbarmachung* mit allem Ernst zu bedenken."[59]

Damit war bereits der Rahmen abgesteckt, in dem sich die Diskussionen der Evangelischen Fachkonferenz für Eugenik bewegten, die sich vom 18. bis zum 20. Mai 1931 zu ihrer ersten Arbeitstagung in Treysa traf.[60] Das Programm umfaßte folgendes Themenspektrum:

---

[58] Ebd., S. 6.
[59] H. Harmsen, Eugenetische Neuorientierung unsrer Wohlfahrtspflege, in: Gesundheitsfürsorge. Zeitschrift der evangelischen Kranken- und Pflegeanstalten 5. 1931, S. 127–131, Zitat S. 131 f. Hervorhebungen im Original.
[60] Vgl. J.-C. Kaiser, Innere Mission und Rassenhygiene. Zur Diskussion im Centralausschuß für Innere Mission 1930–1938, in: Lippische Mitteilungen 55. 1986, S. 197–213; ders., Protestantismus, S. 316–340; Schleiermacher, Sozialethik, S. 223–236.

– „Die Notwendigkeit einer eugenischen Orientierung unserer Anstaltsarbeit" (Harmsen);
– „Die Vernichtung lebensunwerten Lebens" (weil sich zu diesem Thema kein Referent gefunden hatte, kam es hier nur zu einem Gedankenaustausch zwischen den Teilnehmern);
– „Die gegenwärtigen erbbiologischen Grundlagen für die Beurteilung der Unfruchtbarmachung" (Prof. Otmar Frhr. v. Verschuer, Humangenetiker und Abteilungsleiter am Kaiser-Wilhelm-Institut für Anthropologie, menschliche Erblehre und Eugenik);
– „Die Unfruchtbarmachung Minderwertiger nach geltendem Recht und die geforderten Abänderungsvorschläge" (Harmsen);
– „Kritische Besinnung auf die Grenzen unseres Eingreifens in das Wachsen der Natur" (Medizinalrat Dr. Carl Schneider, Chefarzt der Anstalt Bethel);
– „Möglichkeiten und Grenzen der Anstaltsarbeit" (Pastor Friedrich Happich, Direktor der Kranken- und Pflegeanstalten Hephata bei Treysa).

In der „Treysaer Resolution" wurden die Ergebnisse der Arbeitstagung publiziert. Die Konferenz hielt an der Forderung nach einer „eugenetischen Neuorientierung" der Wohlfahrtspflege und einer „differenzierten Fürsorge" fest. Die „Vernichtung lebensunwerten Lebens" wurde unter Berufung auf das Fünfte Gebot abgelehnt, ebenso die Abtreibung aus eugenischer Indikation. Die eugenisch indizierte Sterilisierung wurde dagegen mit dem Hinweis befürwortet, daß „das Evangelium nicht die unbedingte Unversehrtheit des Leibes"[61] fordere.

Bei der zweiten Arbeitstagung der Evangelischen Fachkonferenz für Eugenik, die vom 2. bis 4. Juni 1932 in Berlin tagte und sich mit den kurz zuvor vom Preußischen Staatsrat verabschiedeten Leitsätzen zur „Verminderung der Kosten für körperlich und geistig Minderwertige" auseinandersetzte, wurde eine „Ständige Kommission für eugenetische Fragen" unter Federführung des CA und des Gesamtverbandes gegründet.

Für die erste Sitzung dieser Kommission, die am 24. November 1932 in Berlin stattfand, faßte Harmsen die Ergebnisse der vorangegangenen Evangelischen Fachkonferenzen in 17 Leitsätzen über „Die Notwendigkeit eugenischer Maßnahmen, ihre Grenzen und Möglichkeiten" zusammen. Dieses Plädoyer für eine eugenisch orientierte Wohlfahrtspflege war verbunden mit einer klaren Stellungnahme gegen die Abtreibung aus eugeni-

---

[61] Die Treysaer Resolution des Central-Ausschusses für Innere Mission (1931), in: J.-C. Kaiser, K. Nowak u. M. Schwartz (Hg.), Eugenik, Sterilisation, „Euthanasie". Politische Biologie in Deutschland 1895–1945. Eine Dokumentation, Berlin 1992, S. 106–110, Zitat S. 106 f.

scher Indikation und die *Euthanasie*, die mit dem Hinweis auf „die unverbrüchliche Schöpfungsordnung" begründet wurde, die „den Schutz alles werdenden und entstandenen Lebens" verlange:

> „Es ist ein grundsätzlicher Unterschied zwischen der Verhütung der Entstehung und der Zerstörung entstandenen Lebens zu machen. Die Freigabe der Vernichtung sogenannten lebensunwerten Lebens muß mit allem Nachdruck abgelehnt werden. Die künstliche Fortschleppung erlöschenden Lebens kann ebenso ein Eingriff in den göttlichen Schöpferwillen sein wie die Euthanasie, die künstliche Abkürzung der körperlichen Auflösung."[62]

Die Sterilisierung aus eugenischer Indikation wurde dagegen nochmals befürwortet. Der Ständige Ausschuß für eugenetische Fragen stimmte denn auch dem vom Preußischen Landesgesundheitsrat am 2. Juli 1932 (unter Beteiligung Hans Harmsens[63]) erarbeiteten Gesetzentwurf zur freiwilligen Sterilisation „im Grundtenor"[64] zu, ja er schlug sogar vor, den Entwurf in zwei wesentlichen Punkten zu erweitern: Zum einen sollten neben der Methode der operativen Sterilisation auch die Röntgensterilisation und die Kastration zur Ausschaltung der Sexualität angewandt werden, weil man ein „Anwachsen der männlichen und weiblichen Prostitution befürchtete". Zum anderen sollte der Kreis der Sterilisanden auf die „Asozialen" und zur „Verwahrlosung Neigenden"[65] ausgedehnt werden, „womit der Ausschuß eine Verbindung von medizinischer und sozialer Indikation herstellte".[66]

Der Aufgabenkatalog, den Harmsen aus der Forderung nach einer bevölkerungspolitischen Neuorientierung der evangelischen Gesundheitsfürsorge ableitete, erstreckte sich auch auf manche Arbeitsfelder des DEKV: die Lobbyarbeit zur Lockerung der baupolizeilichen Anforderungen beim Neubau von Krankenhäusern, die Fortentwicklung der Schwesternfortbildung in Richtung auf die Gesundheitsfürsorge oder den Ausbau der sozialen Krankenhausfürsorge. Bei Durchsicht der Akten des DEKV fällt jedoch auf, daß die Arbeit auf diesen Feldern nicht unter dem Etikett der Bevölkerungspolitik geschah, sondern mit dem Zwang zum Sparen und der Notwendigkeit einer sozialhygienischen Erweiterung der Krankenhausarbeit begründet und gerechtfertigt wurde. Noch vorsichtiger verfuhr man bei der eugenischen Neuorientierung der evangelischen Wohlfahrts-

---

62 Zit. nach Evangelische Gesundheitsfürsorge, S. 71 f.
63 Die Eugenik im Dienste der Volkswohlfahrt. Bericht über die Verhandlungen eines zusammengesetzten Ausschusses des Preußischen Landesgesundheitsrats vom 2. Juli 1932, Berlin 1932.
64 Schleiermacher, Sozialethik, S. 238.
65 H. Harmsen, Zum Entwurf des Sterilisierungsgesetzes, in: Gesundheitsfürsorge 7. 1933, S. 1–7, Zitate S. 7.
66 Schleiermacher, Sozialethik, S. 239.

pflege. Harmsen hatte über die vielen Funktionen und Positionen, die er in seiner Hand vereinte, die Möglichkeit, Verhandlungen, die sich auf eugenische Fragen erstreckten, über die eine oder die andere Schiene laufen zu lassen. Zumeist agierte er in diesem Zusammenhang als Leiter des Referats Gesundheitsfürsorge im CA. Er brachte aber auch den Gesamtverband der deutschen evangelischen Kranken- und Pflegeanstalten ins Spiel. So erklärte sich Harmsen seitens der Geschäftsstelle des Gesamtverbandes bei der zweiten Arbeitstagung der Evangelischen Fachkonferenz für Eugenik bereit, Anstalten und Personen nachzuweisen, die ihre Erfahrungen in die „Organisation der erbbiologischen Familienforschung"[67] einbringen könnten. Den DEKV ließ Harmsen dagegen außen vor, selbst wenn es um Belange ging, die unmittelbar die Allgemeinkrankenhäuser betrafen. So ging im Jahre 1929 eine Einladung an die Vorstände des Central-Diakonissenhauses Bethanien, des Elisabeth- und des Lazarus-Krankenhauses sowie des Paul-Gerhard-Stiftes in Berlin zu einem Treffen, bei dem die Möglichkeiten zur Einrichtung von evangelischen Ehe- und Geschlechtskranken-Beratungs- und Untersuchungsstellen ausgelotet werden sollten, als Rundschreiben des Referats Gesundheitsfürsorge in die Post.[68] Ebenso verfuhr Harmsen 1931 bei einem Aufruf an die evangelischen Anstalten zur „planmäßigen Beobachtung des Seelenlebens bei der Gruppe jener Pfleglinge, die nach Ansicht von Hoche und Binding ausgemerzt werden sollen."[69] Natürlich war der Gesamtverband, in dem die evangelischen Pflegeanstalten versammelt waren, der erste Ansprechpartner in Sachen Eugenik und Euthanasie. Es hat aber auch den Anschein, als habe Harmsen die evangelischen *Kranken*häuser aus den Debatten um Eugenik und Euthanasie ganz heraushalten wollen – vielleicht fürchtete er anderenfalls einen Imageverlust der evangelischen Krankenhäuser.

---

[67] Evangelische Gesundheitsfürsorge, S. 70.
[68] Rs. des Referats Gesundheitsfürsorge im CA, 22.4.1929, ADW, CA/G 106.
[69] Rs. des Referats Gesundheitsfürsorge im CA, 20.11.1931, ADW, CA/G 106. Harmsen bezog sich hier auf die Schrift des Strafrechtlers Karl Binding und des Psychiaters Alfred Hoche über „Die Freigabe der Vernichtung lebensunwerten Lebens. Ihr Maß und ihre Form" (Leipzig 1920), die den Anstoß zu der nach dem Ersten Weltkrieg um sich greifenden *Euthanasie*-Debatte gegeben hatte. Vgl. Schmuhl, Rassenhygiene, S. 115–125.

3.9 Der Devaheim-Skandal und der DEKV (1931–1932)

Auf dem Höhepunkt der Weltwirtschaftskrise wurde die Innere Mission durch einen handfesten Betrugsskandal in ihren Grundfesten erschüttert.[70] Im August 1931 mußten die „Deutsche Evangelische Heimstättengesellschaft m. b. H." (*Devaheim*) und eine ihrer Tochtergesellschaften, die „Deutsche Entschuldungs- und Zweckspar-Aktiengesellschaft" (*Deuzag*), Konkurs anmelden. Die beiden Gesellschaften bildeten die zentralen Knotenpunkte in einem undurchsichtigen Geflecht von Bausparkassen, Baugenossenschaften, Banken, Versicherungen und Baustoffirmen, das seit 1926 vom CA geschaffen worden war, um die Wohnungsnot nach dem Ersten Weltkrieg mit einem breit angelegten Wohnungsbauprogramm zu bekämpfen. Die ungünstigen weltwirtschaftlichen Rahmenbedingungen, Mißwirtschaft und betrügerische Machenschaften der Geschäftsführung sowie die völlig unzureichende Kontrolle durch den CA hatten zum Zusammenbruch dieses *vertrusteten* Firmenkonzerns unter dem Dach der Inneren Mission geführt. Für die Innere Mission bedeutete diese Affäre in dreifacher Hinsicht eine Beinahekatastrophe:

– Die für die Devaheim und die Deuzag übernommenen Bürgschaften brachten den CA an den Rand der Zahlungsunfähigkeit. Rettung kam schließlich von Reichskanzler Heinrich Brüning, der aus staatspolitischen Erwägungen heraus einen Bankrott der Inneren Mission verhinderte, indem er dem CA eine Reichsbürgschaft gewährte, so daß er seinen Verpflichtungen weiter nachkommen konnte. Die Bürgschaft war jedoch mit hohen Auflagen verbunden, die eine Kürzung des Haushaltsplans des CA um fast drei Viertel der bisherigen Höhe, eine grundlegende Umstrukturierung seiner Geschäftsstelle und eine Änderung der Satzung „in Richtung auf eine wesentliche Vereinfachung und Verkleinerung des organisatorischen Aufbaus"[71] zur Folge hatten.

– Der Devaheim-Skandal markierte „einen tiefgreifenden Vertrauensschwund der öffentlichen Meinung gegenüber den Leistungen der Inneren Mission". Man meinte „hier ein Schulbeispiel für die Schattenseiten der ‚Vertrustung' von sozialpflegerischen Institutionen [...] zu beobachten [...], was den Gegnern des wohlfahrtsstaatlichen Modells von Weimar griffige und propagandistisch ausgezeichnet zu verwertende Argumente gegen die soziale Republik in die Hand spielte."

– Dies empfand man „seitens der verfaßten Kirche als derart belastend und beschämend für die eigene Sache, daß sich schon vorhandene Span-

---

[70] Dazu ausführlich M. Gerhardt, Ein Jahrhundert Innere Mission. Die Geschichte des Central-Ausschusses für die Innere Mission der Deutschen Evangelischen Kirche, Bd. 2, Gütersloh 1948, S. 330–348.
[71] Ebd., S. 343.

nungen und Ressentiments zwischen Innerer Mission und Kirche zusätzlich verschärften und der alten Forderung nach völliger Verkirchlichung evangelischer ‚Caritas' zusätzliche Nahrung gaben."[72]

Auch der DEKV wurde durch den Devaheim-Skandal stark in Mitleidenschaft gezogen. *Erstens* wurden durch den Zusammenbruch des Devaheim-Deuzag-Konzerns auch zahlreiche dem DEKV und dem Gesamtverband angehörende evangelische Kranken- und Pflegeanstalten schwer geschädigt. Um ihre Interessen gegenüber dem Konkursverwalter und dem Gläubigerausschuß wirksam vertreten zu können, wurde am 20. August 1931 eine „Interessenvertretung evangelischer Anstalten und Einrichtungen in Sachen Devaheim-Deuzag" gegründet, der sich 110 evangelische Anstalten und Kirchengemeinden anschlossen. Die Geschäftsführung dieser Interessenvertretung übernahm Hans Harmsen in seiner Eigenschaft als Geschäftsführer des Gesamtverbandes. Nach langen und zähen Verhandlungen brachte man am 2. November 1931 ein Sanierungsabkommen zustande, das aber unmittelbar nach dem Abschluß infolge des Zusammenbruchs der Evangelischen Zentralbank platzte. Nach vielen Bemühungen gelang schließlich am 15. März 1933 der Abschluß eines Abkommens zwischen der Notgemeinschaft der Inneren Mission e.V., der Interessengemeinschaft der Devaheim- und Deuzag-Sparer e. G. m. b. H., dem CA, der Bausparkasse Rat und Tat G. m. b. H. und der Gemeinschaft der Freunde Wüstenrot in Ludwigsburg, einer der ältesten und leistungsstärksten Bausparkassen Deutschlands. Hierdurch konnten die in der Konkursmasse befindlichen Vermögenswerte aufgefangen und verteilt werden.[73]

Zweitens gerieten im Zuge der Verkleinerung und Straffung des Verwaltungsapparates des CA auch das Referat Gesundheitsfürsorge und damit die Geschäftsstellen des DEKV und des Gesamtverbandes, dazu auch die Zeitschrift „Gesundheitsfürsorge" ernsthaft in Gefahr. Schon am 7. August 1931 wandten sich die Vorstände des Gesamtverbandes und des DEKV an den CA, um einschneidende Kürzungen auf ihrem Arbeitsgebiet abzuwenden. Ein halbes Jahr lang war unklar, wie es weitergehen würde. Erst am 26. Januar 1932 gab der „Elferausschuß", auf den im September 1931 die satzungsmäßigen Rechte der bisherigen Leitungsorgane des CA – Vorstand, Verwaltungsausschuß, Hauptausschuß und Finanzausschuß – übergegangen waren, eine Bestandsgarantie für das Arbeitsfeld Gesundheitsfürsorge.[74]

Drittens schließlich zog der Devaheim-Skandal einen Wechsel an der Spitze des DEKV nach sich. Der Vorsitzende des DEKV, Pastor Johannes

---

[72] Kaiser, Protestantismus, S. 17 f.
[73] Evangelische Gesundheitsfürsorge, S. 63; Gerhardt, Jahrhundert, S. 342 f.
[74] Evangelische Gesundheitsfürsorge, S. 63 f.

Thiel, war tief in den Skandal verstrickt, hatte er doch in seiner Eigenschaft als Direktor des Kaiserswerther Verbandes dem Aufsichtsrat sowohl der Devaheim als auch der Deuzag angehört.[75] Nachdem er bereits aus dem Dienst des Kaiserswerther Verbandes ausgeschieden war, legte er am 25. Oktober 1932 – kurz nach der Urteilsverkündung im Devaheim-Prozeß – auch den Vorsitz des DEKV nieder.[76] Die Nachfolgeregelung gestaltete sich schwierig, was mit der Ämterfülle Thiels zusammenhing, galt es doch, in einer für die Innere Mission äußerst prekären Phase eine ganze Reihe von zentralen Positionen neu zu besetzen: den Vorstandsvorsitz im DEKV, den Vorsitz im Arbeitsausschuß des Gesamtverbandes, den Vorstandsvorsitz im Reichsverband und den Sitz der Inneren Mission im Präsidium der Liga der freien Wohlfahrtspflege. Es mußten also auch die Interessen der anderen Spitzenverbände der freien Wohlfahrtspflege berücksichtigt werden. Zudem mußte man nach wie vor auf die Spannungen zwischen dem DEKV und dem Verband der evangelischen Krankenanstalten von Rheinland und Westfalen achten. Der Briefwechsel zwischen Hans Harmsen und Otto Ohl im Vorfeld der Wahl des neuen Vorsitzenden im Oktober/November 1932 belegt die „schwierige Arithmetik"[77] des nun einsetzenden Postenschachers.

Harmsen hatte zunächst daran gedacht, als neuen Vorsitzenden des Gesamtverbandes den Ministerialdirektor a. D. D. Dr. Dietrich, den Vorsitzenden des Vereins zur Errichtung evangelischer Krankenhäuser, vorzuschlagen. Diesen Gedanken gab er jedoch wieder auf, als sich herausstellte, daß es zugleich um eine viel weitreichendere Personalentscheidung ging, nämlich um den Vorsitz im Reichsverband. Hier brauche man, so Harmsen, eine Persönlichkeit, „die in der Lage ist, die gesamten evangelischen wohlfahrtspflegerischen Interessen entscheidend mit zu vertreten, auch im Präsidium der Liga, zumal diese Stelle die einzige sein dürfte, in der dann die Innere Mission leitend vertreten ist." Der Kaiserswerther Verband hatte „nach eingehenden Verhandlungen" auf die Besetzung des Vorsitzes des DEKV und des Gesamtverbandes verzichtet, was Harmsen „besondes im Hinblick auf die Spannungen in Rheinland und Westfalen" begrüßte. Harmsen richtete nun die dringende Bitte an Ohl, sich für den Vorsitz des DEKV und des Gesamtverbandes zur Verfügung zu stellen. Dies könne die Spannungen in Rheinland und Westfalen entschärfen, zumal „P. Dittmar nicht übel Lust haben soll, neben der Leitung des Rheinisch-Westfälischen Verbandes auch auf die Leitung des Gesamtverbandes zu reflektieren."[78]

---

[75] Gerhardt, Jahrhundert, S. 333, 336.
[76] Rücktrittsschreiben Thiels v. 25.10.1932, ADW, CA/G 100.
[77] Harmsen an Ohl, 1.11.1932, ADW, CA/G 101.
[78] Harmsen an Ohl, 15.10.1932, ADW, CA/G 101.

In der Ablehnung der Ambitionen Pastor Dittmars, der sowohl dem Vorstand des Verbandes der Krankenanstalten von Rheinland und Westfalen als auch dem Vorstand des DEKV angehörte und in beiden Verbänden den Posten des Vorsitzenden anstrebte, waren sich Ohl und Harmsen einig. Nachdem Ohl die Wahl Dittmars zum Vorsitzenden des rheinisch-westfälischen Landesverbandes hintertrieben hatte, kam dieser als Vorsitzender des DEKV und des Gesamtverbandes aber ohnehin nicht mehr in Betracht. Den Vorsitz des Gesamtverbandes wollte Ohl einer Persönlichkeit übertragen, die unmittelbar aus der Anstaltspraxis kam. „Die ganze Frage gewinnt ihre Schwierigkeit tatsächlich wesentlich aus der Perspektive: Liga und Reichsverband." Für den Gesamtverband käme Pastor Hans Vietor, der Leiter der großen evangelischen Krüppelanstalt Volmarstein, in Frage, für den Reichsverband und die Liga weniger. Als Kompromißkandidaten brachte Ohl den Vorsteher des Bremer Diakonissenhauses, Pastor Constantin Frick, ins Spiel, der gerade zusammen mit Ohl in den neuen Finanzausschuß des CA gewählt worden war, der die desolaten Finanzen der Inneren Mission wieder in Ordnung bringen sollte.[79] „Es mag sein, daß das nicht für lange Zeit sein müßte. Aber bis sich die Verhältnisse im C.A. konsolidiert haben; bis die neuen Männer im C.A. ein wenig bekannter sind und auch in ihren Fingerspitzen das Gefühl haben von dem, was vorgeht und was vorgehen sollte, wäre eine Vertretung Fricks geeignet und passend."[80]

So schnell ließ sich Harmsen aber nicht überzeugen. Inzwischen hatte auch der neue geschäftsführende Direktor des CA, Pastor D. Walter Jeep, die Bitte ausgesprochen, daß Ohl den Vorsitz des DEKV und des Gesamtverbandes übernehmen möge. Auch Harmsen drängte weiter auf eine Kandidatur Ohls, indem er darauf hinwies, daß Prälat Dr. Benedikt Kreutz, der Präsident des Caritasverbandes, erhebliche Anstrengungen unternahm, um Caritasdirektor Johannes van Acken zum Vorsitzenden des Reichsverbandes zu machen. Gegen diesen Vorschlag bestünden „von uns mehrfach Bedenken", und auch die anderen im Reichsverband vertretenen Verbände seien nicht einverstanden. Gleichwohl wachse aufgrund der katholischen Initiative der Druck von seiten des Reichsverbandes auf den DEKV.[81] Harmsen warb auch bei den anderen Vorstandsmitgliedern für eine Kandidatur Ohls.

Ohl beharrte jedoch darauf, daß die Führung des Reichsverbandes von einer Persönlichkeit übernommen werden sollte, „die nicht unmittelbar und verantwortlich die Leitung einer Kranken- oder Pflegeanstalt hat führen müssen. Unter dieser Berücksichtigung ist der Vorschlag, der auf die

---

[79] Gerhardt, Jahrhundert, S. 345 f.
[80] Ohl an Harmsen, 18.10.1932, ADW, CA/G 101.
[81] Harmsen an Ohl, 1.11.1932, ADW, CA/G 101.

Inanspruchnahme von Herrn Dr. van Acken geht, sehr viel gesunder und richtiger. Aus konfessionellen Gründen widerspreche ich ihm natürlich auch." Ohl hatte sich inzwischen eindeutig auf Constantin Frick festgelegt. Schwierigkeiten mit dem Kaiserswerther Verband sah er dabei nicht.[82] Sonderlich begeistert scheint man aber beim Kaiserswerther Verband von einer Kandidatur Fricks nicht gewesen zu sein, da von dieser Seite noch in letzter Minute Pastor Paul Pilgram vom Evangelischen Diakonieverein Zehlendorf ins Gespräch gebracht wurde.[83] Da sich dieser aber gerade auf einer Reise durch Ägypten und Palästina befand, wurde aus seiner Kandidatur nichts. Nach Rücksprache mit dem Kaiserswerther Verband schrieb Harmsen an Frick, „daß [...] nun doch wohl Sie hier einspringen müssen, wenn nicht unserer evangelischen Arbeit ein schwerer Schaden entstehen soll."[84]

Am 24. November 1932 wurde Constantin Frick zum neuen Vorsitzenden des DEKV gewählt. Zum Engeren Vorstand gehörten neben Frick Hans Harmsen als stellvertretender Vorsitzender und Geschäftsführer – er ging aus dem Devaheim-Skandal deutlich gestärkt hervor – sowie Pastor Hermann Koller, der neue Direktor der Abteilung Wohlfahrtspflege im CA, der zugleich als neuer Schatzmeister des DEKV fungierte.[85] Der alte Schatzmeister, Pastor D. Paul Cremer, als Aufsichtsratsvorsitzender der Devaheim wie auch der Deuzag einer der Hauptverantwortlichen für das Desaster der Inneren Mission, war wegen fortgesetzter Untreue am 30. Juli 1932 zu zwei Jahren Gefängnis verurteilt worden.[86] Als Vorstandsmitglied war er untragbar geworden. Auch Pastor Johannes Steinweg, der stellvertretender Aufsichtsratsvorsitzender der Devaheim gewesen war und als Folge des Skandals seinen Direktorenposten im CA verloren hatte, trat aus dem Vorstand zurück.[87]

---

[82] Ohl an Harmsen, 2.11.1932, ADW, CA/G 101.
[83] Thiel an Harmsen, 12.11.1932, ADW, CA/G 101.
[84] Harmsen an Frick, 18.11.1932, ADW, CA/G 101.
[85] Prot. der Vorstandssitzung am 24.11.1932, ADW, CA/G 99.
[86] Gerhardt, Jahrhundert, S. 333, 336, 340.
[87] Zum Vorstand gehörten nunmehr – neben Frick, Harmsen und Koller – Ohl für den CA, Nau für den rheinisch-westfälischen Landesverband, ferner die drei von der Mitgliederversammlung gewählten Mitglieder Pastor Dittmar, Pastor Schulte und Prof. Burghart sowie als Vertreter des Johanniterordens Oberst a. D. v. Grothe und v. Quast.

4. Der DEKV im „Dritten Reich" (1933–1942)

4.1 Der DEKV, die kirchenpolitischen Richtungskämpfe in der Inneren Mission und der Einbruch der NSV in die Dachverbände der freigemeinnützigen Wohlfahrtspflege

„Als größte Einzelorganisation des deutschen Verbandsprotestantismus mit vielfältigen Querverbindungen zu anderen evangelischen Vereinsgruppierungen und einem großen, gut funktionierenden Büroapparat"[1] weckte die Innere Mission im Jahre 1933 die Begehrlichkeit der Deutschen Christen und ihrer politischen Hintermänner. August Jäger, der neu eingesetzte Staatskommissar für die preußischen Landeskirchen, fädelte – in Abstimmung mit dem Führer der Deutschen Christen und designierten Reichsbischof, Pastor Ludwig Müller, und mit der Nationalsozialistischen Volkswohlfahrt (NSV) – einen Coup zur *Gleichschaltung* der Inneren Mission ein, indem er die beiden Pfarrer Karl Themel und Horst Schirmacher, zuverlässige Nationalsozialisten und Deutsche Christen, am 24. Juni 1933 mit der kommissarischen Leitung des CA beauftragte. Am 26. oder 27. Juni erschienen Themel und Schirmacher, begleitet von einem SA-Trupp, am Sitz des CA in Berlin-Dahlem, überrumpelten den völlig überraschten Vorstand und erzwangen mit Hilfe einer Verfügung Jägers die Beurlaubung der leitenden Angestellten, denen sogar das Betreten ihrer Diensträume bis auf weiteres verboten wurde. Betroffen war auch Hans Harmsen. Eine Zeitlang – bis zum Ende der durch die versuchte Machtübernahme der Deutschen Christen ausgelösten Umstrukturierung des CA – war die Zukunft des Referats Gesundheitsfürsorge und damit auch des Gesamtverbandes und des DEKV offen. Nach dem Abschluß des Rahmenabkommens über den Einbau der Inneren Mission in die Deutsche Evangelische Kirche am 18. Oktober 1933 konnte Entwarnung gegeben werden. Harmsen wurde als Leiter des Referats Gesundheitsfürsorge bestätigt. Auf der Vorstandssitzung des DEKV am 8. Mai 1934 bekräftigte Pastor Constantin Frick, Vorsitzender und seit 1933 auch „Reichsbeauftragter" des DEKV, nochmals, daß „das Bestehen eines unter ärztlicher Führung stehenden Referates für Gesundheitsfürsorge beim Central-Ausschuß unentbehrlich"[2] sei. Ferner stellte Frick klar, daß der Gesamtverband der deutschen evangelischen Kranken- und Pflegeanstalten – und damit auch der DEKV – bestehen bleiben würden. Mit der Wahl Fricks zum Präsidenten des CA am

---

1 Kaiser, Protestantismus, S. 254. Zum folgenden: ebd., S. 254–279, 298–315.
2 Prot. der Vorstandssitzung am 8.5.1934, ADW, CA/G 99.

18. Dezember 1934 (und auch mit der Wahl Otto Ohls zu einem der Vizepräsidenten) wurden der Gesamtverband und der DEKV im Gesamtgefüge der Inneren Mission weiter aufgewertet.

Unter dem Führungsduo Frick und Harmsen setzte der DEKV in den ersten Jahren des „Dritten Reiches" seine Tätigkeit auf allen bis dahin erschlossenen Arbeitsfeldern ungebrochen fort. Zum 1. Oktober 1937 legte Harmsen jedoch – aus privaten Gründen – sein Amt als Leiter des Referats Gesundheitsfürsorge im CA nieder und wechselte als leitender Arzt zur Berufsgenossenschaft für Gesundheitsdienst und Wohlfahrtspflege. Das Referat Gesundheitsfürsorge sowie die Geschäftsführung des DEKV und des Gesamtverbandes gingen an Domprediger Dr. med. Dr. phil. Horst Fichtner über, der auch den stellvertretenden Vorsitz in beiden Verbänden übernahm. Dieser Wechsel in der Geschäftsführung schwächte die Verbandsarbeit ungemein. Fichtner konnte den Platz Harmsens nicht ausfüllen, zumal er nach seiner Berufung zum Propst in Lübben im Jahre 1940 das Referat Gesundheitsfürsorge nur noch nebenamtlich versah.[3] Auch Constantin Frick kümmerte sich angesichts seiner Ämterfülle „als ‚Multifunktionär' evangelischer Liebestätigkeit" kaum noch um den DEKV. Außerdem war der Präsident des CA „aus der Furcht heraus, nicht politisch anzuecken, um dem Regime keinen Vorwand für Eingriffe oder gar Übernahme der Inneren Mission zu liefern",[4] gegenüber den Zumutungen der braunen Machthaber mehr als einmal allzu zögerlich und nachgiebig. Es fehlte dem DEKV mithin an einer straffen Führung, um die schwierigen Zeitläufte unbeschadet zu überstehen.

Hier liegt der Hauptgrund dafür, daß die Arbeit des DEKV nach Beginn des Zweiten Weltkriegs weitgehend zum Erliegen kam und die Verbandsstrukturen sich zusehends auflösten. 1942 stellte die „Gesundheitsfürsorge" ihr Erscheinen ein, im Mai trat der Vorstand zum letzten Mal zusammen, eine Mitgliederversammlung fand wegen der Kriegslage schon nicht mehr statt. Am Ende des Jahres 1942 hatte der DEKV faktisch aufgehört zu existieren.[5]

Freilich war es auch schon gegen Ende der Ära Harmsen zu Spannungen im inneren Gefüge des DEKV gekommen. 1936 beschäftigte sich der Vorstand des DEKV mit dem Problem, daß manche evangelischen Krankenhäuser mit dem Hinweis, daß sie bereits einem Landes- oder Pro-

---

3 Rs. des DEKV, 11.10.1937, ADW, CA/G 107; Prot. der Vorstandssitzung am 5.12.1938, ADW, CA/G 99; Prot. der Mitgliederversammlung am 5.12.1938, ADW, CA/G 98; Gerhardt, Jahrhundert, S. 354. Angaben zur weiteren Biographie Harmsens bei Schleiermacher, Sozialethik, S. 16.
4 Kaiser, Protestantismus, S. 313.
5 Bericht über die Tätigkeit der Geschäftsstelle des DEKV [...] im Jahre 1942, ADW, CA/G 105.

vinzialverband der Inneren Mission angehörten, den Beitritt zum DEKV als Fachverband der Inneren Mission verweigerten.[6] Hier ging es vordergründig vor allem um Geld, hatte doch der DEKV im Jahre 1932 nach längeren Beratungen Mitgliedsbeiträge eingeführt.[7] Die Beiträge waren zwar sehr niedrig angesetzt, bedeuteten aber für manches Krankenhaus angesichts seiner angespannten Wirtschaftslage einen Kostenfaktor, den man offenbar zunehmend als unnütze Ausgabe ansah. Insofern drückte sich in der mangelnden Bereitschaft zum Beitritt und zur Beitragszahlung auch eine unterschwellige Kritik am DEKV aus. Die Verbandsoberen reagierten darauf mit Versuchen, Druck auf die angeschlossenen Krankenhäuser auszuüben, wobei man gelegentlich auch mit dem nationalsozialistischen *Führerprinzip* liebäugelte. DEKV und Gesamtverband, so stellte Harmsen noch nach seinem Rücktritt mit bedauerndem Unterton fest, seien „nicht als Befehlsstelle, die bindende Anordnungen geben kann, sondern als Auskunftsstelle und Kompaß anzusehen". Frick zeigte sich zuversichtlich, mit Hilfe staatlichen Drucks eine straffere Anbindung der einzelnen Krankenhäuser an den DEKV und die Innere Mission durchsetzen zu können. Er glaube, so gab Frick zu Protokoll, „daß seitens der Regierung eine stärkere Verantwortung des Spitzenverbandes für die angeschlossenen Einrichtungen gefordert werden wird. [...] Wer sich nicht fügt, müßte aus der Inneren Mission ausscheiden".[8] Doch gelang es nicht, die Selbständigkeit der einzelnen Krankenhäuser einzuschränken. Im Zusammenhang mit den Beiträgen gab es auch Probleme mit den regionalen Unterverbänden. So überwies der Verband der evangelischen Krankenanstalten von Rheinland und Westfalen einen Pauschalsatz an den DEKV, der aber viel niedriger lag, als wenn die evangelischen Krankenhäuser im Rheinland und in Westfalen den normalen Beitragssatz direkt nach Berlin abgeführt hätten. Der Regionalverband weigerte sich jedoch hartnäckig, den DEKV stärker an den Beiträgen zu beteiligen.[9]

---

6 Prot. der Vorstandssitzung am 25.11.1936, ADW, CA/G 99. So stellte sich die Verwaltung der Westfälischen Diakonissenanstalt Sarepta 1934 auf den Standpunkt, daß das von ihr betriebene Krankenhaus Gilead nicht Mitglied des DEKV sei, sondern durch die Gesamtanstalt dem Kaiserswerther Verband angeschlossen sei und durch diesen zum Spitzenverband der Inneren Mission gehöre. Harmsen mußte energisch darauf hinweisen, daß Gilead schon 1926 dem DEKV beigetreten war. Verwaltung Sarepta an DEKV, 8.10.1934; Harmsen an Pastor Meyer, 12.10.1934; Kunze an Harmsen, 18.10.1934, ADW, CA/G 728. 1936 waren dem DEKV insgesamt 471 Einrichtungen (325 Krankenhäuser und 146 Krankenhausabteilungen) angeschlossen. Evangelische Gesundheitsfürsorge, S. 111.
7 Prot. der Vorstandssitzung am 24.11.1932, ADW, CA/G 99.
8 Prot. der Vorstandssitzung am 8.12.1937, ADW, CA/G 99.
9 Dazu umfangreiche Unterlagen in ADW, CA/G 103. 1938 schloß sich die neu gegründete Vereinigung evangelischer Kranken- und Pflegeanstalten in der Provinz Hannover dem

4.1

Die Lobbyarbeit des DEKV war bis 1933 nicht zuletzt deshalb so erfolgreich gewesen, weil er – über den Gesamtverband der deutschen evangelischen Kranken- und Pflegeanstalten –einen unmittelbaren Zugang zum *Reichsverband der freien gemeinnützigen Kranken- und Pflegeanstalten* hatte. Dieser bildete ein Forum, auf dem der DEKV die Interessen der evangelischen Krankenhäuser im Konzert der freigemeinnützigen Krankenhausträger wirkungsvoll vertreten konnte. 1933 verkomplizierten sich die Dinge. Von den fünf großen Fachverbänden, die sich zum Reichsverband zusammengeschlossen hatten, überstanden nur die beiden karitativen Fachverbände, also der Verband Katholischer Kranken- und Pflegeanstalten und der Gesamtverband der deutschen evangelischen Kranken- und Pflegeanstalten, die Machtübernahme der Nationalsozialisten unbeschadet. Der Bund der Jüdischen Kranken- und Pflegeanstalten Deutschlands wurde aufgehoben, der Deutsche Paritätische Wohlfahrtsverband von der NSV übernommen, und auch der Verband der Krankenpflegeanstalten vom Roten Kreuz geriet im Zuge der *Selbstgleichschaltung* des Deutschen Roten Kreuzes in das Fahrwasser der Nationalsozialisten. In vielen Problembereichen – etwa bei den Fragen der Entkonfessionalisierung der karitativen Krankenhäuser, der Einführung der Planwirtschaft, der Stellung der Ärzte in den freigemeinnützigen Krankenhäusern – konnte sich der DEKV nicht mehr auf den Reichsverband stützen, weil man hier auf Vertreter der NSV stieß.

Mit der Entlassung des langjährigen Geschäftsführers des Reichsverbandes, Dr. Alexander Philippsborn von der Zentralwohlfahrtsstelle der deutschen Juden, war zudem ein Kurswechsel des Reichsverbandes verbunden. Philippsborn, so Harmsen im April 1933, sei stets bestrebt gewesen,

> „eine unmittelbare Organisation aus den Anstalten und Zweckverbänden unter Umgehung der Spitzenverbände aufzubauen, während es dem sachlichen Inhalt der Arbeit mehr entsprechen würde, wenn der Reichsverband unbeschadet eines eigenen Kopfes und Ausschusses die Funktion eines Fachverbandes im Rahmen der Liga übernimmt. Obwohl auch die Zukunft der Liga wie der Spitzenverbände gegenwärtig noch ungeklärt ist, dürfte es doch wahrscheinlich sein, daß dieser zentrale Zusammenschluß der karitativen Wohlfahrtspflege erhalten bleibt."[10]

DEKV an. Aufgrund seiner hohen Mitgliederzahl stand ihm ein Sitz im Vorstand zu. Prot. der Mitgliederversammlung am 5.12.1938, ADW, CA/G 98.

10   Harmsen an Frick, 24.4.1933, ADW, CA/G 102. Harmsen fügte hinzu: „Seitens der Liga wird man wohl einen geeigneten Weg suchen, um die [...] Lösung von Dr. Philippsborn menschlich vornehm und gerecht zu gestalten." Philippsborn war als Referent für den Schulungskurs „Die Steuer-, Rechts- und Wirtschaftsfragen unserer Krankenanstalten" vorgesehen, den der DEKV am 22.–24. Mai 1933 in Goslar abhielt. Am 4. April 1933 teilte Harmsen in einem Schreiben an Frick mit, er habe „in Anbetracht der politischen Entwicklung" Philippsborns Namen aus dem schon gedruckten Programm „zunächst einmal entfernt". Er wolle aber an Philippsborn festhalten, da es „keinen besseren Fachmann im

Der Reichsverband wurde fortab enger an die Deutsche Liga der freien Wohlfahrtspflege angebunden, die wiederum nach zähen Verhandlungen mit der NSV am 27. Juli 1933 in die „Reichsgemeinschaft der freien Wohlfahrtspflege Deutschlands" überführt wurde. Von den alten Verbänden blieben nur die Innere Mission, der Caritasverband und das Deutsche Rote Kreuz selbständig bestehen. Der Paritätische Wohlfahrtsverband ging in der NSV auf, die Zentralwohlfahrtsstelle der deutschen Juden wurde aufgehoben, der Zentralwohlfahrtsausschuß der christlichen Arbeiterschaft löste sich selbst auf und gliederte sich mit seinen Einrichtungen und Anstalten der Inneren Mission und der Caritas an. Die Reichsgemeinschaft wurde durch die Konflikte zwischen den konfessionellen Spitzenverbänden mit der NSV blockiert, und auch ihre Umwandlung in eine lockere „Arbeitsgemeinschaft der Spitzenverbände der freien Wohlfahrtspflege" am 24. März 1934 änderte an dieser Grundkonstellation nichts. „Die NSV besaß nun ein Führungsinstrument, mit dem sie die einzig verbliebenen, noch weitgehend selbständigen Spitzenverbände Innere Mission und Caritas in allen politischen Angelegenheiten bevormunden konnte. [...] die ursprüngliche Idee der Liga aber, Forum freier Aussprache zur inneren Meinungsbildung der freien Träger zu sein, bevor sich diese mit ihren Vorstellungen an die Öffentlichkeit wandten oder direkt versuchten, Behörden, Ministerien und den Gesetzgeber für ihre Ziele zu gewinnen, war somit hinfällig geworden."[11]

Mit dem Reichsverband und der Liga fielen somit wichtige Foren des Informationsaustauschs, der Meinungsbildung und der Interessenartikulation fort. Dies schwächte auch die Arbeit des DEKV. Erste Ansätze zu einer Vernetzung auf höherer Ebene bot die *Deutsche Krankenhausgesellschaft*. Ihre Keimzelle war der 1926 entstandene „Gutachterausschuß für das öffentliche Krankenhauswesen". 1933 schlossen sich der Deutsche Gemeindetag, der Gutachterausschuß für das öffentliche Krankenhauswesen sowie der Reichsverband der freien gemeinnützigen Kranken- und Pflegeanstalten zur „Reichsarbeitsgemeinschaft für Krankenhauswesen" zusammen. 1938/39 entstand daraus schließlich die Deutsche Krankenhausgesellschaft, um eine Interessenvertretung *aller* Krankenhausträger zu schaffen. Langfristig sollte sich dieses Konzept bewähren – nach dem Zweiten Weltkrieg stieg die neu gegründete Deutsche Krankenhausgesellschaft zu einem

---

Augenblick" gebe. Frick billigte zwei Tage später Harmsens Vorgehen und fügte hinzu: „Sollte irgend ein Druck auf uns ausgeübt werden, können wir uns ja immer noch entscheiden, aber ich hoffe, wir kommen darum herum." Philippsborn nahm schließlich nicht an dem Kurs teil, schickte aber sein Referat, das Frick mit der Bitte, „die Druckerlaubnis zu erbitten", an Harmsen weiterleitete. Harmsen an Frick, 4.4.1933; Frick an Harmsen, 6.4. 1933 bzw. 31.5.1933, ADW, CA/G 112.

11 Kaiser, Protestantismus, S. 205.

machtvollen Interessenverband auf. Vor dem Krieg entfaltete sie dagegen noch keine allzu große Wirksamkeit, und so empfing auch der DEKV, dessen Vorsitzender Constantin Frick auch in den Beirat der DKG eintrat, noch keine wesentlichen Impulse von der DKG.[12]

Insgesamt bleibt festzuhalten, daß die Organisationsmacht des DEKV seit 1933 – und verstärkt seit 1937 – im Schwinden begriffen war. Hierbei spielten interne Faktoren – wachsende Spannungen zwischen dem DEKV, seinen Unterverbänden und den angeschlossenen Krankenhäusern und vor allem der Wechsel in der Geschäftsführung – ebenso eine Rolle wie externe Faktoren, vor allem die Konflikte auf der Ebene des Reichsverbandes und der Liga.

4.2 Der Kampf gegen die „Entkonfessionalisierung"

Auf Bitten Fricks legte Harmsen am 24. Januar 1936 einen zusammenfassenden Bericht über die wichtigsten Problemlagen der evangelischen Krankenhäuser vor. An erster Stelle nannte er die Tendenzen zur „Entkonfessionalisierung":

> „Mit zu den ernstesten Fragen, die heute erhöhte Aufmerksamkeit verlangen, gehören die zunehmenden Versuche, entweder den Einfluß evangelisch-kirchlicher Arbeit radikal auszuschalten – hier ist insbesondere jetzt auch das ganze Gebiet der Gebrechlichenfürsorge gefährdet – wie auch die unmittelbaren Versuche, evangelisch-kirchliche Einrichtungen in die Hände politischer Stellen zu bringen oder von diesen völlig abhängig zu machen und den Charakter der evangelischen Anstalten dadurch zu zerstören, daß entweder bei der Leitung oder den Pflegekräften die Forderung einer bewußt evangelisch-kirchlichen Einstellung abgelehnt wird."[13]

Die Konkurrenz der NSV im Bereich der Fürsorge für körperbehinderte Menschen hatte sich bereits 1934 bemerkbar gemacht. Anlaß war die Ausstellung „Menschen des Dennoch", die auf Initiative der selber körperbehinderten Schriftstellerin Gertrud Fundinger im Juni/Juli 1934 im Stadthaus in Halle/Saale stattfand und die auch vom DEKV tatkräftig unterstützt wurde. In einem Brief an Frick stellte Harmsen beunruhigt fest, die Ausstellung habe „die merkwürdige Wirkung, daß plötzlich die N.S.-Volkswohlfahrt Gelüste bekommt, auch die Krüppelfürsorge zu übernehmen, weil dies ja nicht überwiegend Erbkranke seien". Angesichts dieser Gefahr sei eine klare Abgrenzung anzustreben, „wenn wir nicht ein Arbeitsgebiet nach dem andern vollkommen verlieren wollen".[14] In der Praxis kam es schließlich zu

---

12 Prot. der Vorstandssitzung am 5.12.1938 bzw. 12.12.1939, ADW, CA/G 99.
13 Harmsen an Frick, 24.1.1936, ADW, CA/G 102.
14 Rs. des CA v. 15.5.1934, ADW, CA/G 107; Harmsen an Frick, 10.7.1934, ADW, CA/G 102 (Zitate).

einer Abgrenzung der Arbeitsgebiete, die jedoch gefährliche Tendenzen in sich barg: Während sich die NSV auf die Fürsorge und Vorsorge für die *gesunden Volksgenossen* verlegte, blieben der Diakonie und der Caritas die Fürsorge und Verwahrung der *erblich Belasteten, Minderwertigen und Gemeinschaftsfremden* überlassen, jener Gruppen also, die zu Objekten nationalsozialistischer *Erbgesundheitspolitik* wurden.

Noch gefährlicher als die Konkurrenz der NSV waren Versuche, die evangelischen Kranken- und Pflegeanstalten *gleichzuschalten*. So war eine Eingliederung der Inneren Mission in die im Mai 1933 gegründete *Deutsche Arbeitsfront* nicht zu vermeiden. Im Verein mit der Caritas erreichte die Innere Mission aber, „daß eine Form gefunden wurde, welche die Geschlossenheit und Selbständigkeit der konfessionellen Arbeit wahrte".[15] Unter dem Dach der Reichsbetriebsgemeinschaft 13 „Freie Berufe" wurde im Oktober 1935 eine Fachgruppe „Freie Wohlfahrtspflege" gebildet. Ihr gehörten neben der NSV, dem Roten Kreuz und einigen anderen Berufsgruppen als besondere Sparten alle Betriebe der evangelischen und katholischen Wohlfahrtspflege an.

Auch vom „Gesetz zur Ordnung der nationalen Arbeit" vom 20. Januar 1934 drohte den evangelischen Krankenhäusern Gefahr. Die Bedenken richteten sich vor allem gegen die „Treuhänder der Arbeit", die im Gesetz zur Ordnung der nationalen Arbeit als eine Art Aufsichts- und Appellationsorgan mit nur vage umschriebenem Aufgabenfeld definiert wurden. Mit den Treuhändern wollte der Staat seine prinzipielle und potentielle Allgewalt in den Arbeitsbeziehungen sichtbar machen. Hier eröffneten sich sehr weitgehende Eingriffsmöglichkeiten, die es abzuwenden galt. Der CA erreichte in Verhandlungen mit dem Reichsarbeitsministerium, daß die Einrichtungen der Inneren Mission nicht unter das Gesetz zur Ordnung der nationalen Arbeit, sondern unter das ergänzende „Gesetz zur Ordnung der Arbeit in öffentlichen Verwaltungen und Betrieben" vom 23. März 1934 fielen. Die evangelischen Kranken- und Pflegeanstalten wurden demnach unabhängig von ihrer Rechtsform – G. m. b. H., eingetragener Verein, Korporation durch Verleihung der Rechtsfähigkeit usw. – dem *öffentlichen Dienst* zugerechnet. Diese Grundsatzentscheidung hatte zur Folge, daß die Einrichtungen der Inneren Mission nicht den regionalen Treuhändern der Arbeit unterstanden, sondern einem vom Reichsarbeitsminister eingesetz-

---

15 Gerhardt, Jahrhundert, S. 361. Wie heikel diese Frage war, belegt ein Schreiben von Pastor Dr. rer. pol. Alfred Depuhl an Harmsen vom September 1935. Depuhl sollte auf der Mitgliederversammlung des DEKV über „Innere Mission und Arbeitsfront" referieren. Eine Veröffentlichung, so Depuhl, sei nur in einem „vorsichtigen Artikel" möglich, weil „die Abteilung Innere Mission in der Arbeitsfront noch nicht überall in Deutschland organisatorisch klarsteht". Depuhl an Harmsen, 28.9.1935, ADW, CA/G 98.

ten „Sondertreuhänder", von dem man seitens der Inneren Mission erwartete, daß er der evangelischen Diakonie näher stand als die regionalen Treuhänder.[16]

Das Gesetz zur Ordnung der nationalen Arbeit hatte das *Führerprinzip* auf die Betriebe übertragen. An der Spitze der *Betriebsgemeinschaft* stand der *Betriebsführer*, dem die Arbeiter und Angestellten als *Gefolgschaft* untergeordnet waren. Die Beziehungen zwischen Arbeitgeber und Arbeitnehmer wurden nicht länger als schuldrechtliches Vertragsverhältnis verstanden, sondern als personenrechtliches Fürsorge- und Treueverhältnis. Der Betriebsführer war „Herr im Haus". Der *Vertrauensrat*, der den Platz des bisherigen Betriebsrates einnahm, war weder eine Interessenvertretung noch ein Mitbestimmungsgremium.[17] Diese Regelungen wurden auf den öffentlichen Dienst übertragen, galten mithin auch für die evangelischen Krankenhäuser. Sie hatten sich ohnehin mit dem kollektiven Arbeitsrecht der Weimarer Republik schwergetan. Die Arbeitsbeziehungen in den evangelischen Krankenhäusern unterlagen – jenseits aller Tarifverträge – von jeher einem besonderen Fürsorge- und Treueverhältnis. Es kam entscheidend darauf an, wie dieses Verhältnis inhaltlich gestaltet wurde. Die neue Gesetzgebung eröffnete nationalsozialistischen Kräften die Möglichkeit, die evangelischen Krankenhäuser *gleichzuschalten*, wenn es ihnen gelang, die Vorstände und Kuratorien zu unterwandern. Im November 1936 wies Harmsen im Vorstand des DEKV „auf Schwierigkeiten hin, die durch mehr oder weniger zwangsweise Wahl ungeeigneter Persönlichkeiten in die Vorstände der Anstalten" entstünden. Um diesen Übergriffen einen Riegel vorzuschieben, hatte Frick bereits eine „Verfügung" erlassen, daß nur solche Persönlichkeiten Mitglied im Vorstand einer Einrichtung der Inneren Mission sein könnten, „die bewußte Glieder der Evangelischen Kirche sind, sich als solche betätigen und als Vorstandsmitglieder bereit sind, auf Grund der Heiligen Schrift und der Bekenntnisse der Kirche die christliche Eigenart der Einrichtungen der Inneren Mission [...] zu wahren".[18]

Harmsen hatte schon 1936 erkannt, daß der DEKV, um Ärzte und Pflegekräfte in den evangelischen Krankenhäusern auf Kurs zu halten, seine besondere Aufmerksamkeit den Satzungen zuwenden mußte. Es sollte, so Harmsen, „der Versuch gemacht werden, trotz aller Erschwernisse, die in diesem Punkte bereits bestehen, den Charakter unserer Anstalten in den Satzungen möglichst deutlich zum Ausdruck zu bringen".[19] Im „Dritten

---

16 Rs. des Gesamtverbandes, 2.7.1934, ADW, CA/G 105.
17 V. Hentschel, Geschichte der deutschen Sozialpolitik 1880–1980, Frankfurt 1983, S. 99–102
18 Prot. der Vorstandssitzung am 25.11.1936, ADW, CA/G 99.
19 Harmsen an Frick, 24.1.1936, ADW, CA/G 102.

4. Der DEKV im „Dritten Reich" (1933-1942)

Reich" wurde es für die evangelischen Krankenhäuser erstmals zur Überlebensfrage, ihr diakonisches Profil zu schärfen. Dieses Thema stand im Vordergrund der Mitgliederversammlung des DEKV, die – in Verbindung mit einer Gesundheitsfürsorgetagung – vom 8.-10. Dezember 1937 in Berlin stattfand und an der etwa 150 Vertreter der evangelischen Krankenhäuser teilnahmen. Schon das Rahmenprogramm setzte ein deutliches Zeichen: Der neue, von den v. Bodelschwinghschen Anstalten produzierte Film „Saat und Segen in der Arbeit von Bethel" erlebte seine Berliner Uraufführung.[20]

Der DEKV nutzte die Mitgliederversammlung von 1937, um eine programmatische Plattform zur Profilbildung der evangelischen Krankenhäuser zu schaffen. Der Königsberger Pfarrer Stachowitz hatte das Grundsatzreferat über „Die Bedeutung des evangelischen Grundcharakters unserer Arbeit" übernommen. Dem Vortrag lagen 14 Leitsätze zugrunde. Der erste Leitsatz gab die Richtung vor:

„Der evangelische Grundcharakter unserer Arbeit ist unveränderlich, aber nicht die Form derselben."

Kontinuität der Inhalte, Flexibilität der Formen – mit dieser Kompromißformel meinte man, den selbst gesetzten diakonischen Auftrag auch unter den Bedingungen des nationalsozialistischen Staates erfüllen zu können. In einem Punkt freilich zeigte man sich unnachgiebig: Von den im Dienst am Kranken stehenden Berufsgruppen, den Ärzten, Schwestern und Pflegern, verlangte man ein klares Bekenntnis zu Diakonie und Kirche:

„Schwestern und Ärzteschaft müssen sich selbst unter das Evangelium stellen, kirchliche Sitte und Ordnung streng beachten und aus geschlossener evangelischer Ausrichtung her auf die Leib-Seelen-Einheit des Patienten einwirken.
Nichtevangelische Ärzte oder Pfleger dürfen nur in Minderzahl vorübergehend eingestellt werden, dem Evangelium entgegenarbeitende überhaupt nicht."

Energisch verteidigen die Leitsätze also das Recht der evangelischen Krankenhausträger, in den Dienstordnungen und -verträgen die Zugehörigkeit zur Landeskirche und das Bekenntnis zu den Prinzipien der Diakonie als Voraussetzungen für eine Anstellung in einem evangelischen Krankenhaus festzuschreiben. Hier mag ein neidischer Seitenblick auf das katholische Lager eine Rolle gespielt haben, dem dies mit der im Mai 1936 im Einverständnis mit dem Reichsarbeitsministerium erlassenen Dienstordnung für die Anstalten des Caritasverbandes bereits gelungen war.[21] Deutlich

---

[20] Der Chefarzt von Bethel, Prof. Werner Villinger, wurde gebeten, eine Einführung zu dem Film zu geben. Vgl. die Korrespondenz in ADW, CA/G 98.
[21] Schmuhl, Ärzte in konfessionellen Anstalten. Demgegenüber hatte Dr. Karl Behm, Bad Orb, in seinem Vortrag vor der Mitgliederversammlung von 1936 über „Die Gestaltung des

klingt in den Leitsätzen auch Kritik an den soeben in Kraft gesetzten, unter maßgeblicher Beteiligung Fricks zustandegekommenen Richtlinien zur Anstellung von Chefärzten in konfessionellen Krankenhäusern an.

Gaben sich die Leitsätze in Personalfragen kämpferisch, so fanden sie sich auf dem Gebiet der *Erbgesundheitspolitik* zu Zugeständnissen an die braunen Machthaber bereit:

> „Unsere Aufgabe ist es, die Patienten für das Leben ihrer Zeit wieder tauglich zu machen. Sie muß sich daher selbst ihrer gliedhaften Verbindung zum Volkstum stets bewußt sein.
> Werden Volksgenossen vom Staat zum Hinnehmen bestimmter ärztlicher Eingriffe gezwungen, so dürfen unsere Häuser sich ihrer Aufnahme nicht versagen."

Im Klartext hieß das: Die Beteiligung evangelischer Krankenhäuser an zwangsweisen Unfruchtbarmachungen im Rahmen des Gesetzes zur Verhütung erbkranken Nachwuchses wurde ausdrücklich als vereinbar mit dem evangelischen Grundcharakter bezeichnet. In bezug auf die Judenpolitik zeigte man sich weniger nachgiebig:

> „Allen Hilfesuchenden ist solche ohne Rücksicht auf Rasse und Bekenntnis zu gewähren. [...]
> Nichtarier können nur in Privatabteilungen beschäftigt werden."[22]

Das Recht der evangelischen Krankenhäuser, jüdische Patienten aufzunehmen, wurde also ebenso verteidigt wie das Recht, Ärzte, Schwestern und Pfleger jüdischer Herkunft zu beschäftigen. Die Beschränkung der Beschäftigung von „Nichtariern" auf Privatabteilungen geschah wohl vor allem mit Blick auf die von seiten der Landesfürsorgeverbände und kommunalen Wohlfahrtsämter in evangelischen Heil- und Pflegeanstalten untergebrachten Patienten und aus Sorge vor einer Aberkennung der Gemeinnützigkeit.

Zum evangelischen Grundcharakter rechneten die Leitsätze ferner eine gründliche, wenn auch nicht allzu breite Ausbildung der Schwesternschaft,[23] eine mustergültige Krankenhausverwaltung, Sparsamkeit bei der Einrichtung und eine Absage an das Profitdenken.

Zum Profil der evangelischen Krankenhäuser trugen auch die *Krankenhausbüchereien* bei. Sie waren in den ersten Jahren des „Dritten Reiches"

Gemeinschaftslebens in unserer Anstalt" noch verlangt, daß das evangelische Krankenhaus – wenn auch unter Wahrung seines besonderen Charakters – „in der Öffentlichkeit beispielgebend nationalsozialistisches Gemeinschaftsleben verwirklichen" sollte. Prot. der Mitgliederversammlung am 25.11.1936, ADW, CA/G 98.

[22] Leitsätze zu dem Vortrag „Die Bedeutung des evangelischen Grundcharakters unserer Arbeit", Pfarrer Stachowitz, ADW, CA/G 98.

[23] „Die Ausbildung der Schwesternschaft, auch in körperlicher Beziehung, ist zweckgemäß auf möglichste Höhe zu bringen, das Ausbildungsgebiet zu beschränken."

4. Der DEKV im „Dritten Reich" (1933–1942)

von der Zensur weitgehend verschont geblieben. Dennoch hatte der DEKV, gemeinsam mit der Hauptstelle für evangelischen Schriftendienst, den Krankenhäusern der Inneren Mission geraten, ihre Bestände von den zuständigen amtlichen Beratungsstellen überprüfen zu lassen. Als die braunen Machthaber im Januar 1939 zum Schlag gegen die konfessionellen Büchereien ausholten und Gestapo und SD eine Durchsuchungsaktion in den konfessionell gebundenen Krankenhäusern durchführten,[24] wurden in den Häusern, die sich nicht schon der Selbstzensur unterworfen hatten, ganze Listen von Büchern als *unerwünschtes Schrifttum* gestrichen. „Darunter befinden sich auch Werke, bei denen nicht ohne weiteres ersichtlich ist, warum sie ausgemerzt werden sollen." Der DEKV leitete den evangelischen Krankenhäusern ein Verzeichnis der beanstandeten Bücher und Schriftsteller zu. Darauf sind Schriftsteller von Weltrang wie Hermann Hesse und Thomas Mann, Dostojewskij, Gogol, Puschkin, Tolstoj und Maxim Gorkij ebenso vertreten wie Hedwig Courths-Mahler oder Eugenie Marlitt, Kinderbücher wie Waldemar Bonsels „Himmelsvolk" ebenso wie Else Urys „Lotte Naseweis". Sogar die „Gartenlaube" und „Der christliche Erzähler" waren verboten worden.[25]

Das wichtigste Element der Profilbildung im evangelischen Krankenhaus stellte die *Krankenhausseelsorge* dar. Auch dieses Thema wurde auf der Mitgliederversammlung von 1937 in einem Grundsatzreferat behandelt, das von Pastor Dietrich gehalten wurde. In seinen Leitsätzen über „Aufgaben und Möglichkeiten der Krankenhausseelsorge" übte Dietrich vor dem Hintergrund der veränderten Verhältnisse in den Krankenhäusern scharfe Kritik an der bis dahin üblichen, einseitig auf die Verkündigung ausgerichteten Praxis der Seelsorge: „Der Grundsatz ‚Kein Seelsorgebesuch ohne Gottes Wort und Gebet' ist unhaltbar geworden, die Methode, Seelsorge nur auf Wunsch zu erteilen, ist unangebracht." Von diesem Ansatz aus versuchte Dietrich, „neue Wege der Krankenhausseelsorge" aufzuzeigen, wobei er den Schwerpunkt von der „Verkündigung" auf den „Dienst der barmherzigen Liebe" verschob. Krankenhausseelsorge sollte „als lebendige Anteilnahme an Menschenschicksalen" und „praktische Lebenshilfe" angelegt sein, um auch Patienten zu erreichen, die Kirche und Christentum gegenüber skeptisch geworden seien. Mit dieser Neukonzeption von Krankenhausseelsorge war manche Grenzüberschreitung verbunden. Dietrich empfahl daher eine engere Zusammenarbeit zwischen Seelsorgern, Ärzten und Psychotherapeuten.[26]

---

[24] J.-P. Barbian, Literaturpolitik im „Dritten Reich". Institutionen, Kompetenzen, Betätigungsfelder, München 1993, S. 830.
[25] Rs. des DEKV, 19.7.1939 mit Anlage, ADW, CA/G 105.
[26] Leitsätze. Aufgaben und Möglichkeiten der Krankenhausseelsorge, ADW, CA/G 98.

Der von Dietrich skizzierte Neuansatz der Krankenhausseelsorge scheint in der Praxis an den festgefügten Strukturen des Krankenhausbetriebes gescheitert zu sein. Zeitweilig bestand unter dem Dach des DEKV eine „Arbeitsgemeinschaft Arzt und Seelsorger", die aber bald wieder einschlief. 1940 entschied der Vorstand, diese Arbeitsgemeinschaft nicht wieder aufleben zu lassen, „weil hier zu sehr die Ärzte dominieren. Es wird in Zukunft mehr darauf hinauskommen, daß ganz schlicht zur Debatte gestellt wird, was haben Arzt und Theologe zu sagen."[27] Die Position der Ärzte in den evangelischen Krankenhäusern war mittlerweile zu stark, als daß sie den Einbruch der Krankenhausseelsorge in ihr Arbeitsgebiet ohne weiteres hingenommen hätten. Noch 1942 versuchte der DEKV, Seelsorger und Ärzte in Berlin an einen Tisch zu bringen.

Für große Unruhe sorgten zwei Runderlasse des Reichsinnenministeriums vom 9. April und vom 8. Juli 1941, die auf eine erhebliche Einschränkung der Krankenhausseelsorge abzielten.[28] In der Praxis erwiesen sich die Hindernisse, die der Krankenhausseelsorge in den Weg gelegt wurden, als weniger hoch als anfangs befürchtet. Doch führten die Kriegsverhältnisse dazu, daß noch nicht einmal die Seelsorge für die Mitarbeiterinnen und Mitarbeiter sichergestellt werden konnte. Der Vorstand des DEKV plante noch 1942 eine „Aktivierung der Selbstseelsorge, da durch die heutigen Arbeitsverhältnisse viele Berufsarbeiter und Berufsarbeiterinnen auf so einsamen Posten stehen, daß ein Seelsorger für sie nur selten erreichbar ist."[29]

4.3 „ES MUSS DOCH ENDLICH DAMIT AUFGERÄUMT WERDEN, DASS DER ARZT MACHEN KANN, WAS ER WILL"– DIE „ÄRZTEFRAGE" IM „DRITTEN REICH"

Seit 1923 traten die Verhandlungen zwischen dem Reichsverband der freien gemeinnützigen Kranken- und Pflegeanstalten Deutschlands und dem Verband der Krankenhausärzte über die Chefarztrichtlinien auf der Stelle.[30] Der Gesamtverband der deutschen evangelischen Kranken- und Pflegeanstalten drängte zwar im August 1932 energisch darauf, die Gespräche zügig zum Abschluß zu bringen, es geschah zunächst aber gar

---

27 Prot. der Vorstandssitzung am 11.12.1940, ADW, CA/G 99.
28 Prot. der Vorstandssitzung am 14.11.1941, ADW, CA/G 99; Gerhardt, Jahrhundert, S. 388 f.
29 Prot. der Vorstandssitzung am 13.5.1942, ADW, CA/G 99.
30 Zum folgenden: O. v. Holbeck, Richtlinien für die Anstellung von hauptamtlich angestellten Ärzten (Chefarztrichtlinien). Eine Rückschau 1922–1937, S. 17–22, ADCV R 334.

nichts. Im Oktober 1932 teilte der Verband der Krankenhausärzte mit, daß die Verhandlungen weiter aufgeschoben werden müßten, bis ein neuer Verbandsvorsitzender gewählt sei. Erst Anfang 1933 trat der neue Vorsitzende des Verbandes der Krankenhausärzte, Prof. Sultan, sein Amt an. Endlich stand der Wiederaufnahme der Gespräche nichts mehr im Wege. Daß sie nun in rasantem Tempo wieder in Gang kamen und geradezu überstürzt zum Abschluß gebracht wurden, ist vor allem auf die völlige Veränderung der politischen Rahmenbedingungen im Zuge der Machtübernahme der Nationalsozialisten zurückzuführen. Von nicht zu unterschätzender Bedeutung ist in diesem Zusammenhang aber auch eine Personalie: Dadurch, daß Pastor Constantin Frick mittlerweile den Vorsitz des Reichsverbandes, des Gesamtverbandes und des DEKV übernommen hatte, setzte sich die kompromißbereite Linie des DEKV nun auch auf der Ebene des Reichsverbandes durch. Am 26. Januar 1933 beschloß daher der Vorstand des Reichsverbandes unter Vorsitz Fricks, die Verhandlungen mit dem Verband der Krankenhausärzte wiederaufzunehmen. Angesichts der Machtübernahme der Nationalsozialisten wollte der Reichsverband die auf den 31. März 1933 festgesetzten Gespräche kurzfristig verschieben. Harmsen drängte Frick jedoch, an dem Termin festzuhalten, „da wir doch ein Interesse haben, mit den Ärzteverbänden gerade im gegenwärtigen Augenblick in ein Gespräch zu kommen".[31] Harmsen wies in diesem Zusammenhang auch auf die akuten Konflikte hin, die in den Krankenhäusern tobten. So war dem Chefarzt des Evangelischen Krankenhauses in Düsseldorf, Prof. Karl Ritter, im Februar 1933 – wohl wegen des Austritts aus der Kirche – fristlos gekündigt worden, doch hatte man die Kündigung im März wieder zurücknehmen müssen.[32]

Die Machtübernahme der Nationalsozialisten war auch an den beteiligten Verbänden nicht spurlos vorübergegangen. Der Geschäftsführer des Reichsverbandes, Dr. Alexander Philippsborn, hatte als Jude aus dem Vorstand ausscheiden müssen. Auch Prof. Sultan mußte den Vorsitz des Verbandes der Krankenhausärzte niederlegen; an seine Stelle trat Prof. Carl Robert Schlayer. Die Verhandlungen am 31. März 1933 fanden mithin unter starkem Druck der NS-*Gesundheitsführung* statt. So ist es zu erklären, daß an diesem Tag ein Durchbruch gelang und neue Chefarztrichtlinien verabschiedet wurden. Sie regelten das Liquidationsrecht und die Ruhegehaltsversicherung der Chefärzte und legten fest, daß die Anstel-

---

31 Harmsen an Frick, 24.3.1933, ADW, CA/G 102.
32 Harmsen an Frick, 13.2.1933 bzw. 24.3.1933, ADW, CA/G 102. Vgl. Ackermann, Evangelisches Krankenhaus Düsseldorf, S. 113, 126 f., 128. 1936/37 eskalierte der Konflikt am Düsseldorfer Krankenhaus erneut. Um diese Zeit ist Ritter endgültig aus dem Dienst des Hauses ausgeschieden.

lungsverträge entweder unbefristet sein oder aber alle fünf Jahre erneuert werden sollten. Den konfessionellen Krankenhäusern wurde das Recht auf Kündigung aus „wichtigen, religiös-sittlichen Gründen" eingeräumt. Als solcher wurde ausdrücklich der „Austritt oder Ausschluß eines katholischen Arztes aus der Kirche, Austritt eines evangelischen Arztes aus der Landeskirche, Austritt eines jüdischen Arztes aus der jüdischen Gemeinde oder dem Judentum"[33] benannt.

Mit der Übereinkunft vom 31. März 1933 waren die neuen Chefarztrichtlinien aber noch nicht in trockenen Tüchern. Schlayer teilte zwar seitens des Verbandes der Krankenhausärzte mit, daß er bevollmächtigt sei, die Verhandlungen zu führen, wies aber zugleich darauf hin, daß für die endgültige Anerkennung der Richtlinien noch das Einverständnis des „Führers der Deutschen Ärzteschaft", Dr. Gerhard Wagner, abgewartet werden müsse. Der Gesamtverband der deutschen evangelischen Krankenanstalten erklärte – ebenso wie das Deutsche Rote Kreuz – seine vorbehaltlose Zustimmung zu den neuen Richtlinien. Die NSV, die mittlerweile die Anstalten des Deutschen Paritätischen Wohlfahrtsverbandes übernommen hatte, unterbreitete einige unwesentliche Änderungsvorschläge. Dagegen stellte sich der Caritasverband quer, weil er mit den Ruhegehaltsansprüchen der Chefärzte und der Zusammensetzung der Schiedsgerichte, die in Streitfällen zwischen dem Krankenhäusern und ihren Chefärzten vermitteln sollten, nicht einverstanden war.[34]

Der Vorstand des Reichsverbandes faßte daher in seiner Sitzung vom 11. Januar 1934 den Beschluß, mit der Herausgabe der neuen Richtlinien noch zu warten. Auch der Verband der Krankenhausärzte behandelte die Angelegenheit dilatorisch. Mit Blick auf die bevorstehende Neuregelung des gesamten ärztlichen Standesrechts war keine der beiden Seiten bereit, die am 31. Januar 1933 ausgehandelten Richtlinien in die Praxis umzusetzen, obwohl die unklare Rechtslage in vielen Krankenhäusern Verwirrung stiftete.

In der Tat schuf die Reichsärzteordnung vom 13. Dezember 1935 eine völlig neue Situation. Sie verfügte nämlich im § 49, daß die neu zu gründende Reichsärztekammer „mit Genehmigung des Reichsministers des Innern für die Ärzte verbindliche Vorschriften über Verträge erlassen [konnte], durch die ein einzelner Arzt oder mehrere Ärzte in der öffentlichen Gesundheitspflege oder bei nichtöffentlichen Einrichtungen die

---

33 Richtlinien für die Anstellung von hauptamtlich angestellten Chefärzten vom 31.3. 1933, § 6, Abs. 2, ADW, CA/G 145. In einer Fußnote zu diesem Passus wurde einschränkend festgehalten: „Die beiden Organisationen sind sich darüber einig, daß eine Anstalt, die seinerzeit aus irgendwelchen Gründen einen Chefarzt anderen Bekenntnisses angestellt hat, sofern sonst kein wichtiger Grund vorliegt, nicht zur Kündigung berechtigt ist, nur um einen Chefarzt ihres Bekenntnisses anzustellen."
34 Deutscher Caritasverband an Frick, 23.11.1933, ADCV, R 334.

ärztliche Behandlung übernehmen".[35] Die evangelischen und katholischen Krankenhäuser und die konfessionellen Krankenhausverbände hatten es im Konflikt um die Stellung der Chefärzte fortab mit einem neuen, weit mächtigeren Gegenüber zu tun, der Reichsärztekammer, die als Körperschaft des öffentlichen Rechts mit gesetzlichen Vollmachten ausgestattet war. Überdies war die neue Reichsärztekammer auf das engste mit der NS-*Gesundheitsführung* verflochten. Dr. Gerhard Wagner, der Führer des NSDÄB, war am 24. März 1933 zum Kommissar für die ärztlichen Spitzenverbände bestellt worden und hatte sich im Juni 1933 offiziell zum Vorsitzenden des Deutschen Ärztevereinsbundes und des Hartmannbundes wählen lassen. In dieser Funktion trat er im August 1933 an die Spitze der neu geschaffenen Kassenärztlichen Vereinigung Deutschlands. 1936 schließlich wurde er Präsident der Reichsärztekammer und stieg damit zum *Reichsärzteführer* auf.[36]

Auf seiten des DEKV betrachtete man diese Entwicklung mit großer Besorgnis. Der Überblicksbericht, den Harmsen am 24. Januar 1936 an Frick schickte, wies auf die „große Zahl neuer Fragen" hin, die durch § 49 der Reichsärzteordnung aufgeworfen würden: „In diesem Zusammenhang muß auch eine Klärung der sehr gefährlichen Ansprüche erfolgen über das Recht etwa des Amtes für Volksgesundheit, bei jeder Neubesetzung von Krankenhausarztstellen maßgeblich mitzuwirken. Wir benötigen dringend neue Richtlinien sowohl für die Anstellung von leitenden Ärzten als auch von zugelassenen Ärzten, ferner entsprechende Dienstanweisungen."[37] In vielen evangelischen Krankenhäusern spitzte sich zu dieser Zeit der Konflikt mit den Chefärzten weiter zu. So setzte der Hartmannbund das Evangelische Krankenhaus Hagen-Haspe auf seine *Cavete*-Tafel, um die Einsetzung eines Schiedsgerichts zu erzwingen, das in den Auseinandersetzungen zwischen Vorstand und Chefarzt vermittelte.[38]

Im Januar 1937 ging die Reichsärzteführung in die Offensive, um die auf Eis gelegten Verhandlungen unter den veränderten Kräfteverhältnissen wieder in Gang zu bringen. Offiziell ging die Initiative vom Verband der

---

35   Reichsärzteordnung v. 13.12.1935, § 49, Abs. 2, in: RGBl., Teil I, 14.12.1935, S. 1433–1444, Zitat S. 1439.
36   P. Zunke, Der erste Reichsärzteführer Dr. med. Gerhard Wagner, med. Diss. Kiel 1972; G. Lilienthal, Der Nationalsozialistische Deutsche Ärztebund (1929–1943/45): Wege zur Gleichschaltung und Führung der deutschen Ärzteschaft, in: F. Kudlien u. a., Ärzte im Nationalsozialismus, Köln 1985, S. 108, 111 f., 114, 118 f.
37   Harmsen an Frick, 24.1.1936, ADW, CA/G 102.
38   Harmsen an Frick, 20.3.1936, ADW, CA/G 102. Wenig später wandte sich die Krankenhäuser-Vereinigung für Duisburg-Hamborn etwas ratlos an Harmsen, weil sie unter dem Druck der Kassenärztlichen Vereinigung den Abschluß von Anstellungsverträgen mit ihren Ärzten nicht weiter hinausschieben zu können glaubte. Krankenhäuser-Vereinigung für Duisburg-Hamborn an Harmsen, 1.7.1936, ADW, CA/G 152.

Krankenhausärzte aus. Den konfessionellen Krankenhausverbänden war jedoch völlig klar, daß es der Reichsärzteführer war, der hinter den Kulissen die Regie führte – der Verband der Krankenhausärzte existierte zu diesem Zeitpunkt nur noch auf dem Papier. Der Reichsverband ging sofort auf die Initiative ein, da er sehr daran interessiert war, endlich Rechtssicherheit herzustellen. Am 29. Januar 1937 wurden die Verhandlungen wiederaufgenommen. Es kam zu einer grundlegenden Vorbesprechung zwischen dem neuen Vorsitzenden des Verbandes der Krankenhausärzte, Prof. Starck, und Frick. Es folgte eine Reihe von Gesprächen, an denen auch Vertreter der Reichsärztekammer teilnahmen.

Der springende Punkt war das Recht der konfessionellen Krankenhäuser zur Kündigung aus „religiös-sittlichen" Gründen. Die Regelung vom 31. März 1933 mußte dem Reichsärzteführer ein Dorn im Auge sein, und so übte er massiven Druck aus, um sie zu Fall zu bringen. Am 13. März 1937 ließ Wagner unter der Überschrift „Die Konfession des Arztes. Keine Kündigungen wegen Austritts aus der Kirche" folgende Pressemitteilung lancieren:

> „In letzter Zeit ist wiederholt Ärzten, die in karitativen Krankenanstalten angestellt waren, gekündigt worden, weil sie aus der Kirche ausgetreten sind. Begründet wurde die Kündigung damit, daß es entweder nach einem früher geschlossenen Vertrag oder nach allgemeinen Grundsätzen Pflicht des Krankenhausarztes einer karitativen Krankenanstalt sei, der Kirche anzugehören, in deren Dienst sich die Krankenanstalt befindet. Reichsärzteführer Dr. Wagner erklärt hierzu in einer Anordnung: ‚Die Grundsätze entstammen den Anschauungen einer vergangenen Zeit. Wir Nationalsozialisten stehen auf dem Standpunkt, daß Religion und Konfession Privatsache jedes deutschen Volksgenossen sind. Mir als Reichsärzteführer ist es gleichgültig, zu welcher Glaubensgemeinschaft sich ein Arzt bekennt, verlangen muß ich von ihm nur das Bekenntnis zu seinem deutschen Volk und Vaterland. Weil wir niemanden in Glaubens- und Konfessionsfragen etwas vorschreiben, können wir auch von anderen Stellen ergangene Vorschriften in diesen Dingen niemals anerkennen und müssen daher auch die Kündigungen, die wegen des Austritts aus der Kirche ausgesprochen werden, als ungerechtfertigt ansehen. Zum Schutze der durch das Verhalten der karitativen Krankenanstalten in ihrer Stellung gefährdeten Ärzte verbiete ich hiermit, daß ein deutscher Arzt eine Stelle in einem Krankenhaus annimmt, die dadurch freigeworden ist, daß seinem Vorgänger wegen Austritts aus der Kirche gekündigt wurde.'"[39]

Vergeblich forderte der Verband evangelischer Krankenanstalten von Rheinland und Westfalen von Harmsen, „namens des Krankenhausverbandes die notwendigen Schritte einzuleiten, um diese ungeheuerlichen Angriffe auf das konfessionelle Krankenhauswesen abzuwehren".[40] Offenbar sahen sich

---

[39] Auszug aus der Abendausgabe des Berliner Tageblatts v. 13.3.1937, ADW, CA 2132.
[40] Verband der evangelischen Krankenanstalten von Rheinland und Westfalen an Harmsen, 25.3.1937, ADW, CA/G 180.

Harmsen und Frick in einer zu schwachen Verhandlungsposition, als daß sie es riskiert hätten, den Konflikt eskalieren zu lassen. Unter dem massiven Druck der NS-Gesundheitsführung gab die von Frick geleitete Verhandlungsdelegation des Reichsverbandes in dem entscheidenden Punkt nach. In den neuen Richtlinien, die am 18. Oktober 1937 vereinbart wurden, war der Passus über das Recht der konfessionellen Krankenhäuser zur Kündigung aus „wichtigen, religiös-sittlichen Gründen" ersatzlos gestrichen worden.[41] Aber auch in nahezu allen anderen Punkten brachten die Richtlinien von 1937 für die Krankenhäuser eine Verschlechterung gegenüber 1933.

Während der Katholische Krankenhausverband sich mit seiner Kritik an den neuen Richtlinien vorsichtig zurückhielt, weil durch ihren Abschluß „Schlimmeres verhütet"[42] worden sei, brach in den eigenen Reihen ein Sturm der Entrüstung los. Die schärfste Kritik kam von Pfarrer Siegert, dem Geschäftsführer des Vereins zur Errichtung evangelischer Krankenhäuser. Er monierte fast alle Punkte der neuen Richtlinien. So sei es „unmöglich", dem Chefarzt Sitz und Stimme im Kuratorium zu garantieren: „Es muß möglich sein, daß Kuratoriumssitzungen ohne den Chefarzt stattfinden, da vielfach auch Fragen über den Chefarzt im Kuratorium zu besprechen sind." Bedenklich sei es auch, daß die Richtlinien die Krankenhäuser verpflichteten, den Chefarzt nach einjähriger Probezeit endgültig anzustellen, während umgekehrt dem Chefarzt das Recht der Kündigung mit sechsmonatiger Kündigungsfrist zugebilligt wurde: „Es muß doch endlich damit aufgeräumt werden, daß der Arzt machen kann, was er will, während das Haus ihm gegenüber vollkommen gebunden ist." Scharf kritisierte Siegert auch die Bestimmungen über Gehalt und Privatliquidation:

> „Auf der einen Seite will der Arzt Beamter sein mit Fixum und Pensionsanspruch; auf der andern Seite will er wieder freier Angestellter sein, um in den Genuß von Privateinnahmen und sonstigen Nebeneinnahmen zu treten. Ich würde gerade vom nationalsozialistischen Standpunkt aus auf das Entweder oder Oder drücken. Entweder ist er Beamter, wie es viele Städte tun, und bekommt dann sein Fixum ohne Nebeneinnahmen oder er ist nicht Beamter und ihm fallen dann Risiko für Altersversorgung usw. völlig zu. [...] Es gibt viele Häuser, in denen der Arzt Einnahmen von 40–50.000,-- Mark hat und das Haus nicht weiß, ob es sich überhaupt wirtschaftlich noch halten kann. [...] In der Privatwirtschaft wäre ein solcher Zustand unmöglich. Da müssen sich die Gehälter nach der Lage des Betriebes richten."

---

41 Vereinbarung zwischen dem Verband der Krankenhausärzte Deutschlands e.V. und dem Reichsverband der freien gemeinnützigen Kranken- und Pflegeanstalten Deutschlands e.V. vom 18.10.1937, ADW, CA/G 136.
42 Katholischer Krankenhausverband an Kreutz, 25.11.1939, ADCV R 334.

Insgesamt gelangte Siegert zu einem vernichtenden Urteil:

„Alles in allem ist die Vereinbarung eine bedeutende Verschlechterung gegenüber den jetzt üblichen Ärzteverträgen und es kann nicht genügend davor gewarnt werden, daß die Häuser ohne die Möglichkeit der Erhöhung der Pflegesätze (Preisstopverordnung) noch weiter belastet werden."[43]

Eine ähnlich vernichtende Kritik kam von Verwaltungsdirektor Wilhelm Hausen, dem Geschäftsführer des Verbandes evangelischer Krankenanstalten von Rheinland und Westfalen.[44] Frick zeigte sich von der Kritik indessen völlig unbeeindruckt. Hausen beschied er:

„In über 10 Jahre langer Beratung sind die Verträge immer wieder besprochen und die Bedenken, die besonders auch von katholischer Seite geltend gemacht wurden, vorgetragen worden und, wie ich sagen darf, auch restlos beseitigt. [...] Das Zusammenarbeiten mit dem Reichsärzteführer ist so freundschaftlich, daß alle sachlichen Bedenken erörtert werden können, selbst, nachdem der Vertrag unterschrieben ist."[45]

Frick scheint – in völliger Verkennung der Ziele und Prinzipien der nationalsozialistischen Bevölkerungs-, Gesundheits- und Sozialpolitik – tatsächlich geglaubt zu haben, in der Reichsärzteführung einen verständnisvollen Ansprechpartner gefunden zu haben, der für die Sorgen und Nöte der freigemeinnützigen, besonders der evangelischen Krankenhäuser ein offenes Ohr habe, so daß es auf den Buchstaben der Richtlinien nicht so ankomme. Dieses krasse Fehlurteil führte dazu, daß Frick in den Verhandlungen den Forderungen der NS-*Gesundheitsführung* auf breiter Front nachgab, ohne alle Mittel zur Obstruktion auszuschöpfen. Viele Praktiker aus den evangelischen Kranken- und Pflegeanstalten hatten einen klareren Blick. Bei der Tagung des Gesamtverbandes im Dezember 1937 wurden die Richtlinien „besonders von den Vertretern Rheinlands und Westfalens stark angegriffen [...]. Auch sonst herrschte die Meinung der Teilnehmer, daß hier vorher mit den zuständigen Anstalten eine engere Fühlungnahme hätte genommen werden sollen."[46]

Es war jedoch zu spät, um Nachverhandlungen einzuleiten. Am 2. Dezember 1937 billigte der Reichsärzteführer die neuen Richtlinien und legte sie dem Reichsinnenministerium zur Genehmigung vor. Dort scheinen sie aber längere Zeit auf Eis gelegen zu haben. Als sich das Central-Diakonissenhaus Bethanien im Oktober 1940 beim Reichsverband erkundigte, was es denn nun mit den Richtlinien von 1937 auf sich habe und

---

43 Siegert/Verein zur Errichtung evangelischer Krankenhäuser, an Pfarrer Schirmacher/ CA, 23.11.1937, ADW, CA/G 136.
44 Hausen an DEKV, 15.12.37, ADW, CA/G 180.
45 Frick an Hausen, 12.11.1937, ADW, CA/G 180.
46 Aktenvermerk für Schirmacher, 11.12.1937, ADW, CA/G 136.

inwieweit die einzelnen Krankenhäuser daran gebunden seien, teilte der Geschäftsführer Otto v. Holbeck mit, daß die Richtlinien dem Innenministerium zur Bestätigung übergeben, aber von diesem noch immer nicht veröffentlicht worden seien. v. Holbeck empfahl, die Richtlinien zur Anwendung zu bringen, die Frage nach der Rechtsverbindlichkeit ließ er aber wohlweislich offen.[47]

Eine völlig unklare Rechtslage herrschte auch im Hinblick auf die Assistenzarztverträge. Das 1929 abgeschlossene Rahmenabkommen über die Anstellung und Besoldung von Assistenzärzten war – wie bereits erwähnt – 1932 vom Reichsverband einseitig aufgekündigt worden. In vielen Krankenhäusern war es daraufhin zu harten Tarifkonflikten gekommen, die durch das *Cavete*-Abkommen zwischen Gesamtverband und Hartmannbund nur mühsam eingedämmt werden konnten.[48] Auch hier brachte der Umschwung der politischen Großwetterlage die stockenden Verhandlungen wieder in Gang. Anfang 1933 vereinbarten der Reichsverband und der Leipziger Verband das Muster eines Tarifvertrages für angestellte Ärzte und schlossen am 19. April 1933 ein Abkommen, wonach beide Organisationen sich verpflichteten, für den Abschluß lokaler und bezirklicher Verträge einzutreten, die dem Mustervertrag entsprachen.[49]

Damit schien ein zumindest provisorisches Tarifsystem geschaffen. Freilich galt die Übereinkunft zwischen Reichsverband und Leipziger Verband nur bis zum 31. Dezember 1933. „Zur Zeit besteht kein allgemein gültiger Tarifvertrag für die Besoldung von Assistenzärzten", teilte der Reichsverband im März 1934 mit. „Es sind keine neuen Richtlinien abgeschlossen worden, weil zu erwarten ist, daß in Verfolg der vom Reichsminister des Innern in die Hand genommenen Gestaltung der Planwirtschaft des gesamten Anstaltswesens auch die Anstellungsbedingungen der Assistenzärzte neu geregelt werden."[50] Hier entstand nun eine völlig unübersichtliche Rechtslage dadurch, daß sich die Reichsärztekammer auf den Standpunkt stellte, daß die Vereinbarung vom 19. April 1933 als Tarifvertrag angesehen werden müsse, der auch weiterhin in Kraft sei. Dieser Rechtsstandpunkt war mehr als zweifelhaft. Nach dem Gesetz galten alle Tarifverträge nach dem 1. Juli 1937 als abgelaufen, die in den Amtlichen Mitteilungen des Reichstreuhänders nicht ausdrücklich aufgeführt waren – von der Vereinbarung zur Assistenzarztfrage von 1933 war dort aber nicht die

---

47 Central-Diakonissenhaus Bethanien an Reichsverband, 1.10.1940; v. Holbeck an Central-Diakonissenhaus Bethanien, 4.10.1940, ADW, CA/G 154.
48 So wurde im Februar 1933 das evangelische Krankenhaus in Kettwig auf die Cavete-Tafel gesetzt. Harmsen an Frick, 13.2.1933, ADW, CA/G 102.
49 Evangelische Gesundheitsfürsorge, S. 65 f.
50 Reichsverband an Gesamtverband, 13.3.1934, ADW, CA/G 152.

Rede.⁵¹ Das war auch nur logisch: Zu Recht wies Johannes Kunze von der Treuhandstelle der Inneren Mission für Westfalen und Lippe 1938 darauf hin, daß die Übereinkunft von 1933 „an sich keinen tariffähnlichen Charakter"⁵² habe. Sie könne nur dort als Tarifvertrag gelten, wo sie – wie etwa in der Provinz Brandenburg – durch provinzielle Vereinbarung zum Tarifvertrag erhoben worden sei. Ganz unlieb war der vertragslose Schwebezustand den konfessionellen Krankenhäusern nicht. Kunze wies auf die Gefahr hin, daß der Reichsverband der freien gemeinnützigen Kranken- und Pflegeanstalten mit der Reichsärztekammer zu vertraglichen Vereinbarungen in der Assistenzarztfrage gelangen könnte, die dann bindenden Charakter für alle dem Reichsverband angeschlossenen Krankenhäuser haben würden und diesen erhebliche finanzielle Lasten aufbürden könnten. So blieb es letztlich bei dem unklaren Schwebezustand. In der letzten Vorstandssitzung des DEKV im Zweiten Weltkrieg am 13. Mai 1942 erklärte Kunze – wider besseres Wissen –, daß der „Tarifvertrag" von 1933 „grundsätzlich weiter in Kraft"⁵³ sei.

Zu den Hauptzielgruppen der Berufsverbote, die im Rahmen der NS-Judenpolitik erlassen wurden, gehörten die *jüdischen Ärzte*.⁵⁴ Vom „Arierparagraphen" des Gesetzes zur Wiederherstellung des Berufsbeamtentums vom 7. April 1933 waren die jüdischen Ärzte an privaten und freigemeinnützigen Krankenanstalten noch nicht betroffen.⁵⁵ Das Aus kam mit der Zweiten Verordnung zum Reichsbürgergesetz vom 21. Dezember 1935, der zufolge jüdische leitende Ärzte auch an freigemeinnützigen Krankenhäusern mit dem 31. März 1936 aus ihrer Stellung ausscheiden mußten. Der DEKV wandte sich unverzüglich an die ihm angeschlossenen Kran-

---

51 Darauf wird in einem Schreiben ohne Absender an den Reichsverband v. 8.7.1938 hingewiesen. ADW, CA/G 153. Ein anderes Beispiel für die entstandene Rechtsunsicherheit: Harmsen wies 1936 beunruhigt auf die Frage der Entschädigung der zum Militärdienst einberufenen Volontär- oder Assistenzärzte hin: „Im Reichsinnenministerium besteht die Neigung, die Anstalten der freien Wohlfahrtspflege in diesem Punkte den öffentlichen Krankenanstalten gleichzustellen, woraus sehr erhebliche und meines Erachtens unbillige Belastungen entstehen." Harmsen an Frick, 24.1.1936, ADW, CA/G102.
52 Kunze an Gesamtverband, 18.8.1938, ADW, CA/G 728.
53 Prot. der Vorstandssitzung am 13.5.1942, ADW, CA/G 99. Zu dieser Zeit wurde wohl in der Inneren Mission überlegt, die Besoldung der Assistenzärzte, die bis dahin in der Regel nach der Reichsbesoldungsordnung erfolgte, auf die Tarifordnung für Angestellte umzustellen. Vgl. Denkschrift betr. Assistenzarztfragen im caritativen Krankenhaus, 19.10.1942, ADCV, R 334.
54 Vgl. F. Kümmel, Die „Ausschaltung" der jüdischen Ärzte in Deutschland durch den Nationalsozialismus, in: C. Pross u. R. Winau (Hg.), nicht mißhandeln. Das Krankenhaus Moabit 1920–1945, Berlin 1984, S. 30–50.
55 Hschr. Notizen Harmsens für den Geschäftsbericht des DEKV 1933/34, ADW, CA/G 98.

kenhäuser, um sich einen Überblick zu verschaffen, in welchem Maße die evangelischen Krankenhäuser von der Regelung betroffen waren. In seinem Rechenschaftsbericht zum zehnjährigen Bestehen des DEKV konnte Harmsen erleichtert melden, daß im Bereich der Inneren Mission „die Anwendung dieser Bestimmung [...] nur in zwei Fällen in Betracht kam".[56] Daß der DEKV der Linie der von den Nationalsozialisten verfolgten Berufsverbotspolitik nicht bedingungslos folgte, obwohl Harmsen in wesentlichen Punkten mit dem Rassenantisemitismus der Nationalsozialisten übereinstimmte,[57] zeigt der Fall des Medizinstudenten Karl-Heinz Jost, der als „Halbjude" im „Dritten Reich" kaum noch eine Chance hatte, seine Ausbildung abzuschließen.

Abschrift

Herrn   Berlin, den 12.5.1934
Pfarrer Frick
Vorsitzender des Gesamtverbandes
der deutschen evangelischen
Kranken- und Pflegeanstalten

Auf Veranlassung von Herrn Pfarrer Gustav Poesche, Pfarrer an der Gemeinde St. Petri in Berlin, der schon seit vielen Jahren Seelsorger unserer Familie ist, erlaube ich mir ergebenst, Sie, hochverehrter Herr Pfarrer, um einen Rat anzugehen.

Ich bin am 25. Mai 1908 in Berlin als Sohn des damaligen städt. Tierarztes und jetzigen Arztes Dr. med. et phil. Johannes Jost, a.o. Professor an der tierärztlichen Hochschule zu Berlin, geboren. Nachdem ich Ostern 1926 die Reifeprüfung am staatl. Luisengymnasium zu Berlin bestanden hatte, studierte ich Medizin und beendete das ärztliche Staatsexamen am 14. August 1933 mit dem Urteil ‚gut'.

Zur Erläuterung meiner Familienverhältnisse möchte ich folgendes bemerken:

Mein Vater stammt aus einer rein arischen Familie, dagegen waren die Eltern meiner Mutter Juden. Meine Mutter, wie auch ihre Brüder, wurden bereits als kleine Kinder evangelisch getauft und in Pensionaten christlich erzogen. Auch ich erhielt eine streng christliche und nationale Erziehung. 3 Monate vor dem Umsturz ließen sich meine Eltern scheiden.

So war es mir als Nichtarier bisher nirgend möglich, eine Medizinalpraktikantenstelle zu erhalten, obwohl ich die Zulassung zum praktischen Jahr erhalten habe und nach Absolvierung dieses meiner Approbation nichts im Wege stände.

Die städt. Anstalten lehnten mich als Nichtarier, das jüdische Krankenhaus als Nichtjuden, die katholischen Anstalten als Protestanten ab. Die Charité ist berechtigt, einen Nichtarier einzustellen, es ist aber bei dem großen Andrang der Nichtarier mehr als zweifelhaft, daß gerade mir die nächst freiwerdende Stelle zufällt.

Da mein Vater mich in keiner Weise unterstützt – ich existiere seit der Scheidung als Nichtarier nicht mehr für ihn und mußte bereits im Vorjahre auf dem

---

56 Rs. des DEKV v. 27.12.1935, ADW, CA/G 105; Harmsen an Frick, 24.1.1936, ADW, CA/G 102; Evangelische Gesundheitsfürsorge, S. 80 f. (Zitat).
57 Vgl. Schleiermacher, Sozialethik, S. 266–273.

Klagewege das mir zum Leben notwendigste Geld von ihm erkämpfen –, meine Mutter ebenfalls nicht in der Lage ist, mich irgendwie zu unterstützen, befinde ich mich in einer sehr verzweifelten Lage. Einerseits sehe ich keine Möglichkeit, mich anderweitig zu ernähren, andererseits liebe ich meinen Beruf so, daß ich ohne ihn kaum leben könnte. Auch wurde mir von meinen Professoren, bei denen ich während meiner Studienzeit bereits arbeitete, wiederholt bezeugt, daß ich alle Befähigung hätte, ein guter Arzt zu werden.

Bei einer Rücksprache mit Herrn Pfarrer Poesche schlug dieser mir vor, mich doch einmal an Sie zu wenden. Er hätte gehört, daß Sie approbierte deutsche Ärzte von der Inneren Mission ins Ausland schickten. Ich wäre Ihnen deshalb, hochverehrter Herr Pfarrer, von Herzen dankbar, wenn Sie mir in meiner gänzlich verzweifelten Lage mit Rat oder Tat helfen könnten. Vielleicht könnte ich auf Ihre Empfehlung hin an einer der Inneren Mission angehörigen Anstalt mein praktisches Jahr absolvieren, so daß ich meine Approbation erhalten könnte. Wichtig wäre nur, daß ich freie Wohnung und Verpflegung erhielte. Vielleicht wäre es dann späterhin auch möglich, im Auftrag der Inneren Mission als Kämpfer für das neue Deutschland ins Ausland geschickt zu werden. Ich würde gern ins Ausland gehen, doch nicht als Emigrant, sondern für die deutsche Sache.

In der Hoffnung, von Ihnen irgendwelche Hilfe zu erhalten, danke ich Ihnen im voraus und zeichne

mit deutschem Gruß
Heil Hitler!
gez. Karl-Heinz Jost[58]

Frick schaltete den DEKV ein, und Harmsen versuchte, dem verzweifelten jungen Mann über den ärztlichen Stellennachweis eine Medizinalpraktikantenstelle zu vermitteln.[59] Auch in anderer Hinsicht versuchte Harmsen, der Politik des NS-Ärzteführung entgegenzuwirken. In einem Rundschreiben an die leitenden Ärzte der gynäkologisch-geburtshilflichen Abteilungen der evangelischen Krankenhäuser vom September 1936 betonte er die besondere Bedeutung von *Ärztinnen*, „sei es nun im Dienst der Bewegung als Lager- oder Sportärzte oder auf dem Gebiet der Kinderheilkunde und der Frauenkrankheiten".[60] Harmsen beklagte, daß Frauen kaum noch eine Chance hätten, an öffentlichen Krankenhäusern eine Facharztausbildung zu absolvieren, und erkundigte sich nach den Möglichkeiten der evangelischen Häuser.

---

58 ADW, CA/G 107.
59 Rs. des DEKV, 23.8.1934, ADW, CA/G 107.
60 Rs. des DEKV, 24.9.1936, ADW, CA/G 105.

4. Der DEKV im „Dritten Reich" (1933–1942)

4.4 „Die Schwesternfrage erscheint fast hoffnungslos" – Das Problem des Schwesternmangels

1933 sahen sich die konfessionellen Schwesternschaften gezwungen, sich in die „Reichsfachschaft deutscher Schwestern und Pflegerinnen" einzuordnen, die wiederum ein Teil der unter dem Dach des Deutschen Frauenwerkes gebildeten „Reichsarbeitsgemeinschaft der Berufe im sozialen und ärztlichen Dienste e. V." war. Innerhalb der Reichsfachschaft formierten sich vier Säulen: die katholischen Schwesternschaften, die evangelischen Schwesternschaften, die neu gegründete NS-Schwesternschaft sowie die übrigen freiberuflichen Schwestern. Schwester Margarete Dieckmann von der Berufsorganisation der Krankenschwestern Deutschlands, die im Mai 1933 die kommissarische Leitung der Reichsfachschaft deutscher Schwestern übernommen hatte, machte kein Hehl daraus, daß am Ende die *Gleichschaltung* der konfessionellen Schwesternschaften stehen sollte. Schwester Gustel Ziegler vom Evangelischen Diakonieverein faßte in ihrem Bericht über eine Sitzung der Reichsfachschaft im Juni 1933 Margarete Dieckmanns Standpunkt wie folgt zusammen:

> „Alle Mutterhäuser sollen mit nationalsozialistischem Geist erfüllt werden, besonders in den konfessionellen Häusern. [...] Es wird nicht ein Betrieb verschont bleiben, man wird überall eindringen und sich durchsetzen. Dr. [Leonardo] Conti hat das Recht, einzusetzen, aufzulösen und zu verhaften. Alles, was entgegensteht, wird bekämpft. Es kommt ausschließlich auf die Gesinnung an."[61]

Um der drohenden *Gleichschaltung* zu begegnen, schlossen sich – auf Initiative des Evangelischen Diakonievereins und des Kaiserswerther Verbandes – die in der evangelischen Säule der Reichsfachschaft vertretenen Schwesternschaften[62] im September 1933 zur „Diakoniegemeinschaft"

---

[61] Zit. nach: L. Katscher, Krankenpflege und „Drittes Reich". Der Weg der Schwesternschaft des Evangelischen Diakonievereins 1933–1939, Stuttgart 1990, S. 50 f. Der spätere Reichsgesundheitsführer Leonardo Conti war zu dieser Zeit Ministerialrat im Reichsinnenministerium.

[62] Schwesternschaft des Kaiserswerther Verbandes (27.638 Diakonissen und 3.708 diakonische Hilfskräfte), Schwesternschaft des Johanniterordens (keine Zahlenangabe), Schwesternschaften des Zehlendorfer Verbandes (6.966 Schwestern), Deutscher Gemeinschaftsdiakonieverband in Marburg (2.490 Diakonissen), Bund deutscher Gemeinschafts-Diakonissenmutterhäuser Aue i. S. (1.462 Diakonissen und 126 diakonische Hilfskräfte), Verband der Evangelisch-freikirchlichen Diakonissenmutterhäuser Deutschlands in Frankfurt a. M. (1.548 Diakonissen und 667 diakonische Hilfskräfte), Deutscher Landpflegeverband e. V. in Sangerhausen (keine Zahlenangabe) und Schwesternschaft der Inneren Mission in Berlin (keine Zahlenangabe). Zahlenangaben nach Katscher, Krankenpflege, S. 52. Katscher schätzt die Gesamtzahl der in der Diakoniegemeinschaft zusammengeschlossenen Schwestern auf 47.000, Gerhardt, Jahrhundert, S. 355, auf 50.000.

zusammen, die etwa 50.000 Schwestern umfaßte. Sie war als Auffangorganisation gedacht, um die evangelischen Schwestern als eine große, in sich geschlossene Gruppe unter dem Dach der Reichsfachschaft zu vereinen und ihre christlich-diakonische Identität zu stärken. Dieses Kalkül ging auf: Den „Braunen Schwestern" gelang es trotz einer groß angelegten Werbekampagne kaum, Schwestern aus den evangelischen Schwesternschaften abzuwerben, obwohl viele Diakonissen Sympathien für den Nationalsozialismus hegten.[63]

Die Gründung der Diakoniegemeinschaft bedeutete aber auch ein Stück Emanzipation der evangelischen Schwesternschaften vom Central-Ausschuß für die Innere Mission.[64] Zum einen rückten die Schwesternschaften nun enger zusammen. Ihre Vorstände waren zwar auch bisher schon im Fachausschuß für weibliche Diakonie des CA zusammengeschlossen gewesen, die Schwestern selber hatten aber bis dahin weitgehend unverbunden nebeneinander her gearbeitet. Zum anderen wurde die Diakoniegemeinschaft in der Praxis *von Frauen* geleitet, wenn auch in Absprache und in Zusammenarbeit mit den Vorständen der einzelnen Schwesternschaften. An der Spitze der Diakoniegemeinschaft stand Auguste Mohrmann, Mitarbeiterin in der Geschäftsstelle des Kaiserswerther Verbandes in Berlin, ihre Stellvetererin war Oberin Maria v. Scheven vom Evangelischen Diakonieverein. Auf Gauebene wurde die Diakoniegemeinschaft – analog zur Reichsfachschaft – von Gauvertrauensschwestern vertreten. Damit war das paternalistische Männerregiment im Bereich der weiblichen Diakonie aufgebrochen. Die Abgrenzung der Aufgabenfelder und Zuständigkeitsbereiche zwischen der Diakoniegemeinschaft und dem Fachausschuß für weibliche Diakonie des CA ging denn auch nicht ohne Spannungen vor sich. Auf das Drängen Harmsens, den Fachausschuß endlich wieder einzuberufen, um etwas gegen die Angriffe der Nationalsozialisten auf die konfessionellen Schwesternschaften zu unternehmen, antwortete Maria v. Scheven kühl, sie habe „den gefühlsmäßigen Eindruck, daß man seitens des Central-Ausschusses diesen Fragen vielleicht nicht das notwendige Interesse entgegenbrächte."[65] Die Schwestern nahmen die Vertretung ihrer Interessen zunehmend in die eigenen Hände.

Dieser Entwicklung war es wohl auch geschuldet, daß sich der DEKV nur ganz am Rande mit Schwesternfragen befaßte – so fand etwa die Novellierung des Krankenpflegegesetzes im Jahre 1938 kaum Beachtung. Mit zunehmender Sorge nahm man dagegen im Vorstand des DEKV seit 1937

---

[63] Katscher, Krankenpflege, S. 46–54; Gerhardt, Jahrhundert, S. 354 f., 375 f.; Kaiser, Protestantismus, S. 289 f.; Rs. des CA, 25.1.1934, ADW, CA/G 107.
[64] Katscher, Krankenpflege, S. 53 f.
[65] Aktennotiz Harmsen, 9.8.1934, ADW, CA/G 449.

die Überlastung der Schwestern infolge des sich immer weiter zuspitzenden Arbeitskräftemangels wahr.[66] 1940 beklagte Pastor Weiß vom Krankenhaus Bethesda in Mönchengladbach die „Not der Häuser durch Überfremdung mit nichtdiakonischen Kräften".[67] Im Zweiten Weltkrieg nahm der Arbeitskräftemangel dramatische Formen an. Hier versuchte man, durch den Einsatz von ausländischen Zivilarbeitern und Kriegsgefangenen Abhilfe zu schaffen. Frick berichtete 1942 im Vorstand des DEKV, daß im Evangelischen Krankenhaus Bremen auch ehrenamtliche Kräfte zu Hilfsleistungen herangezogen würden. Sogar der Einsatz von Patienten im Rahmen der Arbeitstherapie wurde diskutiert.[68]

Im Tätigkeitsbericht der Geschäftsstelle des DEKV für das Jahr 1942 stand die Arbeitskräftefrage schließlich obenan. Der Bericht gibt einen Einblick in die bescheidenen Versuche des DEKV, den evangelischen Krankenhäusern bei der Beschaffung von Arbeitskräften zu helfen:

> „Der Mangel an Arbeitskräften in unseren Häusern gab zu ernsthaften Beratungen und Überlegungen Anlaß. Besonders wichtig ist die Entlastung des Pflegepersonals von Arbeiten, die von anderen Kräften ausgeführt werden können. Die Einstellung von ausländischen Arbeitskräften, besonders für die Hausarbeit, ist hier eine Hilfsmaßnahme. Die Schwierigkeiten, die durch Einstellung von nicht ausgesuchten Arbeitskräften in unseren Anstalten entstehen, dürfen hier nicht übersehen werden. Bei der Einstellung und Ausbildung von Kräften für die Krankenpflege wurden manchen unserer Häuser Schwierigkeiten durch die Arbeitsämter gemacht, so daß wir hier beratend eingreifen mußten. Es konnten auch verschiedentlich Schwestern für Arbeiten in unseren Häusern und Einrichtungen dienstverpflichtet werden. [...] Verschiedene Häuser wurden bei der Abschließung von Verträgen mit der NSV wegen Aufnahme von Schülerinnen der NSV in unsere Kranken- bzw. Säuglingspflegeschulen beraten."[69]

Im Vorstand des DEKV machte man sich derweil bereits Gedanken über die Zukunft:

> „Die Schwesternfrage erscheint fast hoffnungslos. Das Deutsche Rote Kreuz will nach dem Kriege abgekürzte Kurse für Helferinnen einführen, die als Schwestern zur Verfügung stehen sollen. In den Jahren [19]47-51 werden etwa 1 Million weibliche Arbeitskräfte durch den Geburtenrückgang fehlen."[70]

---

66 Prot. der Vorstandssitzung am 8.12.1937, ADW, CA/G 99.
67 Prot. der Vorstandssitzung am 11.12.1940, ADW, CA/G 99.
68 Prot. der Vorstandssitzung am 13.5.1942, ADW, CA/G 99.
69 Bericht über die Tätigkeit der Geschäftsstelle des DEKV [...] im Jahre 1942, ADW, CA/G 105.
70 Prot. der Vorstandssitzung am 13.5.1942, ADW, CA/G 99.

4.5 „Planwirtschaft" als Existenzbedrohung – Wirtschafts- und Steuerfragen

Als Vorarbeit zu der schon in der Weimarer Republik von allen Seiten geforderten, aber nie ernsthaft in Angriff genommenen Einführung der „Planwirtschaft" auf dem Gebiet des Krankenhauswesens beauftragte das nationalsozialistisch geführte Reichsinnenministerium das Statistische Reichsamt, zum 1. September 1935 eine „Sondererhebung über Krankenanstalten für das Deutsche Reich" durchzuführen. Hierbei mußten die Krankenhäuser Auskunft über ihr Vermögen, den Schuldenstand, das Betriebsergebnis sowie die Deckung des Zuschusses durch Schuldenaufnahme und durch Zahlungen im Zeitraum von 1932 bis 1934 geben.[71] Welche Bedeutung der DEKV und Gesamtverband dieser Sondererhebung beimaßen, zeigt sich in dem Überblicksbericht Harmsens vom Januar 1936:

> „Es ist anzunehmen, daß die ersten planwirtschaftlichen Maßnahmen der Reichsregierung durch ein besonderes Krankenhausgesetz erfolgen, in dem auch die karitativen Krankenhäuser ähnlich wie die bisherigen Privatunternehmen einer Konzessionspflicht unterworfen werden. Man wird dahin streben, die kleinen und unzulänglichen Einrichtungen durch Nichterteilung der Konzession anderen Zwecken zuzuführen."[72]

Angesichts der großen Zahl von evangelischen Kranken- und Pflegeanstalten mit weniger als hundert Betten waren DEKV und Gesamtverband in höchste Alarmbereitschaft versetzt. Zunächst einmal nahmen sie die Durchführung der Sondererhebung in den evangelischen Krankenhäusern zum Anlaß, ein Projekt energisch voranzutreiben, das sie schon seit Jahren verfolgten: die Aufstellung einheitlicher Grundsätze für die Anstaltsbuchführung. Unter Hochdruck wurden nun Formblätter ausgearbeitet, die ein einheitliches, auf der Methode der doppelten Buchführung beruhendes System in den evangelischen Kranken- und Pflegeanstalten schaffen sollten. Auf dieser Grundlage war einerseits eine genauere Berechnung der Selbstkosten und der steuerlichen Belastungen und damit eine realistischere Einschätzung der wirtschaftlichen Verhältnisse der einzelnen Krankenhäuser möglich geworden, andererseits wurde dadurch die wirtschaftliche Gesamtlage des evangelischen Anstaltswesens deutlicher.[73]

DEKV und Gesamtverband sammelten schon seit geraumer Zeit statistisches Material über Belegungsraten und Pflegesätze der evangelischen Kranken- und Pflegeanstalten. Die durchschnittliche Belegungsrate, die vor

---

[71] Evangelische Gesundheitsfürsorge, S. 93 ff.
[72] Harmsen an Frick, 24.1.1936, ADW, CA/G 102.
[73] Evangelische Gesundheitsfürsorge, S. 93–97, sowie umfangreiche Unterlagen in ADW, CA/G 108–112.

4. Der DEKV im „Dritten Reich" (1933–1942)

dem Hintergrund der Weltwirtschaftskrise bis Ende 1932 auf einen absoluten Tiefstand abgesunken waren, erholte sich zwar seit 1933, viele evangelische Krankenhäuser, vor allem im Rheinland und in Westfalen,[74] litten aber nach wie vor an starker Unterbelegung, während auf der anderen Seite viele städtische Krankenanstalten voll belegt waren, weil die Kommunen nach wie vor die Wohlfahrtspatienten in ihre eigenen Einrichtungen schickten. Vergeblich forderten die konfessionellen Krankenhausverbände eine gleichmäßigere Verteilung der Krankenbettenreserve auf alle in Frage kommenden Krankenhaustypen.[75]

Das wirtschaftliche Grundproblem der evangelischen Krankenhäuser war das Mißverhältnis zwischen den Selbstkosten und den Pflegesätzen. Verwaltungsdirektor Wilhelm Hausen vom Evangelischen Krankenhaus Hagen-Haspe hatte 1933 die durchschnittlichen Selbstkosten der evangelischen Häuser auf 6,03 RM veranschlagt – trotz mancher Unsicherheiten bei der Selbstkostenberechnung kann man sicher davon ausgehen, daß die karitativen Krankenhäuser um einiges wirtschaftlicher arbeiteten und deutlich geringere Selbstkosten verursachten als die öffentlichen Krankenhäuser. Seit 1933 waren die Selbstkosten wieder gestiegen. Dennoch lagen die Pflegesätze in den evangelischen Allgemeinkrankenhäusern im Oktober 1935 im Durchschnitt bei 4,20 RM, reichten also zur Deckung der Selbstkosten nicht aus.[76]

Die Zunahme der Selbstkosten war auf den allgemeinen Preisanstieg, aber auch auf Verluste aus den Nebenbetrieben und auf die wachsende steuerliche Belastung zurückzuführen. Im Rahmen der Neuordnung des Krankenkassenwesens war es – unter Ausschluß der Krankenhausträger – zu Vereinbarungen zwischen den Sozialversicherungsträgern und der Kassenärztlichen Vereinigung über die ärztlichen Nebenbetriebe der Krankenhäuser gekommen. Dadurch entstand eine völlig neue Situation: Während etwa die Röntgenabteilungen bis dahin *Überschüsse* abgeworfen hatten, die zur Deckung von Fehlbeträgen in anderen Bereichen genutzt wurden, verwandelten sie sich nun in *Zuschußbetriebe*. Neuinvestitionen im Bereich der Nebenbetriebe, so Harmsen, seien nicht mehr zu verantworten, auch wenn darunter die Qualität der Krankenhausversorgung leide.[77]

---

[74] Harmsen an Frick, 24.1.1936, ADW, CA/G 102. Harmsen erwartete auch weiterhin „eine sehr starke Abwanderung der Industrie aus den wehrpolitisch gefährdeten Grenzgebieten in den mitteldeutschen Raum", so daß „die Gefahr einer weiteren Unterbelegung im Westen erheblich" steige.

[75] Evangelische Gesundheitsfürsorge, S. 98 ff.

[76] W. Hausen, Planwirtschaft, Selbstkosten und Pflegesatz, in: Gesundheitsfürsorge. Zeitschrift der Evangelischen Kranken- und Pflegeanstalten 7. 1933, S. 245 f.; Evangelische Gesundheitsfürsorge, S. 102 f.

[77] Harmsen an Frick, 24.1.1936, ADW, CA/G 102; Evangel. Gesundheitsfürsorge, S. 105.

Noch schwerer wurden die konfessionellen Krankenhäuser durch die Entwicklung der Steuergesetzgebung getroffen. Hier schuf die als erste Phase der lange geplanten Steuerreform gedachte Verabschiedung von zehn neuen Steuergesetzen im Oktober 1934 eine völlig neue Lage. Die bis dahin bestehende Umsatzsteuerfreiheit für gemeinnützige und wohltätige Zwecke war nicht in das neue Umsatzsteuergesetz übernommen worden. Vom 1. Januar 1935 an waren alle karitativen Kranken- und Pflegeanstalten umsatzsteuerpflichtig. Darüber hinaus drohte vielen Anstalten auch die Körperschafts- und Vermögenssteuer, soweit sie in ihren Satzungen nicht den Begriffsbestimmungen über Gemeinnützigkeit und Mildtätigkeit entsprachen, wie sie in den neuen Steuergesetzen festgelegt waren.

Nachdem Pastor Fritz v. Bodelschwingh beim Reichsfinanzminister Ludwig Schwerin v. Krosigk interveniert hatte, kam es unter maßgeblicher Beteiligung der Geschäftsstelle des DEKV zu langwierigen Verhandlungen im Reichsfinanzministerium, bei denen man sich im März 1935 auf eine Pauschalierung von steuerfreien Umsätzen der Krankenhäuser und Heilanstalten der Verbände der freien Wohlfahrtspflege einigte. Für die konfessionellen Krankenhäuser war es ein schwacher Trost, daß nach einer Entscheidung des Reichsfinanzhofs vom Dezember 1935 auch die öffentlichen Krankenhäuser zur Umsatzsteuer veranlagt wurden. Harmsen zeigte sich enttäuscht von dieser Entscheidung, weil „sie wohl die Aussichtslosigkeit der Durchführung von Einsprüchen gegen die Veranlagung der Umsatzsteuer seitens unserer evangelischen Anstalten, die an sich geplant war, zur Folge hat". Positiv vermerkte Harmsen, daß sich in dieser Frage nun „eine gemeinsame Front mit den gemeindlichen Einrichtungen"[78] gebildet habe. Wie erste Erfahrungen mit der neuen Steuergesetzgebung zeigten, führte die Umsatzsteuer zu einer merklichen Steigerung der Selbstkosten. Eine weitere schwere Belastung für die konfessionellen Kranken- und Pflegeanstalten bedeutete das neue Grundsteuergesetz von 1936. Die vermehrte Steuerlast wog umso schwerer, als 1938 die Pflegesätze *gedeckelt* wurden.[79]

Diese Entwicklung zwang dazu, alle noch vorhandenen Einsparreserven auszuschöpfen. Auch dazu unterbreitete Harmsen eine Reihe von Vorschlägen: Er empfahl die Einrichtung von Apotheken in den Krankenhäusern, um in den Genuß von Großkundenrabatten bei der Arzneimittelbeschaffung zu gelangen, ferner die Anlage eigener Brunnen zur Versorgung der Krankenhauswäschereien, die Modernisierung der Heizungsanlagen und die Einrichtungen von eigenen Bäckereien.[80]

---

[78] Harmsen an Frick, 24.1.1936, ADW, CA/G 102.
[79] Prot. der Vorstandssitzung am 5.12.1938, ADW, CA/G 99; Evangelische Gesundheitsfürsorge, S. 105–108; Gerhardt, Jahrhundert, S. 385 ff.
[80] Harmsen an Frick, 21.1.1936, ADW, CA/G 102; Evangelische Gesundheitsfürsorge, S. 108 f.

4. Der DEKV im „Dritten Reich" (1933–1942)

1936 verlor Harmsen einen Teil seiner Kompetenzen auf dem Arbeitsfeld der Wirtschafts- und Steuerfragen. Ein Erlaß des Reichskirchenausschusses vom 6. August 1936 machte es dem CA zur Pflicht, die in der Inneren Mission zusammengeschlossenen Anstalten und Einrichtungen in ihrer Verwaltung und Wirtschaftsführung zu betreuen. Im Zuge der Neuordnung dieses Aufgabengebiets wurde 1937 zunächst eine „Treuhandstelle der Inneren Mission für Westfalen und Lippe" gegründet. Sie wurde von Diplomkaufmann Johannes Kunze geführt, der seit 1925 als Verwaltungsleiter der Westfälischen Diakonissenanstalt Sarepta tätig war. Kunze, ein überaus versierter Verwaltungsfachmann, der nach dem Zweiten Weltkrieg als „Vater des Lastenausgleichs" berühmt werden sollte, übernahm 1939 auch die neu gegründete Sonderabteilung des CA für Steuer- und Wirtschaftsfragen.[81] Nach Ausbruch des Zweiten Weltkrieges wurde Kunze zudem als Sachverständiger des Reichsverbandes zur Führung aller Verhandlungen mit den Reichsministerien über Steuer- und Kriegswirtschaftsfragen ernannt. In dieser Eigenschaft war er für den Abschluß von Lazarettverträgen ebenso zuständig wie für den Bezug von Seife, Spinnstoffen oder Eisen. Kunze wurde ferner vom Reichsfinanzminister in die Vorberatungen zum Steueranpassungsgesetz von 1941 einbezogen, wobei er dem Entwurf „einige Giftzähne ausbrechen" konnte.[82]

Der DEKV war zu dieser Zeit kaum noch selbständig auf diesem Gebiet tätig, sondern unterstützte nur noch die Initiativen der Sonderabteilung für Steuer- und Wirtschaftsfragen, des Reichsverbandes der freien gemeinnützigen Kranken- und Pflegeanstalten und der Deutschen Krankenhausgesellschaft. Zuletzt hatte der DEKV genug damit zu tun, den evangelischen Krankenhäusern bei der Beschaffung von Lebensmitteln, Laboratoriumsgeräten, Medikamenten, Seife, Soda, Petroleum, Benzin und sogar Taschenlampenbatterien zu helfen.[83]

---

[81] Rs. des DEKV, 24.2.1939, ADW, CA/G 105; Gerhardt, Jahrhundert, S. 362 f., 387 f. Das Wort vom „Vater des Lastenausgleichs" geht zurück auf Heinrich Krone (H. Krone, Tagebücher, Bd. 1: 1945–1961, bearb. v. H.-O. Kleinmann, Düsseldorf 1995, S. 382). Vgl. N. Friedrich, Johannes Kunze – Diakonie, Ökonomie u. Politik, in: M. Benad u. K. Winkler (Hg.), Bethels Mission (2). Bethel im Spannungsfeld von Erweckungsfrömmigkeit u. öffentlicher Fürsorge, Bielefeld 2001, S. 57–82.

[82] Prot. der Vorstandssitzung am 12.12.1939, ADW, CA/G 99. Auch der DEKV mußte 1942 seine Satzung nach den Bestimmungen des Steueranpassungsgesetzes ändern. Vgl. Bericht über die Tätigkeit der Geschäftsstelle des DEKV [...] im Jahre 1942, ADW, CA/G 105.

[83] Bericht über die Tätigkeit der Geschäftsstelle des DEKV [...] im Jahre 1942, ADW, CA/G 105.

4.6 „Die Tötung rüttelt an den Fundamenten unseres Daseins" – Sterilisierung und Euthanasie

Am 14. Juli 1933 wurde das „Gesetz zur Verhütung erbkranken Nachwuchses" (GzVeN) im Kabinett verabschiedet. Es bildete die gesetzliche Grundlage eines in der Geschichte beispiellosen Programms negativer Eugenik. Von Januar 1934 bis Mai 1945 wurden im Deutschen Reich etwa 400.000 Menschen sterilisiert – das entsprach etwa einem Prozent der Gesamtbevölkerung des *Altreichs*. Das enorme Ausmaß der zumeist zwangsweisen Unfruchtbarmachung rührte daher, daß nach dem GzVeN – im Unterschied zur Sterilisierungsgesetzgebung anderer Staaten – Gewalt auch über den Kreis der Patienten von Heil- und Pflegeanstalten hinaus zulässig war. Etwa 5.000 bis 6.000 Frauen und 600 Männer fielen dem GzVeN zum Opfer.[84]

Hans Harmsen feierte 1933 in der Zeitschrift „Gesundheitsfürsorge" das neue Gesetz seitens des Ständigen Ausschusses für eugenetische Fragen in überschwenglichem Ton. Die bevölkerungspolitische Ausrichtung gesundheitspolitischer Entscheidungen erfülle den Ausschuß mit „Dankbarkeit und Freude, umso mehr, als die vom Ausschuß seinerzeit vorgeschlagenen Abänderungsvorschläge zu dem Entwurf über ein Sterilisierungsgesetz im endgültigen Wortlaut voll berücksichtigt worden"[85] seien. Das war die offizielle Version. Tatsächlich war der Ausschuß nicht ganz zufrieden – das Gesetz ging ihm in manchen Punkten nicht weit genug! So bedauerte man, daß die Vorschläge des Ausschusses zur Kastration und Röntgensterilisierung im Gesetz nicht aufgegriffen worden waren. Der CA sah keinen Hinderungsgrund, den ihm angeschlossenen Verbänden und Einrichtungen die Mitarbeit am nationalsozialistischen Sterilisierungsprogramm zu gestatten.[86] Im Dezember 1933 richtete Harmsen eine „Auskunftsstelle" ein, die über alle Fragen im Zusammenhang mit der eugenischen Sterilisierung informieren sollte. Die Verbände wurden aufgefordert, „vor Veröffentlichungen, die die Durchführung des Gesetzes zur Verhütung erbkranken Nachwuchses in den Anstalten der Inneren Mission betreffen, das Einvernehmen [... der] Auskunftsstelle einzuholen, damit eine einheitliche

---

[84] G. Bock, Zwangssterilisation im Nationalsozialismus. Studien zur Rassenpolitik und Frauenpolitik, Opladen 1986, bes. S. 184 ff., 237 f., 264 f.
[85] H. Harmsen, Das Reichsgesetz zur Verhütung erbkranken Nachwuchses, in: Gesundheitsfürsorge. Zeitschrift der Evangelischen Kranken- und Pflegeanstalten 7. 1933, S. 184 ff., Zitat S. 184.
[86] Zum folgenden: K. Nowak, „Euthanasie" und Sterilisierung im „Dritten Reich". Die Konfrontation der evangelischen und katholischen Kirche mit dem „Gesetz zur Verhütung erbkranken Nachwuchses" und der „Euthanasie"-Aktion, Göttingen 1984, 3. Aufl., S. 96–106; Kaiser, Protestantismus, S. 340–390; Schleiermacher, Sozialethik, S. 236–254.

4. Der DEKV im „Dritten Reich" (1933–1942)

Linie innerhalb der Inneren Mission gesichert bleibt".[87] Angesichts der aufgeschlossenen Haltung der Inneren Mission verwundert es nicht, daß im Runderlaß des preußischen Innenministeriums vom 13. März 1934 auch zahlreiche evangelische Krankenhäuser zur Durchführung der Sterilisationen nach dem GzVeN ermächtigt wurden.[88] 1934 wurden in evangelischen Krankenhäusern offiziellen Angaben zufolge 2.399, im ersten Halbjahr 1935 bereits 3.140 Sterilisierungen ausgeführt.[89] Nach der Veröffentlichung des offiziellen Kommentars zum GzVeN gab der „Ständige Ausschuß für Fragen der Rassenhygiene und Rassenpflege" (wie er mittlerweile hieß) vertrauliche Richtlinien heraus, in denen alle Stellen der Inneren Mission aufgefordert wurden, an dem Sterilisierungsprogramm mitzuwirken, Sammelanzeigen zu erstatten, freiwillige Unfruchtbarmachungen selber durchzuführen und Patienten, denen ein zwangsweiser Eingriff drohte, in öffentliche Anstalten abzuschieben. Auch mit der Sterilisierung taubstummer Menschen, die man von seiten der Inneren Mission ursprünglich hatte ausnehmen wollen, fand man sich schließlich ab. In der Frage der Abtreibung aus eugenischer Indikation nahm die Innere Mission zwar aufgrund der Beschlüsse der Ersten Fachkonferenz von Treysa eine ablehnende Haltung ein. Nachdem aber das Erste Änderungsgesetz zum GzVeN am 26. Juni 1935 den Schwangerschaftsabbruch aus eugenischer Indikation für straffrei erklärt hatte, konnte sich der CA nicht zu einem öffentlichen Protest aufraffen, sondern beschränkte sich darauf, auf vertraulichem Weg im Reichsinnenministerium vorstellig zu werden. Die Auskunftsstelle ermahnte die evangelischen Kranken- und Pflegeanstalten: „Wir haben die Pflicht der unverändert treuen und sorgfältigen Erfüllung aller staatlichen Anordnungen und Gebote. Im Hinblick auf die Verhütung erbkranken Nachwuchses dürften sich unsere Anstalten und Einrichtungen durch gewissenhafte Pflichterfüllung auszeichnen."[90]

An Harmsens hektischen Aktivitäten im Zusammenhang mit dem GzVeN hatte der DEKV kaum Anteil – sieht man davon ab, daß Harmsen das Verbandsorgan des DEKV, die „Gesundheitsfürsorge" nutzte, um eine Reihe von programmatischen Aufsätzen zu diesem Thema zu veröffentlichen, und die Evangelische Gesundheitsfürsorgeschule, um Lehrgänge über das GzVeN für Beamte, Berufsarbeiter der Inneren Mission, Anstaltsleiter, Ärzte und Fürsorgerinnen abzuhalten.[91] Zudem war der DEKV

---

87 Zit. nach Schleiermacher, Sozialethik, S. 244.
88 Vgl. Kaiser/Nowak/Schwartz (Hg.), Eugenik, S. 166 f.
89 Nowak, „Euthanasie", S. 106.
90 Zit. nach Schleiermacher, Sozialethik, S. 254.
91 Evangelische Gesundheitsfürsorge, S. 81–87. Dazu waren teilweise auch Beamte aus der öffentlichen Wohlfahrtspflege, der NSV und sogar der katholischen Liebestätigkeit eingeladen.

1936 an einer Erhebung über die bis dahin durchgeführten Unfruchtbarmachungen beteiligt. Dabei wurde festgestellt, daß manche evangelischen Kranken- und Pflegeanstalten sterilisierte Patienten gemeldet hatten, obwohl sie nicht auf der Liste der Krankenanstalten standen, die zu einem solchen Eingriff ermächtigt waren. Der DEKV fragte nach, ob es sich hier um sieche Patienten handele, die für den Eingriff verlegt worden seien, oder um Patienten, die schon bei ihrer Einlieferung sterilisiert gewesen seien. Die dritte Möglichkeit: daß das eine oder andere übereifrige evangelische Krankenhaus eugenische Sterilisierungen ausführte, ohne dazu eine Genehmigung zu besitzen, wurde nicht offen angesprochen, obwohl solche Fälle vorkamen.[92]

Kurz nach dem Beginn des Zweiten Weltkrieges lief die *Aktion T 4* an, d. h. die Vergasung von etwa 70.000 psychisch kranken und geistig behinderten Menschen aus den Heil- und Pflegeanstalten des Deutschen Reiches.[93] Auch viele Heil- und Pflegeanstalten der Inneren Mission wurden von diesem Massenmord erfaßt. In den Akten findet sich indessen kein Hinweis, daß sich der DEKV mit diesem Thema befaßt hätte.

Mit der Einstellung der *Aktion T 4* im August 1941 war die *Euthanasie*-Aktion jedoch keineswegs beendet.[94] In zahlreichen Heil- und Pflegeanstalten, deren Leitung mit der T4-Zentrale zusammenarbeitete, ging das Morden weiter. Es kam zu Fällen von *wilder Euthanasie*, in denen Einzeltäter eigenmächtig, ohne Weisung oder Anregung „von oben", Patienten umbrachten. In einigen Regionen des Deutschen Reiches knüpfte man auch an Praktiken an, die in der Vorkriegszeit entwickelt worden waren, um die Versorgung der Patienten auf oder sogar unter das Existenzminimum herabzudrücken, und die durch die *Aktion T 4* zeitweilig überlagert worden waren. Tausende und Abertausende von Patienten wurden nunmehr im alltäglichen Anstaltsbetrieb meist durch eine Kombination von Hunger und Medikamenten umgebracht. Über den „Lebenswert" oder „Lebensunwert" eines Patienten entschieden jetzt Ärzte, Schwestern und Pfleger „vor Ort". Ausschlaggebend war und blieb der Gesichtspunkt der Arbeitsfähigkeit.

---

[92] Rs. des DEKV, 8.6.1936 bzw. 10.6.1936, ADW, CA/G 107
[93] Vgl. z. B. E. Klee, „Euthanasie" im NS-Staat, Frankfurt 1997, 8. Aufl.; Schmuhl, Rassenhygiene; U. Kaminsky, Zwangssterilisation und „Euthanasie" im Rheinland. Evangelische Erziehungsanstalten sowie Heil- und Pflegeanstalten 1933–1945, Köln 1995; B. Walter, Psychiatrie und Gesellschaft in der Moderne. Geisteskrankenfürsorge in der Provinz Westfalen zwischen Kaiserreich und NS-Regime, Paderborn 1996; H. Faulstich, Hungersterben in der Psychiatrie 1914–1949. Mit einer Topographie der NS–Psychiatrie, Freiburg 1998.
[94] Zum folgenden: Faulstich, Hungersterben, S. 587–633. Eine vorzügliche Interpretation liefert U. Kaminsky, „Aktion Brandt" – Katastrophenschutz und Vernichtung, Ms. (zu beziehen über die Homepage des Arbeitskreises zur Erforschung der Geschichte von „Euthanasie" und Zwangssterilisation).

Aber auch Patienten, die dem Personal lästig waren, wurden hingerichtet. Ein Fluchtversuch oder ein Diebstahl, Aufsässigkeit oder Widersetzlichkeit, Unruhe, Bettnässen oder Unsauberkeit, Selbstbefriedigung oder Homosexualität konnten für einen Patienten das Todesurteil bedeuten.

Eine Chance zur Reorganisation der *Euthanasie*-Aktion bahnte sich als Folge der Verschärfung des Luftkriegs über Deutschland an. Die seit 1937 aufgestellten Mobilmachungspläne sahen im Katastrophenfall die Einrichtung von Hilfs- und Ausweichkrankenhäusern vor. Bei der Umsetzung dieser Pläne kam es 1941/42 jedoch immer wieder zu Konflikten, die ihre Ursache in der unklaren Abgrenzung zwischen dem zivilen und dem militärischen Sektor hatten. Um den Katastrophenschutz energisch voranzutreiben und die zivilen und militärischen Interessen zu koordinieren, entstand seit dem August 1941 eine führerunmittelbare Sonderverwaltung unter Hitlers „Begleitarzt" Prof. Karl Brandt. Nach den schweren Luftangriffen im Frühjahr und Sommer 1942 wurden Brandt und sein Freund Albert Speer, der Reichsminister für Bewaffnung und Munition, beauftragt, weitere Ausweichkrankenhäuser – *Krankenhaus-Sonderanlagen* – für fast alle Städte des Deutschen Reiches zu errichten, ein Projekt, das unter der Bezeichnung *Aktion Brandt* lief. Im Zuge dieser *Aktion Brandt* kam es zur Räumung von zahlreichen Heil- und Pflegeanstalten, wobei sich Brandt zumeist der Hilfe Dr. Herbert Lindens, des Reichsbeauftragten für die Heil- und Pflegeanstalten, bediente, zwischen deren Dienststellen sich ein „symbiotische[s] Verhältnis"[95] einstellte. In der Forschung setzt sich mehr und mehr die Einsicht durch, daß die *Aktion Brandt* ursprünglich nicht als gezielte Vernichtungsaktion angelegt war. Da aber die Patientenmorde an vielen Stellen fortgeführt wurden, entstand „eine gefährliche Sogwirkung: Wurden doch Plätze gerade in den Anstalten frei, in denen irgendwie weitergemordet wurde. So kam die Mordmaschinerie wieder auf Touren, ohne daß es eines zentralen dirigistischen Plans bedurfte."[96]

Jetzt kam auch der DEKV ins Spiel, weil die *Euthanasie*-Aktion in dieser Phase im engen Zusammenhang mit der Errichtung von Ausweichkrankenhäusern stand. In seiner letzten Sitzung ging der Vorstand des DEKV offen auf die drohende Gefahr ein:

> „P. Frick weist darauf hin, daß die Frage der Vernichtung des lebensunwerten Lebens durch die längere Kriegsdauer wieder akut wird. Vor allem muß Raum geschaffen werden für die Evakuierung der Bevölkerung in luftgefährdeten Gebieten. Zu der Frage der Euthanasie muß von Seiten der Kirche und Inneren Mission wieder Stellung genommen werden. Aus unseren Kreisen ist bisher kein bedeutenderes wissenschaftliches Schrifttum hierüber erschienen."

---

95 Kaminsky, „Aktion Brandt", S. 9.
96 Ebd., S. 10; Faulstich, Hungersterben, S. 615 ff. Evangelische Krankenhäuser waren an der „wilden Euthanasie" nicht beteiligt.

Diese vorsichtige Stellungnahme bestätigt einmal mehr die schwankende und unschlüssige Haltung des Präsidenten des CA in der Frage der *Euthanasie*, die schon im Jahre 1940 die Innere Mission in eine prekäre Situation gebracht hatte. Nachdem der CA über Monate hinweg nichts unternommen und auf Protestaktionen aus den Reihen der Landes- und Provinzialverbände gereizt reagiert hatte, trat Frick im September 1940 in Verhandlungen mit dem *Reichsgesundheitsführer* Dr. Leonardo Conti und dem Reichsbeauftragten für die Heil- und Pflegeanstalten Dr. Herbert Linden ein. Welche Zugeständnisse der Präsident des CA in den Verhandlungen machte, geht aus einem Aktenvermerk Fritz v. Bodelschwinghs hervor:

> „Pastor Frick hat seine grundsätzlichen Bedenken religiöser und theologischer Art gegen die gesamten Maßnahmen klar zum Ausdruck gebracht und aufrechterhalten. Da ihm aber mitgeteilt ist, daß das bisherige Verfahren geändert wurde und gegen jede Unsicherheit gesichert worden sei und auch noch weiter sichergestellt werden solle, da ihm ferner gesagt wurde, daß das Verfahren auf die zu keiner geistigen Regung und keiner menschlichen Gemeinschaft mehr fähigen Personen beschränkt werden solle, hat er sich unter der Voraussetzung der Durchführung dieser Zusage bereit erklärt, sich für die Beantwortung der Fragebogen einzusetzen."

Kurz darauf korrigierte sich Frick in bezug auf die Definition des zur *Euthanasie* bestimmten Personenkreises:

> „Gemeint sind die Pfleglinge, welche infolge von angeborener oder erworbener unheilbarer Geisteskrankheit nicht lebens-, arbeits- und gemeinschaftsfähig sind und darum dauernd verwahrt werden müssen."[97]

Diese Kautschukdefinition löste in Kreisen der Deutschen Evangelischen Kirche und der Inneren Mission blankes Entsetzen aus. Eine Gruppe von Kirchenführern um Fritz v. Bodelschwingh übte so starken Druck aus, daß Frick seine Zusagen an den *Euthanasie*-Apparat im November 1940 wieder zurückzog. Diese Affäre erklärt, warum er sich 1942 derart zurückhaltend äußerte.

Die Stellungnahme des stellvertretenden Vorsitzenden und Geschäftsführers des DEKV, Horst Fichtner, ließ dagegen an Klarheit nichts zu wünschen übrig:

> „Durch die Zeitereignisse wurde der Berichterstattende [Fichtner] dazu gedrängt, sich mit der Frage auseinanderzusetzen, ob das Leben heilig ist. Vom christlichen Glauben her muß immer wieder der Standpunkt vertreten werden, daß jedes Volk eine gewisse Anzahl Gebrechlicher tragen möchte. Die Tötung rüttelt an den Fundamenten unseres Daseins."[98]

Im Tätigkeitsbericht Fichtners für das Jahr 1942 hieß es mit Blick auf die *Aktion Brandt*:

---

[97] Zit. nach Klee, „Euthanasie", S. 283. Vgl. Schmuhl, Rassenhygiene, S. 333–337.
[98] Prot. der Vorstandssitzung des DEKV am 13.5.1942, ADW, CA/G 99.

4. Der DEKV im „Dritten Reich" (1933–1942)

„Die Einrichtung von Reservelazaretten, Hilfs- und Ausweichkrankenhäusern in unseren Anstalten und die damit verbundenen Vergrößerungen bzw. Räumungen, vor allem der Heil- und Pflegeanstalten machten Verhandlungen mit der Reichsarbeitsgemeinschaft Heil- und Pflegeanstalten sowie Beratungen unserer Häuser notwendig."[99]

Wir wissen nicht, worum es bei den Verhandlungen mit der „Reichsarbeitsgemeinschaft Heil- und Pflegeanstalten" ging – hinter diesem Namen verbarg sich eine der Tarnorganisationen der *Euthanasie*-Zentrale in der Berliner Tiergartenstraße 4 –, ob auch die fortgesetzten Morde an psychisch kranken und geistig behinderten Menschen zur Sprache gebracht wurden und ob sich der DEKV für die Patienten der Heil- und Pflegeanstalten der Inneren Mission eingesetzt hat.

---

[99] Bericht über die Tätigkeit der Geschäftsstelle des DEKV [...] im Jahre 1942, ADW, CA/G 105. Der DEKV kümmerte sich zu dieser Zeit intensiv um Probleme der Tuberkulosebehandlung, befaßte sich etwa mit der Unterbringung von tuberkulosekranken volksdeutschen Umsiedlern und arbeitete im Reichs-Tuberkulose-Ausschuß mit. Rs. des DEKV, 11.7.1940 bzw. 1.7.1941, ADW, CA/G 105.

5. Neuanfang in der Nachkriegszeit (1948–1950/51)

Nachdem die Arbeit des DEKV im Jahre 1944 völlig zum Erliegen gekommen war, dauerte es nicht weniger als sieben Jahre, bis eine neue Verbandsstruktur geschaffen war und die Arbeit – nun auf der Ebene der Bundesrepublik Deutschland – in größerem Maßstab wiederaufgenommen werden konnte. Diese Verzögerung ist auf eine ganze Reihe von Schwierigkeiten zurückzuführen. Durch die Aufteilung Deutschlands in eine sowjetische, amerikanische, britische und französische Besatzungszone wurde die alte Verbandsstruktur auf Reichsebene zerstört, wurden die Verkehrswege, Kommunikationskanäle und Informationsnetze unterbrochen, die Verbindungen der evangelischen Krankenhausverbände auf Landes- und Provinzialebene zur Geschäftsstelle des DEKV in Berlin weitgehend abgeschnitten. Die Geschäftsstelle lag jedoch ohnehin brach, weil der Geschäftsführer Dr. Horst Fichtner mit anderen, „weit vom Krankenhausgebiet wegliegenden Aufgaben"[1] überlastet war. Hinzu kam, daß das Referat für Gesundheitsfürsorge im CA auf Jahre hinaus unbesetzt blieb. Somit fielen die zentralen Kristallisationskerne der Verbandsstruktur über einen längeren Zeitraum hinweg aus, und das evangelische Krankenhauswesen wurde auf die regionalen Verbandsstrukturen zurückgeworfen. Die Regionalverbände wiederum fanden in den einzelnen Besatzungszonen ganz unterschiedliche politische Rahmenbedingungen vor – während unter der sowjetischen Besatzungsmacht an eine Reorganisation von vornherein nicht zu denken war, konnten sich die evangelischen Krankenhausverbände in den Westzonen nahezu ungehindert entfalten. Doch waren im Westen die Ausgangsbedingungen von Region zu Region ganz verschieden. In manchen Ländern und Provinzen des Deutschen Reiches hatte das evangelische Krankenhauswesen bis 1945 festgefügte Verbandsstrukturen ausgebildet, auf die es sich jetzt stützen konnte, andernorts war man kaum über lockere Zusammenschlüsse der evangelischen Krankenhäuser hinausgekommen. Hier mußte nun unter den Bedingungen der „Zusammenbruchgesellschaft"[2] eine Verbandsstruktur erst mühsam aufgebaut werden.

Den höchsten Organisationsgrad hatte zweifellos der Verband der evangelischen Krankenanstalten von Rheinland und Westfalen erreicht, der

---

[1] Notizen Ohls für die Sitzung in Bad Kreuznach am 17./18.10.1950, ADW, DEKV 110.
[2] C. Kleßmann, Die doppelte Staatsgründung. Deutsche Geschichte 1945–1955, Bonn 1991, 5. Aufl., S. 37.

nunmehr etwa die Hälfte der evangelischen Krankenhäuser in Westdeutschland vertrat.³ Es ist eine besondere Ironie der Geschichte, daß gerade dieser größte und mächtigste regionale Krankenhausverband, der den Alleinvertretungsanspruch des DEKV in der Vergangenheit so oft herausgefordert hatte, nach 1945 in die Bresche sprang, die Arbeit über die Grenzen Rheinlands und Westfalens hinaus notdürftig aufrechterhielt und schließlich sogar die entscheidenden Impulse zur Reorganisation des DEKV gab. Mitte 1948 stellte der Geschäftsführer des rheinisch-westfälischen Verbandes, Verwaltungsdirektor Wilhelm Hausen, auf Bitten des nach Bethel ausgewichenen CA-West seine Beratungsstelle in Hagen-Haspe auch den evangelischen Krankenhäusern und ihren Regionalverbänden in der amerikanischen und französischen Besatzungszone zur Verfügung und übernahm damit – „einstweilen", wie Hausen betonte – die Arbeit des DEKV: „Einstweilen bedeutet bis zum Aufbau des Referats Gesundheit im CA".⁴

Die *Dienststelle-West* des DEKV entfaltete noch im Jahre 1948 eine durchaus beachtliche Tätigkeit, die mit einer Arbeitstagung für Anstaltsvorstände und -verwalter am 8.–13. November 1948 im Kursushaus des CA in Lesum bei Bremen ihren vorläufigen Höhepunkt erreichte. Ein Blick auf das Programm dieser Tagung zeigt, welche Fragen die evangelischen Krankenhäuser zu dieser Zeit bewegten:

> „1. Die Anstalten und Einrichtungen kirchlicher und freier Liebestätigkeit in dem Gesamtrahmen Innere Mission und Hilfswerk.
> 2. Vom Dienst der Verwaltung im evangelischen Krankenhaus.
> 3. Betriebswirtschaftliches Denken in der Anstaltsverwaltung.
> 4. Kassenärztliche Sachleistung und Kassenärztliche Vereinigung.
> 5. Die Auswirkungen der Währungsreform auf unsere Anstalten, insbesondere die Bedeutung des § 27 des Gesetzes Nr. 63 für die Chefarztverträge.
> 6. Aus Gesetz und Recht im Blick auf die Anstaltsverwaltung.
> 7. Die Selbstkostenrechnung, beginnend mit den Grundsätzen der Kostenrechnung, verbunden mit praktischen Übungen.
> 8. Grundfragen zeitgemäßer Anstaltsbuchführung – Kontenplan – Wirtschaftsplanung.
> 9. Betriebswirtschaftliche Statistik nebst praktischer Anleitung in der Verwendung der Lochrandkarte für Berechnung und Statistik.
> 10. Eine Wegweisung durch das Arbeitsrecht.
> 11. Fragekasten."⁵

---

3   Aktenvermerk betr. Sitzung über Krankenhausfragen in Schwäbisch Hall am 18.5.1949, ADW, DEKV 109.
4   Rs. Hausens/DEKV, Dienststelle Westen, 4.8.1948, ADW, DEKV 127.
5   Rs. DEKV-West, 20.10.1948, ADW, DEKV 127. Ende 1948 fand eine weitere mehrtägige Verwaltungstagung in Traben-Trarbach statt. Vgl. Rs. DEKV/Verband evangelischer Krankenanstalten von Rheinland und Westfalen, 23.12.1948, ADW, DEKV 127.

5.

Es war vor allem die Währungsreform, die grundlegende betriebswirtschaftliche Fragen aufwarf, die Krankenhausverwaltungen aber auch kurzfristig vor ganz praktische Probleme der Buchführung stellte – so mußte beim Jahresabschluß 1948 in zwei Währungen gerechnet werden. Auch die Chefarztverträge spielten bei den Beratungen wieder eine große Rolle. Schließlich fand auch das Pflegepersonal zunehmend Beachtung. Im März/April 1949 veranstaltete der DEKV-West „Rüstzeiten" für Krankenhaushebammen sowie für Röntgenschwestern, Röntgenassistentinnen und Heilgymnastinnen in Lesum. Im April/Mai 1949 schlossen sich zwei Verwaltungsarbeitstagungen und Buchführungslehrgänge in Lesum und Rummelsburg an.[6]

Die ersten Initiativen zur Wiederherstellung festerer Verbandsstrukturen auf überregionaler Ebene kamen aus Süddeutschland. Auf Wunsch der Konferenz der südwestdeutschen Geschäftsführer der Inneren Mission wurde Hausen am 14. Dezember 1948 zu einer Arbeitstagung evangelischer Krankenhäuser in der amerikanischen Besatzungszone nach Heidelberg eingeladen, bei dem die Möglichkeiten ausgelotet werden sollten, den DEKV auch in der amerikanischen und französischen Zone wiederzubeleben.[7] Dabei scheint man wohl mit dem Gedanken gespielt zu haben, zunächst einen organisatorischen Unterbau auf der Ebene der Besatzungszonen zu schaffen. Der bayerische Landesverband der Inneren Mission durchkreuzte diesen Plan jedoch sofort, indem er eilends eine Arbeitsgemeinschaft der evangelischen Krankenanstalten der Inneren Mission in Bayern gründete.[8] Daraufhin scheint man alle Überlegungen, den DEKV auf der Ebene der Besatzungszonen zu reorganisieren, aufgegeben zu haben – eine kluge Entscheidung, waren doch die Weichen für den Aufbau eines föderativen Regierungssystems in den Westzonen längst gestellt. Fortab bemühte man sich jedenfalls, Arbeitsgemeinschaften evangelischer Krankenhäuser auf der Grundlage der bestehenden Landes- und Provinzialverbände der Inneren Mission zu schaffen, die dann zu Keimzellen künftiger Regionalverbände des DEKV werden sollten. In seinem ersten Rundschreiben im Jahre 1949 knüpfte Wilhelm Hausen daher an die bayerische Initiative an und forderte diejenigen Landes- und Provinzialverbände der Inneren Mission, in deren Einzugsbereich noch kein evangelischer Krankenhausverband bestand, dringend auf, solche Arbeitsgemein-

---

6   Rs. 1/49 DEKV-West, 17.2.1949, ADW, DEKV 127.
7   Einladungsschreiben v. 20.11.1948 (gez. Engelmann/CA und Frick/DEKV), ADW, DEKV 109; Prot. der Arbeitstagung evangelischer Krankenhäuser in der amerikanischen Zone, 14.12.1948, ADW, DEKV 110.
8   Dr. Schmalz/Landesverband der Inneren Mission in Bayern, an Engelmann, 9.12.1948, ADW, DEKV 109.

schaften für Krankenhausfragen zu bilden. Die Obmänner oder Geschäftsführer der Arbeitskreise oder Verbände auf Landes- und Provinzialebene sollten von Zeit zu Zeit zu Arbeitsbesprechungen zusammenkommen.[9] Die Initiative fand ein Echo in Norddeutschland. Hier waren bereits – im Zusammenhang mit der Reorganisation der Nordwestdeutschen Krankenhausgesellschaft im Oktober 1947 – mehr oder weniger feste Verbände und Arbeitskreise evangelischer Krankenhäuser in der Provinz Hannover und in den Ländern Oldenburg und Braunschweig entstanden,[10] die nun festere Formen annahmen. Besonderes Gewicht sollte die schon vor dem Zweiten Weltkrieg bestehende Vereinigung evangelischer Kranken- und Pflegeanstalten in der Provinz Hannover e.V. unter dem Vorsitz von Pastor Dr. Alfred Depuhl bekommen, der im März 1949 die Bereitschaft seines Vereins erklärte, sich als Regionalverband in den neu zu gründenden DEKV einzugliedern.[11]

Während der regionale Unterbau des DEKV in den Westzonen allmählich Gestalt annahm, stellte sich schon bald heraus, daß es keine Chance gab, die Verbandsstrukturen in der sowjetischen Besatzungszone wiederaufzubauen. Als sich Pastor Constantin Frick – formal noch immer Vorsitzender der nur noch auf dem Papier existierenden Vorstände des DEKV und des Gesamtverbandes der evangelischen Kranken- und Pflegeanstalten – im Februar 1949 auf der Suche nach den anderen Vorstandsmitgliedern an den CA-Ost wandte, zeichnete Marie v. Meyeren ein düsteres Bild der Verhältnisse unter der sowjetischen Besatzungsmacht:

> „Wir haben hier neue Vorstände nicht aufgestellt und arbeiten auch nicht unter der Namensnennung der beiden Verbände, sondern machen alles als Referat Gesundheitsfürsorge des CA. Wie Ihnen bekannt sein wird, würden wir hier die Genehmigung der Militärregierung für die Arbeit der beiden Verbände nicht erhalten. Als Referat Gesundheitsfürsorge haben wir Verbindung mit allen in Frage kommenden Anstalten und sind froh und dankbar, daß wir auch so im Stillen die Arbeit fortführen können. Über die Schwierigkeiten hier im Osten macht man sich im Westen ja meist nicht die richtige Vorstellung. Es ist in Vielem bereits wieder ebenso, wie zu Ihrer Zeit und das wissen Sie ja selber am besten, wie viel Schwierigkeiten Sie aus dem Weg räumen mußten. Nur das Vorzeichen ist heute ein anders [sic!]."[12]

Aufgrund der Auskünfte Marie v. Meyerens wurde auch klar, daß der Vorstand des DEKV faktisch nicht mehr existierte. Neben dem Vorsitzenden Frick und dem Geschäftsführer Fichtner waren nur Otto Ohl,

---

[9] Rs. 1/49 DEKV-West, 17.2.1949, ADW, DEKV 127.
[10] Landesverband der Inneren Mission in Braunschweig an Marienstift Braunschweig, Evangelisches Krankenhaus Gandersheim und Neuerkeröder Anstalten, 2.12.1948, ADW, DEKV 109.
[11] Depuhl an Engelmann, 14.3.1949, ADW, DEKV 109.
[12] v. Meyeren an Frick, 5.2.1949, ADW, DEKV 1.

Wilhelm Hausen und Pastor Weiß vom Krankenhaus Bethesda in Mönchengladbach für den rheinisch-westfälischen Verband sowie Alfred Depuhl für die Vereinigung der Kranken- und Pflegeanstalten in der Provinz Hannover übriggeblieben.[13]

Einen weiteren Rückschlag erlitten die Bemühungen um eine Reorganisation des DEKV durch den Tod Constantin Fricks im März 1949. Es war Wilhelm Hausen, der gegenüber Pastor Wilhelm Engelmann, dem neuen Direktor der Wohlfahrtsabteilung des CA, darauf drängte, eine Mitgliederversammlung einzuberufen und einen neuen Vorsitzenden zu wählen. Bei dieser Gelegenheit solle auch die Organisation des DEKV besprochen werden: „Teilorganisationen sind vorhanden, aber aufs ganze gesehen ist die Durchführung der Untergliederung noch nicht erfolgt."[14] Die Initiative ging nun ganz auf Hausen, Engelmann und Pastor Otto Ohl vom Rheinischen Landesverband der Inneren Mission über, der – wie schon in den 20er und 30er Jahren – hinter den Kulissen die Fäden zog. Das informelle Triumvirat kam überein, die regionalen evangelischen Krankenhausverbände oder, wo solche Verbände nicht existierten, die einzelnen Krankenhäuser zu einer Versammlung einzuberufen und dort Vorschläge für die Neubesetzung des Vorstandes zu unterbreiten. Die Geschäftsführung sollte, wie in der Vorkriegszeit üblich, mit dem Referat Gesundheitsfürsorge im CA verbunden werden. Da dessen Besetzung noch immer unklar war, wollte man „bis zum Frühherbst"[15] warten. Doch berief Engelmann in Absprache mit Ohl und Hausen schon einmal eine Sachverständigenrunde ein, um die Neugründung des DEKV „auf trizonaler Basis"[16] vorzubereiten.

Diese Expertenrunde trat am 18. Mai 1949 – wenige Tage vor der Verkündung des Grundgesetzes der Bundesrepublik Deutschland – am Rande der Geschäftsführerkonferenz der Inneren Mission in Schwäbisch-Hall

---

13 Die drei von der Mitgliederversammlung entsandten Vorstandsmitglieder – Prof. Bremer vom Elisabeth-Krankenhaus Berlin, Pastor Wagner vom Paul Gerhard-Stift Berlin und Pastor Pilgram vom Evangelischen Diakonieverein Zehlendorf – waren ebenso gestorben wie die beiden Vertreter des Johanniterordens, Generalmajor v. Grothe und Graf v. Arnim auf Arnimshain, und der vom CA in den Vorstand entsandte Konsistorialpräsident Dr. Heinrich.
14 Hausen an Engelmann, 19.3.1949, ADW, DEKV 109.
15 Engelmann an Hausen, 24.3.1949, ADW, DEKV 109.
16 Rs. Engelmann, 2.5.1949, ADW, DEKV 109. An dem Treffen in Schwäbisch Hall   nahmen teil – neben Ohl, Hausen, Engelmann und dessen Stellvertreter, Pastor Friedrich Münchmeyer – Pastor Breuning und Dr. Fuß (Schwäbisch Hall), Pastor Dr. Arend Ehlers (Oldenburg), Dr. Schmalz (Nürnberg), Pastor Donndorf (Hamburg), Pastor Nell (Kaiserswerth), Pastor Dr. Depuhl (Hannover), Pastor Mieth (Berlin), Oberkonsistorialrat Dr. Epha (Kiel) und Pastor Schumacher (Frankfurt). Von den eingeladenen Experten waren nur Pastor Ziegler (Karlsruhe) und Dr. Vöhringer (Stuttgart) nicht erschienen.

zusammen. In seinem Eingangsreferat begründete Ohl die Notwendigkeit, den DEKV in Westdeutschland zu reaktivieren, mit „dringenden Fachverbandsfragen, die auf dem Gebiet des Krankenhauswesens zur Besprechung stehen". Zu denken sei an die „laufenden Verhandlungen über den Erlaß eines Gesetzes zur Regelung des Krankenhauswesens oder eines Gesetzes zur Sicherung des ärztlichen Dienstes in den Krankenhäusern, weiter an die Verhandlungen über Chefarztverträge, über die Jungärztefrage, über Tariffragen, über ausreichende Pflegesätze, über Betriebsratsfragen u. a. m."[17] Darüber hinaus brachte Ohl die Reorganisation des DEKV hier erstmals mit der Reorganisation der DKG in Verbindung – kurz zuvor hatten die auf Landesebene entstandenen Krankenhausgesellschaften bei ihrer ersten gemeinsamen Tagung beschlossen, sich wieder unter der alten Dachorganisation zusammenzuschließen. In den Vorverhandlungen war vereinbart worden, daß nicht die Fachverbände des Krankenhauswesens, sondern die Spitzenverbände der freien Wohlfahrtspflege Mitglieder der DKG werden sollten. Das hatte seinen Grund darin, daß zwar die Innere Mission und der Deutsche Caritasverband – zumindest auf dem Papier – über eigene Krankenhausverbände verfügten, nicht aber die kommunalen Spitzenverbände und auch nicht das Deutsche Rote Kreuz, der Jüdische Wohlfahrtsverband und der Deutsche Paritätische Wohlfahrtsverband. Für die evangelische Seite, so argumentierte Ohl, sei diese Regelung durchaus vorteilhaft, weil dadurch auch in Regionen, in denen es nur wenige evangelische Krankenhäuser gebe und von daher die Bildung eines regionalen Fachverbandes zu aufwendig wäre, die Vertretung der evangelischen Häuser durch den Spitzenverband der Inneren Mission gesichert sei. Genau betrachtet, stellte diese Regelung aber das Existenzrecht des DEKV in Frage. Ohl beeilte sich daher hinzuzufügen, daß sich die Innere Mission bei der Vertretung der Interessen der ihr angeschlossenen Krankenhäuser unbedingt auf einen eigenen Fachverband stützen wolle.

Die Konferenz von Schwäbisch Hall beschloß daher, im Herbst 1949 eine Gründungsversammlung einzuberufen, zu der die bereits existierenden regionalen Krankenhausverbände sowie die Landesverbände der Inneren Mission eingeladen werden sollten, die ihrerseits die Möglichkeit haben sollten, die Einladung an einzelne Krankenanstalten weiterzugeben. Auf Wunsch von Pastor Adolf Nell sollten auch die evangelischen Heil- und Pflegeanstalten und der Verband evangelischer Krüppelheime eingeladen

---

[17] Aktenvermerk betr. Sitzung über Krankenhausfragen in Schwäbisch Hall am 18.5.1949, ADW, DEKV 109. Dieses von Pastor Münchmeyer unterzeichnete Protokoll basiert auf einem ersten, aus der Feder von Pastor Engelmann stammenden Entwurf, der von Pastor Ohl wesentlich erweitert wurde (vgl. Ohl an Engelmann, 1.6.1949, ADW, DEKV 110). Die zitierten Passagen sind von Ohl ergänzt.

werden. Hier wird deutlich, daß man den DEKV als Verband der evangelischen Kranken- *und* Pflegeanstalten wieder aufleben lassen wollte – er sollte also an die Stelle des alten Gesamtverbandes treten. Die Mitgliederversammlung sollte einen neuen Vorstand wählen und einen Geschäftsführer bestimmen, damit die Verbandsarbeit wiederaufgenommen werden konnte.

Die für den Herbst 1949 geplante Gründungsversammlung mußte jedoch verschoben werden, weil es bis dahin nicht gelungen war, das Referat Gesundheitsfürsorge im CA neu zu besetzen – der für diese Stellung vorgesehene Mediziner Dr. Wex zog es vor, sich als Arzt niederzulassen. Ohl und Engelmann neigten dazu, die Neugründung des DEKV zu verschieben, bis die Besetzung des Referats Gesundheitsfürsorge geregelt wäre. Hausen hingegen drängte darauf, eine Mitgliederversammlung einzuberufen und einen Vorstand zu wählen, wobei er vorsichtig auf die zweifelhafte Legitimation des noch bestehenden Rumpfvorstandes hinwies, der ja lange vor dem Zweiten Weltkrieg gewählt worden war. Die Wahl des Geschäftsführers des DEKV könne bis nach der Besetzung des Referats Gesundheitsfürsorge zurückgestellt werden: „Es hat der Deutsche Evangelische Krankenhausverband ohnehin viel zu lange geruht, so daß wir keine Zeit verlieren sollten".[18] Es gelang dem kommissarischen Geschäftsführer des DEKV jedoch nicht, den Gang der Dinge zu beschleunigen. In seinem letzten Rundschreiben im Jahre 1949 stellte er mit einem Anflug von Resignation fest:

> „Das Jahr 1949 geht seinem Ende entgegen, leider mit der negativen Feststellung, daß es noch nicht zu einer Neuordnung in organisatorischer Hinsicht gekommen ist. Hoffentlich gelingt es im neuen Jahre, die längst fällige Mitgliederversammlung mit Vorstandswahl durchzuführen. Ich habe versucht, in der kommissarischen Geschäftsführung zu tun, was möglich war, zur durchgreifenden Arbeit gehört aber eine fest fundierte organisatorische Ordnung, in welcher u. a. auch die Abgrenzungen zwischen der Gesamtorganisation und den auf Länderbasis arbeitenden Untergruppen festgelegt ist."[19]

Erst am 23. März 1950 kamen Ohl, Engelmann und Hausen in Essen zu einem Treffen zusammen. Hier wurde immerhin beschlossen, daß ein von Ohl verfaßtes Rundschreiben über den CA an die Landes- und Provinzialverbände der Inneren Mission und an alle evangelischen Krankenhäuser – wo immer möglich, über die regionalen Krankenhausverbände – verschickt werden sollte, in dem die Sachlage geschildert und zu einer Fachtagung im September 1950 geladen werden sollte. Am Rande dieser Fachtagung sollte sich ein „Vorstand West" konstituieren. Die Geschäftsführung blieb bis

---

[18] Engelmann an Hausen, 23.8.1949; Hausen an Engelmann, 25.8.1949 (Zitat), ADW, DEKV 109.
[19] Rs. DEKV, 7.12.1949, ADW, DEKV 127.

zur Klärung der Neubesetzung des Referats Gesundheitsfürsorge bei Hausen.[20]

Zu einer weiteren Verzögerung kam es, weil sich Superintendent Walter Schian, der Geschäftsführer des Vereins zur Errichtung evangelischer Krankenhäuser in Berlin, nun massiv in die Verhandlungen einschaltete. Schian drängte zum einen darauf, daß der Verein zur Errichtung evangelischer Krankenhäuser innerhalb des neu zu gründenden DEKV auf dem Feld der Bauberatung „als besonders sachverständige Stelle wesentlich eingeschaltet"[21] werden sollte. Dies wurde von Engelmann auch zugestanden, „ohne daß dabei aber eine Ausschließlichkeit zugunsten des genannten Vereins gegründet würde". Zum anderen bot Schian an, eine vom vereinseigenen Evangelischen Krankenhausverlag geplante Zeitschrift – sie erhielt später den Namen „Die evangelische Krankenpflege" – als Verbandsorgan des neuen DEKV laufen zu lassen. Engelmann nahm dankbar an, allerdings unter der Bedingung, daß der DEKV „in geeigneter Weise an der Herausgabe beteiligt"[22] würde. So wertvoll die Hilfestellung des Vereins zur Errichtung evangelischer Krankenhäuser in der Phase der Neugründung auch war, der Vorstoß Schians wurde doch mit einem gewissen Mißtrauen aufgenommen, da Engelmann, Ohl und Hausen argwöhnten, Schian strebe die Kontrolle über den DEKV an:

> „Die Absicht des Herrn Superintendenten Schian geht anscheinend dahin, sich auch in die Geschäftsführung des Deutschen Evangelischen Krankenhausverbandes einzuschalten und sie eventuell ganz zu übernehmen. Ich sagte ihm, daß ich das doch nicht für richtig hielte, daß ich den Anschluß des Vereins zur Errichtung evangelischer Krankenhäuser für selbstverständlich hielte, aber mir auch sehr gut vorstellen könnte, daß der Verein das Sonderreferat Bauberatung innerhalb des Deutschen Evangelischen Krankenhausverbandes übernehme. Vielleicht sei sogar daran zu denken, daß der Verein zur Errichtung evangelischer Krankenhäuser die Geschäftsstelle Ost des Krankenhausverbandes bei sich aufnehme, nachdem wir festgestellt hatten, daß Herr Dr. Fichtner, der in unserer Liste als die maßgebende Persönlichkeit im Osten steht, sich anscheinend überhaupt nicht um den Krankenhausverband kümmert."[23]

An dieser Stelle taucht in den Akten zum ersten Mal das Ost-West-Problem auf. Die Planungen hatten sich bis dahin angesichts der feindseligen

---

[20] Aktenvermerk Engelmann betr. Besprechung am 23. März 1950 in Essen, ADW, DEKV 109.

[21] Aktennotiz Engelmann, 26.6.1950, betr. Besprechung mit Superintendent Schian (in Bethel) am 22.6.1950, ADW, DEKV 109.

[22] Aktennotiz Engelmann, 31.8.1950 (betr. Besprechung zwischen Engelmann, Ohl, Schian und Dr. v. Hammerstein in Essen am 29.8.1950), ADW, DEKV 109.

[23] Aktennotiz Engelmann, 26.6.1950, betr. Besprechung mit Superintendent Schian (in Bethel) am 22.6.1950, ADW, DEKV 109. In einer handschriftlichen Randglosse hieß es dazu: „Das wird mit dem CA-Ost zu besprechen sein."

Haltung der Sowjetischen Militäradministration gegenüber den konfessionellen Krankenhausverbänden notgedrungen auf den Neuaufbau des DEKV in Westdeutschland beschränkt. Es hat den Anschein, als hätte man die heikle Frage, ob und in welcher Form die evangelischen Krankenhäuser in der SBZ an den neuen DEKV angeschlossen werden sollten, zunächst ausgeklammert. Hier wurde nun – wohl auf dem Hintergrund der sich bereits abzeichnenden Gründung der DDR – erstmals über eine mögliche organisatorische Konstruktion nachgedacht, die man aber alsbald wieder verwarf: In einer Besprechung zwischen Engelmann, Ohl, Schian und Dr. v. Hammerstein, dem Geschäftsführer West des Vereins zur Errichtung evangelischer Krankenhäuser, die am 29. August 1950 in Essen stattfand, wurde festgestellt,

> „daß die Neubelebung der Arbeit des Evangelischen Krankenhausverbandes von uns aus nur für den Westen geschehen kann. Im Osten arbeitet eine Arbeitsgemeinschaft für evangelische Krankenhäuser in Berlin unter Leitung von D. Dr. [Theodor] Wenzel und mit der Geschäftsführung von Dr. Melchers [Dr. Kurt Melcher]. Der eigentliche Evangelische Krankenhausverband mit der Geschäftsführung von Dr. Fichtner ist inaktiv."[24]

Nachdem eine Übereinkunft mit Schian erzielt worden war, konnte Ohl im September 1950 endlich die schon im März beschlossene Einladung zu einer Fachtagung an die Krankenhausverbände und die evangelischen Krankenhäuser im Bundesgebiet und in Berlin verschicken. In seinem Einladungsschreiben begründete Ohl noch einmal, warum man einen Zusammenschluß in Westdeutschland anstrebte:

> „Es bot sich dabei die Parallele bei anderen Fachverbänden der Inneren Mission, die ebenfalls ihren Sitz in Berlin haben, aber ihre Anstalten und Unterverbände in der Westzone nicht mehr genügend zu bedienen wußten, zumal auch leider die Arbeitsmöglichkeiten und Arbeitsbedingungen, sowie die gesetzlichen und finanziellen Grundlagen für die Arbeit im Westen sich wesentlich anders entwickelten als in Berlin und im Osten."

Ohl verwies in diesem Zusammenhang auf den Evangelischen Reichserziehungsverband, der seine Arbeitsstätten und Anstalten unter einer Geschäftsstelle West zusammengeschlossen habe, „ohne doch die einheitliche Rechtsform [...] aufzugeben und ohne die Verbindung zur Geschäftsstelle Ost aus dem Auge zu lassen. Ähnlich denken wir uns den neuen Zusammenschluß der Krankenanstalten im Westen".[25]

---

[24] Aktennotiz Engelmann, 31.8.1950 (betr. Besprechung zwischen Engelmann, Ohl, Schian und Dr. v. Hammerstein in Essen am 29.8.1950), ADW, DEKV 109.
[25] CA, gez. Ohl/Engelmann, an Landesverbände der Inneren Mission im Westen, Fachverbände evangelischer Krankenhäuser und evangelische Krankenhäuser, 21.9.1950, ADW, DEKV 1.

5. NEUANFANG IN DER NACHKRIEGSZEIT (1948–1950/51)

Die erste Fachtagung des DEKV nach dem Zweiten Weltkrieg fand schließlich am 18. Oktober 1950 in Bad Kreuznach statt. Sie wurde von etwa neunzig Teilnehmern besucht. Am Vormittag wurden vier Grundsatzreferate gehalten, die das evangelische Krankenhauswesen aus unterschiedlicher Perspektive in den Blick nahmen: Chefarzt Dr. Wilhelm Seel aus Köln nahm Stellung als Arzt, Elisabeth Jäger, die Oberin des Kreuznacher Mutterhauses, als Schwester, Hausen als Verwaltungsfachmann und Pastor Weiß als Seelsorger. Am Nachmittag folgte eine Diskussion über organisatorische Fragen. Man war sich allseits einig, daß der DEKV reaktiviert werden müsse. Die Geschäftsstelle West, die weiterhin von Hausen kommissarisch geführt wurde, sollte mit dem Referat Gesundheitsfürsorge im CA verbunden werden. Im Februar 1951 sollte eine Mitgliederversammlung einberufen werden, die einen neuen Vorstand wählen und eine revidierte Satzung verabschieden sollte. Zur Vorbereitung der Mitgliederversammlung wurde ein Ausschuß eingesetzt, der unter dem Vorsitz von Pastor Otto Ohl stand. Ihm gehörten als Vertreter der Regionalverbände im Westen Hausen und Dr. Schmalz an, als Vertreter der Regionalverbände im Osten Schian und Dr. Melcher, als Vertreter des CA-West Ministerialdirigent Jacobi und Pastor Engelmann. Als Vertreter des CA-Ost wurden später Kirchenrat D. Dr. Wenzel, Direktor Mieth und Kirchenrat Langer (vom Diakonissenmutterhaus Bethanien in Kreuzberg) benannt.[26]

Soweit das offizielle Protokoll, das die heikle Frage nach dem Ost-West-Verhältnis geflissentlich ausklammerte. Walter Schian faßte die Ergebnisse der Verhandlungen zwischen dem CA West und dem CA Ost in Bad Kreuznach im November 1950 vor Vertretern der Arbeitsgemeinschaft evangelischer Krankenhäuser in Berlin folgendermaßen zusammen:

> „Auf Grund eines Beschlusses der Krankenhaus-Tagung in Bad Kreuznach hat der Central-Ausschuß für die Innere Mission West dem Central-Ausschuß Ost vorgeschlagen, die Tätigkeit des Deutschen Evangelischen Krankenhausverbandes in folgender Form wiederaufzunehmen: Der Deutsche Evangelische Krankenhausverband behält seinen Sitz in Berlin, seine Zuständigkeit für ganz Deutschland und seinen einheitlichen Vorstand. Dieser wird jedoch nach dem Vorbild des Central-Ausschusses zu gleichen Teilen auf eine Geschäftsstelle Ost in Berlin und eine Geschäftsstelle West in Bethel verteilt. Dabei behält die Geschäftsstelle Ost – entsprechend dem Berliner Sitz des Verbandes – den Vorsitz und die Geschäftsstelle West den stellvertretenden Vorsitz. Die Einheitlichkeit des Verbandes wird durch gelegentliche gemeinsame Beratungen des Gesamtvorstandes sowie durch enges Fühlunghalten der beiden Geschäftsstellen miteinander (wechselseitiges Einladen zu

---

[26] Protokoll (der Fachtagung des DEKV in Bad Kreuznach am 18.10.1950), 6.12.1950, ADW, DEKV 110. Die Namen der Vertreter des CA Ost in Aktennotiz v. Meyeren für D. Wenzel für die Besprechung in Bethel am 23./24.1.1951, ADW, DEKV 1.

den beiderseitigen Tagungen, Austausch des Schriftgutes usw.) gewahrt. [...] Der Central-Ausschuß Ost hat diesem Vorschlag zugestimmt."[27]

Die Beratungen des in Bad Kreuznach eingesetzten, paritätisch mit Vertretern des CA West und des CA Ost besetzten „Interims-Ausschusses" lassen sich aus den Akten nur bruchstückhaft rekonstruieren. An der Idee, zwei Geschäftsstellen mit je einem eigenen Geschäftsführer, die eine in Berlin, die andere in Bethel, einzurichten, hielt man noch eine ganze Zeitlang fest.[28] Obwohl die „Geschäftsstelle Ost" faktisch nie ins Leben trat, fungierte die 1951 in Bethel eingerichtete Geschäftsstelle des DEKV bis zu ihrem Umzug nach Stuttgart im Jahre 1957 formal als „Geschäftsstelle West". Der Sitz des DEKV blieb in Berlin. Einen Vorstoß der Geschäftsstelle West um die Jahreswende 1951/52, den DEKV in das Vereinsregister Bethel eintragen zu lassen, bog Otto Ohl mit sicherem Gespür für die Symbolik eines solchen Schrittes ab:

> „Bin mir nur bewußt, daß unsere Berliner Brüder krankhaft empfindlich sind gegenüber jedem Versuch, Zentralen, die bisher in Berlin gewesen sind, von dort abzulösen und nach dem Westen zu verlegen. Sie sehen darin den Ausdruck der Zustimmung, daß wir Berlin klar schon abgeschrieben haben. Ihre eigene Hoffnung aber klammert sich immer wieder daran, daß doch möglichst bald die Zeit wiederkehren könnte, wo alles beim alten sein wird: Wo Berlin wieder Hauptstadt des Reiches ist, wo in Berlin wieder die zentralen Behörden der deutschen Regierung sitzen, wo Berlin wieder mit dem ganzen Nimbus ausgestattet ist, den es als Reichshauptstadt mit so großer Würde zu tragen verstand."[29]

Entgegen der Absprache von Bad Kreuznach wurde in der ersten Vorstandssitzung nach dem Zweiten Weltkrieg, die schließlich am 28. November 1951 im Hotel Luisenhof in Hannover stattfand,[30] mit Otto Ohl

---

[27] Wenzel/Gesamtverband der Berliner Inneren Mission, Arbeitsstelle der evangelischen Krankenanstalten, an die angeschlossenen Krankenhäuser, 5.1.1951 (Bericht betr. Arbeitstagung der Krankenanstalten am 15.11.1950), ADW, DEKV 1.
[28] Bei einem Treffen des Ausschusses am 6. April 1951 in Hamburg gaben die Vertreter des CA Ost zu Protokoll, daß man in Berlin beabsichtige, „die Stelle des Geschäftsführers mit der des Arztes in Schönow zu vereinigen." Vom CA West hieß es, die Frage sei „noch nicht geklärt", die „Verhandlungen mit Dr. Martin [...] noch nicht abgeschlossen." Aktenvermerk Engelmann v. 9.4.1951 betr. Sitzung von Vertretern des DEKV am 6.4.1951 (in Hamburg), ADW, DEKV 109.
[29] Ohl an Münchmeyer, 16.1.1952, ADW, DEKV 109.
[30] In einem Schreiben an Münchmeyer zitierte Ohl aus einem Brief Schians vom 5. September: „Die Stimmen werden immer stärker, die aus dem Zwang der wirtschaftlichen Notlage heraus eine Aktivität der führenden evangelischen Krankenhauskreise verlangen. Schon jetzt habe ich feststellen müssen, daß einige Krankenhäuser zu Sonderaktionen neigen, deren Umfang sie selbst gar nicht abschätzen können, die aber gewisse Rückwirkungen auf die allgemeine Einstellung zur evangelischen Krankenhausarbeit haben können." Ohl an Münchmeyer, 13.9.1951, ADW, DEKV 109.

ein Vertreter des CA West zum Vorsitzenden des DEKV bestimmt,[31] Theodor Wenzel übernahm bald darauf als Vertreter des CA Ost den stellvertretenden Vorsitz. Von dieser Regelung abgesehen, wurde, anders als ursprünglich angestrebt, bei der Besetzung des Vorstandes am Ende kaum noch Rücksicht auf den Ost-West-Proporz genommen. Auch die vorübergehend erwogene Idee, einen Beirat aus drei Vertretern der evangelischen Krankenhäuser in Ostdeutschland zu bilden, der an den Vorstandssitzungen teilnehmen sollte, wurde wieder aufgegeben.[32] Gleichwohl blieb der Kontakt zu den evangelischen Krankenhäusern in der DDR erhalten.

Die erste Mitgliederversammlung des DEKV nach dem Zweiten Weltkrieg trat am 5. Juni 1951 in Hannover zusammen.[33] Sie nahm die vom Interims-Ausschuß überarbeitete Satzung mit geringfügigen Änderungen an. Danach setzte sich der Vorstand des DEKV fortab wie folgt zusammen:

– Die Mitgliederversammlung entsandte vier Vertreter der evangelischen Krankenhäuser in den Vorstand. In Hannover wurden der Chefarzt Dr. Wilhelm Seel (Köln-Kalk), Direktor Max Esser (Diakonieanstalten Bad Kreuznach), Pastor Werner Dicke (Annastift Hannover-Kleefeld) und Rechtsrat Dr. Fritz Fuß (Diakonissenanstalt Schwäbisch Hall) gewählt.

– Der CA für die Innere Mission stellte vier Vorstandsmitglieder. In den ersten Vorstand wurden Ohl, Wenzel, Engelmann sowie Ministerialrat Güldenpfennig entsandt.

– Die Arbeitsgemeinschaft für weibliche Diakonie stellte drei Vorstandsmitglieder, wobei ein Sitz dem Kaiserswerther Verband vorbehalten war. Nach Beratungen zwischen Engelmann und Ohl wurden Pastor Heinrich Leich als Vertreter des Kaiserswerther Verbandes und Pastor Fritz Mieth vom Zehlendorfer Verband berufen. Der Deutsche Gemeinschafts-Diakonieverband in Marburg entsandte den Kaufmann Kurt Martenstein. Dieser warf die Frage auf, ob man den Vertretern der weiblichen Diakonie nicht von Fall zu Fall eine Schwester als Beraterin zur Seite stellen sollte. „Diese Schwestern brauchen ja kein Stimmrecht zu haben",[34] beeilte er sich hinzuzufügen. Ohl räumte ein, es sei „ein Schönheitsfehler, wenn die Vertretung der Mutterhäuser und Schwesternschaften in unserem Vorstand nur von Männern wahrgenommen wird. Das könnten die Schwestern als uner-

---

[31] Eine formelle Wahl erfolgte in dieser Sitzung noch nicht, da die drei Vertreter der Mutterhäuser und Schwesternschaften noch nicht bestimmt waren. Notizen Engelmanns v. 15.12.1951 betr. Sitzung des Vorstandes des DEKV am 28.11.1951 in Hannover, ADW, DEKV 110. Die spätere Bestätigung Ohls war eine reine Formsache.

[32] Aktennotiz v. Meyeren für D. Wenzel für die Besprechung in Bethel am 23./24.1.1951, ADW, DEKV 1.

[33] Aktenvermerk v. 5.6.1951 betr. Tagung des DEKV in Hannover am 5.6.1951, ADW, DEKV 110.

[34] Martenstein an Münchmeyer, 8.1.1952, ADW, DEKV 109.

freulich empfinden."[35] Im selben Atemzug fragte sich Ohl jedoch gequält, ob es gleich drei Schwestern sein müßten. Auf einer informellen Vorstandssitzung am 31. Januar 1952 in Berchtesgaden wurde dann nach längerer Diskussion beschlossen, „daß in Zukunft Schwestern zu den Sitzungen von Fall zu Fall eingeladen werden, wenn das nach Festlegung der Tagesordnung notwendig oder erwünscht erscheint."[36] Ob ihnen ein Stimmrecht eingeräumt werden sollte, blieb offen. Die erste Frau, die Sitz und Stimme im Vorstand des DEKV hatte, war Ursula v. Dewitz vom Evangelischen Diakonieverein, Oberin an den Ferdinand-Sauerbruch-Krankenanstalten in Wuppertal-Elberfeld, die im Jahre 1954 für den verstorbenen Wenzel nachrückte.

– Der Verein zur Errichtung evangelischer Krankenhäuser entsandte einen Vertreter in den Vorstand. Nach Lage der Dinge kam hier kein anderer als Walter Schian in Frage.

– Unterverbände mit mehr als zwanzig angeschlossenen Krankenhäusern entsandten einen, Unterverbände mit mehr als fünfzig Mitgliedern zwei Vertreter in den Vorstand. Interessant ist, daß im Vorfeld der ersten Sitzung des Vorstandes niemand einen genauen Überblick hatte, wo regionale Krankenhausverbände bestanden und wieviele Krankenhäuser sie vertraten.[37] Im ersten Vorstand waren schließlich der Verband evangelischer Krankenanstalten von Rheinland und Westfalen mit zwei Vertretern – Direktor Wilhelm Hausen und Superintendent Weiß –, die Vereinigung evangelischer Kranken- und Pflegeanstalten in der Provinz Hannover durch ihren Vorsitzenden Pastor Dr. Alfred Depuhl und die Arbeitsstelle evangelischer Krankenanstalten beim Gesamtverband der Inneren Mission in Berlin durch ihren Geschäftsführer Dr. Kurt Melcher vertreten.

Nachdem die Mitgliederversammlung getagt und der Vorstand sich konstituiert hatte, konnte auf der informellen Vorstandssitzung in Berchtesgaden am 31. Januar 1952 auch der neue Gesundheitsreferent im CA, Dr. Cropp, als Geschäftsführer des DEKV in sein Amt eingeführt werden. Damit war die neue Verbandsstruktur vollendet, und der DEKV konnte seine Arbeit wiederaufnehmen.

---

35 Ohl an Engelmann, 12.1.1952, ADW, DEKV 109.
36 Aktenvermerk Cropp v. 8.2.1952 betr. Besprechung des Vorstandes des DEKV in Berchtesgaden am 31.1.1952, ADW, DEKV 109.
37 Engelmann an Ohl, 6.11.1951; Ohl an Engelmann, 8.11.1951. Klar war, daß es Verbände oder Arbeitsgemeinschaften evangelischer Krankenhäuser in Rheinland und Westfalen, Hannover, Hamburg, Bayern, Baden und Berlin gab. Unklar war, ob solche Zusammenschlüsse auch in Württemberg, Hessen, der Pfalz, Schleswig-Holstein, Bremen und Lübeck existierten. Weiter war unklar, ob Oldenburg und Braunschweig zu Hannover zählten.

6. Der DEKV in der Bundesrepublik Deutschland (1951–1989/90)

6.1 Verbandsstrukturen im Wandel

Die Satzung von 1951 hatte den inneren Aufbau des Verbandes unverändert gelassen. Was die Zuordnung der einzelnen evangelischen Krankenhäuser zum DEKV, die Beziehungen zwischen den zentralen Verbandsorganen und den regionalen Krankenhausverbänden, die Aufgabengebiete und Zuständigkeitsbereiche des Vorstands, der Geschäftsführung und der Mitgliederversammlung anging, so blieb vorerst alles beim alten. Lediglich im Hinblick auf die Zusammensetzung des Vorstands führte eine Satzungsänderung im Jahre 1952 ein neues Element ein: Sie ermächtigte den Vorstand, „eine bis drei in der Krankenhausarbeit erfahrene Persönlichkeiten als vollberechtigte Vorstandsmitglieder zuzuwählen".[1] Der Vorstand nutzte diese Möglichkeit, um Dr. Walter Hochheimer, den Chefarzt der Inneren Abteilung der Westfälischen Diakonissenanstalt Sarepta, als weiteren Vertreter der evangelischen Ärzteschaft und Rechtsanwalt Wolf Eichholz, Leiter der Rechts- und Wirtschaftsabteilung der Inneren Mission und des Hilfswerks der evangelischen Kirche im Rheinland, als Experten in Rechtsfragen zu kooptieren.

Über einen Umbau der Verbandsstrukturen begann man erst ernsthaft nachzudenken, nachdem der Konflikt mit dem und um den Geschäftsführer Dr. Joachim Fischer die Verbandsarbeit in den Jahren 1960/61 weitgehend lahmgelegt hatte. Dabei rückten die regionalen Unterverbände in den Mittelpunkt des Interesses.[2] Es wurde eine Satzungsänderung in Angriff genommen mit dem Ziel, „den Einfluß der regionalen Krankenhausverbände auf die Willensbildung des leitenden Organs zu verstärken." War zunächst nur daran gedacht, die Zahl der Vertreter, die ein Unterverband in den Vorstand entsenden durfte, nicht mehr – wie bisher – an die Zahl der von ihm vertretenen Krankenhäuser, sondern an deren Gesamt-*betten*zahl zu koppeln, so wurden schon bald weiterführende Überlegungen angestellt, „ob der Verband zu einem Verband von Verbänden [...] wie etwa die DKG gestaltet werden solle oder ob – wie bisher – auch eine Mitgliedschaft der einzelnen Krankenhäuser [...] zugelassen bleiben solle."[3]

---

[1] Satzung des DEKV in der Fassung v. 4.7.1952, § 9, Nr. 5, ADW, DEKV 112.
[2] Anlage zum Prot. der Vorstandssitzung am 23.1.1963: Zusammenfassung des Vortrags von Kirchenrat Schian „Aufgaben eines DEKV", ADW, DEKV 1.
[3] Prot. der Vorstandssitzung am 4.4.1963, ADW, DEKV 3.

Die neue Satzung, die im Arbeitsausschuß entworfen, vom Vorstand überarbeitet und schließlich von der Mitgliederversammlung am 16. Oktober 1963 mit geringfügigen Änderungen angenommen wurde,[4] machte den DEKV zwar *nicht* zu einem Verband der Verbände. Die Stellung der Unterverbände wurde aber insofern gestärkt, als die Mitgliedschaft der einzelnen Krankenhäuser im DEKV fortab an die Mitgliedschaft in einem der regionalen evangelischen Krankenhausverbände oder – wo es einen solchen Verband nicht gab – in einem landeskirchlichen Diakonischen Werk oder einem überregionalen Fachverband gekoppelt war. Nach der Meldung durch den entsprechenden Unterverband war das Krankenhaus Mitglied im DEKV.

Die Vertreter der Krankenhäuser kamen auch weiterhin einmal jährlich zu einer *Mitgliederversammlung* zusammen, die aber nun durch ein neues Verbandsorgan, die *Delegiertenversammlung*, ergänzt wurde. Die regionalen Krankenhausverbände bzw. die landeskirchlichen Diakonischen Werke konnten – je nach der von ihnen repräsentierten Bettenzahl – bis zu vier Vertreter in diese mindestens zweimal jährlich tagende Delegiertenversammlung entsenden. 1963 gab es sechs regionale evangelische Krankenhausverbände in der Bundesrepublik Deutschland: Baden-Württemberg (4.117 Betten) entsandte zwei Vertreter in die Delegiertenversammlung, Berlin (5.112 Betten) drei, Hamburg (1.740 Betten) einen, Niedersachsen (8.630 Betten) drei, das Rheinland (12.242 Betten) und Westfalen (10.751 Betten) je vier. Ferner stellten die landeskirchlichen Diakonischen Werke von Bayern (1.584 Betten), der Pfalz (832 Betten), Bremen (580 Betten) und Schleswig-Holstein (861 Betten) je einen, Hessen-Nassau (4.647 Betten) und Kurhessen-Waldeck (2.552 Betten) je zwei Mitglieder der Delegiertenversammlung.[5]

Weiter gehörten der Delegiertenversammlung an:
– ein oder zwei Vertreter des DW,
– bis zu vier Vertreter der Mutterhäuser und Schwesternschaften, die von der Arbeitsgemeinschaft der weiblichen Diakonie zu benennen waren (darunter mußten mindestens zwei in der praktischen Krankenhausarbeit erfahrene Schwestern sein),
– ein Vertreter der Konferenz der Leiter der landeskirchlichen Arbeitsgemeinschaften der Krankenhausseelsorger,
– der Schriftleiter der Verbandszeitschrift „Die evangelische Krankenpflege",

---

4   Prot. der Vorstandssitzungen am 28.6.1963 bzw. 15.10.1963 und der Mitgliederversammlung am 16.10.1963, ADW, DEKV 31.
5   Prot. der Vorstandssitzung am 5.12.1963, ADW, DEKV 31.

– bis zu vier in der Krankenhausarbeit erfahrene Persönlichkeiten, die von der Mitgliederversammlung gewählt wurden, sowie
– die Mitglieder des Vorstandes.

Das Aufgabenfeld der *Delegiertenversammlung* war weit gesteckt. Das neue Verbandsorgan diente ganz allgemein dem „Erfahrungsaustausch und der Bearbeitung der für das evangelische Krankenhauswesen wichtigen Fragen, deren Bedeutung über den Bereich eines regionalen Fachverbandes oder eines Landesverbandes hinausgeht". Sie beschloß „über alle Fragen, die für das evangelische Krankenhauswesen von besonderer Wichtigkeit oder von grundsätzlicher Bedeutung sind", und gab „dem Vorstand Richtlinien für seine Arbeit". Allerdings konnte auch die *Mitgliederversammlung* „Beschlüsse in Angelegenheiten von besonderer Wichtigkeit oder von grundsätzlicher Bedeutung"[6] fassen, aber nur, wenn ihr diese Angelegenheiten vom Vorstand oder von der Delegiertenversammlung vorgelegt wurden. Im wesentlichen beschränkten sich die Aufgaben der Mitgliederversammlung fortab auf die Zuwahl von Mitgliedern zum Vorstand und zur Delegiertenversammlung, die Feststellung des Haushaltsplans, die Entgegennahme des Jahresberichts und die Entlastung des Vorstands, Beschlüsse über Satzungsänderungen und über die Erhebung von Mitgliedsbeiträgen.

Der *Vorstand* setzte sich fortab zusammen aus
– fünf Mitgliedern, die von der Mitgliederversammlung gewählt wurden,
– dem Schatzmeister, der von der Hauptgeschäftsstelle des DW entsandt wurde, sowie
– dem Geschäftsführer, der „im Einvernehmen" mit der Hauptgeschäftsstelle des DW vom Vorstand berufen wurde.

Der Vorsitzende, der stellvertretende Vorsitzende, der Schatzmeister und der Geschäftsführer bildeten auch weiterhin den *engeren Vorstand*.

Auf der Mitgliederversammlung am 16. Oktober 1963 hatten sich mehr Kandidaten zur Wahl gestellt, als Vorstandssitze zu vergeben waren. Der Geschäftsführer des Verbandes der evangelischen Krankenanstalten in Westfalen, Direktor Paul Behrenbeck, hatte deshalb zugunsten von Prof. Walter Hochheimer, auf den man als Vertreter der evangelischen Ärzteschaft im Vorstand des DEKV nicht glaubte verzichten zu können, auf seine Kandidatur verzichtet. Die übrigen vier zugewählten Vorstandsmitglieder vertraten die Fachsparten pflegerische Dienste und Verwaltung sowie die Regionalverbände Rheinland und Niedersachsen. Der westfälische Verband als

---

6 Satzung vom 16.10.1963, ADW, DEKV 31, § 9, Nr. 1 und 2, § 7, Nr. 8.

zweitgrößter regionaler evangelischer Krankenhausverband ging leer aus. Er war mit dieser Entscheidung nicht einverstanden und forderte vehement für seinen Geschäftsführer Sitz und Stimme im Vorstand des DEKV. Im Entwurf des Protokolls der Vorstandssitzung des DEKV am 9. April 1964 heißt es dazu:

> „Der Vorstand bedauert, daß der Geschäftsführer des westfälischen Regionalverbandes mit seinem [...] Entgegenkommen [...] bei seinem Vorstand kein Verständnis gefunden hatte. Der Vorstand bedauert auch, daß Herr Prof. Hochheimer als gebürtiger Berliner, aber als seit Jahrzehnten im Raum Westfalen tätiger evangelischer Chefarzt, vom westfälischen Regionalverband nicht als berufener Vertreter der westfälischen evangelischen Krankenhäuser anerkannt wird."[7]

In der endgültigen Fassung des Protokolls wurde diese Passage weggelassen – offenbar wollte der Vorstand die Spannungen zwischen den zentralen Verbandsorganen und dem westfälischen Regionalverband nicht aktenkundig werden lassen. Der Konflikt, dessen Wurzeln bis weit in die Zeit vor dem Zweiten Weltkrieg zurückreichten, wurde schließlich dadurch entschärft, daß die Mitgliederversammlung am 3. Juni 1964 eine weitere Satzungsänderung beschloß, durch welche die Zahl der von der Mitgliederversammlung zu wählenden Vorstandsmitglieder von fünf auf sechs erhöht wurde – auf diese Weise konnte Behrenbeck zugewählt werden, ohne daß ein anderes Vorstandsmitglied weichen mußte.[8]

Wenn auch durch die Satzungsänderung von 1963 die Gewichte innerhalb der Verbandsstrukturen zugunsten der Regionalverbände verschoben wurden, so blieb doch die überaus starke Stellung des Vorstandes und insbesondere des *Vorsitzenden* unangetastet. Dieses strukturelle Übergewicht wurde noch verstärkt durch eine schier unglaubliche personelle Kontinuität: An der Spitze des DEKV stand bis 1968 Pfarrer D. Dr. Otto Ohl, der schon bei der Gründung des DEKV im Jahre 1926 wie auch bei seiner Wiederbegründung im Jahre 1951 die Fäden im Hintergrund gezogen hatte. Neben einer ungeheuren Erfahrung kam ihm seine Ämterfülle zugute, die zahlreiche wichtige Querverbindungen herstellte, die für die Arbeit des DEKV von unschätzbarem Wert waren: Über fünf Jahrzehnte lang, bis Ende 1963, leitete Ohl den Landesverband der Inneren Mission im Rheinland. Er war Mitbegründer der 1946 ins Leben gerufenen „Krankenhausgesellschaft für die britische Zone", der Keimzelle der 1949 neu konstituierten DKG. Von Anfang an gehörte Ohl dem Vorstand der DKG

---

7   Prot. der Vorstandssitzung am 9.4.1964 (Entwurf), ADW, DEKV 31.
8   Prot. der Vorstandssitzung am 3.6.1964 bzw. der Mitgliederversammlung am 3.6.1964, ADW, DEKV 31. Die Animositäten zwischen der Verbandsführung und dem westfälischen Regionalverband rissen auch in der Folgezeit nicht ab. Vgl. Ohl an Scheffer, 30.10.1967, ADW, DEKV 72.

an, von 1956 bis 1960 als ihr Präsident, von 1960 bis 1962 als ihr Vizepräsident. Maßgeblich war Ohl auch an der Gründung des Deutschen Krankenhausinstituts im Jahre 1953 beteiligt. Eine führende Rolle spielte er ferner in der „Arbeitsgemeinschaft Deutsches Krankenhaus", in der sich 1953 die DKG, der Verband der leitenden Krankenhausärzte Deutschlands, die Fachvereinigung der Verwaltungsleiter deutscher Krankenanstalten und die Arbeitsgemeinschaft der Deutschen Schwesternverbände zusammenfanden.[9] Ohls Nachfolger an der Spitze des DEKV – Pfarrer Helmut Hochstetter (1968-75) und Oberin Annemarie Klütz (1975-91) – konnten seine Machtfülle nicht behaupten, gleichwohl prägten auch sie der Verbandsarbeit deutlich ihren Stempel auf.

Bei der Wahl des *stellvertretenden Vorsitzenden* achtete man noch längere Zeit nach Möglichkeit darauf, eine Persönlichkeit aus Berlin zu gewinnen – so Kirchenrat D. Dr. Theodor Wenzel, den Leiter der Inneren Mission in Berlin und Brandenburg und des CA, Arbeitsbereich Ost (1952-54), Direktor Fritz Mieth vom Evangelischen Diakonieverein Zehlendorf (1962-63) oder Superintendent Walter Schian, den Vorsitzenden des Vereins zur Errichtung evangelischer Krankenhäuser (ab 1963). Dies geschah in der erklärten Absicht, „Verbindung zur Arbeit in der DDR zu halten".[10]

Herzstück der Verbandsarbeit war und blieb die *Geschäftsstelle*, die zunächst in der Geschäftsstelle des CA für die Innere Mission in Bethel, seit 1957 in der Hauptgeschäftsstelle des DW in Stuttgart angesiedelt war. Sitz des Verbandes blieb vorerst auch weiterhin Berlin. Im Vorfeld der Satzungsänderung von 1963 war diskutiert worden, den Sitz nach Stuttgart zu verlegen. Walter Schian sprach sich jedoch dagegen aus: „Aus psychologischen Gründen" sei „eine Aufgabe von Positionen in Berlin nicht erwünscht". Der Vorstand schloß sich dieser Meinung an, zumal „diese Frage so lange keine rechtliche Bedeutung hat, als der Verband nicht im Vereinsregister eingetragen ist".[11] Drei Jahre später war es dann soweit: Mit der Satzungsänderung vom 11. Mai 1966 verlegte der DEKV seinen Sitz nach Stuttgart und ließ sich ins Vereinsregister eintragen.[12] Erst 1998 zog die Geschäftsstelle wieder nach Berlin um und hat seither ihren Sitz im Gebäude des Evangelischen Diakonievereins in Zehlendorf.

Das Amt des *Geschäftsführers* des DEKV, das auch weiterhin mit dem Amt des Leiters der Abteilung Gesundheitsfürsorge im CA verbunden blieb, ging 1954 von Dr. Cropp an Dr. med. Renatus Kayser über, der zuvor

---

9   Vgl. „Pfarrer D. Dr. med. h.c. Ohl vollendet sein 80. Lebensjahr", in: Krankenhaus Umschau, 7.7.1966, S. 706.
10 Prot. der Vorstandssitzung am 4.10.1962, ADW, DEKV 1.
11 Prot. der Vorstandssitzung am 28.6.1963, ADW, DEKV 31.
12 Satzung des DEKV in der Fassung v. 11.5.1966, ADW, DEKV 13.

als Arzt am Diakonissenkrankenhaus Karlsruhe-Rüppurr tätig gewesen war. Er gab sein Amt als Geschäftsführer des DEKV allerdings schon im Jahre 1957 wieder auf, um die Leitung des Sanatoriums Ebenhausen bei München zu übernehmen. „Wir haben ihn nur ungern gehen lassen," so Otto Ohl in der Vorstandssitzung am 23. Januar 1958, „es war der einzige Kummer, den er uns antat, daß er von uns ging; aber wir konnten ihn nicht halten, weil es ihn als Arzt, der aus der Krankenhausarbeit kam, wieder zur Behandlung von Patienten im Krankenhaus drängte."[13] Obwohl er nur drei Jahre für den DEKV tätig war, brachte Kayser, die Initiativen Cropps aufgreifend, die Verbandsarbeit wieder in Schwung, wobei er mit dem Vorstand und den übrigen Verbandsorganen reibungslos zusammenarbeitete.

Im Gegensatz dazu schied sein Nachfolger, Dr. med. Joachim Fischer, im Streit. Schon seine Berufung zum Leiter der Abteilung Gesundheitsfürsorge in der Hauptgeschäftsstelle der Inneren Mission und des Hilfswerks der Evangelischen Kirche in Deutschland – und damit zugleich zum Geschäftsführer des DEKV – erscheint, im nachhinein betrachtet, als überaus problematisch: Fischer hatte sich nämlich – wie schon Hans Harmsen, der erste Geschäftsführer des DEKV – als entschiedener Vertreter einer biologistisch fundierten, eugenisch ausgerichteten Schule der Sozialhygiene profiliert. Seine Arbeitsschwerpunkte lagen auf der Tuberkulosefürsorge, der Jugend- und Eheberatung sowie der „Psychohygiene". 1939 war er in den öffentlichen Gesundheitsdienst eingetreten – zunächst als Hilfsarzt am Gesundheitsamt Rothenburg/Lausitz, seit 1942 als stellvertretender Amtsarzt am Gesundheitsamt Detmold, seit 1945 als Amtsarzt des Gesundheitsamtes Lemgo/Lippe und seit 1948 schließlich als zweiter Medizinaldezernent beim Regierungspräsidenten in Detmold.[14]

In Lippe und Westfalen wurden von den Gesundheitsämtern – auch in Lemgo – noch bis 1947 *Ehetauglichkeitsuntersuchungen* nach dem NS-*Ehegesundheitsgesetz* („Gesetz zum Schutze der Erbgesundheit des deutschen Volkes" vom 18. Oktober 1935) durchgeführt und Eheverbote ausgesprochen. Als der nordrhein-westfälische Innenminister das Ehegesundheitsgesetz im Jahre 1947 außer Kraft setzte, erhob sich ein Proteststurm der Ärzte im öffentlichen Gesundheitsdienst. Die zu einer Tuberkulosetagung versammelten Amtsärzte des Regierungsbezirks Detmold formulierten unter Federführung Fischers am 22. Juni 1947 ein Protestschreiben an das nordrhein-westfälische Sozialministerium, um die Außerkraftsetzung

---

13 O. Ohl, Notizen für die Vorstandssitzung des DEKV am 23.1.1958, ADW, DEKV 4.
14 Lebenslauf Dr. J. Fischer, ADW, DEKV 71. Ich danke Dr. Johannes Vossen herzlich für die Überlassung weiteren biographischen Materials. Fischer betonte in seinem Lebenslauf, er sei niemals Mitglied der NSDAP gewesen. Dabei unterließ er es freilich, darauf hinzuweisen, daß sein Aufnahmeantrag abgelehnt worden war.

rückgängig zu machen. Das Schreiben schloß mit einem emphatischen Bekenntnis zur Eugenik:[15]

> „Wir sind abschließend der Überzeugung, daß es über unsere verantwortungsschwere Berufsaufgabe hinaus unsere kulturelle Pflicht ist, die Erkenntnisse der Eugenik und die hieraus abgeleiteten Maßnahmen nicht nur nicht zu schmälern, sondern als eine wesentliche und tiefgreifende Ursachenbekämpfung des chaotischen Niedergangs aller Gesellschaftsordnung zu fördern und zu vermehren."[15]

Fischer vertrat solche Positionen auch später noch. Ab 1949 plädierte er im Rahmen der von ihm gegründeten „Arbeitsgemeinschaft für Jugend- und Eheberatung" für eine „negative und positive Fortpflanzungshygiene". Fischer trat für eine eugenische Ausrichtung der Eheberatung ein, bei der das Gefühl vermittelt werden sollte,

> „daß die Eheschließenden über ihr gegenseitiges persönliches Wohl hinaus auch der Gesundheit ihrer Kinder und damit der erbbiologischen Gesundheit ihres Volkes verantwortlich sind. Das Beispiel zahlreicher Staaten in aller Welt hat aber gezeigt, daß hier ohne Eheverbote gegenüber Uneinsichtigen schließlich nicht auszukommen ist, soweit es sich nachweislich um Träger von Erbleiden handelt, deren Vermehrung in Keines Interesse liegt."[16]

1957 wurde Fischer „beratender Sozialhygieniker" des DW und übernahm hier den Co-Vorsitz des 1951 wiedergegründeten „Eugenischen Arbeitskreises".[17] Es scheint so, als habe der DEKV mit der Berufung Fischers das – in der Satzung nach wie vor ausdrücklich genannte – Arbeitsfeld der Sozialhygiene intensivieren wollen. In der historischen Rückschau scheint es kaum faßbar, daß auf evangelischer Seite in den 50er Jahren – vor dem Erfahrungshintergrund der NS-*Erbgesundheitspolitik* – derart unbefangen über Möglichkeiten zu einer *negativen Eugenik* nachgedacht wurde. Ungewöhnlich war dies indessen nicht – die Erkenntnis, daß die NS-*Erbgesundheitspolitik* mit ihrem Herzstück, der eugenischen Sterilisierung, Unrecht war, hat sich erst in den frühen 80er Jahren mühsam Bahn gebrochen.

Fischers eugenische Ambitionen flossen jedoch nicht in die Arbeit des DEKV ein, die unter seiner Geschäftsführung ohnehin bald völlig zum Erliegen kam. Immer wieder gab es interne Konflikte, die vordergründig

---

15   Zit. nach J. Vossen, Das staatliche Gesundheitsamt im Dienst der Rassenpolitik, in: H. Niebuhr u. A. Ruppert (Bearb.), Nationalsozialismus in Detmold. Dokumentation eines stadtgeschichtlichen Projekts, Bielefeld 1998, S. 348-373, hier: S. 367.
16   J. Fischer, Zur Frage der negativen und positiven Fortpflanzungshygiene, in: Volksgesundheitsdienst 2. 1951, S. 278-281, hier S. 281.
17   S. Schleiermacher, Die Innere Mission und ihr bevölkerungspolitisches Programm, in: H. Kaupen-Haas (Hg.), Der Griff nach der Bevölkerung. Aktualität und Kontinuität nazistischer Bevölkerungspolitik, Nördlingen 1986, S. 73-89, hier S. 87.

mit dem schwierigen Charakter Fischers zusammenhingen,[18] hinter denen sich aber auch ein struktureller Konflikt zwischen DEKV und DW verbarg. Offen zutage trat dieser Konflikt in dem Eklat, der den Geschäftsführer letztlich zum Rücktritt zwang:[19] Fischer hatte nämlich im Vorstand der DKG Positionen vertreten, die nicht auf der Linie des DEKV lagen. Der DEKV gehörte der DKG aber nicht unmittelbar an, sondern nur mittelbar durch den DW, und Fischer saß als Vertreter der Hauptgeschäftsstelle des DW im Vorstand der DKG. Der Fall gab Veranlassung, darüber nachzudenken, ob man die Personalunion zwischen dem Leiter der Abteilung Gesundheitsfürsorge im DW und der Geschäftsführung des DEKV in Zukunft aufrechterhalten wollte. Der Vorstand kam aber zu dem Schluß, daß die „personellen Querverbindungen" zwischen DEKV und DKG „die evangelischen Krankenhäuser sehr entlastet habe". Er beschloß, „an einer Verbindung zwischen Verbandsgeschäftsführung und Hauptgeschäftsstelle [...] grundsätzlich festzuhalten. Dabei wird vorausgesetzt, daß der Vorstand des DEKV vom Diakonischen Rat als maßgebliches Fachgremium anerkannt wird und die Geschäftsführung gehalten ist, Beschlüsse des Vorstandes durchzuführen." Als Folge dieses Vorstandsbeschlusses verlor Fischer sowohl seine Stellung als Geschäftsführer des DEKV als auch die als Leiter der Abteilung Gesundheitsfürsorge im DW. Ministerialrat Wolfgang Güldenpfennig übernahm kommissarisch die Geschäftsführung des DEKV. Die Bearbeitung der laufenden Geschäfte wurde in die Hände von Dr. Reinhard Theodor Scheffer gelegt, der von der Berliner Abteilung des DW in die Hauptgeschäftsstelle wechselte – erklärtermaßen eine „Notlösung". Es gelte, so der Vorstand, den Geschäftsführerposten so rasch wie möglich wieder zu besetzen, schließlich sei „in den letzten 1 1/2 Jahren der DEKV kaum tätig geworden [...], obwohl wichtige Grundsatzaufgaben [...] eine Initiative der Verbandsgeschäftsführung erfordert hätten."[20] In der Folgezeit, unter den Geschäftsführern Dr. Reinhard Theodor Scheffer (1962–68), Johannes Gottfried Thermann (1968–78),[21] Diplomhandelslehrer Wolfgang Schenk (1978–86)[22] und Diplom-Volkswirt Hans-Günter Ehrich (1986–94), gestaltete sich die Verbindung mit der Hauptgeschäftsstelle des DW eng.

---

18 Interview mit Prof. Walter Hochheimer am 12.12.2000.
19 Prot. der Vorstandssitzung am 3.3.1960, ADW, DEKV 1; Ohl an Güldenpfennig, 14.8.1961, ADW, DEKV 71.
20 Prot. der Vorstandssitzung am 21.9.1961, ADW, DEKV 1.
21 Er war zugleich Leiter der Abteilung Betriebswirtschaft und Statistik in der Hauptgeschäftsstelle des DW. Vgl. Thermann an Josefs-Gesellschaft Köln, 22.11.1971, ADW, DEKV 58. Anfangs hegte der Vorstand des DEKV Bedenken, ob sich Thermann angesichts seiner starken Belastung in der Hauptgeschäftsstelle „in hinreichendem Maße der Verbandsarbeit widmen kann". Prot. der Sitzung des Fachausschusses für Grundsatzfragen evangelischer Krankenhausarbeit am 20.5.1968, ADW, DEKV 46.
22 Er war Leiter des Referats Krankenhausfragen des DW.

Ganz spannungsfrei war das Verhältnis aber nicht. Mitunter kam es zu Kompetenzkonflikten zwischen dem DW und dem DEKV – so war umstritten, ob der DEKV als Fachverband des DW mit der Evangelischen Kirche in Deutschland in Verhandlungen treten durfte, ohne dies mit der Hauptgeschäftsstelle des DW abzusprechen.[23] Mit Sorge nahm der DEKV auch zur Kenntnis, daß er finanziell am Tropf der Hauptgeschäftsstelle hing.[24] Als das DW im Jahre 1972 erklärte, es könne den Finanzbedarf des DEKV nicht mehr vollständig decken, trat dessen Vorstand der Frage näher, ob er wieder Mitgliedsbeiträge einführen wollte. Der Vorstand äußerte sich skeptisch, ob sich Beiträge der einzelnen Krankenhäuser würden durchsetzen lassen. Selbstkritisch bemerkte Verwaltungsdirektor Schirmer, „die Resonanz des Deutschen Evangelischen Krankenhausverbandes im Lande sei nicht sehr groß".[25] Man griff daher lieber auf Beiträge der angeschlossenen Verbände zurück.

Innerhalb der *Diakonischen Konferenz* beanspruchte der DEKV für sich eine „Vorortfunktion" auf dem Sektor des Krankenhauswesens, wobei er sich darauf berief, daß der DEKV die Funktionen des im Jahre 1966 auch formell aufgelösten Gesamtverbandes[26] der deutschen evangelischen Kranken- und Pflegeanstalten übernommen hatte:

> „Daraus folgt, daß der Deutsche Evangelische Krankenhausverband das Recht beanspruchen kann, für den Krankenhaussektor bestimmte Kandidaten zur Wahl in die Diakonische Konferenz zu nominieren und darüberhinaus entsprechend der Bedeutung des Krankenhauswesens im Rahmen der geschlossenen Fürsorgearbeit auch auf die Vorschläge anderer Fachverbände Einfluß zu nehmen."[27]

Hierbei mußte sich der DEKV nicht nur mit den anderen Fachverbänden auf dem Feld der geschlossenen Fürsorge auseinandersetzen, sondern auch mit Konkurrenz aus den eigenen Reihen, denn der Evangelische Diakonieverein, der Verein zur Errichtung evangelischer Krankenhäuser und das Johanneswerk stellten den Anspruch des DEKV in Frage. Scheffer wies die Ambitionen dieser Trägerverbände mit dem Argument zurück, sie hätten „nur eine beschränkte Bedeutung im Gesamtgefüge des evangelischen Krankenhauswesens" und könnten daher „keineswegs besondere Rechte

---

[23] Vgl. z. B. Ohl an Schober, 25.4.1964, ADW, DEKV 46. Dazu die Richtlinien für die Zugehörigkeit von Fachverbänden zum DW und für die Zusammenarbeit zwischen ihnen und der Hauptgeschäftsstelle v. 16.3.1967, ADW, DEKV 74.
[24] Prot. der Sitzung des Fachausschusses für Grundsatzfragen evangelischer Krankenhausarbeit am 20.5.1968, ADW, DEKV 46.
[25] Prot. der Vorstandssitzung am 12.10.1971 bzw. 27.1.1972 (Zitat), ADW, DEKV 69.
[26] Scheffer an Ohl, 13.5.1968, ADW, DEKV 74.
[27] Scheffer an Behrenbeck, Bruckhaus und Hochheimer, 18.4.1968, ADW, DEKV 74.

auf Nominierung bestimmter Persönlichkeiten als Kandidaten für die Diakonische Konferenz herleiten".[28]

Von besonderer Bedeutung für die Arbeit des DEKV war das nahezu symbiotische Verhältnis zur DKG. Im Vorstand der DKG war der DEKV durch seinen Vorsitzenden Otto Ohl vertreten, in den Fachausschüssen durch seinen Geschäftsführer und mehrere andere Vorstandsmitglieder. Diese personellen Verflechtungen führten dazu, daß der DEKV in vielen Fällen, in denen die Interessen der evangelischen mit denen der anderen Krankenhausträger konform gingen, gar nicht mehr selber in Erscheinung trat, sondern sein Gewicht im Rahmen der DKG in die Waagschale warf. Eigene Akzente setzte der DEKV nur, wenn es um die spezifischen Interessen der *evangelischen* Krankenhäuser ging. In manchen Fällen, insbesondere im Hinblick auf Fragen der Krankenhausfinanzierung, deckten sich aber auch die Interessen der *konfessionellen* Krankenhausträger. Es kam daher im Laufe der Zeit zu einer recht engen Zusammenarbeit mit dem Katholischen Krankenhausverband. In diesem Zusammenhang schlug Verwaltungsdirektor Emil Lauffer vom Diakonissenkrankenhaus Karlsruhe-Rüppurr im Namen des baden-württembergischen Regionalverbandes sogar vor, auf der außerordentlichen Mitgliederversammlung am 18. Januar 1971 den „Zusammenschluß des evangelischen und katholischen Krankenhausverbandes" anzuregen, „damit ein einheitliches Vorgehen mindestens in der Frage der Krankenhausfinanzierung, aber auch in anderen Fragen der frei gemeinnützigen Krankenhäuser gewährleistet"[29] sei.

An den Zielen und Zwecken des Verbandes änderte sich nach dem Zweiten Weltkrieg wenig. Die Satzung von 1951 umschrieb das Aufgabenspektrum des DEKV folgendermaßen:

> „Der Verband verfolgt ausschließlich und unmittelbar gemeinnützige, mildtätige und kirchliche Zwecke. [...] Zur Durchführung dieser Zwecke will der Verband in Ausübung freier Liebestätigkeit der öffentlichen Krankenpflege dadurch dienen, daß er die evangelischen Krankenhäuser in der Erfüllung ihrer Aufgaben berät, fördert sowie ihre Interessen wahrnimmt und vertritt. – Insbesondere ist es seine Aufgabe:
> 1. den evangelischen Charakter der ihm angeschlossenen Anstalten und ihre Verbindung mit den übrigen Arbeitsgebieten der Inneren Mission, vor allem mit den Diakonissenmutterhäusern und anderen Schwesternschaften der evangelischen Diakonie, zu pflegen;
> 2. die Krankenseelsorge und die soziale Fürsorge für die Kranken und ihre Angehörigen zu fördern;
> 3. die Anstalten in Fragen der inneren Organisation und der Wirtschaftsführung zu beraten;
> 4. das Pflegepersonal fortzubilden und zu beaufsichtigen;

---

[28] Scheffer an Behrenbeck, 3.5.1968, ADW, DEKV 74.
[29] Lauffer an Dr. Fuß, Schwäbisch-Hall, 7.1.1971, ADW, DEKV 37.

5. die Fragen der Sozialhygiene und Sozialethik in seinem Aufgabengebiet zu bearbeiten;
6. die Interessen der evangelischen Krankenhäuser gegenüber Behörden, Versicherungsträgern, in der Deutschen Krankenhausgesellschaft und in anderen Interessengruppen zur Geltung zu bringen;
7. durch seine Geschäftsstelle die Arbeiten durchzuführen und Mitteilungen herauszugeben."[30]

Man erkennt, daß der in der neuen Satzung aufgestellte Aufgabenkatalog, der im Kern nahezu unverändert bis in die Gegenwart fortgeschrieben worden ist, sich kaum von dem in der Satzung von 1926 unterscheidet. Auffällig ist, daß die *Sozialhygiene* noch immer genannt, gleichzeitig aber mit der *Sozialethik*, dem einzig neuen Element des Aufgabenkatalogs, eng verkoppelt wird.

6.2 „Es geht um Dich und Dein Krankenhaus!"
Evangelische Kirche und evangelisches Krankenhaus

Schon auf der ersten Mitgliederversammlung des neu gegründeten DEKV am 5. Juni 1951 stand die Frage, wie der diakonische Charakter des evangelischen Krankenhauses gewahrt werden könne, im Mittelpunkt der Diskussionen. Die Gesprächsgrundlage lieferte ein Grundsatzreferat von Superintendent Walter Schian zum Thema „Die innere Ausrichtung unseres Dienstes in den evangelischen Krankenhäusern". Er betonte, „daß die evangelische Krankenpflege die prägnanteste Form der Diakonie der Kirche sei". Daraus leitete Schian zwei Forderungen ab: Zum einen müßten alle im evangelischen Krankenhaus tätigen Berufsgruppen – Ärzte, Krankenschwestern, Seelsorger und Verwaltungsmitarbeiter – eine „Gemeinschaft des Dienstes" im Geiste des Evangeliums bilden. Zum anderen müßte der Dienst im evangelischen Krankenhaus „in der Gemeinde verwurzelt sein".[31]

Damit waren wichtige Leitlinien der künftigen Verbandsarbeit abgesteckt. *Nach innen hin* – bei der Sammlung der Seelsorger, der Chefärzte und der Verwaltungsleiter der evangelischen Krankenhäuser,[32] aber auch in

---

[30] Satzung des DEKV in der Fassung v. 28.11.1951, ADW, DEKV 114.
[31] Prot. der Tagung des DEKV am 5.6.1951, ADW, DEKV 110.
[32] Die evangelischen Sonderkonferenzen anläßlich der Tagungen und Ausstellungen der Fachvereinigung der Verwaltungsbeamten der Krankenhäuser hätten, so berichtete Otto Ohl, „eine etwas eigenartige Begründung". Es habe Beschwerden gegeben, daß sich einige Teilnehmer bei den allgemeinen Tagungen danebenbenommen hätten. „Das hatte seinen ersten Ursprung darin, daß die Aussteller – mit der Tagung der Fachvereinigung ist immer eine umfassende Ausstellung von Lebensmitteln, Möbelgeräten und sonstigem Bedarf der

den Konflikten um die Krankenpflegeausbildung und die Ärztevertragsrichtlinien – ließ sich der DEKV vom Gedanken der *diakonischen Dienstgemeinschaft* leiten. *Nach außen hin* – etwa in den endlosen Auseinandersetzungen um die Krankenhausfinanzierung – ging es dem DEKV darum, die Selbständigkeit des evangelischen Krankenhauses und damit zugleich sein diakonisches Selbstverständnis zu wahren. Es galt, dem evangelischen Krankenhaus einen festen Platz im voll ausgebauten Sozialstaat zu sichern. In zunehmendem Maße galt es aber auch, den Platz des evangelischen Krankenhauses unter dem Dach der verfaßten Kirche zu behaupten.

Einen ersten Problemaufriß lieferte Diplomlandwirt Max Esser, der Wirtschaftsleiter der Diakonie-Anstalten Bad Kreuznach, mit seinem Aufsatz „Standort des konfessionellen Krankenhauses in der veränderten Struktur des sozialen Staates", der aber im Lager der evangelischen Krankenhäuser zunächst keinerlei Resonanz fand.[33] Der Vorstand des DEKV setzte daher bereits 1951 einen hochrangig besetzten Studienausschuß „Standort des konfessionellen Krankenhauses in der veränderten Struktur des sozialen Staates" („Esser-Ausschuß") ein, der diesen Fragen weiter nachgehen sollte.[34]

Sorgen bereitete dem DEKV die Lockerung der Bindungen zwischen den evangelischen Krankenhäusern und den evangelischen Kirchengemeinden. 1959 wurde deshalb ein Aufruf an die Gemeinden vorbereitet, in dem die „Not der Krankenhäuser", insbesondere der freigemeinnützigen Krankenhäuser, beklagt wurde. Die durch unzureichende Pflegesätze ver-

---

Krankenhäuser verbunden – ihre Geschäfte mit Hilfe von Alkohol zu machen versuchten: Kognak, Likör usw. Es war das in der Zeit, in der diese Dinge noch einen erheblichen Seltenheitswert hatten. Einer der Aussteller hatte damit angefangen, reichlich Schnäpse auszuteilen. Andere folgten ihm dann sehr bald und versahen sich ebenfalls mit den entsprechenden Pullen. So wanderten die Krankenhausleiter von Stand zu Stand, und darüber gingen Haltung und Anderes verloren." Die Leiter der konfessionellen Krankenhäuser hätten dagegen ein Zeichen setzen wollen. So sei die Sonderkonferenz entstanden. Die Katholiken hätten keine eigenen Konferenzen hinbekommen, deshalb nähmen auch katholische Teilnehmer an den Sonderkonferenzen des DEKV teil. Ohl an Güldenpfennig, 15.5.1954, ADW, DEKV 114.

[33] M. Esser, Standort des konfessionellen Krankenhauses in der veränderten Struktur des sozialen Staates, in: Die evangelische Krankenpflege 3. 1953, S. 66 ff.; Prot. der Vorstandssitzung des DEKV am 10.12.1953, ADW, DEKV 109.

[34] Vgl. z.B. Prot. der Sitzung des Studienausschusses am 26.3.1954, ADW, DEKV 109. An dieser Sitzung nahmen – neben Max Esser – teil: Pfarrer Otto Ohl, Pfarrer Heinrich Leich, der Direktor des Kaiserswerther Verbandes, Pfarrer Fritz Mieth vom Zehlendorfer Verband, Superintendent Walter Schian vom Verein zur Errichtung evangelischer Krankenhäuser, Ministerialdirektor a. D. Dr. Cropp, der erste Geschäftsführer des DEKV nach dem Krieg, Dr. Renatus Kayser, der aktuelle Gesundheitsreferent im CA und Geschäftsführer des DEKV, sowie als Gast Vikar Paul Philippi, Assistent am Diakoniewissenschaftlichen Institut der evangelischen Fakultät der Universität Heidelberg.

ursachten Verluste könnten nicht länger durch Betriebszuschüsse gedeckt werden. Dies führe zu Überlegungen, das Krankenhauswesen den öffentlichen Trägern zu überlassen. Demgegenüber hob der Aufruf die Notwendigkeit hervor, das Krankenhauswesen in die christliche Gemeinde einzubinden:

> „Statt also im Zweifel zu sein, ob die Unterhaltung von Krankenhäusern in der jetzigen Zeit noch Aufgabe der Gemeinden oder der Kirche ist, müssen wir uns heute mehr denn je daran erinnern lassen, daß die Errichtung und Unterhaltung von Krankenhäusern ein ureigenes Anliegen der christlichen Gemeinde ist."

Um diese Auffassung zu belegen, holte man historisch weit aus. Nach der Reformation hätten die jungen evangelischen Gemeinden regen Anteil an den wirtschaftlichen Belangen der Hospitäler, aber auch an der Pflege genommen:

> „Darum sind auch die heutigen Schwierigkeiten des Krankenpflegenachwuchses zum Teil eine Folge der Entfremdung zwischen der Gemeinde und ihrem Krankenhaus. So wie der evangelische Geist in unseren Krankenhäusern steht und fällt mit dem evangelischen Zeugnis der darin Schaffenden, so wird die Daseinsberechtigung der evangelischen Krankenhäuser stehen und fallen mit der Entschiedenheit, mit der die Evangelische Gemeinde in ihrer Gesamtheit und in jedem einzelnen Fall zu dieser Aufgabe an Kranken, Leidenden und Sterbenden steht. [...] Wir fragen jede einzelne Gemeinde: Wo ist Dein Krankenhaus? Wie geht es Deinem Krankenhaus? Was könntest Du tun, um Deinem Krankenhaus in seinen wirtschaftlichen und personellen Schwierigkeiten zu helfen? [...] Es geht um Dich und Dein Krankenhaus!"

Die Vertreter der Gemeinden in den Kuratorien sollten eine engere Verbindung herstellen:

> „Dabei werden nicht nur unsere ‚kranken' Krankenhäuser gesunden, sondern es wird ein alter Begriff der evangelischen Gemeinde zurückgewonnen und wird lebendig werden: ‚Unser Krankenhaus'."[35]

Der Aufruf wurde mit Rücksicht auf die laufenden Verhandlungen über die Neuregelung der Krankenversicherung schließlich doch nicht veröffentlicht.[36] Das Problem wurde jedoch wieder auf die Tagesordnung gesetzt, als der Präses der Evangelischen Kirche im Rheinland, D. Beckmann, für einen Eklat sorgte. Ausgerechnet während der Feierstunde zum 50-jährigen Bestehen des Verbandes leitender Krankenhausärzte Deutschlands, die im Dezember 1962 im Düsseldorfer Industrieclub stattfand, hielt Beckmann –

---

[35] „Unser Krankenhaus", Entwurf eines Aufrufes an die Gemeinden, 30.1.1959, ADW, DEKV 10.
[36] Prot. der Sitzung des Fachausschusses für Grundsatzfragen evangelischer Krankenhausarbeit, 8.3.1963, ADW, DEKV 46.

in Anwesenheit der Bundesgesundheitsministerin Elisabeth Schwarzhaupt – einen Vortrag, in dem er dafür plädierte, das evangelische Krankenhauswesen *gesundzuschrumpfen*: Künftig sollten sich die evangelischen Krankenhausträger auf Diasporakrankenhäuser, Ausbildungskrankenhäuser und „Alters-Krankenhäuser für besondere diakonische Aufgaben an alten, unheilbar kranken Menschen"[37] konzentrieren. Die Stoßrichtung war klar: Kurze Zeit später veröffentlichte die rheinische Landessynode ein Wort zur Krankenhausfrage, in dem die Schließung kleiner und rückständiger evangelischer Krankenhäuser empfohlen wurde. Beckmanns Vorstoß rief natürlich den DEKV auf den Plan, zumal er zeitlich mit der Schließung evangelischer Krankenhäuser im Rheinland zusammenfiel. So mußte das Evangelische Krankenhaus Eduard-Morian-Stiftung in Duisburg-Hamborn, das von den Kirchengemeinden Hamborn und Neumühl getragen wurde, nach mehrmaligem Aufschub am 15. November 1962 geschlossen werden; es war einzig dem Verein Evangelischer Krankenhäuser Duisburg-Hamborn, hinter dem der Industrielle Herbert Grillo stand, zu verdanken, daß der Krankenhausverband in verringertem Umfang fortgeführt werden konnte.[38]

Auf der Vorstandssitzung am 23. Januar 1963 umriß Walter Schian nochmals das Problem:

> „Es besteht in Kreisen der Kirche eine große Unsicherheit, ob überhaupt eine Berechtigung zur Führung evangelischer Krankenhäuser vorhanden sei. Auffassungen, die das Krankenhauswesen gänzlich der staatlichen Seite überlassen wollen und die sich lediglich auf die Seelsorge an dem kranken Menschen zu beschränken suchen, werden vertreten [...]. Aufgabe des Verbandes wäre hier, eine klare, auch theologisch fundierte Aussage zu machen. Tatsache ist, daß eine ganze Reihe von Fällen bekannt ist, in denen evangelische Krankenhäuser oder evangelische Stiftungen in die öffentliche Hand übergegangen sind oder davor stehen, solchen Übergang zu vollziehen. Insbesondere bedarf daher der Fragenkomplex ‚Kirche, Gemeinde und Krankenhaus' der Beobachtung und Stellungnahme."[39]

Schian regte an, zu diesem Zweck den Studienausschuß „Standort des konfessionellen Krankenhauses in der veränderten Struktur des sozialen Staates" („Esser-Ausschuß") wiederzubeleben. Kurz darauf konstituierte sich der „Fachausschuß für Grundsatzfragen evangelischer Krankenhausarbeit", dem – neben dem Vorsitzenden des DEKV, Pastor Otto Ohl, dem neu gewählten stellvertretenden Vorsitzenden, Kirchenrat Walter Schian, und dem

---

37 Zit. Rs. DEKV 7/62, 12.12.1962, ADW, DEKV 54.
38 Mitteilung des epd, 19.7.1962; Rs. des DEKV v. 8.8.1962, ADW, DEKV 11. Das von drei Kirchengemeinden getragene Evangelische Krankenhaus Duisburg-Beeck sollte zum 31. März 1963 geschlossen und in ein Altersheim umgewandelt werden.
39 Anlage zum Prot. der Vorstandssitzung am 23.1.1963: Zusammenfassung des Vortrags von Kirchenrat Schian „Aufgaben eines DEKV", ADW, DEKV 3.

Geschäftsführer Scheffer – folgende Mitglieder angehörten: Max Esser, Pfarrer Hans Gotthold Betsch, Schwäbisch Hall, Pfarrer Dr. Helmut Hochstetter, Mönchengladbach, Pfarrer Hans Jüngel, Wiesbaden, sowie Chefarzt Prof. Walter Hochheimer. Als sachkundige Beraterin wurde Schwester Renate Breuning zu den Ausschußsitzungen hinzugezogen.[40] Grundlage der Beratungen war ein von Pfarrer Hochstetter erarbeitetes Exposé über „Die kirchliche Verantwortung für das Krankenhaus". Dieses Dokument, das gleichsam wie ein *Syllabus errorum* die Argumente für eine Säkularisierung des modernen Krankenhauswesens theologisch zu widerlegen versucht, ohne freilich das moderne Krankenhauswesen an sich in Frage zu stellen, sei als eindrucksvolles Zeugnis für die Beharrungskraft und den Gestaltungswillen evangelischer Diakonie in der modernen Welt ausführlich zitiert:

„Dr. Helmut Hochstetter,   507   Bergisch-Gladbach, 1.3.1963
Pfarrer.

Exposé

Die kirchliche Verantwortung für das Krankenhaus.

1. Theologische Gründe
Die Fürsorge für die Kranken ist der Kirche von Anfang an aufgegeben. Er [sic!] ist ein wesentlicher Teil des diakonischen Auftrags, für den sie beim jüngsten Gericht zur Rechenschaft gezogen wird. (Matth. 25, 36 f.). [...]

Es hat keine Zeit gegeben, in der die Kirche den Auftrag als ihr nicht gegeben empfunden hätte. Wo die staatliche oder kommunale Öffentlichkeit sich der Kranken annahm, so geschah das in der gleichen Annahme eines vom weltlichen Arm zu leistenden Hilfsdienstes wie der Notepiskopat des Landesherrn in der Voraussetzung einer christlichen Gesellschaft gemäß der Lehre von den zwei Reichen. Die Überantwortung eines der Christenheit gegebenen Auftrages an eine nicht christliche Gesellschaft wäre undenkbar gewesen. [...]

2. Moderne Mißverständnisse
Ordnungs- und sanitätspolitische Gründe haben den Staat veranlaßt, sich um die Errichtung und Führung verschiedener Krankenanstalten zu kümmern. Auch bedurfte es zur Ausbildung der Ärzte klinischer Institute. Diese Tatsache hat zu dem Mißverständnis geführt, als sei die Einrichtung und Unterhaltung von Krankenanstalten wesentliche Aufgabe des Staates, während sie andren Trägern nur ausnahmsweise aus historischen Gründen oder zu exemplarischen Zwecken zukomme. [...]

In der evangelischen Kirche ist auch der Irrtum verbreitet, als sei der alleinige Auftrag der Kirche Verkündigung und Seelsorge, die an jedem Krankenhaus möglich sei, wo evangelische Seelsorger oder evangelische Schwestern tätig seien. Hier wird übersehen, daß der Liebesdienst der Kirche nicht zweckbestimmt ausgerichtet

---

40   Prot. der Vorstandssitzung am 23.1.1963, ADW, DEKV 1.

werden darf. Ein Krankenhaus ist keine missionarische Einrichtung, wiewohl sich eine missionarische Wirkung aus dem karitativen Dienst immer wieder ergeben wird.

Ein weiterer Grund zu Mißverständnissen ist der erhöhte technische Kostenapparat. In der Massengesellschaft multiplizieren sich auch die Kosten. Die Kirche hat aber auch ihren Auftrag in der Massengesellschaft. [...]

Ein Mißverständnis ergibt sich aus einer falschen Vorstellung von der Haushalterschaft. Die Kirche läuft Gefahr, es dem Knecht gleich zu tun, der sein Pfund vergraben hat. (Kein ‚genuiner Auftrag'.) Wenn sie ihn nicht erfüllen kann, muß sie ihn andern delegieren. Aber sie darf nicht so tun, als sei er ihr überhaupt nicht gegeben. (Matth. 25, 24)

Ein weiteres Mißverständnis ergibt sich aus einem argumentum an non. Weil es – so wird gesagt – so wenige wirkliche evangelische Krankenhäuser gäbe (mangelnde kirchliche Gesinnung von Ärzten oder Bediensteten, unzureichende Seelsorge oder nicht ausreichende Versorgung der Patienten), sei der Kirche der Auftrag nicht gegeben. Die richtige Verantwortung aber wäre, diese Dinge zu ordnen, nicht sie abzuschaffen. [...]

Ein weiteres Mißverständnis ist die Verwechslung mit dem Lehr- und Ausbildungsauftrag staatlicher Stellen. In der Tat hat das christliche Abendland sein ärztliches Bildungsideal aus der klassischen Antike genommen. Gleichwohl sieht auch die Heilige Schrift den ärztlichen Beruf als göttlichen Auftrag an und kann die Medizin daher nicht als zweckfreie Wissenschaft, sondern als Wissenschaft im Dienst des Nächsten sehen. Eine Kollision zwischen dem hippokratischen Eid und Sirach 38[41] besteht nicht.

3. Die faktischen Zustände lassen der Kirche keine Wahl. Sie muß die Verantwortung für Krankenanstalten wahrnehmen oder ihn an andre abgeben. Dies würde für die Kirche ein Verzicht auf die Betätigung wesentlicher Kräfte bedeuten. Es kann der evangelischen Kirche nicht gleichgültig sein, ob die Angehörigen ärztlicher oder pflegerischer Kräfte entweder nur in römisch-katholischem oder staatlichem Auftrag arbeiten können. Nur Kurzsichtige können argumentieren, es gäbe keine christliche oder gar katholische und evangelische Medizin. Auch die Medizin steht unter Verantwortung, die dann allerdings christlich oder nicht-christlich sein wird. [...]"[42]

Das Exposé diente als Grundlage für eine Besprechung mit Präses Beckmann am 20. September 1963 in Düsseldorf und eine weitere Besprechung mit Präses D. Kurt Scharf am 20. Januar 1964 in Berlin. Auf kritische Nachfragen von Scharf betonten die Vertreter des DEKV, „daß der gesamte Geist in einem evangelischen Krankenhaus nicht vom ‚In-Minuten-Denken' geprägt werde. Im Mittelpunkt christlicher Krankenpflege stehe der Mensch als Teil der göttlichen Schöpfungsordnung und nicht als Ge-

---

[41] „Aber auch dem Arzte gewähre Zutritt, denn der Herr hat auch ihn erschaffen; nicht soll er wegbleiben, denn auch er ist notwendig. Zu gegebener Zeit nämlich liegt in seiner Hand der Erfolg, und auch er betet ja zum Herrn. Daß er ihm die Erleichterung gelingen lasse und die Heilung zur Erhaltung des Lebens. Wer gegen seinen Schöpfer sündigt, gerät dem Arzt in die Finger." Jesus Sirach 38, 12-15.
[42] ADW, DEKV 31.

genstand einer mehr oder minder vollkommenen medizinisch-technischen Verrichtung."[43] Es wurde vereinbart, daß der Fachausschuß des DEKV für Grundsatzfragen evangelischer Krankenhausaufgaben ein Wort des Rates der Evangelischen Kirche in Deutschland vorbereiten sollte. Dazu formulierte der Ausschuß Leitsätze über „Kirche und Krankenhaus", die mit der Mahnung an die Kirchenleitungen endeten:

> „Es müssen die Zweifel beseitigt werden, ob die Kirche sich von ihren eigenen Arbeitsfeldern distanziert und denen, die sich dorthin in die Verantwortung und Mitarbeit haben rufen lassen, die innere Hilfe versagt in einem Augenblick, wo sie selbst die innere Solidarität mit allen ihren Gliedern besonders pflegen müßte, um der Gefahr weiteren Zerfalls zu begegnen."[44]

Auf Anregung von Bischof D. Hermann Kunst wurde die „Krankenhausfrage" schließlich auf der Synode der Evangelischen Kirche in Deutschland im März 1966 in Berlin-Spandau behandelt. Ein eigens eingesetzter Ausschuß zu Fragen der Diakonie bereitete eine Entschließung vor, die von der Synode einstimmig angenommen wurde. Darin wurde unmißverständlich festgestellt, daß „der Dienst am kranken Menschen auch in den Krankenhäusern [...] eine Aufgabe der diakonischen Arbeit unserer Kirche" bleibe. „Dazu gehört die Einrichtung und Unterhaltung eigener Anstalten."[45] Daraus leitete die Synode konkrete Forderungen zur Krankenhausfinanzierung ab. Die Entschließung wurde dem Rat der Evangelischen Kirche in Deutschland zugeleitet, der sich seinerseits bei der Bundesregierung für die evangelischen Krankenhäuser verwandte.[46]

Die Verortung des evangelischen Krankenhauses in Kirche und Gesellschaft ist eine der wichtigsten, über die Tagespolitik hinausweisenden Aufgaben des DEKV geblieben. Dabei wurde die stürmische Entwicklung des Krankenhauswesens stets mit bedacht. So zeichnet sich in den Leitsätzen des DEKV zur Situation und zum Auftrag des evangelischen Krankenhauses aus dem Jahre 1973 bereits die Problematik der Medizinethik ab:

> „In der heutigen Gesellschaft kommt dem Krankenhaus eine ständig wachsende Bedeutung zu, weil es von der Geburt bis zum Sterben des Menschen immer mehr in Anspruch genommen wird. Damit treten in ihm die Frage des Einzelnen nach dem Sinn des Weiterlebens und die Frage nach dem Risiko der Übernahme voller Verantwortung für das Leben anderer immer dringlicher in den Vordergrund."

---

[43] Aktennotiz über die Besprechung mit Präses D. Scharf am 20.1.1964, ADW, DEKV 46.
[44] Leitsätze „Kirche und Krankenhaus", ADW, DEKV 38.
[45] Synode der EkiD, Berlin-Spandau, März 1966, Vorlage des Ausschusses zu Fragen der Diakonie „Diakonie im Krankenhaus", ADW, DEKV 46.
[46] Prot. der Sitzung des Fachausschusses für Grundsatzfragen evangelischer Krankenhausarbeit, ADW, DEKV 46.

Auch der in rasantem Tempo voranschreitende Fortschritt der Krankenhaustechnik wurde reflektiert:

> „Das Eigengewicht der modernen technisierten Klinik zwingt den Patienten ständig zur Anpassung. Er gerät dadurch vielfach in eine gefährliche Abhängigkeit von Personen und Apparaturen. Es geht jetzt darum, das Krankenhaus wieder auf seine Patienten einzustellen: es geht um die Schaffung des patientengerechten Krankenhauses."[47]

In der zweiten Hälfte der 70er Jahre setzte der DEKV das Thema „Humanität im Krankenhaus" auf seine Tagesordnung. Angestoßen wurde die Diskussion durch mehrere Referate zum Themenkomplex „Humanität im Gesundheitswesen" auf dem Krankenhaustag und dem Deutschen Evangelischen Kirchentag im Jahre 1977. Zur Beratung im Vorstand des DEKV lag eine kritische Stellungnahme von Emil Lauffer, Verwaltungsdirektor der Evangelischen Diakonissenanstalt Karlsruhe-Rüppurr, vor:

> „Das Thema ‚Humanität' ist zur Zeit ‚in' (s. humane Arbeitsbedingungen, humane Schule usw.). Wir müssen aufpassen, daß durch die Behandlung dieses Themas in der Öffentlichkeit nicht der Eindruck entsteht, als ob gerade die konfessionellen Krankenhäuser die Humanität erst noch entdecken müßten."

Zurecht verwies Lauffer auf die Vagheit des Begriffs Humanität. Er hob drei Bedeutungsebenen voneinander ab:

> „die klassische Humanität (Edel sei der Mensch, hilfreich und gut – Goethe), die sozialistische Humanität (Der Mensch ist gut, aber seine Umwelt bzw. die Herrschenden und Kapitalisten sind schlecht) und die christliche Humanität (Der Mensch ist böse und bedarf der Erlösung durch Christus)".

Lauffer plädierte dafür, die trotz mancher Berührungspunkte grundlegenden Unterschiede zwischen diesen verschiedenen Begriffen von Humanität deutlich herauszuarbeiten, um die Daseinsberechtigung der konfessionellen Krankenhäuser und der Krankenhausseelsorge zu begründen. Er warnte vor einer pauschalen Kritik der *Apparatemedizin*: „Wir sollten uns davor hüten, uns einen ständigen Widerspruch zwischen Humanität und Naturwissenschaft und Technik aufreden zu lassen." Auch den „Gegensatz zwischen Humanität und Geld" dürfe man sich nicht aufdrängen lassen: „Mehr Humanität im Krankenhaus heißt auch mehr Geld fürs Krankenhaus, denn gerade Gespräche, menschliche Kontakte usw. kosten Zeit und damit Personal."[48] Der Vorstand des DEKV schloß sich diesen Posi-

---

[47] Leitsätze zur Situation und zum Auftrag des evangelischen Krankenhauses, 5.6.1973, ADW, DEKV 69.
[48] Lauffer an Klütz/Thermann, 15.7.1977, Archiv des DEKV, Akte „Sachfragen Ethik/Humanität".

tionen an und entsandte unter diesen Vorgaben mehrere Vertreterinnen und Vertreter zu einem anläßlich der Diakonischen Konferenz am 10. Oktober 1977 in Bethel stattfindenden Gespräch über „Humanität im Krankenhaus".[49] Bei diesem Gespräch wurde eine Politik der „Kleinen Schritte" beschlossen. Unter Federführung des DEKV sollten Maßnahmen eingeleitet werden, um ausgewählten Krankenhäusern eine „Möglichkeit zum Experimentieren" zu eröffnen. Dies sollte „ohne große Öffentlichkeit" geschehen, „um den Institutionen Gelegenheit zur Selbstreifung zu geben".[50] Die Ergebnisse des über zwei Jahre an zwölf evangelischen Krankenhäusern durchgeführten Pilotprojekts zur patientenbezogenen Gestaltung des Krankenhausbetriebs veröffentlichte der DEKV im Jahre 1981.[51] Diese Aktivitäten mündeten in einen breit angelegten *Leitbildprozeß*, der den DEKV bis heute beschäftigt.

6.3 Das „Grundrecht auf Gewissensfreiheit gegen jedermann verteidigen" – Der DEKV, das evangelische Krankenhaus und der § 218

Auf dem Hintergrund dieses stetig voranschreitenden Leitbildprozesses setzt sich der DEKV seit den 70er Jahren zunehmend mit Problemen der Medizinethik auseinander. Bis in die 60er Jahre hinein hatte man dies im wesentlichen für eine Sache der ärztlichen Berufsethik gehalten. Bezeichnend war, wie der DEKV noch im Jahre 1959 mit einer Anfrage von Prof. Rudolf Frey, dem Leiter der Anästhesie-Abteilung der Chirurgischen Universitätsklinik Heidelberg, umging. Frey stellte sechs Fragen zum Themenkomplex Analgesie und Reanimation, die auch Fragen der Todesdefinition und der passiven Sterbehilfe berührten. Der Geschäftsführer des DEKV, Dr. Joachim Fischer, leitete die Anfrage an 22 Experten weiter, ganz überwiegend Mediziner, die zumeist mit apodiktischen Urteilen aufwarteten. Es herrschte noch immer die Vorstellung vor, man könne auf die schwierigen ethischen Fragen, die durch die Fortschritte der Medizin aufgeworfen worden waren, gleichsam *ex cathedra* fertige, allgemeingültige Antworten geben.[52] Diese Vorstellung geriet jedoch in dem Maße ins Wanken, wie im Zuge der zunehmenden Kritik an der modernen Medizin die moralische

---

[49] Prot. der Vorstandssitzung am 20.7.1977, Archiv des DEKV, Akte „Vorstand/Protokolle 1951-81".
[50] Prot. der Gespräche zum Thema „Humanität im Krankenhaus" am 10.10.1977 bzw. 1.2.1978, Archiv des DEKV, Akte „Sachfragen Ethik/Humanität".
[51] DEKV, Humanität im Krankenhaus. Berichte und Vorschläge zur patientengerechten Gestaltung des Krankenhausbetriebes, Stuttgart 1981.
[52] Der Briefwechsel findet sich in ADW, DEKV 100.

Autorität der Mediziner allein kraft ihrer Profession in Frage gestellt wurde und die bis dahin als selbstverständlich geltenden moralischen Orientierungen in bezug auf die ersten und die letzten Dinge – Geburt und Tod, Leben, Leiden und Sterben – verlorengingen. Medizinethische Probleme wurden nicht mehr nur in Expertenzirkeln verhandelt, sondern wurden zum Gegenstand einer offenen Diskussion, in die sich alle gesellschaftlichen Kräfte einschalteten. Hier war auch der DEKV gefordert.

1973 sah sich der Vorstand erstmals gezwungen, öffentlich Stellung zu beziehen: Es ging um die Reform des § 218 und die Frage, wie sich die evangelischen Krankenhäuser zur *Fristenlösung* stellen sollten. Der Vorstand sah sich „nicht in der Lage, sich für oder gegen eine bestimmte Lösung einzusetzen und zu den theologischen und sozialethischen Aspekten der diskutierten Reform des § 218 StGB Stellung zu nehmen". Dieser defensiven Argumentation zum Trotz stärkte der Vorstand des DEKV den Kräften innerhalb der evangelischen Diakonie, die angekündigt hatten, die Beteiligung an Schwangerschaftsunterbrechungen im Falle der Einführung der Fristenlösung zu verweigern, den Rücken, indem er drei Punkte klar herausstrich: *Erstens* könne kein Träger gezwungen werden, in seinem Krankenhaus Abtreibungen vorzunehmen. *Zweitens* könne ein Krankenhausträger, der sich entschließe, Abtreibungen in seinem Haus nicht oder nur aus medizinischer Indikation durchführen zu lassen, von den im Haus tätigen Ärzten verlangen, sich an diese Grundsatzentscheidung zu halten. *Drittens* schließlich könne kein Arzt zur Vornahme von Abtreibungen und keine Schwester zur Mitwirkung bei Abtreibungen gezwungen werden, ganz gleich, welche Stellung der Krankenhausträger in dieser Frage beziehe. Sollte einem Krankenhausträger, einem Arzt oder einer Schwester aufgrund einer Gewissensentscheidung gegen die Schwangerschaftsunterbrechung Nachteile erwachsen, so werde man seitens des DEKV „dagegen ankämpfen".[53] Die Mitgliederversammlung des DEKV am 21. September 1973 machte sich diese Position zu eigen. Der Gesetzgeber müsse wissen, daß jede Reform des § 218, der über die medizinische Indikation hinausgehe, in den evangelischen Krankenhäusern „auf erhebliche Schwierigkeiten" stoßen werde. Schwangerschaftsunterbrechungen könnten im Krankenhaus nur dann durchgeführt werden, wenn Träger, Ärzte *und* Schwestern damit einverstanden seien. „In Ausübung ihrer Fürsorgepflicht werden die Krankenhausträger ihre Mitarbeiter gegen jeden Gewissenszwang in Schutz nehmen und ihr eigenes Grundrecht auf Gewissensfreiheit gegen jedermann verteidigen."[54]

---

53 Prot. der Vorstandssitzung am 5.6.1973, ADW, DEKV 69.
54 Beschluß der Mitgliederversammlung des DEKV zur Reform des § 218, 21.9.1973, ADW, DEKV 69.

Interessant sind die Ergebnisse einer repräsentativen Umfrage an 48 evangelischen Krankenhäusern über ihre Erfahrungen mit Schwangerschaftsabbrüchen, die 1977 vom Evangelischen Krankenhaus Bonn-Bad Godesberg initiiert wurde. Etwa ein Drittel der befragten Krankenhäuser führte nur Schwangerschaftsabbrüche aus *medizinischer* Indikation durch. Hier war kein Anstieg der Abtreibungsquote feststellbar, wohl aber bei den öffentlichen Krankenhäusern und den niedergelassenen Ärzten im Einzugsbereich dieser Häuser. Zwei Drittel der befragten evangelischen Krankenhäuser ließen auch die *soziale* Indikation gelten. Hier wurde ein erheblicher Anstieg der Abtreibungsquote festgestellt. In zehn der Krankenhäuser, die eine erweiterte Indikationsstellung zuließen, war es zu Konflikten mit Ärzten oder Schwestern gekommen.[55] Wenn das Ausmaß an Konflikten auch überrascht, so ist doch eine Tendenz zur Aufweichung der Abwehrfront gegen die Lockerung des § 218 unverkennbar.

6.4 „Jesus Christus gestern und heute"[56] – Die Krankenhausseelsorge vor neuen Herausforderungen

Um den christlichen Charakter des evangelischen Krankenhauses zu bewahren, hatte sich der DEKV von Anfang an um die Koordinierung und Intensivierung der Krankenhausseelsorge bemüht. Auf Initiative des DEKV war, wie bereits erwähnt, im Jahre 1928 die „Vereinigung der Krankenhausseelsorger" gegründet worden. Im „Dritten Reich" hatte der DEKV das seine dazu beigetragen, die Angriffe der braunen Machthaber auf die Krankenhausseelsorge abzuwehren. Nach dem Zweiten Weltkrieg drohten der Krankenhausseelsorge neue Gefahren aus einer ganz anderen Richtung: Die weiter rasch voranschreitende Entkirchlichung breiter Bevölkerungsschichten und die jetzt voll durchschlagenden Modernisierungstendenzen im Krankenhauswesen, die man mit den Stichworten Rationalisierung, Ökonomisierung, Technisierung und Professionalisierung umschreiben kann, stellten die Daseinsberechtigung der Seelsorge im modernen Krankenhaus zunehmend in Frage. Der DEKV stellte diesen Tendenzen sein Konzept des *patientengerechten Krankenhauses* entgegen, in dem die Seelsorge nach wie vor ihren festen Platz hatte.[57]

---

55 Ms., Erfahrungen mit dem Schwangerschaftsabbruch, von Chefarzt Prof. H. J. Prill am 5.1.1978 an das DW übersandt. Archiv des DEKV, Akte „§ 218, 1974–Juli 1988".
56 Hebräer 13, 8. Aus der vom DEKV konzipierten Spruchblattserie „Das heilende Wort", ADW, DEKV 95.
57 Vgl. z. B. H. Domrich, Krankenhausseelsorge aus dem ärztlichen Gesichtswinkel, in: Die evangelische Krankenpflege 7. 1958, S. 129-137; H. Hochstetter, Der Seelsorger und seine Krankenhausgemeinde, in: Die Innere Mission 48. 1958, S. 179-185.

6.4

Kritik kam aber auch aus einer ganz anderen Ecke: vom *Lukas-Orden*. Diese international tätige, ökumenisch ausgerichtete Gruppierung ging auf J. M. Hicks zurück, einen Laien aus der anglikanischen Kirche, dem angeblich eine besondere Gabe der Heilung gegeben war. Der deutsche Zweig des Lukas-Ordens wurde 1955 gegründet. Seine Leitung lag zunächst bei dem Berliner Arzt Dr. Klaus Thomas, ging dann aber auf den Herborner Pfarrer Wilhelm Frey über, der einen Hang zur Esoterik gehabt zu haben scheint. Vom 19.–25. Mai 1964 veranstaltete der Lukas-Orden in Tübingen eine Tagung mit dem Titel „Das heilende Handeln in der Mission der Kirche", bei der öffentlich behauptet wurde, auf dem Feld der Krankenhausseelsorge geschehe so gut wie nichts, insbesondere würden die heilenden Kräfte des Glaubens nicht genutzt. Pastor Dr. Ulrich von der Hauptgeschäftsstelle des DW, der auf Veranlassung des Präsidenten des DW, Theodor Schober, eine Stellungnahme zu diesen Vorwürfen verfaßte, wies die Kritik des Lukas-Ordens zwar zurück, riet aber doch dazu, sich intensiver mit Problemen der Krankenhausseelsorge zu befassen: „Erfahrungsgemäß werden Felder, die die Kirche leer stehen läßt, sehr schnell von anderen Geistern besetzt, und die Geschichte lehrt, daß säkularer Perfektionismus und schwärmerischer Enthusiasmus sich auf dem Gebiet von Krankheit und Gesundheit ganz besonders gern tummeln."[58] Der DEKV schloß sich der Stellungnahme Ulrichs an und warnte: „Der Lukas-Orden steht teilweise in der Gefahr der Schwärmerei. Seine Auffassung von der ‚Krankenheilung durch Glauben' zeigt hier auftretende Gefahren. Wir haben ernste Bedenken wegen der starken Verquickung des Lukas-Ordens mit andersartigen, nicht zur Sache gehörenden Bestrebungen durch den derzeitigen Leiter des Lukas-Ordens, Pfarrer Frey, Herborn."[59]

Die Auseinandersetzung mit der Kritik des Lukas-Ordens scheint den DEKV veranlaßt zu haben, sich wieder stärker auf dem Gebiet der Krankenhausseelsorge zu engagieren. Nach dem Zweiten Weltkrieg hatten sich die Krankenhausseelsorger zunächst unter dem Dach der Evangelischen Kirche in Deutschland gesammelt. Seit Beginn der 60er Jahre suchte der DEKV den engen Kontakt zu der „Konferenz der Leiter der landeskirchlichen Arbeitsgemeinschaften der Krankenhausseelsorger" („Frankfurter Konferenz").[60] Es wurde eine personelle Verflechtung hergestellt, die Konferenz der Leiter der landeskirchlichen Arbeitsgemeinschaften der Krankenhausseelsorger stand, wie es der Geschäftsführer des DEKV, Reinhard

---

[58] Dr. Ulrich, „Der Dienst der Kirche am kranken Menschen", Stellungnahme zu den Vorschlägen des Lukas-Ordens durch das DW, o. D., ADW, DEKV 44.
[59] Stellungnahme des DEKV zu den Vorschlägen des Lukas-Ordens „Das heilende Handeln in der Mission der Kirche", 16.12.65, ADW, DEKV 44.
[60] Anlage zum Prot. der Vorstandssitzung am 23.1.1963: Zusammenfassung des Vortrags von Kirchenrat Schian „Aufgaben eines DEKV", ADW, DEKV 3.

Theodor Scheffer, ausdrückte, „in einem gewissen Zuordnungsverhältnis" zum DEKV: Als Vertreter des DEKV nahm Superintendent Walter Schian an den Sitzungen der Frankfurter Konferenz teil; umgekehrt hatte der Leiter der Frankfurter Konferenz, Pfarrer Hans Jüngel, einen satzungsmäßig verankerten Sitz in der Delegiertenversammlung des DEKV und arbeitete auch in dem als *think tank* überaus wichtigen Fachausschuß für Grundsatzfragen evangelischer Krankenhausarbeit mit. 1966 erklärte Jüngel die Bereitschaft der Frankfurter Konferenz, korporatives Mitglied des DEKV zu werden, und im Gegenzug machte der DEKV durch die Satzungsänderung vom 11. Mai 1966 den Weg frei für den Beitritt der Frankfurter Konferenz. Irritationen zwischen den beiden Verbänden entstanden dadurch, daß die Frankfurter Konferenz zugleich ihre Absicht verkündete, sich vom Februar 1967 an als Fachvereinigung dem DW anzuschließen. Dies, so Scheffer, stehe „im Widerspruch zu den dem DEKV gegenüber abgegebenen Erklärungen" und liege auch nicht im Sinne des DW, dem an einer „Straffung und Konzentration im Gefüge der Fachverbände" gelegen sein müsse.[61] Scheffer vermochte sich mit dieser Ansicht jedoch nicht durchzusetzen. Sowohl Jüngel als auch Pastor Dr. Ulrich vom DW bekräftigten ihren Standpunkt, daß es nicht genüge, wenn die Frankfurter Konferenz durch den DEKV an das DW angeschlossen sei. Krankenhausseelsorger seien schließlich nicht nur in evangelischen, sondern auch in kommunalen und staatlichen Kliniken tätig: „Die Krankenhausseelsorge hat eigenständigen Charakter. Sie muß mit anderen Arbeitsgebieten der Seelsorge in direktem Kontakt stehen."[62] Jüngel und Ulrich konnten sich darauf berufen, daß der Präsident des DW, Dr. Theodor Schober, eine Mitgliedschaft der Frankfurter Konferenz geradezu empfohlen hatte. Damit waren die Würfel gefallen. Am 15./16. Februar 1968 beschloß die Frankfurter Konferenz, das DW um Aufnahme als vollberechtigter Fachverband zu bitten.[63]

Ungeachtet solcher Irritationen um die institutionelle Anbindung der Krankenhausseelsorge funktionierte die Zusammenarbeit zwischen dem DEKV und der Frankfurter Konferenz auch in der Folgezeit. Gemeinsam veranstalteten die beiden Verbände im Frühjahr 1968 eine Umfrage zum Stand der Krankenhausseelsorge in den evangelischen Krankenhäusern, die dem DEKV angeschlossen waren. 182 Krankenhäuser hatten die Fragebogen zurückgeschickt – dabei stellte sich heraus, daß in 28 evangelischen Krankenhäusern entweder kein Seelsorger tätig war oder die Krankenhausseelsorge von den Gemeindepfarrern nebenher ausgeübt wurde.[64] Im

---

61 Aktenvermerk Scheffer v. 17.1.1966 bzw. 18.7.1966 (Zitate), ADW, DEKV 95.
62 Aktennotiz Ulrich für Scheffer, 20.10.1966, ADW, DEKV 95.
63 Aktennotiz Ulrich für Schober, 20.2.1968, ADW, DEKV 95.
64 Walther an Schian, 9.10.1968, ADW, DEKV 95.

Arbeitsausschuß des DEKV gab der Verbandsvorsitzende, Pfarrer Helmut Hochstetter, seine Sorge um die Krankenhausseelsorge zu Protokoll. Um die durch die Umfrage offenbar gewordenen Lücken zu schließen, sollte darauf hingewirkt werden, daß jeder Theologiestudent ein Praktikum an einem evangelischen Krankenhaus absolvierte und daß geeignete Diakone in der Krankenhausseelsorge eingesetzt würden. Ein Modellversuch zur Ausbildung von Krankenhausseelsorgern sollte am Evangelischen St. Markus-Krankenhaus in Frankfurt gestartet werden – dort wirkte der neue Geschäftsführer der Frankfurter Konferenz, Pfarrer Hans Walther, der zu diesem Zweck das *Clinical Pastoral Training* in den USA studieren sollte.[65]

Als konkretes Beispiel für die Zusammenarbeit zwischen dem DEKV und der Frankfurter Konferenz sei die Spruchblattserie „Das heilende Wort" angeführt. Sie ging auf eine Anregung der Volksmissionarischen Abteilung des DW zurück. Die Geschäftsstelle des DEKV erstellte eine Vorlage, die zunächst im Arbeitsausschuß geprüft wurde. Bei den Krankenhausseelsorgern fand die Vorlage jedoch „sehr zurückhaltende Aufnahme, einfach deshalb, weil die Krankenhausseelsorger bereits mit derartigem Material versehen sind und an den kommunalen Krankenhäusern gewisse Schwierigkeiten bestehen, diese Spruchblattserie in Aushang zu bringen." So stellte es der Geschäftsführer des DEKV, Scheffer, dar. Die Zurückhaltung der Krankenhausseelsorger dürfte aber auch darauf zurückzuführen sein, daß die Vorlage am grünen Tisch entworfen worden war, ohne die praktischen Erfahrungen der Krankenhausseelsorger zu berücksichtigen. Pfarrer Hans Jüngel merkte kritisch an,

> „daß ich für die weltlichen Krankenhäuser Bibelworte nicht für sehr günstig halte. Sie sprechen den Menschen meist als Christen an, die viele doch nicht mehr sein wollen. ‚Der Herr ist mein Hirte': ganz abgesehen von der Abgegriffenheit dieses Wortes sagen viele: für mich ist er kein Hirte. Manche Plakate setzen ein Beten voraus, viele aber wollen und können nicht mehr beten. Alle Sprüche, die das Wort Tod enthalten, müssen unterbleiben, weil gerade abergläubische Patienten bei der Einlieferung ins Krankenhaus durch einen solchen Spruch schockiert werden."[66]

Auf Vorschlag Jüngels wurde eine ganze Reihe von Bibelversen als nicht mehr zeitgemäß aus der Vorlage gestrichen.[67] Freilich wurden nicht alle Streichungsvorschläge beachtet. Eine allzu stromlinienförmige Anpassung der Verkündigung an den Zeitgeist widerstrebte dem DEKV.

---

[65] Auszug aus dem Prot. der Arbeitsausschußsitzung am 26.6.1968, ADW, DEKV 95.
[66] Jüngel an Scheffer, 16.7.1966, ADW, DEKV 95.
[67] Diakon Walter Meng an Dreßler/Wort im Bild, 5.9.1966, ADW, DEKV 95. Gestrichen wurde z. B. Römer 14, 8: „Denn wenn wir leben, leben wir für den Herrn; und wenn wir sterben, sterben wir für den Herrn. Mögen wir also leben oder sterben, wir gehören dem Herrn." Die Spruchblattserie findet sich in ADW, DEKV 95.

6.5 Die Weiterentwicklung der Krankenhausfürsorge

Richard Cabot hatte die Arbeit der Krankenhausfürsorgerin als den „dritten Dienst" im Krankenhaus bezeichnet. Aus evangelischer Sicht, so der Geschäftsführer des DEKV, Fischer, im Jahre 1959, übe die Fürsorgerin – nach dem Arzt, den Schwestern und dem Seelsorger – den „vierten Dienst"[68] aus. Der DEKV hatte sich, wie erwähnt, seit seiner Gründung im Jahre 1926 intensiv mit diesem vierten Dienst befaßt. In der Nachkriegszeit war das Interesse der evangelischen Krankenhäuser am sozialen Fürsorgedienst jedoch gering. Die „Deutsche Vereinigung für den Sozialdienst im Krankenhaus" beklagte sich deswegen Ende der 50er Jahre bei der DKG.[69] Der Vorstand des DEKV beschloß daher, dieses Thema wieder aufzugreifen. 1958 wandte sich Marie v. Meyeren von der Hauptgeschäftsstelle des DW mit einer Umfrage an 240 evangelische Krankenhäuser, Kliniken und Heilstätten. Die Umfrage zeige, so resümierte sie, „daß unsere evangelischen Häuser der so wichtigen Arbeit der Krankenhausfürsorgerin noch viel zu wenig Beachtung schenken". Von 240 angeschriebenen Krankenhäusern im Bundesgebiet (ohne Berlin) hatten 175 geantwortet.

– Dabei waren 70 Fehlmeldungen eingegangen, darunter von so großen Einrichtungen wie den v. Bodelschwinghschen Anstalten in Bethel oder den Rotenburger Anstalten.

– In 48 evangelischen Krankenhäusern – auch in sehr großen wie dem Henriettenstiftung und dem Annastift in Hannover, der Diakonissenanstalt Bremen oder dem Evangelischen Krankenhaus Mülheim/Ruhr – arbeiteten *städtische* Fürsorgerinnen. In Hamburg wurden acht von 13, in Frankfurt/Main alle sechs evangelischen Krankenhäuser von städtischen Fürsorgerinnen mit betreut.

– In 23 evangelischen Krankenhäusern wurde die Krankenhausfürsorge von Fürsorgerinnen der Gemeindedienste der Inneren Mission oder Gemeindeschwestern und -helferinnen der evangelischen Kirchengemeinden ausgeübt. Größere Gemeindedienste der Inneren Mission, besonders im Rheinland und Westfalen, in Stuttgart und Braunschweig, hatten eine oder mehrere Fürsorgerinnen für den Krankenhausdienst abgestellt, die auch die evangelischen Patienten in den städtischen und katholischen Krankenhäusern mit betreuten. Einige kleinere ländliche Häuser berichteten, daß sie den zuständigen Gemeindepfarrer von der Aufnahme eines Gemeindegliedes benachrichtigten, der sich dann gemeinsam mit den Gemeindeschwestern und der evangelischen Frauenhilfe um die Kranken

---

68 M. v. Meyeren, Bericht betr. Tagung über Fragen des Fürsorgedienstes in evangelischen Krankenhäusern [...] am 24.9.1959, ADW, DEKV 94.
69 Exposé zur Frage der Krankenhausfürsorge, ADW, DEKV 94.

kümmerte. Dies sei, so v. Meyeren, eine „gute Lösung, vorausgesetzt, daß die Betreuerinnen nicht zu sehr mit anderer Arbeit belastet sind".

– In 30 evangelischen Krankenhäusern wurde die Fürsorge von anderen Kräften aus dem Haus mit erledigt, häufig von den leitenden Schwestern, von denen mehrere eine Fürsorgerinnenausbildung hatten. Für kleinere und mittlere Häuser sei das eine gute Lösung, „aber bei einem Haus von 320 Betten erscheint die Oberin hier doch überfordert". In einigen Krankenhäusern waren auch die Verwaltung oder die Aufnahme für den sozialen Fürsorgedienst zuständig. „Problematisch wird es aber, wenn die ‚Abrechnung' oder die ‚Pflegegeldabteilung' genannt und als Ausbildung ‚Buchhalterin' oder ‚Kassenleiterin' angegeben werden. [...] Auch der Anstaltspfarrer dürfte für die menschlich-fürsorgerischen wie technischen Aufgaben der Krankenhausfürsorge nicht genügend Zeit haben, wie überhaupt die Krankenhausfürsorge in den meisten Fällen besser von einer Frau ausgeübt wird, da viele, besonders weibliche Patienten, ihr lieber manche Nöte anvertrauen als einem Mann."

– Ganze vier evangelische Krankenhäuser hatten zu diesem Zeitpunkt bereits eine hauptamtliche Kraft für die Krankenhausfürsorge angestellt: Nur das Hessische Siechenhaus in Hofgeismar hatte eine eigene staatlich geprüfte Fürsorgerin. Im Evangelischen Krankenhaus in Göttingen/Weende und im Evangelischen Krankenhaus Oberhausen war je eine Diakonisse für die Krankenhausfürsorge abgestellt, beide allerdings ohne Fürsorgerinnenausbildung. In den Diakonieanstalten Neuendettelsau waren mehrere Personen für Seelsorge, Wirtschaftsbetreuung und Sozialfürsorge eingesetzt, die auch das Krankenhaus mit versorgten.[70]

Um den sozialen Fürsorgedienst im evangelischen Krankenhauswesen fester zu verankern, lud der DEKV 32 Anstalts- und Verwaltungsleiter, leitende Schwestern, Fürsorgerinnen und Schwestern im Fürsorgedienst, Seelsorger sowie den Leiter eines evangelischen Gemeindedienstes am 24. September 1959 in die Anstalt Hephata bei Treysa ein.[71] Es wurde beschlossen, einen eigenen Arbeitskreis einzusetzen, der neue Richtlinien für den Dienst kirchlicher Krankenhausfürsorgerinnen erarbeiten sollte, nachdem die alten, aus dem Jahre 1927 stammenden Richtlinien des DEKV

---

[70] Günstiger lagen die Dinge in West-Berlin. Hier hatten sich elf von 18 evangelischen Krankenhäusern an der Umfrage beteiligt. Davon hatten drei – das Martin-Luther-Krankenhaus in Grunewald, das Waldkrankenhaus in Spandau und die Waldhaus-Nervenklinik in Nikolassee – eine staatlich geprüfte Fürsorgerin eingestellt. M. v. Meyeren, Die Tätigkeit der Krankenhausfürsorgerin in unseren evangelischen Krankenhäusern, 4.12.1958, ADW, DEKV 94.

[71] M. v. Meyeren, Bericht betr. Tagung über Fragen des Fürsorgedienstes in evangelischen Krankenhäusern [...] am 24.9.1959, ADW, DEKV 94.

längst überholt waren.⁷² Der Arbeitskreis diskutierte ferner Fragen der Aus- und Fortbildung der Fürsorgerinnen, der Abgrenzung zwischen allgemeiner und kirchlicher Krankenhausfürsorge sowie zwischen Krankenhausfürsorge und Krankenhausseelsorge.⁷³

Eine erneute Umfrage im Jahre 1966 zeigte, daß der soziale Fürsorgedienst in den evangelischen Krankenhäusern in der Zwischenzeit erheblich ausgebaut worden war: Von 284 angeschriebenen Krankenhäusern hatten 163 geantwortet. 115 dieser Krankenhäuser gaben an, daß sie einen Sozialdienst eingerichtet hatten. Insgesamt waren 137 Fürsorgerinnen tätig, davon 24 hauptamtlich, 38 nebenamtlich und 75 im Auftrag evangelischer Gemeindedienste oder städtischer Sozialämter.⁷⁴

Am 11. Mai 1966 verabschiedete der Vorstand des DEKV „Richtlinien für den Sozialdienst (Fürsorgedienst) in evangelischen Krankenhäusern". Mit den Richtlinien legte sich der DEKV dezidiert auf eine *Professionalisierung* des fürsorgerischen Dienstes im evangelischen Krankenhaus fest: Die Krankenhausfürsorge sollte entweder „durch ausgebildete Fürsorgerinnen (Sozialarbeiterinnen) mit einem Zusatzpraktikum bei erfahrenen Fürsorgerinnen im Krankenhausdienst" oder aber „durch Schwestern mit einer fürsorgerischen Gesamtausbildung, durch Besuch einer Höheren Fachschule für Sozialarbeit" geschehen. Großen Krankenhäusern wurde empfohlen, eine hauptamtliche Kraft einzustellen, kleinere Häuser sollten mit den evangelischen Gemeindediensten oder – in den Stadtstaaten – mit den evangelischen Bezirksfürsorgestellen zusammenarbeiten, die in regelmäßigen Abständen oder auf Anforderung eine Fürsorgerin in das Krankenhaus schicken sollten.⁷⁵ Es lag ganz auf der Linie dieses Professionalisierungskurses, daß der DEKV im Jahre 1968 der Deutschen Vereinigung für den Sozialdienst im Krankenhaus korporativ beitrat.

---

72 1938 hatten der Gutachterausschuß für das öffentliche Krankenhauswesen und der Reichsverband der freien gemeinnützigen Kranken- und Pflegeanstalten Deutschlands unter Mitarbeit der Deutschen Vereinigung für den Fürsorgedienst im Krankenhaus Richtlinien veröffentlicht. 1956 hatte die Vereinigung für den Fürsorgedienst im Krankenhaus sodann eigene Richtlinien herausgegeben.
73 Prot. einer Besprechung des Arbeitskreises „Evangelische Krankenhausfürsorge" am 16.12.1960, ADW, DEKV 94. Vgl. J. Fischer, Soziale Krankenhausfürsorge unter besonderer Berücksichtigung der Zusammenarbeit im evangelischen Krankenhaus, in: Die evangelische Krankenpflege 10. 1960, S. 97–103; K. v. Eickstedt, Leibsorge – Seelsorge – Fürsorge im Krankenhaus, in: Die evangelische Krankenpflege 12. 1962, S. 29–42.
74 Prot. der Sitzung des Fachausschusses für Grundsatzfragen evangelischer Krankenhausarbeit am 19.4.1966, ADW, DEKV 46.
75 Richtlinien für den Sozialdienst (Fürsorgedienst) in evangelischen Krankenhäusern, 11.5.1966, ADW, DEKV 86. Vgl. R. T. Scheffer, Der Sozialdienst in den evangelischen Krankenhäusern, in: Die evangelische Krankenpflege 17. 1967, S. 30–35.

6.5

Die Richtlinien von 1966 entwarfen ein weites Tätigkeitsspektrum. Die Krankenhausfürsorgerin war u. a. zuständig für

- Vermittlung von Erholungs-, Kur- und Heilstätten-Aufenthalt,
- Vermittlung von Hauspflege und Pflegezulage,
- Unterbringung in einem Hospital,
- Erledigung von privatem Schriftwechsel und solchem mit Behörden, auch mit
    Versicherungsträgern,
    Rentenanträge,
    Anträge auf Mietbeihilfen,
    Hilflosengeldanträge,
    Anträge auf Schwerbeschädigtenausweis für Amputierte,
    Anträge an die Berufsgenossenschaft bei Berufs- und Arbeitsunfällen,
    Anmeldung von Schadensersatzanforderungen,
    Verständigung der Angehörigen und des Dienstgebers bei unvermittelter
    Krankenhausaufnahme,
- Beschaffung von persönlichen Gebrauchsgegenständen,
- berufliche Weiterhilfe,
- Ordnung des Nachlasses, Korrespondenz mit dem Amtsgericht, Nachlaßpfleger, auch mit den Angehörigen,
- Anträge auf Amtsvormundschaft für uneheliche Kinder,
- Anträge auf Unterbringung von Kindern in geeigneten Pflegestellen durch das Jugendamt.

Wie die Tätigkeit einer Krankenhausfürsorgerin in der Praxis aussah, zeigt der Jahresbericht 1968 der Fürsorgerin im Diakonissenkrankenhaus Karlsruhe-Rüppurr. Die Fürsorgerin Egge hatte in diesem Jahr etwa 350 Patienten intensiv betreut, 700 Krankenbesuche und 250 Besuche in Heimen, bei Behörden und Versicherungen gemacht sowie mit 480 Sprechstundenbesuchern gesprochen. In 45 Fällen hatte sie bei Heimunterbringungen mitgewirkt, in neun Fällen eine Hauspflegerin vermittelt. Weiter hatte sie 24 Kuren eingeleitet, fünf Rentenanträge, 25 Anträge an das Sozialamt und fünf Anträge auf Einrichtung einer Pflegschaft an das Amtsgericht gestellt sowie die Geburt von 25 unehelichen Kindern beim Jugendamt gemeldet. Schließlich hatte sie zehn Fälle versuchten Suizids betreut. Stichwortartig schilderte Frau Egge mehrere Einzelfälle:

"Frl. B. 87 Jahre

Pat. alleinstehend, in völlig verwahrlostem Zustand eingeliefert,
– Abbauerscheinungen –
Sozialamt ersuchte mich, Pat. zur Heimunterbringung zu bewegen, was in Zusammenarbeit mit Arzt erreicht wurde. Entfernte Verwandte ermittelt, mit dieser die Wohnung geräumt, dabei festgestellt, daß die Frau völlig mittellos und die Wohnung verwahrlost und dadurch menschenunwürdig und in gesundheitspolizeilicher Hinsicht unverantwortlich war. Heimplatz vermittelt. Antrag ans Sozialamt zwecks Übernahme der Heimkosten und Bekleidungsausstattung gestellt.

Kleidereinkauf getätigt, teilweise aus Spendenlager des Evangelischen Gemeindedienstes beschafft.

Durch diese intensive Arbeit ergab sich, daß ich dieser alleinstehenden Patientin zur Beziehungsperson wurde, was eine Betreuung im Anschluß an die Heimunterbringung erforderlich machte. Nachdem sich die einzige entfernte Verwandte auch nicht mehr um die alte Frau kümmert, erscheint eine lose Betreuung erforderlich und vertretbar."[76]

Dieser Fall verdeutlicht, daß der soziale Fürsorgedienst ein wichtiger Baustein im Konzept des *patientengerechten Krankenhauses* ist, das der DEKV zur Schärfung des diakonischen Profils des evangelischen Krankenhauses entwickelt hat. Seit drei Jahrzehnten wird die soziale Krankenhausfürsorge zudem ergänzt durch das ehrenamtliche Element der „Grünen Damen", deren erste Gruppe im Jahre 1969 im Evangelischen Krankenhaus Düsseldorf aktiv wurde. Durch die „Evangelische Krankenhaus-Hilfe" sollte das evangelische Krankenhaus „in die Mitverantwortung der Gemeinde zurückgeführt werden. Es soll heraus aus der Anonymität des Großstadtkrankenhauses und wieder in Verbindung zu den Gemeindegliedern gebracht werden."[77] Der DEKV hat die Arbeit der „Grünen Damen und Herren" von Anfang an begleitet und unterstützt.

6.6 „Frontdienst der Liebe"[78] – Der DEKV und die Krankenpflegeausbildung

Bis zum Beginn des 20. Jahrhunderts hatte es in Deutschland auf dem Gebiet der Krankenpflegeausbildung keinerlei gesetzliche Regelungen gegeben. Erst im Jahre 1907 erließen die Einzelstaaten des Deutschen Reiches aufgrund eines Bundesratsbeschlusses je eigene Vorschriften über die staatliche Prüfung von Krankenpflegepersonal mit fakultativem Charakter. Eine *reichseinheitliche* Regelung erfolgte erst durch das im Jahre 1938 erlassene „Gesetz zur Ordnung der Krankenpflege" und die nachfolgende Krankenpflegeverordnung. Danach durfte als Krankenschwester oder -pfleger nur noch tätig sein, wer eine zweijährige Krankenpflegeausbildung durchlaufen, ein Krankenpflegepflichtjahr abgeleistet und die staatliche Krankenpflegeprüfung abgelegt hatte. Diese gesetzliche Regelung sollte am 1. Oktober 1939 in Kraft treten, wurde jedoch nach Ausbruch des Zweiten Weltkrieges bis auf weiteres ausgesetzt. Nach dem Krieg setzten manche

---

[76] Krankenhausfürsorgerin Egge, Jahresbericht 1968, 16.1.1969, ADW, DEKV 94.
[77] Brigitte Schröder, Was ist eigentlich die „Evangelische Krankenhaus-Hilfe"?, Ms. o.D. (1971), Vorlage für den Vorstand des DEKV, Archiv des DEKV, Akte „Vorstand 1970-74". Vgl. 30 Jahre Evangelische Krankenhaus-Hilfe, Bonn 1999, S. 124 f.
[78] Leitsätze „Kirche und Krankenhaus", ADW, DEKV 38.

Bundesländer die Ausbildungsbestimmungen von 1938 um, andere nicht.[79] Eine *bundeseinheitliche* Regelung der Krankenpflegeausbildung ließ, obwohl vom ersten wie vom zweiten Bundestag gefordert, bis 1957 auf sich warten. Der im Bundesinnenministerium ausgearbeitete Gesetzentwurf machte die Zulassung zur Krankenpflegeschule von der Vollendung des 18. Lebensjahres, von einem Volksschulabschluß oder einer gleichwertigen Schulbildung, körperlicher Eignung, gutem Leumund und einer einjährigen hauswirtschaftlichen Tätigkeit abhängig. Die freien Schwesternverbände unter dem Dach der „Deutschen Schwesterngemeinschaft" plädierten dafür, „die Anforderungen an die Schulbildung höher zu schrauben". Auch forderten sie, die Ausbildungsdauer auf drei Jahre zu verlängern – was bis dahin nur in Schleswig-Holstein geschehen war – und die Ausbildungsstandards zu erhöhen, um den Schwesternberuf sozial aufzuwerten. „Eine solche Entwicklung", so stellte der Geschäftsführer des DEKV, Dr. Renatus Kayser, in einem internen Papier fest, „erscheint den großen konfessionellen Krankenpflegeverbänden bedenklich. Im Raum der Inneren Mission möchten wir betonen, daß uns an der Wiederherstellung des pflegerischen Grundideals des Schwesternberufs mehr gelegen ist als an der Bildung eines sogenannten gehobenen halbakademisch gebildeten Schwesternstandes."[80]

In den Akten findet sich kein Hinweis, daß sich der DEKV aktiv in die kontroversen Debatten einschaltete, die im Vorfeld des Krankenpflegegesetzes vom 15. Juli 1957 stattfanden. Das war auch gar nicht nötig, da die Vorstellungen der freiberuflichen Schwesternverbände ohnehin weitgehend unberücksichtigt blieben: Das neue Gesetz beließ es beim Volksschulabschluß als Zugangsvoraussetzung zur Krankenpflegeschule; auch die zweijährige Ausbildungsdauer wurde beibehalten, lediglich ein drittes Jahr als Ausbildungspraktikum angehängt; allerdings wurde das Ausbildungsniveau deutlich angehoben, die Zahl der theoretischen Unterrichtsstunden auf 400 aufgestockt.

Das Krankenpflegegesetz von 1957 erwies sich aber schon bald als unzulänglich. Mit Blick auf den sich zuspitzenden Mangel an Krankenpflegepersonal wurde seit 1963 über eine Novellierung debattiert. Neben der Verbesserung der Ausbildung ging es vor allem um die Schaffung eines selbständigen Pflege*hilfe*berufs, um die Krankenschwestern zu entlasten. Der DEKV hielt sich in der Debatte noch immer zurück: Zwar machte der

---

79 Aktennotiz betr. gesetzliche Regelung des Krankenpflegeberufs, o.D., ADW, DEKV 8. Allg.: E. Seidler, Geschichte der Medizin und der Krankenpflege, Stuttgart 1993, 6. Aufl., bes. S. 245-249; U. Möller u. U. Hesselbarth, Die geschichtliche Entwicklung der Krankenpflege. Hintergründe, Analysen, Perspektiven, Hagen 1994, bes. S. 166 ff.
80 R. Kayser, Die Bedeutung der neuen Gesetzgebung auf dem Gebiet der Gesundheitsfürsorge für die Einrichtungen der Inneren Mission, Ms. o.D., ADW, DEKV 16.

Geschäftsführer des DEKV, Dr. Reinhard Theodor Scheffer, in einem internen Positionspapier Bedenken gegen die Einbeziehung der Ausbildung zur Pflegehelferin in das Krankenpflegegesetz geltend.[81] Letztlich schwenkte der DEKV aber ganz auf die Linie der DKG ein, die den Beruf der Pflegehelferin im neuen Gesetz verankern und die Anforderungen an die schulische Vorbildung und Ausbildung der Krankenpflegeschülerinnen erhöhen wollte. Dieser Schulterschluß hing nicht zuletzt damit zusammen, daß Rechtsanwalt Wolf Eichholz, der als Vorsitzender des Personalausschusses der DKG mit Fragen der Novellierung des Krankenpflegegesetzes befaßt war, auch im Vorstand des DEKV saß.[82]

Im neuen Krankenpflegegesetz vom 20. September 1965 war allen Forderungen der DKG Rechnung getragen worden: Die Krankenpflegehilfeausbildung war mit einbezogen, der Realschulabschluß – trotz mancher Ausnahmeregelungen – als Zugangsvoraussetzung zur Krankenpflegeausbildung festgeschrieben, die Ausbildungsdauer auf drei Jahre verlängert, die Zahl der theoretischen Unterrichtsstunden auf 1.200 angehoben worden. Zugleich ermöglichte das Gesetz in Ausnahmefällen die Aufnahme von 17jährigen Mädchen und Jungen in die Krankenpflegeschulen.

Bis 1972 wurde das Gesetz mehrfach geändert. Dabei ging es vor allem um die weitere Herabsetzung des Mindestalters für die Aufnahme in eine Krankenpflegeschule und um die Verlängerung der Übergangsfristen hinsichtlich der schulischen Vorbildung. Bei den Beratungen zu dem Entwurf des 2. Gesetzes zur Änderung des Krankenpflegegesetzes im Jahre 1968 tat sich besonders die „Arbeitsgemeinschaft Deutscher Schwesternverbände" (ADS) hervor, der alle Mutterhausverbände, der Zehlendorfer Verband, die Vereinigung freiberuflicher evangelischer Schwesternverbände, aber auch die Verbände der freien katholischen Schwestern angehörten. Die unter dem Dach der ADS versammelten konfessionellen Schwesternverbände standen in scharfer Frontstellung zu den freien Schwesternverbänden wie dem Agnes-Karll-Verband und dem Verband freier Schwestern in der Gewerkschaft ÖTV, die sich zur „Deutschen Schwesterngemeinschaft" zusammengefunden hatten. Die spannungsreiche Zusammenarbeit zwischen den beiden Dachverbänden war 1957 beendet worden. In den Debatten um die Krankenpflegeausbildung vertraten sie manchmal diametral entgegengesetzte Standpunkte.

Bei der Anhörung vor dem Bundestagsausschuß für Gesundheitswesen am 28. März 1968 machte die Vorsitzende der ADS, Generaloberin Ilse

---

81 Scheffer wandte sich auch gegen die geplante Ausdehnung des Krankenpflegegesetzes auf die Ausbildung von Schwestern und Pflegern im Bereich der Psychiatrie und Neurologie. Aktennotiz Scheffer, 10.2.1964, ADW, DEKV 49.
82 Prot. der Vorstandssitzung der DKG am 2.7.1965, ADW, DEKV 48.

v. Troschke vom Deutschen Roten Kreuz, die Position ihres Verbandes deutlich: Die ADS befürwortete die Verlängerung der Übergangsfristen, da sonst zu befürchten sei, daß sich die Zahl der Schwestern weiter verringern werde. Schon jetzt, so Troschke, fehlten 25.000 bis 30.000 Schwestern, Anfang der 70er Jahre würden viele der älteren Schwestern in Rente gehen, viele ausländische Schwestern in ihre Heimat zurückkehren. Durch eine gezielte Förderung der Pflegevorschulen sollte auch weiterhin einer größeren Zahl von Volksschülerinnen die Möglichkeit eröffnet werden, eine Krankenpflegeausbildung aufzunehmen. Vehement sprach sich Troschke jedoch gegen die generelle Herabsetzung des Eintrittsalters auf 17 Jahre aus, die „im Hinblick auf die großen seelischen Belastungen, denen zwangsläufig auch die jüngste Schwesternschülerin ausgesetzt ist, nicht zu verantworten"[83] sei. Hier entstand ein Dissens zwischen ADS und DKG. Deren Vertreter, Dr. Rudolf Bernhardt, vertrat bei der Anhörung die genaue Gegenposition und sprach sich *gegen* die Verlängerung der Übergangsregelung aus, da sie eine Anhebung der Vorbildung der Krankenpflegeschülerinnen über das Volksschulniveau hinaus auf längere Zeit verhindere. Dies sei aber anzustreben, um Realschulabsolventinnen in größerer Zahl zu gewinnen. Weiter sprach sich Bernhardt *für* eine generelle Festlegung des Eintrittsalters auf 17 Jahre ohne jede weitere Ausnahmeregelung aus.[84] Für den DEKV stellte der Geschäftsführer Gottfried Thermann interne Nachforschungen darüber an, welche Ursachen der hartnäckige Widerstand der evangelischen Schwesternschaften gegen die Herabsetzung des Mindestalters hatte. Von Marie v. Meyeren erhielt er die Auskunft, „daß die jetzt angemeldeten Einwendungen weniger aus sachlichen Gründen als aus dem Empfinden kämen, die Schwesternschaften seien nicht in der gebührenden Weise gehört worden".[85] Trotz des zähen Widerstandes der Schwesternschaften setzte das 2. Änderungsgesetz, das am 3. September 1968 verabschiedet wurde, die Altersgrenze, wie im Entwurf vorgesehen, auf 17 Jahre herab.

Damit war der Streit aber noch nicht ausgestanden. Ein Jahr später erwog die Bundesregierung, das Mindestalter für die Aufnahme in eine Krankenpflegeschule von 17 auf 16 Jahre weiter abzusenken, damit Realschulabsolventinnen sofort mit der Krankenpflegeausbildung beginnen konnten und nicht – wie bis dahin oft geschehen – auf andere Berufsfelder

---

83 Stellungnahme der ADS zu dem Entwurf eines 2. Gesetzes zur Änderung des Krankenpflegegesetzes vor dem Ausschuß für Gesundheitswesen des Bundestages am 28.3.1968 durch Generaloberin v. Troschke, ADW, DEKV 58.
84 Stellungnahme der DKG zu dem Entwurf eines 2. Gesetzes zur Änderung des Krankenpflegegesetzes vor dem Ausschuß für Gesundheitswesen des Bundestages am 28.3.1968 durch Dr. Bernhardt, ADW, DEKV 58.
85 Aktennotiz Thermann, 16.1.1969, ADW, DEKV 58.

abwanderten. Auf diese Weise wollte der Gesetzgeber dem „Pflegenotstand" entgegenwirken. Die evangelischen Schwesternverbände, die noch immer verärgert waren, daß sie bei den Beratungen um das 2. Änderungsgesetz übergangen worden waren, machten nun mobil, zumal „man den Eindruck haben muß, daß auch diesmal wieder die Sache hintenrum und nur mit der Deutschen Schwesterngemeinschaft ausgebrütet wird".[86] Nun entstand freilich ein Dissens im eigenen Lager. Die evangelischen Schwesternverbände – wie auch die evangelischen Pflegevorschulen – waren *gegen* die Herabsetzung der Altersgrenze, die Wirtschaftsleiter der evangelischen Krankenhäuser *dafür*.[87] Diesmal bezog der DEKV eindeutig Stellung. In einem Schreiben an Bundesministerin Käthe Strobel unterstützte er die Position der ADS, die Mitgliederversammlung des DEKV am 11. Juni 1970 nahm eine Entschließung an, die scharfe Kritik an dem Entwurf des 3. Gesetzes zur Änderung des Krankenpflegegesetzes übte.[88]

In einer ausführlichen Stellungnahme formulierte der Vorstand am 8. Oktober 1970 die Position des DEKV: Das Problem des Personalmangels habe nicht nur eine *quantitative*, sondern auch eine *qualitative* Dimension, in den Krankenhäusern würden in nächster Zeit vorwiegend Krankenschwestern und -pfleger benötigt, die zur selbständigen Führung von Stationen und zur Anleitung und Überwachung von Hilfspersonal fähig seien. Auf längere Sicht sei deshalb das Abitur I (Fachhochschulreife) als Zugangsvoraussetzung zur Krankenpflegeschule anzustreben. Senke man die Altersgrenze auf 16 Jahre, verbaue man dieses Rekrutierungsfeld der Zukunft, da das Abitur I nicht vor der Vollendung des 17. Lebensjahres erreicht werden könne. Als Übergangslösung bis zur Verwirklichung des Bildungsplans des Wissenschaftsrates schlug der DEKV die Einführung eines *sozialen Fachschuljahres* für alle Heilhilfs- und Sozialberufe, das zwischen den Abschluß der Realschule und die Aufnahme in die Krankenpflegeschule eingeschoben werden sollte. Mit diesem Vorschlag verfolgte der DEKV eine Doppelstrategie: Zum einen sollten die Zugangsvoraussetzungen zur Krankenpflegeschule mittelfristig verschärft werden. Zum anderen wollte man die Krankenpflegeausbildung von der Vermittlung von Allgemein- und Grundwissen entlasten. Um kurzfristig zusätzliche Krankenschwestern und -pfleger zu gewinnen, empfahl der DEKV die Wiedereingliederung von Frauen in der dritten Lebensphase und die Umschulung von Männern „aus Berufen, in denen die Berufschancen durch Automatisierung [...] geringer werden".[89]

---

86 Aktennotiz Mechthild Vieweg für Dr. Müller-Schöll, 22.9.1969, ADW, DEKV 18.
87 Aktennotiz Güldenpfennig für Dr. Schober, 1.6.1970, ADW, DEKV 18.
88 DEKV an Vorstandsmitglieder, 3.6.1970; Entschließung der Mitgliederversammlung am 11.6.1970, ADW, DEKV 18.
89 Stellungnahme des Vorstandes des DEKV zum Entwurf eines 3. Gesetzes zur Änderung des Krankenpflegegesetzes, 8.10.1970, ADW, DEKV 48.

Tatsächlich wurde die Herabsetzung der Altersgrenze verhindert. Die Kontroversen gingen jedoch weiter: Da die Bundesregierung im Jahre 1972 das seit 1967 geltende „Europäische Übereinkommen über die theoretische und praktische Ausbildung von Krankenschwestern und Krankenpflegern" unterzeichnete, wurde eine Anpassung des deutschen Krankenpflegegesetzes an die europäischen Standards notwendig. Im August 1974 legte die Bundesregierung den Entwurf eines „Gesetzes über nichtärztliche Heilberufe in der Geburtshilfe und in der Krankenpflege" vor, der auf seiten der Diakonie und der Caritas höchste Alarmbereitschaft auslöste. Der springende Punkt war, daß der Entwurf eine geschlossene dreijährige Ausbildung an einer *Berufsfachschule* vorsah. Es bahnte sich eine Auslagerung der Krankenpflegeausbildung aus den Krankenhäusern an – für die konfessionellen Krankenhäuser bedeutete dies, daß die diakonische oder caritative Ausrichtung der Ausbildung verlorenzugehen drohte. Der Präsident des DW, Theodor Schober, bat die stellvertretende Vorsitzende des DEKV, Oberin Annemarie Klütz vom Evangelischen Diakonieverein Zehlendorf, zur Vorbereitung eines Hearings im Bundesministerium für Jugend, Familie und Gesundheit am 18./19. November 1974, bei dem der Deutsche Caritasverband und das DW ihre Stellungnahme zu dem Gesetzentwurf abgeben sollten, ein Memorandum zu verfassen.[90] Dieses Papier umreißt viel schärfer als die späteren offiziellen Stellungnahmen die grundsätzliche Haltung des DW und auch des DEKV zur Frage der Krankenpflegeausbildung und gibt den künftigen Kurs vor:

> „Der vorliegende Gesetzesentwurf wird nicht die angestrebte qualitative Verbesserung der Krankenpflege erbringen. Seine Realisierung würde u. E. im Gegenteil einen Einschnitt bedeuten, der die geschichtliche Entwicklung der Krankenpflege in Deutschland abschneidet, die es für jeden – aus welchem Stand er auch kam – als ehrenwert erachtete, aus diakonisch-caritativer oder humanistischer Motivation den Leidenden persönlich zu helfen und sich dafür entsprechend ausbilden zu lassen. Die Vertiefung der Zweiteilung der Krankenpflegetätigkeit in ‚gehobene' Krankenpflege auf Berufsfachschulebene und ‚niedrigere' Krankenpflegehilfe im Lehrverhältnis ändert dies. Es ist insgesamt eine Qualitätsminderung zu erwarten. Diakonie und Caritas würden aber durch dieses Gesetz in besonderer Weise betroffen. [...]
> 1. These: Eine dreijährige Berufsfachschulausbildung stellt eine völlige Verschulung dar – mit allen sich daraus ergebenden Folgen.
> Von unserer Seite ist hiervor immer wieder gewarnt worden, weil wir die Nähe zum Patienten in der Ausbildung erhalten wollen. [...] Auch die praktische Ausbildung wird nach den Vorstellungen des Gesetzesentwurfes von der Berufsfachschule gelenkt und untersteht damit schulischen Gesichtspunkten. Folge: Die Praxis dient der Veranschaulichung der Theorie und ergänzt diese. In einer dem Krankenhaus integrierten Ausbildung wird das prakt. Tun von der Theorie unterbaut und durchdrungen. [...]

---

[90] Schober an Klütz, 23.8.1974, ADW, DEKV 20.

3. These: Die Form der Berufsfachschulausbildung verhindert bzw. erschwert das Ziel der konfessionellen Krankenpflegeausbildung, diakonisch dem Menschen zugewandte Krankenschwestern zu erziehen.

Um in der Krankenpflege den ganzen Menschen mit Leib, Seele und Geist betreuen zu können, gehört die Erfahrung im Umgang mit ihm in allen Krankheitsstadien und Situationen dazu. Wichtig ist hier, daß der erfahrene Mitarbeiter dem Auszubildenden Hilfe gibt im Alltagsleben, durch Schulstunden ist das nicht zu ersetzen. Die größere Nähe zwischen Pflegenden und Kranken als zwischen Arzt und Kranken beruht einmal auf dem Kontakt zwischen ihnen vom Beginn der Ausbildung an und darauf, daß die Pflegenden durch Hilfeleistung bei intimen körperlichen Verrichtungen in geringere Distanz rücken. Diese Zugangsmöglichkeit für seelsorgerliche Hilfe wird mit Verschulung der Ausbildung geringer.

4. These: Die eigentliche Krankenpflege, Altenpflege etc., d.h. die Betreuung der Menschen, geht auf die Krankenpflegehilfe über. [...]

5. These: Die freigemeinnützigen Krankenhäuser werden weitgehend von der Kranken- und Kinderkrankenpflegeausbildung auf die Ausbildung von Krankenpflegehelfern, -helferinnen in jeder Form übergehen. [...] In diese Ausbildung können die Häuser dann auch die Schwerpunkte ihrer Arbeit, z. B. die diakonische Ausrichtung, einbringen. Hier kann also diakonische Mitarbeiterschaft herangebildet werden. [...] ‚Diakonie' geht so weitgehend von der Krankenpflege auf die Krankenpflegehilfe über. Die Verantwortung für die Arbeit muß aber getragen werden von denen, die von den Berufsfachschulen kommen und nicht in die Diakonie hineinerzogen werden konnten. [...]

8. These: Der vorgelegte Rahmenausbildungsplan ist ungenügend durchgearbeitet, in dieser Form erbringt er schlechtere Ergebnisse auch in der Vermittlung von theoretischem Lehrstoff, als eine erhebliche Anzahl von Krankenpflegeschulen sie unter dem derzeitigen Gesetz erreichen. [...] Allein 24 Schulwochen werden benötigt für die Vermittlung von Unterrichtsstoff, der mit dem Berufsziel nichts zu tun hat, nämlich Rechnen, Deutsch, Englisch oder Französisch, Sport und Hauswirtschaftslehre. Das bisher auch im Gesetz vorgesehene Unterrichtsfach Ethik fehlt hingegen ganz."[91]

Auf der Grundlage dieses Memorandums verfaßte Oberin Klütz auch eine Vorlage zur Neuordnung der Krankenpflegeausbildung für die Mitgliederversammlung des DEKV am 2. Oktober 1974.[92] Die Versammlung machte sich die Vorlage zu eigen und verabschiedete folgende Resolution:

Der Deutsche Evangelische Krankenhausverband wendet sich in der Sorge um das patientengerechte Krankenhaus an alle Verantwortlichen, jeder Reform entgegenzutreten, die die praktische Ausbildung im Krankenhaus beeinträchtigt. Während die angehenden Ärzte künftig im Rahmen ihres Studiums in akademischen Krankenhäusern praktisch arbeiten sollen, um einen Mangel der bisher nur theoretischen Ausbildung zu beheben, sollen offenbar gleichzeitig die besonderen Vorteile der Praxisnähe der Pflegeausbildung aufgegeben werden. Vor einer solchen Fehlentwicklung, durch die die angehenden Schwestern und Pfleger den Patienten und dem Krankenhaus entfremdet würden, ist dringend zu warnen. Es gibt keine Not-

---

[91] Memorandum A. Klütz, 3.9.1974, ADW, DEKV 20.
[92] A. Klütz, Vorlage für die Mitgliederversammlung des DEKV, 25.9.1974, ADW, DEKV 20.

wendigkeit, eine gewachsene und anpassungsfähige praxisnahe Ausbildung im Krankenhaus im Sinne einer Verschulung zu ändern. Eine solche Änderung widerspricht dem Bestreben von Schwestern, Ärzten und Trägern, im Krankenhaus den Menschen in seiner Gesamtheit wieder vor den ‚Fall' zu stellen."[93]

Am 17. Oktober 1974 fand in der Hauptgeschäftsstelle des DW in Stuttgart unter maßgeblicher Beteiligung des DEKV[94] eine Besprechung statt, in der die Stellungnahme des DW zu dem Gesetzentwurf ausgearbeitet wurde.[95] Trotz gründlicher Vorbereitung verlief das Hearing am 18./19. November 1974 „völlig unbefriedigend".[96] Diakonie und Caritas konnten sich mit ihren Bedenken kein Gehör verschaffen. Als das Bundesministerium für Jugend, Familie und Gesundheit eine Arbeitsgruppe bildete, die den Stoffplan des Entwurfs kritisch unter die Lupe nehmen sollte, mußte sich das DW über seinen weiteren Kurs klar werden. Gottfried Thermann skizzierte drei Möglichkeiten: Entweder blieb das DW bei seiner prinzipiellen Ablehnung des Gesetzentwurfs und verweigerte die Mitarbeit in der Arbeitsgruppe. „Das bedeutet *in praxi* ein Beharren auf dem *status quo* und den Verlust der Möglichkeit, auf den weiteren Gang des Verfahrens Einfluß nehmen zu können. Der *status quo* ist hier insbesondere gekennzeichnet durch die Einmaligkeit der Krankenpflegeausbildung in einem nach der Bildungssystematik sonst nicht vorkommenden Bereich zwischen Schul- (Fachschul-, Hochschul- usw.) Ausbildung und betrieblicher Ausbildung in sogenannten Lehrberufen." Oder man strebte die Einordnung in die betriebliche Ausbildung an, wie es auch die Deutsche Angestelltengewerkschaft forderte. Oder man arbeitete in der Arbeitsgruppe mit und benutzte „den offensichtlich nicht akzeptablen Stoffplan des Gesetzentwurfs als Hebel, um den Entwurf als Gesamtheit in die Revision gehen zu lassen."[97] Das war die Strategie, die der Deutsche Caritasverband verfolgte. Letztlich konnten auch das DW und der DEKV eine unnachgiebige Verweigerungshaltung nicht durchhalten. In seiner Sitzung am 6./7. Mai 1975 gelangte der Vorstand des DEKV zu der Meinung, „daß man die Berufsfachschule in besonderer Ausprägung (Krankenhaus als Schulträger) anstreben müsse".[98] Er plädierte dafür, daß sich der DEKV die im Personalausschuß der

---

[93] Resolution der Mitgliederversammlung am 2.10.1974, ADW, DEKV 20.
[94] Neben Annemarie Klütz nahmen von seiten des DEKV Prof. Friedrich Wilhelm Bremer, Chefarzt der Inneren Abteilung der Westfälischen Diakonissenanstalt Sarepta und Oberin Sigrid Hornberger vom Diakonissenhaus Stuttgart teil. Prot. der Besprechung am 17.10.1974, ADW, DEKV 20.
[95] Schober an Bundesministerium für Jugend, Familie und Gesundheit, 30.10.1974, ADW, DEKV 20.
[96] Aktennotiz Thermann, 21.11.1974, ADW, DEKV 20.
[97] Aktennotiz Thermann, 19.12.1974, ADW, DEKV 21.
[98] Aktennotiz Thermann, 16.5.1975, ADW, DEKV 21.

DKG erarbeitete Vorlage zur rechtlichen und organisatorischen Gestaltung der Berufsfachschulen zu eigen machen sollte, da an der Beratung dieser Vorlage auch drei Mitglieder des Vorstands des DEKV beteiligt gewesen waren: Pastor Helmut Hochstetter, Oberin Ursula v. Dewitz vom Evangelischen Diakonieverein und Prof. Walter Hochheimer, Chefarzt der Inneren Abteilung der Diakonissenanstalt Sarepta. Damit schwenkte der DEKV auf eine Linie ein, die schließlich im „Gesetz über die Berufe der Krankenpflege" vom 11. September 1985 festgeschrieben wurde.

6.7 „Sklavenhandel in moderner Form"?
Koreanische Krankenschwestern in Deutschland

Als der Schwesternmangel Mitte der 60er Jahre erstmals dramatische Formen annahm, gingen mehr und mehr Krankenhäuser dazu über, Schwestern in Ostasien, vor allem in Südkorea, anzuwerben. Der DEKV wurde durch ein Mitglied seines Vorstandes, Diplomlandwirt Max Esser, Wirtschaftsleiter des Diakonissenmutterhauses Bad Kreuznach, in eine dieser Anwerbeaktionen involviert.[99] Esser versuchte seit Anfang 1966, koreanische Krankenschwestern für eine Reihe von Diakonissenmutterhäusern, evangelischen Krankenhäusern und Altersheimen in Rheinland-Pfalz und Hessen zu gewinnen. Er hatte sich zunächst an eine etwas undurchsichtige Gestalt gewandt, die kurz zuvor auf dem Feld der Schwesternvermittlung aufgetaucht war: „Prof." Sumper, einen Österreicher, der angeblich als Lehrer am *International Language Institute* der Universität Seoul tätig war. Dieser hatte mehrere Gruppen von koreanischen Krankenschwestern an die Landesheilanstalten des Westfälischen Landschaftsverbandes vermittelt und sagte zu, weitere 150 ausgebildete Krankenschwestern evangelischen Glaubens für Rheinland-Pfalz und Hessen zur Verfügung zu stellen. Parallel zu diesem Kontakt suchte Esser weiter nach anderen Partnerorganisationen. Eine Anfrage beim methodistischen Bischofsamt in Frankfurt führte ihn zur „Diakonischen Gesellschaft für Korea" (DGK). Die DGK war 1960 gegründet worden und hatte ihren Sitz in Berlin und Seoul. Als Vorsitzende galt Luise Scholz, die Leiterin des methodistischen Frauenmissionsbundes, die Geschäftsführung lag bei Dr. med. Jong Soo Lee, der damals als Ober-

---

[99] Aktennotiz Elisabeth Urbig, 27.4.1966, ADW, DEKV 13. Vgl. allg. J.-H. Choe u. H. Daheim, Rückkehr- u. Bleibeperspektiven koreanischer Arbeitsmigranten in der Bundesrepublik Deutschland, Frankfurt 1987; C. Stolle, Hier ist ewig Ausland. Lebensbedingungen u. Perspektiven koreanischer Frauen in der Bundesrepublik Deutschland, Berlin 1990; J.-S. Yoo, Die koreanische Minderheit, in: C. Schmalz-Jacobsen u. G. Hansen, Ethnische Minderheiten in der Bundesrepublik Deutschland. Ein Lexikon, München 1995, S. 285–301.

arzt an den Städtischen Krankenanstalten in Wuppertal, später Assistenzarzt an der Chirurgischen Universitätsklinik Bonn tätig war.[100] Am 1. Mai lernte Esser den Geschäftsführer der DGK kennen. Schon einen Tag später, am 2. Mai 1966, lud Lee seinen deutschen Gesprächspartner kurzfristig zu einer Reise nach Korea ein, um die Anwerbung von Krankenschwestern an Ort und Stelle in die Wege zu leiten. Auf dieser Reise, die vom 15. Mai bis zum 8. Juni 1966 stattfand, führten Esser und Lee Gespräche mit der halbstaatlichen Arbeitsvermittlung *Manpower Export Corporation*, dem koreanischen Ministerium für Gesundheit und Sozialwesen, dem koreanischen Finanzministerium und der deutschen Botschaft in Seoul. Daß es nach schwierigen Verhandlungen gelang, die Ausreisegenehmigung für 150 ausgebildete Krankenschwestern und weitere 50 Schwesternhelferinnen, medizinisch-technische Assistentinnen und Masseurinnen zu erwirken, schrieb Esser nicht zuletzt dem Einfluß der Familie Lee zu, „die vor der Landreform (1959/60) wohl über großen Grundbesitz verfügt hat und auch heute noch in der staatstragenden republikanischen Partei großen Einfluß auf die Behörden hat". An sich hätten die engen Beziehungen der Familie Lee zum Regime des Generals Pak Chung Hee, der 1961 durch einen Militärputsch an die Macht gekommen war, die deutschen Gesprächspartner zur Vorsicht mahnen müssen, im Zeichen eines strammen Antikommunismus, der vor dem Hintergrund des *Kalten Krieges* zu verstehen ist, wurde die Nähe der DGK zum Militärregime in Seoul auf deutscher Seite jedoch als Vorzug gewertet.

Nach seiner Rückkehr räumte Esser ein letztes Hindernis aus dem Weg: Aus Furcht vor kommunistischer Unterwanderung hatten die deutschen Behörden zunächst darauf bestanden, daß das Zentrale Ausländeramt in jedem Einzelfall erst eine Unbedenklichkeitserklärung abgeben sollte, ehe eine Aufenthaltserlaubnis erteilt und ein Visum von der deutschen Botschaft in Seoul ausgestellt werden konnte. Nach einer Intervention Essers erklärten sich die deutschen Behörden bereit, eine pauschale Aufenthaltserlaubnis zu erteilen – schließlich, so Esser, bestehe wohl kaum die Gefahr, daß sich unter den evangelischen Krankenschwestern „Kommunisten oder sonstige unerwünschte Personen"[101] befänden. Ende Juli trafen die Schwestern in einem Charterflugzeug in Deutschland ein.

Diese Aktion bildete den Auftakt für eine engere Zusammenarbeit zwischen dem DW und der DGK: Am 2. November 1966 konstituierte sich unter dem Dach des DW ein Arbeitskreis für Fragen koreanischer Schwe-

---

[100] Eine Kurzbiographie bietet die Christian Press Seoul v. 17.6.1967, Übersetzung in ADW, DEKV 40.
[101] M. Esser, Bericht über die Reise nach Korea [...] in der Zeit vom 15.5.-8.6.1966, 18.6.1966, ADW, DEKV 39.

stern, um die Initiative Essers institutionell abzustützen. Diesem „Korea-Ausschuß", der von Pfarrer Dr. Theodor Schober, dem Präsidenten des DW, geleitet wurde, gehörten drei Männer aus der Leitungsebene des DEKV an: Neben Max Esser waren dies der Geschäftsführer des DEKV, Dr. Reinhard Theodor Scheffer, und der frühere kommissarische Geschäftsführer Ministerialrat a. D. Wolfgang Güldenpfennig, jetzt 1. Direktor im DW.[102] Auf diese Weise wurde auch der DEKV in die Anwerbeaktion hineingezogen, die bald in das Kreuzfeuer der Kritik geraten sollte.

Bis Ende 1967 hatte die DGK 182 Koreanerinnen an deutsche Diakonissenmutterhäuser, 266 an evangelische Krankenhäuser und 551 an kommunale Krankenhäuser vermittelt – von diesen 999 Koreanerinnen war nur etwa jede dritte eine examinierte Krankenschwester, die übrigen waren Pflegehelferinnen und -schülerinnen. Die Gesamtzahl der zu diesem Zeitpunkt in Deutschland beschäftigten koreanischen Pflegekräfte dürfte bei etwa 2.000 gelegen haben[103] – die Verbandsschwesternschaft der DGK, zu erkennen an ihrer besonderen Tracht, Brosche und Haube, stellte mithin 1967 etwa die Hälfte des koreanischen Krankenpflegepersonals in deutschen Krankenhäusern. Vorgesehen war eine dreijährige Beschäftigungsdauer, die im Einzelfall ein oder zwei Jahre verlängert werden sollte. An einen längeren Aufenthalt war von seiten der Krankenhäuser „keinesfalls gedacht".[104] Einer Verlängerung der Aufenthaltserlaubnis stand das Ausländergesetz entgegen, und auch die Bundesanstalt für Arbeitsvermittlung und Arbeitslosenversicherung hatte angedeutet, daß eine längere Beschäftigungsdauer nicht genehmigt würde.

Beim Einsatz der koreanischen Krankenschwestern stellten sich schon bald die ersten Schwierigkeiten ein: Zwei Schwestern waren bei ihrer

---

[102] Aktennotiz betr. Einsatz und Betreuung koreanischer Schwestern, o. D., ADW, DEKV 97; Esser an Anneliese Siewert, 24.12.1966, ADW, DEKV 39.

[103] R.T. Scheffer, Exposé zur Frage der Tätigkeit koreanischer Schwestern [...] in der Bundesrepublik und in Westberlin, 8.12.1968, ADW, DEKV 97. Scheffer schätzte weiter, daß bis Ende 1967 außer den von der DGK vermittelten 999 Schwestern etwa 550 examinierte Krankenschwestern durch den interkonfessionellen „Hofackerverband" bzw. den koreanischen Kinderarzt Dr. Sugil Lee in Frankfurt-Höchst, weitere 250 examinierte Schwestern durch den angeblichen Prof. Sumper sowie 30 Schwesternschülerinnen durch einen Moderator Dr. Kim an das Diakonissenmutterhaus Sarepta vermittelt worden waren. Weiter wurde geschätzt, daß etwa 150 ausgebildete Krankenschwestern in katholischen Einrichtungen tätig waren, so daß man auf insgesamt etwa 2.000 Koreanerinnen kam. Dies deckt sich mit den Angaben von Pastor Young Bin Lee, der im Auftrag des DW von Rheinland die koreanischen Bergarbeiter und Krankenschwestern seelsorgerlich betreute. Y. B. Lee, Lagebericht über koreanische Gastarbeiter, o. D. (wohl Anfang 1967), ADW, DEKV 39. Irmgard Nölkensmeier vom Deutschen Verband katholischer Mädchensozialarbeit teilte Ende 1968 mit, daß etwa 600 Koreanerinnen, davon 150 ausgebildete Krankenschwestern, in katholischen Einrichtungen tätig waren (Nölkensmeier an Scheffer, 27.11.1968, ADW, DEKV 39).

[104] Esser an Anneliese Siewert, 24.12.1966, ADW, DEKV 39.

Ankunft in Deutschland schwanger, eine hatte eine Tuberkulose mitgebracht, eine andere war „psychisch nicht in Ordnung".[105] Dieser letzte Fall könnte bereits mit den großen Eingewöhnungsschwierigkeiten zusammenhängen, die von den deutschen Krankenhäusern zumeist gar nicht bemerkt wurden.[106] Die Examensarbeit von Schwester Jin Soon Kim, die auf einer Meinungsumfrage unter koreanischen Schwestern in Deutschland beruht, gibt einen Einblick in diese Akkulturationsprobleme: Fast jede zweite koreanische Schwester klagte über das deutsche Essen und wünschte sich eine eigene Kochgelegenheit. Auch die mangelnden Sprachkenntnisse bereiteten immense Probleme, insbesondere bei den schriftlichen Arbeiten und den Arztvisiten. In drei Jahren, so klagten die Schwestern zu Recht, seien keine ausreichenden Sprachkenntnisse zu erwerben, zumal kein systematischer Sprachunterricht erteilt wurde.

Kim hatte auch nach den Motiven gefragt, die koreanische Krankenschwestern bewogen, in deutschen Krankenhäusern zu arbeiten. Hier wurden an erster Stelle die guten Verdienstmöglichkeiten genannt, dann aber auch „Reisen innerhalb West-Europas" und das „Interesse, die Kultur und die Lebensgewohnheiten und die Tüchtigkeit der Frauen in Deutschland kennenzulernen." Das waren keine bloßen Höflichkeitsfloskeln. Im traditionellen Sozialsystem Koreas, so erläuterte Kim, war die Frau dem Mann untergeordnet, aus dem öffentlichen Leben ausgegrenzt und ganz auf die Mutterrolle festgelegt. Der Koreakrieg (1950-53) hatte jedoch zu tiefen Brüchen im Gesellschaftsgefüge geführt: Im Krieg war die Frauenberufstätigkeit sprunghaft angestiegen, und die nach dem Krieg einsetzende forcierte Industrialisierung hatte neue Arbeitsplätze für Frauen in den Großstädten Koreas geschaffen. Dadurch hatte sich die Stellung der Frauen in der Gesellschaft verändert: „Sie bemühen sich stark, emanzipiert zu sein", stellte Kim fest. Je gebildeter die Frauen seien, „desto mehr interessieren sie sich für eine neue Lebensart, das sogenannte westliche selbständige Leben. Die koreanischen Frauen sind oft sehr froh, wenn sie einmal aus der Enge der Familie heraus können und Neues erleben."[107]

Die koreanischen Krankenschwestern, die, sofern sie einen der gehobenen Ausbildungsgänge durchlaufen hatten, an einer Universität ausgebildet worden waren,[108] kamen also mit einem durchaus emanzipatorischen In-

---

105 Ebd., Nachtrag.
106 Rs. DEKV betr. Umfrage zu koreanischen Schwestern, ADW, DEKV 13.
107 J. S. Kim, Koreanische Schwestern in Deutschland, Mitteilungsblatt der DGK-Schwesternschaft Nr. 11, ADW, DEKV 97.
108 Auch dies bereitete Anpassungsprobleme, die Kim in ihrer Arbeit jedoch nicht anzusprechen wagte. Esser sprach von „anfänglichen Mißverständnissen". Die koreanischen Schwestern hätten es zunächst „nicht für ihre Pflicht [gehalten,] einmal mit dem Staubtuch über den Nachttisch zu fahren, sondern fühlten sich als Arzthelferinnen". Aktennotiz Urbig,

teresse nach Deutschland. Zugleich mußten sie jedoch, um hierher zu gelangen, Knebelverträge mit der DGK abschließen. Schwestern, die der Arbeit in Deutschland gesundheitlich nicht gewachsen waren, die gegen die Ausländerpolizeiverordnung verstießen, denen von seiten des Krankenhauses gekündigt wurde, die gegen die Ordnung der DGK verstießen oder die sich „nicht als evangelische Christinnen in die Dienstgemeinschaft"[109] einfügten, wurden von der DGK nach Korea *zurückgeführt*. Die Betreuerin der koreanischen Schwestern an den Universitätskliniken in Tübingen wies 1968 darauf hin, daß viele der Schwestern gegenüber der DGK „eine äußerst kritische Stellung einnehmen".[110] Mitarbeiter der Evangelischen Akademie Bad Boll gewannen bei einer Tagung über Möglichkeiten zur Verbesserung der Seelsorge unter den koreanischen Krankenschwestern den Eindruck, daß

> „alle Schwestern der Diakonischen Gesellschaft vor Dr. Lee und der Oberin [E.S. Choi] in großer Furcht leben. Dies hängt offenbar mit der Sorge zusammen, daß die Schwestern zurückgeschickt werden könnten, wenn sie nicht mit Dr. Lee und der Oberin ‚klar' kommen. Es scheint aber auch nicht ausgeschlossen, daß vielleicht gewisse politische Momente hier mitsprechen".[111]

Auch das bei der Anwerbung getroffene finanzielle Arrangement ging zu Lasten der koreanischen Krankenschwestern. Die Krankenhäuser behielten die Arbeitgeber- und auch die Arbeitnehmerbeiträge zur Zusatzversorgungs-Altersversorgungskasse der Kirche oder des Bundes und der Länder ein, um die Kosten für die von ihnen vorfinanzierte Herreise der Koreanerinnen wieder hereinzubekommen. Weiter mußten die Verbandsschwestern der DGK ihren Anspruch auf Rückzahlung der Beiträge zur Altersversorgung bei der Bundesversicherungsanstalt für Angestellte an die Krankenhäuser abtreten, die dann im Gegenzug die Rückreise nach Korea finanzierten. Schwerer wog, daß sich jede Schwester vor Antritt der Reise nach Deutschland verpflichten mußte, zwanzig Mark im Monat als Spende an einen Fonds der DGK abzuführen, der zum Bau eines evangelischen Krankenhauses in Korea verwendet werden sollte. Das DW hatte sich auf Wunsch Lees bereiterklärt, diesen Fonds zu verwalten, und geriet dadurch bald in eine prekäre Situation, als sich die Klagen der koreanischen Krankenschwestern über die Zwangsabgabe an den Krankenhausfonds häuften

---

27.4.1966, ADW, DEKV 13. Ähnlich verhielt es sich bei den philippinischen Krankenschwestern. Vgl. Aktennotiz Scheffer, 17.1.1967, ADW, DEKV 62.

[109] So etwa im Zusatzvertrag zwischen dem II. Rheinischen Diakonissenmutterhaus in Bad Kreuznach und der DGK, ADW, DEKV 39.

[110] Prot. der Sitzung des Arbeitskreises für Fragen koreanischer Schwestern am 3.10.1968, ADW, DEKV 97.

[111] Aktennotiz Güldenpfennig für Schober, 2.1.1969, ADW, DEKV 97.

und zumindest eine koreanische Schwesternschülerin im Hamburger Diakonissenmutterhaus sich rundweg weigerte, Geld für ihre Rückreise abzuführen.[112]

Die Angelegenheit beschäftigte bald auch die deutschen Zeitungen. Mittlerweile war in der deutschen Öffentlichkeit die grundsätzliche Frage aufgeworfen worden, ob es zu verantworten sei, ausgebildete Krankenschwestern aus „Schwellenländern" abzuwerben. Scharfe Kritik kam von den freiberuflichen Schwesternverbänden. Oberin Ruth Elster, die Präsidentin des Agnes-Karll-Verbandes und Vorsitzende der Deutschen Schwesterngemeinschaft, unternahm im Mai/Juni 1967 eine Reise nach Japan, Korea, Taiwan, den Philippinen und Hongkong, um sich vor Ort zu informieren. In ihrem exzellenten Abschlußbericht beklagte sie, daß die Abwerbung zu Schwesternmangel in den Abwanderungsländern führe. Klare Worte fand Elster auch für die „Geschäftemacherei" bei der Vermittlung ausländischer Krankenschwestern: Vorwürfe, es handele sich hier um „Sklavenhandel in moderner Form",[113] seien nicht ohne weiteres von der Hand zu weisen.

Dies wurde auch in Korea so gesehen. „Erpressung der nach Deutschland exportierten Krankenschwestern" titelte am 14. Dezember 1966 die Oppositionszeitung *Dong-a-il-Bo* („Ostasien-Zeitung").[114] Einen Tag später konnte das Blatt vermelden, daß die koreanischen Behörden eine Untersuchung eingeleitet und Unterlagen aus dem Büro der DGK in Seoul beschlagnahmt hatten und daß der Bruder und die Ehefrau Lees vorübergehend festgenommen worden waren. Lee wiegelte ab, es handele sich um ein Wahlkampfmanöver der Opposition,[115] und Esser ließ dem Geschäftsführer des DEKV, Scheffer, ausrichten, er „möge sich bitte nicht über Gebühr aufregen, die Sache sei halb so schlimm".[116]

Scheffers Aufregung war aber nur zu berechtigt, wie sich in den ersten Monaten des Jahres 1967 zeigen sollte, als sich die Hiobsbotschaften häuften: Der Methodistische Frauendienst lehnte die Verantwortung für die Anwerbung ausgebildeter Krankenschwestern ab. Luise Scholz erklärte, daß sie es abgelehnt habe, den ihr angetragenen Vorsitz der DGK zu übernehmen, und bestand darauf, daß ihr Name aus dem Briefkopf der DGK entfernt wurde: Die lockeren Beziehungen der DGK zur methodistischen Kirche, so stellte sie klar, seien lediglich darauf zurückzuführen, daß viele der Kore-

---

112 Esser an Siewert, 24.12.1966, ADW, DEKV 39.
113 R. Elster, Bericht über eine Informationsreise vom 14.5.–12.6.1967 nach Japan, Korea, Taiwan, den Philippinen und Hongkong, ADW, DEKV 39.
114 Übersetzung in ADW, DEKV 39.
115 Lee an Esser, 31.12.1966, ADW, DEKV 40.
116 Aktennotiz Elisabeth Urbig für Scheffer, 29.12.1966, ADW, DEKV 40.

anerinnen Methodistinnen seien.[117] Pastor Young Bin Lee, der vom Diakonischen Werk des Rheinlandes als Seelsorger der koreanischen Bergarbeiter und Krankenschwestern angestellt worden war, berichtete freilich, daß von den Schwestern der DGK kaum 30 % evangelische Christinnen seien – fast 20 % seien Katholikinnen, die übrigen „religionslos".[118] Das war ein klarer Verstoß gegen die abgeschlossenen Verträge, denn die DGK hatte sich verpflichtet, nur evangelische Schwestern nach Deutschland zu entsenden. Der *National Council of Churches of Corea* teilte auf Anfrage des kirchlichen Außenamtes mit, daß er schwere Bedenken gegen die Abwerbung koreanischer Krankenschwestern durch die DGK habe.[119] Die Bundesanstalt für Arbeitsvermittlung und Arbeitslosenversicherung setzte die Entscheidung über weitere Anwerbungen aus, um eine Stellungnahme der koreanischen Botschaft einzuholen, und wandte sich mit der Bitte um Mithilfe bei der Aufklärung der Vorwürfe an das DW.[120] Auch erhob die Bundesanstalt Einwendungen gegen die vertragliche Verpflichtung der Schwestern zu laufenden Spendenleistungen.

Die DGK versuchte, die Auflagen der deutschen Behörden zu unterlaufen, indem sie die Spendenklausel in einen Zusatzvertrag verlagerte. Nun zog der DEKV energisch die Notbremse. Auf einer Delegiertenversammlung wurde das Problem erörtert. „Dabei wurde festgestellt," so Schober an Lee,

> „daß bei Berücksichtigung aller Begleitumstände nach deutscher Rechtsauffassung von einer Freiwilligkeit solcher im Vorhinein, d. h. vor Abflug aus Korea festgelegten Spendenleistung, nicht gesprochen werden kann. Freiwilligkeit setzt nach deutscher Rechtsauffassung die absolute Entscheidungsfreiheit der betr. Schwester voraus, ob sie eine solche Leistung laufend erbringen will oder nicht. Diese Freiwilligkeit ist dort aber nicht gegeben, wo die Schwester den Abflug in die Bundesrepublik nur erreichen kann, wenn sie sich zuvor dieser einseitig auferlegten Bindung unterwirft oder im Weigerungsfalle auf eine Tätigkeit in der Bundesrepublik verzichten muß. Die von Ihnen erwähnte Zustimmung der koreanischen Regierung für die […] Verfahrensweise kann die freiwillige Willensentschließung der einzelnen Krankenschwester rechtswirksam insoweit nicht ersetzen."[121]

---

[117] Stellungnahme des Hilfswerks der Methodistenkirche, 10.1.1967; Schober an Lee, 23.5. 1967 (Entwurf), ADW, DEKV 40.
[118] Y.B. Lee, Lagebericht über koreanische Gastarbeiter, o. D. (wohl Anfang 1967), ADW, DEKV 39.
[119] Rs. der Hauptgeschäftsstelle des DW, 24.2.1967, ADW, DEKV 40. Der *National Council* änderte freilich im Laufe des Jahres seinen Kurs, startete eine Briefaktion für die DGK und verlangte vehement – und letztlich erfolgreich – die Absetzung von Pastor Lee.
[120] Prot. der Sitzung des Arbeitskreises für koreanische Schwestern am 31.1.1967, ADW, DEKV 97; Bundesanstalt für Arbeit an DW, 7.4.1967, ADW, DEKV 40.
[121] Schober an Lee, 5.5.1967, ADW, DEKV 40.

Die Delegiertenversammlung forderte den Vorstand der DEKV nachdrücklich auf, die angeschlossenen Krankenhäuser auf diese Rechtslage hinzuweisen und darauf hinzuwirken, daß nur eindeutig freiwillige Leistungen zur Weiterleitung auf das beim DW eingerichtete Treuhandkonto entgegengenommen werden dürften. Durch dieses Vorgehen setzte der DEKV das DW unter Zugzwang. Es übte nun seinerseits Druck auf die DGK aus, ihre Satzung zu ändern und die Zwangsspendenregelung bis 1969 Schritt für Schritt aufzuheben.[122] Unter diesen Umständen war das DW bereit, weiter mit Lee und Esser zusammenzuarbeiten. Esser wurde auf Veranlassung des „Korea-Ausschusses" vom DEKV offiziell bevollmächtigt, im Juli/August 1967 eine weitere Gruppe koreanischer Krankenschwestern mit Hilfe der DGK nach Deutschland zu holen.[123] Otto Ohl hatte es angesichts der Konflikte abgelehnt, eine unbefristete Vollmacht zu erteilen, wobei er deutliche Kritik an Essers Aktivitäten erkennen ließ: „Ich muß gestehen, daß ich hier sehr starke Hemmungen habe, gerade auch im Hinblick auf die eine oder andere Frage gegenüber seiner bisherigen Tätigkeit auf dem Gebiet der koreanischen Schwestern."[124] Die Nachricht, daß der interministerielle Arbeitskreis der Bundesregierung zur Beschäftigung ausländischer Arbeitnehmer am 26. Juli 1967 beschlossen hatte, vorläufig keine Genehmigung mehr für eine gruppenweise Anwerbung von koreanischem Krankenpflegepersonal zu erteilen,[125] dürfte in der Geschäftsstelle des DEKV mit Erleichterung aufgenommen worden sein.

Als gegen Ende 1968 die ersten Arbeitsverträge der koreanischen Krankenschwestern ausliefen, sprach sich der DEKV gegenüber der Bundesanstalt für Arbeitsvermittlung und Arbeitslosenversicherung offiziell für Neuanwerbungen aus,[126] nachdem im „Korea-Ausschuß" die „Auffüllung des Kontingents bis zu maximal 1.000 Pflegepersonen"[127] als Marschroute ausgegeben worden war. In einem vertraulichen Exposé sprach sich Scheffer im Dezember 1968 jedoch dezidiert gegen eine weitere Anwerbung aus: Es sei nicht zu verantworten, beträchtliche Mittel aus der Entwicklungshilfe in den Aufbau von Krankenhäusern in einem Land zu investieren, aus dem gleichzeitig das ausgebildete Krankenpflegepersonal abgezogen werde. Der

---

122 Schober an Lee, 23.5.1967 (Entwurf); Scheffer an Lee, 27.9.1967, ADW, DEKV 40; Rs. DEKV, 22.4.1969, ADW, DEKV 97.
123 ADW, DEKV 39. Dort findet sich auch eine Kostenaufstellung von Esser für Scheffer v. 2.4.1968 für die „Einschleusung der 265 koreanischen Pflegekräfte aus der sogen. Aktion 1967".
124 Ohl an Güldenpfennig, 4.8.1967, ADW, DEKV 39.
125 Auswärtiges Amt an DW, 21.9.1967, ADW, DEKV 40.
126 DEKV an Bundesanstalt für Arbeit, 19.11.1968, ADW, DEKV 97.
127 Prot. der Sitzung des Arbeitskreises für Fragen koreanischer Schwestern am 3.10.1968, ADW, DEKV 97.

Standard der Krankenhausversorgung in Korea leide unter der Abwerbung der Schwestern – besonders wies Scheffer auf die unzureichende Gesundheitsversorgung auf dem Lande hin. Der Personalengpaß in der Bundesrepublik Deutschland könne durch die Anwerbung ausländischer Krankenschwestern langfristig nicht behoben werden. Hier sei das Augenmerk vielmehr auf die Schwesternwerbung und die vermehrte Ausbildung von Krankenpflegehelferinnen zu richten.[128] Mit dieser Position konnte sich der DEKV zwar nicht ganz durchsetzen, seine Kritik schlug sich aber in dem geänderten Kurs des DW nieder, wie er von Präsident Schober auf einer Reise nach Korea im Februar 1969 öffentlich verlautbart wurde: Das geplante evangelische Krankenhaus in Seoul solle sich auf die „Behandlung von Patienten mit ausgesprochenen Industrie-Schädigungen" spezialisieren und damit „eine nachgewiesene Lücke im Gesundheitswesen von Korea" schließen, zudem zu einem „Ausbildungs- und Kristallisationsort einer evangelischen Schwesternschaft für Korea" und zu einer „Zentrale für Zurüstung und Entsendung diplomierter Krankenpflegepersonen als Gemeindeschwestern in die koreanischen Landkreise"[129] werden. Auf diese Weise versuchte das DW, den Einsatz koreanischer Krankenschwestern, der Anfang der 70er Jahre in einer ganz anderen Größenordnung wiederaufgenommen wurde,[130] mit dem Ausbau des Krankenhauswesens in Korea zu verbinden.

6.8 „Sexy und sonnig: Schwester Karin" – Schwesternmangel und Schwesternwerbung

Eine im Auftrag des Bundesarbeitsministeriums erarbeitete Studie zur Beschäftigungslage in den Krankenhäusern der Bundesrepublik Deutschland zeichnete im September 1970 ein düsteres Bild: Danach nahm das Personal

---

[128] R. T. Scheffer, Exposé zur Frage der Tätigkeit koreanischer Schwestern [...] in der Bundesrepublik und in Westberlin, 8.12.1968, ADW, DEKV 97.
[129] Ms. T. Schober, Der Dienst einer evangelischen Schwesternschaft in Korea am koreanischen Volk – von morgen, ADW, DEKV 97. Vgl. aber Gedächtnisprot. über gemeinsame Sitzung des Vorstandes der DGK mit Präsident Schober am 1.7.1969, ADW, DEKV 40. Hier gab Schober freimütig zu erkennen, daß der Plan eines „Industriegeschädigten-Unfallkrankenhauses" noch nicht „fertig ausgereift sei".
[130] Ein zwischen der DKG und der *Corea Overseas Development Corporation* im Jahre 1971 ausgehandeltes Abkommen sah vor, von 1971 bis 1974 bis zu 4.500 examinierte Krankenschwestern und bis zu 11.000 examinierte Krankenpflegehelferinnen nach Deutschland zu entsenden. Prot. der Sitzung des Ökumenischen Koordinierungskreises für den partnerschaftlichen Dienst zugunsten aller in Deutschland arbeitender Koreaner am 19.11.1971, ADW, DEKV 97.

der deutschen Krankenhäuser jährlich um 4 % zu. Insgesamt waren zu diesem Zeitpunkt 500.000 Arbeitskräfte in den Krankenhäusern beschäftigt, davon 200.000 im Pflegebereich. Es wurde geschätzt, daß etwa 36.000 Arbeitsstellen im Krankenhauswesen wegen Arbeitskräftemangels nicht besetzt werden konnten, davon etwa 25.000 Stellen im Pflegebereich. Es fehlten allein 20.000 ausgebildete Krankenschwestern und -pfleger.[131] Es war klar, daß ein solcher Fehlbedarf nicht allein durch die verstärkte Anwerbung von Krankenschwestern aus dem Ausland gedeckt werden konnte – der DEKV war nach den Schwierigkeiten bei der Anwerbung koreanischer Krankenschwestern dieser Problemlösungsstrategie gegenüber ohnehin sehr skeptisch. In der Frage der Krankenpflegeausbildung hatte sich der DEKV in den 60er Jahren auf einen klaren Kurs festgelegt, der darauf abzielte, das Niveau der Krankenpflegeausbildung anzuheben: der Zugang zu den Krankenpflegeschulen sollte auf mittlere Sicht an die Fachhochschulreife gekoppelt werden, wenn auch eine Akademisierung der Krankenpflegeausbildung abgelehnt wurde. Hinter den Realschulabschluß als Zugangsvoraussetzung zur Krankenpflegeschule wollte der DEKV auf keinen Fall zurück – eine Öffnung der Krankenpflegeausbildung nach unten kam für ihn ebensowenig in Frage wie eine Verlagerung der im eigentlichen Sinne pflegerischen Tätigkeiten von der Krankenpflege auf die Krankenpflegehilfe. Eine solche eher auf Qualität als auf Quantität setzende Politik trug jedoch nicht dazu bei, kurzfristig Arbeitskräfte zu mobilisieren. Hinzu kam, daß der DEKV im Hinblick auf Arbeitszeitregelungen und Arbeitsschutzbestimmungen im Interesse der evangelischen Krankenhausträger seit den 50er Jahren eher vorsichtig agierte, eine Strategie, die auf eine Verbesserung der Arbeitsbedingungen abhob, also nur bedingt möglich war. Umso sorgfältiger kümmerte sich der DEKV, in enger Kooperation mit der DKG, um das *Image* des Schwesternberufs – bis hin zu einem Protest gegen den Sexstreifen „Krankenschwester-Report" im Jahre 1973.[132] Werbekampagnen wie in Bremen – von der Presse mit Schlagzeilen wie „Sexy und sonnig: Schwester Karin"[133] ironisch kommentiert – wurden aufmerksam verfolgt. Der DEKV versuchte, bei der Schwesternwerbung den Akzent auf das diakonische Motiv zu legen, ohne dabei allzu altbacken zu klingen.

---

131 Ursula v. Dewitz an Thermann, 1.2.1971, ADW, DEKV 19.
132 Mitteilungen der Baden-Württembergischen Krankenhausgesellschaft, 2.2.1973, ADW, DEKV 41.
133 Die Zeit, 17.9.1965. Vgl. die Unterlagen in ADW, DEKV 60.

6.9 „... polemisiert im bekannten Style des Marburger Bundes" – Der DEKV und die Lösung der „Ärztefrage"

Die Stellung der Ärzte in den evangelischen Krankenhäusern war vor dem Zweiten Weltkrieg eines der heißesten Eisen gewesen, das der DEKV angefaßt hatte. Der strukturelle Konflikt, der aus dem Gegensatz zwischen dem diakonischen Selbstverständnis des evangelischen Krankenhauses und den professionellen Interessen der darin tätigen Ärzte entstand, war 1945 keineswegs ausgeräumt, und so deuteten sich bereits unmittelbar nach dem Wiederaufleben des DEKV im Jahre 1951 neue Spannungen an. Auf der Geschäftsführerkonferenz in Berchtesgaden am 31. Januar 1952 fielen wiederholt Äußerungen, „daß die immer stärkere Steigerung der Selbstkosten der Krankenhäuser, die mit ihrem Strukturwandel in Zusammenhang steht, zum Teil durch die Arbeit und Einstellung der Ärzte (ihre forschende und wissenschaftliche Tätigkeit, ihre diagnostischen und therapeutischen Maßnahmen) beeinflußt und daß [...] auch die Überlastung der Schwestern z. T. durch sie hervorgerufen würde". Um den sich hier anbahnenden Konflikten von Anfang an die Spitze zu nehmen, rief der Geschäftsführer des DEKV, Dr. Cropp, die leitenden Ärzte der evangelischen Krankenhäuser zu regionalen Arbeitskreisen zusammen.[134] Das erste dieser Ärztetreffen, die – wohl ohne sich dessen bewußt zu sein – an den Evangelischen Ärztetag von 1928 anknüpften, fand im Juli 1952 im Huyssen-Stift in Essen statt. Cropps Nachfolger, Dr. Renatus Kayser, griff die Idee auf. Bis Ende 1954 entstanden Arbeitskreise in Rheinland-West und Rheinland-Ost, Westfalen, Niedersachsen, Hamburg, Schleswig-Holstein, Hessen-Kassel, Hessen-Frankfurt, Rheinland-Pfalz, Baden-Württemberg, Bayern und Berlin.[135] Seit 1951 fanden zudem Jahrestagungen der Chefärzte evangelischer Krankenhäuser in der DDR und Ost-Berlin statt, an denen der Geschäftsführer des DEKV als Gast teilnahm.[136]

Auch Kayser war der Auffassung, „daß von einer selbstverständlichen Zusammenarbeit zwischen den leitenden Ärzten und ihren Partnern in der Krankenhausführung (Seelsorgern, Verwaltungsleitern, Oberinnen) schon lange nicht mehr gesprochen werden kann." Im CA, so Kayser, habe sich jedoch die Einsicht durchgesetzt, „daß die Existenz der evangelischen Krankenhäuser ohne eine wirkliche Zusammenarbeit mit den Chefärzten nicht gesichert und ihre Weiterentwicklung unter diesen Umständen nicht

---

[134] Cropp an Depuhl, 19.4.1952, ADW, DEKV 113.
[135] Besprechung der Leiter der regionalen Arbeitskreise evangelischer Chefärzte am 1.9.1954, ADW, DEKV 118.
[136] Aktennotiz Scheffer, 31.10.1971, ADW, DEKV 58.

erwartet werden könne."[137] Die Strategie Kaysers zielte darauf ab, die leitenden Ärzte in die Diskussionen um alle wichtigen Fragen des Krankenhauswesens – von der Förderung des ärztlichen Nachwuchses bis zu den Berufskrankheiten der Schwestern – einzubinden, um in den evangelischen Krankenhäusern erst gar keine neuen Fronten aufreißen zu lassen. „Die Arbeit dient der Entwicklung und Erhaltung des evangelischen Krankenhauses in seiner Gesamtheit, nicht der Entwicklung einer besonderen Standespolitik."[138] Um eine klare Abgrenzung der Aufgabengebiete zu erreichen, hatte Kayser mit dem Verband leitender Ärzte, der die Interessen *aller* Chefärzte vertrat, eine Übereinkunft getroffen. Dessen Geschäftsführer Dr. Burger erklärte offiziell, daß von seiten des allgemeinen Chefarztverbandes keine Bedenken gegen die Bildung loser regionaler Zusammenschlüsse der Chefärzte evangelischer Krankenhäuser erhoben würden.[139] Die Arbeitskreise waren nicht als Instrument ärztlicher Standespolitik konzipiert. Obwohl er selber von Haus aus Mediziner war, betonte Kayser in einem vertraulichen Briefwechsel, daß er „keinesfalls bereit" sei, sich „zu einem Vertreter einseitiger Standesinteressen machen zu lassen", ja, er habe „sogar bezüglich der Entwicklung der Krankenhausärzte höchst ketzerische Gedanken".[140] Freilich konnte Kayser nicht verhindern, daß sich die Arbeitskreise leitender Ärzte auch in eigener Sache äußerten und unter Hinweis auf ihre Bereitschaft zum Dialog von den evangelischen Krankenhausträgern Verständnis für ihre standespolitischen Anliegen einforderten. So stellten die Leiter der Arbeitskreise im Dezember 1957 mit Blick auf die noch immer offene Frage der Chefarztrichtlinien fest:

> „Daß hier noch nicht alles so ist, wie es wünschenswert wäre, liegt unter anderem an der nach wie vor bestehenden Fremdheit zwischen ärztlichem und theologischem Denken. Es müßte alles versucht werden, um die Zusammenarbeit zwischen Chefärzten und den Seelsorgern in den Krankenhäusern zu intensivieren. Es wird sehr ernst darauf hingewiesen, daß die medizinische Qualität der evangelischen Krankenhäuser wesentlich davon abhinge, wie weit der Chefarzt in alle Fragen der Verwaltung des Krankenhauses einbezogen würde. Es müsse zugegeben werden, daß die medizinische Qualität mancher unserer Häuser die der vergleichbaren säkularen Häuser nicht erreicht. Pfarrer und Verwaltungsleiter ahnen oft nicht das Ausmaß ihrer Verantwortung hinsichtlich dieser medizinischen Qualität, die sich letzten

---

[137] Prot. des Arbeitskreises leitender Ärzte in evangelischen Krankenhäusern – Rheinland-Ost am 8.12.1954, ADW, DEKV 109.
[138] R. Kayser, Die Bedeutung der neuen Gesetzgebung auf dem Gebiet der Gesundheitsfürsorge für die Einrichtungen der Inneren Mission, Ms., o. D., ADW, DEKV 16.
[139] Aktennotiz Kayser betr. Besprechung mit Chefarzt Dr. Graumann am 24.4.1954; Besprechung der Leiter der regionalen Arbeitskreise evangelischer Chefärzte am 1.9.1954, ADW, DEKV 118.
[140] Kayser an Eichholz, 6.5.1955, ADW, DEKV 8. Vgl. auch R. Kayser, Gedanken eines Arztes zum evangelischen Krankenhauswesen, Ms., ADW, DEKV 114.

Endes auch in der Mortalität der Patienten in unseren Krankenhäusern auswirkt. Es geht bei der ganzen Frage nicht um ärztliches Prestige, sondern um unsere gemeinsame Sorge gegenüber den uns anvertrauten Kranken. Zur gleichen Zeit muß auch zugestanden werden, daß die Ärzte in evangelischen Krankenhäusern dem seelsorgerlich-diakonisch-missionarischen Anliegen näher stehen sollten, als das häufig der Fall ist."[141]

Die 1937 zwischen dem Reichsverband der freien gemeinnützigen Kranken- und Pflegeanstalten und dem Verband der Krankenhausärzte ausgehandelten Chefarztrichtlinien hatten sich, da sich die Bestätigung durch das Reichsinnenministerium bis in den Zweiten Weltkrieg hinein verzögerte, nicht allgemein durchsetzen können. Am Ende des Krieges gab es daher in den freigemeinnützigen Krankenhäusern – wie im gesamten deutschen Krankenhauswesen – ganz unterschiedliche Verträge mit den leitenden Ärzten. Die meisten Verträge enthielten zwar eine Gehaltsvereinbarung und räumten dem Chefarzt das Liquidationsrecht zumindest gegenüber Patienten der 1. und 2. Klasse ein. Ansonsten aber herrschte eine kaum zu überschauende Vielfalt. Manchmal war eine beamtenähnliche Alters- und Hinterbliebenenversorgung sichergestellt, manchmal nicht. Ein Teil der Chefärzte stand im Beamtenverhältnis oder war auf Lebenszeit angestellt, andere hatten befristete Verträge. „Da die leitenden Krankenhausärzte von allen Tarifregelungen ausgenommen waren, galt für sie uneingeschränkt der Grundsatz der Vertragsfreiheit – und von dieser Freiheit wurde zwar nicht immer gut, aber doch reichlich Gebrauch gemacht."[142]

Nach dem Zweiten Weltkrieg flammte der Konflikt zwischen den Verbänden der Krankenhaus*ärzte* und der Krankenhaus*träger* wieder auf. Es wurde eine Grundsatzdebatte um den Status des Chefarztes geführt. Die Ärzte stellten sich – gestützt auf ein vom Verband leitender Krankenhausärzte in Auftrag gegebenes Rechtsgutachten des prominenten Juristen Nipperdey – auf den Standpunkt, daß der Chefarzt im Krankenhaus wegen der Eigenart seiner Tätigkeit in keinem *Arbeitsverhältnis* stehe, sondern in einem *freien Beruf* tätig sei. Daß die Chefärzte gegenüber Selbstzahlern, zumindest in der 1. und 2. Klasse, das Recht hatten, zu liquidieren, war

---

[141] Prot. der Sitzung der Leiter der Arbeitskreise leitender Ärzte in evangelischen Krankenhäusern am 10.12.1957, ADW, DEKV 10. Die Arbeitskreise scheinen dann recht bald eingeschlafen zu sein. 1963 forderte Walter Schian, „die Bemühungen um die Sammlung des evangelischen Chefärztekreises" wiederaufzunehmen. 1964/67 bemühte sich der Geschäftsführer Reinhard Theodor Scheffer, sie wiederzubeleben. Anlage zum Prot. der Vorstandssitzung am 23.1.1963: Zusammenfassung der Vortrags von W. Schian, „Aufgaben eines DEKV", ADW, DEKV 3; Aktennotiz Scheffer betr. Zusammenkunft evangelischer Chefärzte auf dem nächsten Chirurgenkongreß, 8.9.1964; Scheffer an Hochheimer, 3.2. 1967, ADW, DEKV 50.
[142] W. Eichholz, Die Entwicklung des Arztvertragsrechts in den Krankenhäusern seit 1945, in: Das Krankenhaus 1975, H. 5, S. 163-174, Zitat S. 166.

weithin unbestritten. Der Streit entzündete sich an der Frage, ob den Ärzten das Liquidationsrecht als Teil ihrer Vergütung vom Krankenhausträger überlassen wurde, oder ob es ihnen für ihre freiberufliche Tätigkeit originär zustand. Verkompliziert wurde die Situation durch den Erlaß von Sparverordnungen der Länder, die den Ärzten eine bis zu 50prozentige Abgabe von ihren Liquidationseinnahmen auferlegten.

Von verschiedener Seite wurden Richtlinien und Empfehlungen erlassen, die vergeblich versuchten, Ordnung in das Chaos bringen. Wilhelm Hausen empfahl 1949 „Ruhe und Besonnenheit gegenüber dem Trommelfeuer von Gutachten, welches in dem Mitteilungsblatt des Verbandes der leitenden Krankenhausärzte ‚Der Krankenhausarzt' angefangen hat. Es ist eine alte Erfahrung, eine bestehende Rechtsunsicherheit durch entsprechenden Stimmenaufwand zu verdecken und glaubhaft zu machen, doch Recht zu haben."[143] Immerhin kam es 1950 zu Verhandlungen zwischen der soeben wiedergegründeten DKG und dem Verband der leitenden Krankenhausärzte, die zu den „Freudenstädter Beschlüssen" führten. Diese fanden allerdings nicht die Zustimmung der Verbände, so daß der Konflikt um die Freiberuflichkeit und ihre Folgen für das Liquidationsrecht weiterging. Doch wurden die Auseinandersetzungen bald in ruhigere Bahnen gelenkt. Der Status der Freiberuflichkeit verlor für die Chefärzte seinen Reiz, als der Bundestag im Jahre 1951 das Kündigungsschutzgesetz verabschiedete. Nun war es für die Ärzte durchaus vorteilhaft, wenn sie als Arbeitnehmer galten, da sie auf diese Weise in den Genuß des Kündigungsschutzes kamen. Auch die hitzigen Debatten um die „Sittenwidrigkeit" der prozentualen Abgaben von den Liquidationseinnahmen verloren an Schärfe, man feilschte fortab nur noch um ihre Höhe.

Die noch immer offenen Fragen – etwa im Hinblick auf die Altersversorgung – wurden durch die „Grundsätze für die Gestaltung von Verträgen zwischen Krankenhausträgern und leitenden Abteilungsärzten (Chefärzten)" weitgehend gelöst, die nach jahrelangem Tauziehen von der DKG und dem Verband der leitenden Krankenhausärzte im Jahre 1957 vereinbart wurden. Die Leitungsebene des DEKV war durch ihre enge Verzahnung mit der DKG an diesen Verhandlungen maßgeblich beteiligt: Pastor Otto Ohl, der Vorsitzende des DEKV, war 1956 auch an die Spitze der DKG gewählt worden, der Geschäftsführer des DEKV, Dr. Renatus Kayser, war als stimmberechtigtes Mitglied anstelle von Ohl in den Vorstand der DKG nachgerückt. Rechtsanwalt Wolf Eichholz hatte den Vorsitz im Fachausschuß für Personalfragen der DKG inne und gehörte von seiten der DKG der besetzten Kommission an, die seit 1954 die Richtlinien ausgehandelt hatte.

---

[143] Rs. DEKV 1/49, 17.2.1949, ADW, DEKV 127.

Das eigenmächtige Vorgehen dieser drei Männer stellte den DEKV beinahe vor eine Zerreißprobe. Der Gesamtverband der Inneren Mission in Baden schickte einen geharnischten Protest an Eichholz, weil die Grundsätze ohne Konsultation der evangelischen Krankenhäuser in Baden-Württemberg erarbeitet worden waren.[144] Als die Grundsätze in den Landesverbänden der DKG beraten wurden, kam massiver Widerstand aus den eigenen Reihen:

> „Die Situation war etwa die, daß – wesentlich auch durch falsche Unterrichtung – die Vertreter der evangelischen Krankenhäuser in den Landesverbänden der Deutschen Krankenhausgesellschaft anders votiert haben bzw. sich den Voten der kommunalen Träger angeschlossen hatten, als dies von seiten des Vorstandes und der Geschäftsführung erwartet werden konnte. Es ist in verschiedenen Bundesländern die Gelegenheit dazu benutzt worden, um ganz regionale Gesichtspunkte in den Vordergrund zu bringen und irgendwelche Machtkämpfe auszufechten."[145]

Um „wirklich in Vollmacht der evangelischen Krankenhäuser sprechen [zu] können", beriefen Ohl und Kayser, ehe die Grundsätze im Vorstand der DKG zur Abstimmung kamen, zum 21. März eine erweiterte Vorstandssitzung des DEKV ein, zu der auch die evangelischen Vertreter in den Landesverbänden der DKG eingeladen wurden. Auf der Leitungsebene des DEKV rechnete man mit einer Kampfabstimmung:

> „Es könnte, wenn die Dinge hart auf hart gehen, natürlich zu einer etwas knifflligen Frage kommen, wie wir gegebenenfalls abstimmen sollen. Man könnte sagen: ‚Wir haben eine Vorstandssitzung, haben zu dieser Vorstandssitzung Gäste eingeladen. Stimmberechtigt aber sind nur die Vorstandsmitglieder, die sich selbstverständlich ernsthaft mit den Stellungnahmen der Gäste auseinandersetzen.' Ist dann die Zahl der Teilnehmer an der Sitzung, die sich nicht überzeugen lassen, sehr groß, so werden sie natürlich wenig erfreut sein, wenn wir ihre Stimme nicht zählen wollen."[146]

Ohl löste das heikle Problem, indem er zum Abschluß der Sitzung am 21. März „zu einer Stimmungsabstimmung aller Sitzungsteilnehmer"[147] aufrief, die dann zur Erleichterung des Vorstands des DEKV mit der einstimmigen Annahme der Grundsätze endete. Auf diese Weise gelang es, bei der

---

[144] Gesamtverband der Inneren Mission in Baden an Eichholz, 26.1.1957, ADW, DEKV 100.
[145] Kayser an Direktor Pfarrer Mieth, Ev. Diakonieverein Zehlendorf, 1.3.57, ADW, DEKV 4.
[146] Ohl an Kayser, 22.2.57, ADW, DEKV 4. Kurz zuvor hatte Ohl die Taktik des weiteren Vorgehens festgelegt: Die Richtlinien sollten zunächst im Vorstand des DEKV und in der Mitgliederversammlung der DKG beraten werden, ehe man sie der Mitgliederversammlung des DEKV vorlegte, wo man mit einer „Zufallsmehrheit" rechnen müsse. Ohl an Kayser, 17.2.1957, ADW, DEKV 100.
[147] Bericht Pfarrer Ohl für die Sitzung des Vorstands des DEKV am 23.1.1958, ADW, DEKV 4.

Abstimmung im Vorstand der DKG eine Woche später die erforderliche Stimmenmehrheit für die Annahme der Grundsätze sicherzustellen.

Die neuen Grundsätze ließen zwar manche Frage offen, sie boten aber dennoch wegweisende Leitlinien für den Abschluß neuer Verträge: Chefärzte sollten fortab, sofern sie nicht in das Beamtenverhältnis berufen wurden, in der Regel nach einer Probezeit auf Lebenszeit angestellt werden. Das Liquidationsrecht zumindest in der 1. und 2. Pflegeklasse wurde ihnen eingeräumt, dazu sollten sie eine Vergütung – mindestens in der Eingangsgruppe des höheren Dienstes – mit entsprechender beamtenrechtlicher Altersversorgung erhalten. Anfangs wurden die Grundsätze, die ja nur den Charakter einer Empfehlung hatten, von den evangelischen Krankenhausträgern eher zögerlich umgesetzt – es kamen zu dieser Zeit noch auf jede der wenigen offenen Chefarztstellen so viele Bewerber, daß die Krankenhäuser die Bedingungen des Anstellungsvertrages diktieren konnten. So beklagte der Arbeitskreis leitender Ärzte der evangelischen Krankenhäuser Westfalens im Februar 1959:

> „Leider sieht es aber in der Praxis so aus, daß Ihre erhebliche Arbeit gar nicht gewürdigt wird und sich viele Vorstände der Krankenhäuser gar nicht nach Ihren Richtlinien richten. Uns wurden Fälle genannt, in denen neue Chefarztverträge mit wahrhaft unwürdigen Bedingungen geschlossen wurden. Bei der Flut von Bewerbungen um neue Chefarztstellen werden den Bewerbern *zuerst* die harten Verträge vorgelegt, und erst wenn die Bewerber damit einverstanden sind, kommen sie in engere Wahl. Angeblich soll so etwas in kommunalen und katholischen Häusern nicht mehr vorkommen."[148]

In dem Maße, wie sich der ärztliche Arbeitsmarkt entspannte, wurden die Grundsätze von 1957 zur Grundlage der Chefarztverträge. In den 60er Jahren begann man, über eine Neuordnung des ärztlichen Dienstes nachzudenken. Die Delegiertenversammlung des DEKV am 9. Dezember 1964 setzte dazu einen Ausschuß ein, der eine Beschlußvorlage für die Delegiertenversammlung am 28. Oktober 1965 erarbeitete, die in Neuverhandlungen zwischen der DKG und dem Verband der leitenden Krankenhausärzte einfließen sollte. Tatsächlich gingen die hier formulierten Grundsätze zur Neuordnung des ärztlichen Dienstes in die Empfehlungen der 70er Jahre ein.[149]

---

[148] Chefarzt Dr. E. Ch. Günther, Krankenhaus Bethanien, Dortmund-Hörde, Bericht über die Arbeitstagung des Arbeitskreises leitender Ärzte der Evgl. Krankenhäuser Westfalens am 11.2.1959, ADW, DEKV 50. Hervorhebung im Original.
[149] Prot. der Sitzungen des Ausschusses zur Beratung von Fragen der Neuordnung des ärztlichen Dienstes in evangelischen Krankenhäusern am 11.2.1965, 22.4.1965, 8.10.1965, 28.10.1965; W. Eichholz, Vorschlag zur Neuordnung der Vergütungsregelung im stationären ärztlichen Dienst, 9.9.1965; Beschlußvorlage zur Delegiertenversammlung des DEKV am 28.10.1965, ADW, DEKV 100.

Mit der Bundespflegesatzverordnung von 1973 waren die Grundsätze von 1957 endgültig überholt. Sie schaffte nicht nur die Pflegeklassen im Krankenhaus ab, sondern verbot auch die Kopplung des ärztlichen Liquidationsrechts an die Unterbringung des Patienten in einem Ein- oder Zweibettzimmer als Wahlleistung. Die DKG war – wie auch der DEKV – der Auffassung, daß damit eine Entwicklung eingeleitet worden war, die langfristig zu einer völligen Abschaffung des Liquidationsrechts der Chefärzte im stationären Krankenhausbereich führen würde.[150] In Abstimmung mit den kommunalen Spitzenverbänden beschloß die DKG jedoch 1973 „Vorläufige Hinweise", in denen vorläufig noch die Ausübung des Liquidationsrechts im Rahmen der Bundespflegesatzverordnung *durch den Krankenhausträger* und die Beteiligung der leitenden Ärzte an den Liquidationserlösen vorgesehen war. Die Verbände der Krankenhausträger betrachteten dies als eine Übergangsregelung. Der Katholische Krankenhausverband und der Deutsche Caritasverband gaben im Dezember 1974 Musterverträge heraus, die ein versorgungsfähiges Basisgehalt und eine nicht versorgungsfähige Zulage als Gesamtvergütung für die Tätigkeit des Chefarztes vorsahen. Zwar wurde die Überlassung des Liquidationsrechts an den Chefarzt in den katholischen Empfehlungen nicht völlig ausgeschlossen, aber sie wurde ausdrücklich nicht empfohlen.[151]

Der DEKV zog nach. In drei Sitzungen – am 17. März, 6. Mai und 30. Mai 1975 – erarbeitete eine eigens eingesetzte Chefarztvertragskommission unter Leitung von Wolf Eichholz „Empfehlungen für den Abschluß von Arztverträgen in Evangelischen Krankenhäusern". Darin wurden leitende Ärzte als „Angestellte des Krankenhausträgers" eingestuft. Sie sollten eine „Basisvergütung" und eine nicht versorgungsfähige Zulage in Höhe von 80 bis 150 % der Basisvergütung erhalten. An Stelle der Zulage sollte auch eine Beteiligung des leitenden Arztes am Liquidationserlös des Krankenhausträgers vereinbart werden können, wobei keine Einkommensgarantie übernommen werden sollte. Den leitenden Ärzten sollte das Liquidationsrecht grundsätzlich nicht zur selbständigen Ausübung überlassen werden. Geschehe dies in Ausnahmefällen dennoch, so sollten die Honorare durch die Krankenhäuser eingezogen werden. Die leitenden Ärzte sollten von etwaigen Liquidationseinnahmen für die Inanspruchnahme der Einrichtungen und des Personals Abgaben an das Krankenhaus leisten. Ferner sollten sie von ihren Liquidationseinnahmen bzw. von ihren Anteilen am

---

[150] Vgl. Zielvorstellungen der DKG zur Vergütung des ärztlichen Dienstes im Krankenhaus, streng vertraulicher Entwurf v. 1.2.1972; Prot. der Sitzung des Ausschusses „Strukturfragen des ärztlichen Dienstes" des DEKV am 11.2.1972, ADW, DEKV 101.

[151] Katholischer Krankenhausverband Deutschlands, Der Dienstvertrag mit einem leitenden Abteilungsarzt, Freiburg 1974. Ein Exemplar findet sich in ADW, DEKV 101.

Liquidationserlös ein Drittel zur Beteiligung der ärztlichen Mitarbeiter an einen Pool abführen.¹⁵²

Auf der Mitgliederversammlung des DEKV am 11. Juni 1975 wurden diese Empfehlungen der Öffentlichkeit vorgestellt. Eichholz betonte, man wolle mit den Empfehlungen „den Ärzten keineswegs den Brotkorb höher hängen", es handele sich nicht um eine „Sozialisierung". Dr. Walter Hochheimer „bezeichnete es als eine evangelische Aufgabe, mit den neuen Empfehlungen das ‚Zerrbild vom Arzt' zu beseitigen, das in der Öffentlichkeit entstanden sei. Hochheimer wandte sich mit Nachdruck gegen die oft ‚überzogenen' Gehaltswünsche leitender Ärzte."¹⁵³ Zwar hat sich das vom DEKV befürwortete System der Krankenhausliquidation nicht durchsetzen können – der Verband privater Krankenversicherer strengte einen Musterprozeß gegen das Vinzenz-Krankenhaus in Hannover an, um die fast 300 Krankenhäuser, die zur Krankenhausliquidation übergegangen waren, zu zwingen, ihre Praxis zu ändern¹⁵⁴ –, wesentliche Elemente der Empfehlungen wie die Einrichtung eines Pools zur Beteiligung der ärztlichen Mitarbeiter sind jedoch heute gängige Praxis. Insgesamt konnte die *Ärztefrage*, die fünf Jahrzehnte lang für böses Blut gesorgt hatte, Mitte der 70er Jahre als gelöst gelten. In der weiteren Arbeit des DEKV spielte sie nur noch eine untergeordnete Rolle.

Auch um die Tarifregelungen für Assistenzärzte kam es bis in die 60er Jahre hinein zu heftigen Auseinandersetzungen. Die „Tarifordnung für die freien gemeinnützigen Kranken- und Pflegeanstalten" vom 1. September 1944 hatte die Vergütung der Assistenzärzte in Anlehnung an die „Tarifordnung für Angestellte im öffentlichen Dienst" geregelt. Dadurch war das „Leipziger Abkommen" vom April 1933, das für die Assistenzärzte lediglich *Diäten* nach der Reichsbesoldungsordnung vorgesehen hatte, außer Kraft gesetzt worden. Viele konfessionelle Krankenhäuser weigerten sich freilich, die Tarifordnung von 1944 anzunehmen, weil sie darin eine Zwangsmaßnahme des NS-Staates gegen die Kirchen sahen und weil sie fürchteten, durch die Zahlung der Tarifgehälter in wirtschaftliche Schwierigkeiten zu geraten. Sie richteten sich weiter nach dem Leipziger Abkommen. Tarifliche Bezahlung – sei es nach dem Leipziger Abkommen, sei es nach der Tarifordnung von 1944 – stand ohnehin nur den planmäßigen *Ober-* und *Assistenz*ärzten zu. Daneben gab es – schon seit der Zeit vor

---

152 Beschluß des Vorstandes des DEKV v. 30.5.1975: Empfehlungen für den Abschluß von Arztverträgen in Evangelischen Krankenhäusern, ADW, DEKV 101.
153 Evangelischer Pressedienst (epd) 70/12.6.1975, ADW, DEKV 101. Walter Hochheimer galt wegen solch ketzerischer Äußerungen in den Reihen der Leitenden Ärzte mitunter als „schwarzes Schaf". Interview mit Walter Hochheimer am 12.12.2000. Vgl. auch Schmuhl, Ärzte in Sarepta.
154 Arbeit und Sozialpolitik 4/1976, S. 133, ADW, DEKV 101.

dem Zweiten Weltkrieg – *Volontär-* und *Gast*ärzte, die lediglich Unterkunft und Verpflegung, hin und wieder auch ein Taschengeld erhielten. Schließlich wurden in vielen Fällen zwei Jungärzte auf eine Planstelle gesetzt – sie erhielten als *Hilfs*ärzte das halbe Gehalt eines Planassistenten.

So sah die Situation am Ende des Krieges aus. Die Rechtslage wurde noch komplizierter, als die Landesarbeitsämter in Düsseldorf und Hamm im April 1946 die konfessionellen Krankenhäuser – von denen es im Rheinland und in Westfalen ja besonders viele gab – aus dem Geltungsbereich der Tarifordnung von 1944 herausnahmen und die Rechtswirksamkeit dieser Anordnungen im nachhinein in Zweifel gezogen wurde, weil sie im Durcheinander der Nachkriegszeit angeblich nicht ordnungsgemäß veröffentlicht worden waren. Die unklare Rechtslage war ein gefundenes Fressen für die Rechtsabteilung des „Marburger Bundes". Dabei ging es zunächst um das Problem der Anwendbarkeit der Tarifordnung von 1944 auf die freigemeinnützigen Krankenhäuser, dann aber auch allgemein um die Vergütung von Volontärärzten und Medizinalpraktikanten und schließlich um die Frage, ob die auf geteilten Stellen eingesetzten Hilfsärzte einen Anspruch auf volle Tarifvergütung hatten. Da der Marburger Bund den Ärzten das Prozeßrisiko abnahm, rollte nun eine Lawine von Arbeitsgerichtsprozessen an, die in den einzelnen Rechtsfragen zu völlig widersprüchlichen Entscheidungen führten. So ging es über Jahre hinaus weiter, ohne daß eine verbindliche Entscheidung des Bundesarbeitsgerichts in Sicht war. Die konfessionellen Spitzenverbände versuchten, durch die Herausgabe von Arbeitsvertragsrichtlinien Ordnung in das Chaos zu bringen.

Für den DEKV stand Eichholz seit längerem in Verhandlungen mit dem Marburger Bund. Schon im März 1952 hielt er es für zwecklos weiterzuverhandeln, da der Marburger Bund ständig neue Forderungen erhebe.[155] Das Gesprächsklima wurde dadurch weiter vergiftet, daß der Marburger Bund seine Mitglieder vor einer Beschäftigung in konfessionellen Krankenhäusern der Nordrhein-Provinz warnte, nachdem das Landesarbeitsgericht Düsseldorf diese aus dem Geltungsbereich der Tarifordnung von 1944 ausgenommen hatte. Eichholz sah sich in seiner „Auffassung bestärkt, daß für die Weiterführung der Verhandlungen mit dem Marburger Bund die Basis recht schwach geworden"[156] sei. Auf seine Empfehlung hin wurden zum 1. Januar 1953 Arbeitsvertragsrichtlinien einseitig veröffentlicht, die in der Arbeitsgemeinschaft der freien gemeinnützigen Krankenanstalten gemeinsam mit dem Deutschen Caritasverband, dem Deutschen Roten Kreuz und dem Deutschen Paritätischen Wohlfahrtsverband ausgearbeitet worden waren. In der Präambel wurde der Gedanke der *Dienstgemeinschaft* ent-

---

[155] Prot. der Vorstandssitzung am 24.3.1952, ADW, DEKV 112.
[156] Eichholz an Vorstand des DEKV, undatiert, ADW, DEKV 112.

wickelt, der bei der Gestaltung der Arztverträge als Richtschnur gelten sollte:

> „Alle in den Anstalten der Inneren Mission tätigen Mitarbeiter dienen dem gemeinsamen Werk christlicher Nächstenliebe. Sie leisten auch ihre berufliche Arbeit in dieser religiösen Zielsetzung. Sie bilden untereinander eine Dienstgemeinschaft zur gemeinsamen Erfüllung des dieser Gemeinschaft aufgetragenen kirchlichen Dienstes."[157]

Diese theologische Verbrämung mußte dem Marburger Bund ein Dorn im Auge sein. Trotzdem einigte sich Eichholz mit den Vertretern des Marburger Bundes auf den Entwurf eines Abkommens, das jedoch vom Vorstand des DEKV am 17. Juni 1953 abgelehnt wurde. *Erstens* war man skeptisch, daß das Abkommen die vom Marburger Bund losgetretene Prozeßlawine würde stoppen können. *Zweitens* scheute man vor einem Alleingang, nachdem der Caritasverband, das Rote Kreuz und der Paritätische Wohlfahrtsverband signalisiert hatten, daß sie sich nicht an dieses Abkommen halten würden. *Drittens* war der Vorstand des DEKV skeptisch, ob der Marburger Bund nicht sofort weitergehende Forderungen nachschieben würde, da dieser soeben in einem Offenen Brief an alle Parteien und Bundestagsfraktionen die uneingeschränkte Anwendung der Tarifordnung für Angestellte auf alle angestellten Ärzte gefordert hatte.[158] Es kam daraufhin zu einem von Eichholz initiierten Alleingang der evangelischen Krankenhäuser in Westdeutschland: Der Gesamtverband Evangelischer Krankenanstalten in Rheinland und Westfalen und der Landesverband Nordrhein-Westfalen/Rheinland-Pfalz des Marburger Bundes schlossen am 1. Februar 1954 das „Langenberger Abkommen"[159] ab, das sich als tragfähige Grundlage für die weitere Ausgestaltung der Assistenzarztverträge erweisen sollte.

Offen blieben vorerst – abgesehen vom Geltungsbereich des Langenberger Abkommens – die Fragen der Volontärsarztbesoldung, der Dauer der Assistenzarztverträge sowie der Arbeitszeit. Der Konflikt flaute nur langsam ab. So verabschiedeten die Teilnehmer einer Medizinertagung zum Thema „Zwischen Staatsexamen und eigener Praxis", die am 21./22. Mai 1955 an der Evangelischen Akademie in Mülheim/Ruhr stattfand, eine Entschließung, in der die unsicheren Zukunftsaussichten, die unzureichende Bezah-

---

[157] Richtlinien für Dienstverträge nachgeordneter Ärzte in den Anstalten und Einrichtungen, die dem CA für die Innere Mission angeschlossen sind, 1.1.1953, ADW, DEKV 112. Rs. CA, 19.1.1953, ADW, DEKV 114.
[158] Beschluß des Vorstandes des DEKV v. 17.6.1953; Eichholz an Marburger Bund, 18.6.1953, ADW, DEKV 112.
[159] W. Eichholz, Das Langenberger Abkommen, in: Die evangelische Krankenpflege 4. 1954, S. 1-12.

lung und die Arbeitsüberlastung der Assistenzärzte besonders in konfessionellen Krankenhäusern beklagt wurden: „Die dadurch mitbedingte Gefahr, daß das Krankenhaus zur reinen Gesundheitsreparaturanstalt entartet, sollte ganz besonders aus der evangelischen Verantwortung heraus erkannt und mit allen zu Gebote stehenden Mitteln verhindert werden."[160] Der Verband Evangelischer Krankenanstalten im Rheinland wies die Vorwürfe postwendend zurück; Dr. Kurt Melcher von der Arbeitsgemeinschaft evangelischer Krankenhäuser in Berlin erregte sich über die Mülheimer Entschließung, die „im bekannten Style des Marburger Bundes gegen die limitierten Assistenzarztverträge"[161] polemisiere, und forderte den DEKV auf, sich an die Evangelischen Akademien zu wenden, um zu verhindern, daß diese sich noch einmal vor den Karren des Marburger Bundes spannen ließen.

Kaum war die Prozeßwelle wegen der Anwendung der Tarifordnung von 1944 auf die freigemeinnützigen Krankenhäuser abgeebbt, da gab es eine neue Flut von Prozessen um die Arbeitszeit, genauer gesagt: um die Vergütung von Überstunden und Dienstbereitschaft. In Verhandlungen mit dem Bundesarbeitsministerium über die Neufassung der Arbeitszeitbestimmungen für Krankenpflegeanstalten im Jahre 1955 stellte sich der Marburger Bund auf den Standpunkt, daß der Grundsatz der Achtundvierzigstundenwoche auch auf Assistenzärzte anwendbar war. Für die evangelischen Krankenhäuser hätte die Durchsetzung dieses Grundsatzes nicht nur einen erheblichen Kostenfaktor bedeutet, sondern wäre auch kaum mit ihrem Selbstverständnis zu vereinbaren gewesen. Der Entwurf für eine Neuregelung der Arbeitszeit nachgeordneter Ärzte wurde auch aus diesem Grunde von seiten der evangelischen Krankenhausträger überwiegend skeptisch beurteilt:

> „Diese Ordnung ist ein ernstes Symptom unserer Situation im Wohlfahrtsstaat. Bisher war der Beruf des Pfarrers, des Arztes und der aus Berufung tätigen Krankenschwester noch weitgehend freigehalten von gewerkschaftlichen Tendenzen und berufsfremden Motiven. ... Wenn nun aber auch im Berufsstand der Ärzte solche Richtlinien und Bestimmungen in Kraft treten, wird eine Kluft zu denjenigen Schwestern aufgerissen, die Mutterhausverbänden angehören und für Überstunden nicht bloß nicht bezahlt werden, sondern diese Bezahlung, falls sie ihnen angeboten würde, auch strikte ablehnen werden. ... Auch zwischen Arzt und Seelsorger gibt diese Neuordnung eine Barriere."[162]

---

[160] Entschließung „Zwischen Staatsexamen und ärztlicher Praxis", ADW, DEKV 8.
[161] Stellungnahme des Verbandes Evangelischer Krankenanstalten im Rheinland zur Mülheimer Entschließung, o. D. (Entwurf); Melcher an Kayser, 12.9.1955, ADW, DEKV 8.
[162] Stellungnahme der Inneren Mission und des Hilfswerks der Evangelisch-Lutherischen Kirche in Bayern zum Entwurf der Richtlinien für die Regelung der Arbeitszeit nachgeordneter Ärzte, zit. nach einem Überblick über die eingegangenen Stellungnahmen, o. D., ADW, DEKV 2. Auslassungen im Original.

Seit Mitte der 50er Jahre stellte sich die „Assistenzarztfrage" völlig neu. Der DEKV bemerkte es zunächst bei der Stellenvermittlung.[163] 1957 wies Otto Ohl darauf hin, daß „Assistenzärzte, die wir 1945 in hellen Massen nicht unterbringen konnten, nun schon Mangelware geworden sind".[164] In einem Referat zum Thema „Ärztenachwuchs und Krankenanstalten", das er am 4. September 1958 vor dem Personalausschuß der DKG hielt, analysierte Dr. Vonessen die Ursachen der „Assistentennot":
– Die Bundeswehr benötige 2.000 bis 3.000 Ärzte.
– Der Übergang vom Pflichtassistenten zum Medizinalassistenten bedeute einen zweijährigen Stopp der ärztlichen Approbationen.
– Durch die Senkung der Verhältniszahl von 600 auf 500 Versicherte je Kassenarzt würden etwa 1.000 Ärzte im Bundesgebiet neu zur Kassenpraxis zugelassen.
– Die Zahl der Medizinstudenten sei rückläufig.
– Die Wiedereinführung der allgemeinen Wehrpflicht lasse eine Lücke auch im ärztlichen Nachwuchs entstehen.

Zur Lösung des Problems empfahl Vonessen die Schaffung von Dauerstellen für *Stamm-* und *Funktions*ärzte und – damit eng verbunden – die Auffächerung des ärztlichen Arbeitsfeldes durch die Einrichtung von Fachabteilungen – ein Vorschlag, der freilich in den eigenen Reihen mit Skepsis aufgenommen wurde.[165] Sorge bereiteten dem DEKV die möglichen Auswirkungen des Assistenzarztmangels auf das diakonische Profil der evangelischen Krankenhäuser. In einem vertraulichen Rundschreiben warnte er im Jahre 1957 davor, daß „aus solcher Notsituation heraus jeder greifbare junge Arzt ohne Rücksicht auf seine Einstellung gegenüber der besonderen Aufgabe der evangelischen Krankenhausarbeit eingestellt wird."[166] Der Arbeitskreis leitender Ärzte der evangelischen Krankenhäuser Westfalens empfahl, die angeschlossenen Krankenhäuser um umgehende Veränderungsmeldungen zu bitten, „um evangelische Assistenten auch weiter an evangelische Krankenhäuser zu vermitteln". Der Arbeitskreis Rheinland-

---

[163] Im Jahr 1952 war entschieden worden, von Stellenvermittlungen zunächst abzusehen (Aktennotiz Cropp, 9.10.1952, ADW, DEKV 112). Seit 1956 war der ärztliche Personalausgleich wieder tätig – freilich mit eher mäßigem Erfolg (vgl. die Bilanzen in ADW, DEKV 3, 4, 51, 58).
[164] Ohl an Irmingard Klemm, 8.8.1957, ADW, DEKV 126.
[165] Dr. Vonessen, Memorandum „Ärztenachwuchs und Krankenanstalten", ADW, DEKV 10; Rs. an die Vorstandsmitglieder des DEKV, 25.5.1959, ADW, DEKV 91. Vgl. auch DKG, vertraulicher Vorbericht über die Auswertung der Fragebogenaktion „Assistenzarztmangel in den Krankenhäusern", 2.9.1959, ADW, DEKV 91.
[166] Rundschreiben des DEKV, 26.1.1957, Archiv der Westfälischen Diakonissenanstalt Sarepta 1/370.

West forderte, „daß durch engere Zusammenarbeit der evangelischen Krankenanstalten bewährten Assistenten der Aufstieg zum Oberarzt oder Chefarzt ermöglicht wird."[167]

Noch 1961 protestierte die DKG dagegen, daß die Bundesärztekammer die Abiturienten und Abiturientinnen vor dem Medizinstudium warnte: Es sei zwar richtig, daß die Zahl der Ärzte von 67.900 (1950) auf 82.000 gestiegen sei, doch sei die Bevölkerung der Bundesrepublik (ohne Berlin) im selben Zeitraum von 48,2 Mio. auf 53,4 Mio. angewachsen. Zudem seien bei den 82.000 Ärzten etwa 10.000 mit einberechnet, die im Gesundheitsdienst, im Fürsorge-, Versorgungs- und Versicherungswesen, in der pharmazeutischen Industrie oder bei der Bundeswehr arbeiteten, dazu auch die verheirateten, nicht oder kaum berufstätigen Ärztinnen. An den deutschen Krankenhäusern seien noch immer etwa 2.000 Assistenzarztstellen unbesetzt.[168]

Bemerkenswert ist, daß sich der DEKV auch um den Ärztemangel der evangelischen Krankenhäuser in der DDR kümmerte. So veröffentlichte er 1956 einen Aufruf des Chefarztes des Diakonissenkrankenhauses Eisenach, Dr. Werner Keil, an die evangelischen Krankenhäuser der Bundesrepublik Deutschland:

> „Die Evangelischen Krankenhäuser der DDR sind in Not! Sie haben nicht genügend Ärzte, um ihre Kranken den heutigen Erfordernissen und Maßstäben entsprechend zu betreuen. Dadurch sind sie nicht konkurrenzfähig mit den Einrichtungen des staatlichen Gesundheitswesens und geraten in die Gefahr, verstaatlicht zu werden. Ursache des Arztmangels ist einmal die Tatsache, daß es in der DDR überhaupt zu wenig Ärzte gibt, andererseits aber auch die Befürchtung vieler westdeutscher Ärzte, sie könnten durch eine Tätigkeit in der DDR in ihrem Fortkommen behindert werden. Um diese Bedenken zu zerstreuen, darf ich folgendes klarstellen:
>
> 1) Ein westdeutscher Arzt, der in der DDR arbeiten will, wird in dieser Arbeit durch niemanden behindert werden, auch nicht durch staatliche Stellen, solange er sich nicht gegen die Gesetze der DDR vergeht.
>
> 2) Westdeutsche medizinische Fachzeitschriften können – von wenigen Ausnahmen abgesehen – regelmäßig geliefert werden. [...]
>
> 3) Ebenso wie den Einwohnern der DDR ist es auch westdeutschen Ärzten natürlich jederzeit möglich, besuchsweise mit Interzonenpaß in die Bundesrepublik zu reisen, sei es zu Urlaubszwecken, sei es zum Besuch wissenschaftlicher Tagungen usw.
>
> 4) Infolge des allgemeinen Arztmangels sind die Möglichkeiten zur praktischen Ausbildung für den einzelnen Arzt nach meinem Dafürhalten ungleich größer als in der Bundesrepublik. [...]

---

[167] Bericht über die Arbeitstagung des Arbeitskreises Leitender Ärzte der evangelischen Krankenhäuser Westfalens am 11.2.1959 bzw. Rheinland-West, 3.12.1958, ADW, DEKV 50. Vgl. auch Rs. DEKV, 16.12.1954, ADW, DEKV 114.
[168] Presseerklärung der DKG v. 3.2.1961, ADW, DEKV 91. Vgl. auch Adam, Assistenzärztemangel – Legende oder Wirklichkeit?, in: Das Krankenhaus 52. 1960, S. 41–45.

Aber die Evangelischen Krankenhäuser in der DDR sind in Not. Sie brauchen Ärzte! Und deshalb bitten wir die Chefärzte westdeutscher evangelischer Krankenhäuser um Hilfe, bitten um Verständnis für unsere besondere Lage und bitten, folgenden Gedanken erwägen zu wollen:

a) An westdeutschen evangelischen Krankenhäusern, Kliniken und Instituten wird als Assistenz- oder Oberarzt nur derjenige angestellt, der eine mindestens einjährige Tätigkeit an einem evangelischen Krankenhause der DDR nachweisen kann.

b) Die an westdeutschen Krankenhäusern usw. bereits tätigen Assistenz- und Oberärzte mögen untereinander vereinbaren, wer freiwillig sofort den evangelischen Krankenhäusern der DDR zu Hilfe kommt und wer ihn nach einem Jahr ablösen wird.

Diese ‚Notdienstleistung' westdeutscher Ärzte wäre nicht nur ein Beitrag zur Wiedervereinigung Deutschlands, sondern weit darüber hinaus eine wahrhaft diakonische Tat und eine Dokumentation wirklicher christlicher Hilfsbereitschaft."[169]

Der Aufruf, der auch auf Kritik in den eigenen Reihen stieß,[170] blieb weitgehend erfolglos. Der DEKV stellte aber umgehend eine Erhebung über den Assistenzarztmangel in den evangelischen Krankenhäusern der DDR an und versuchte, über die Evangelischen Studentengemeinden angehende Ärzte aus der Bundesrepublik dazu zu bewegen, ihre Medizinalpraktikantenzeit an Krankenhäusern in der DDR abzuleisten.[171]

6.10 Der DEKV und die evangelischen Krankenhäuser in der DDR

Obwohl sich der Wiederaufbau der Verbandsstrukturen in der SBZ/DDR als unmöglich erwiesen hatte, war der DEKV weiterhin bemüht, die Verbindungen zu den evangelischen Krankenhäusern in der DDR nicht abreißen zu lassen. Am Anfang schwang dabei durchaus der Anspruch mit, eine Vertretung der evangelischen Krankenhäuser in *beiden* Teilen Deutschlands zu sein, ein Anspruch, an dem gerade die ‚Berliner Fraktion' des DEKV zäh festhielt. Auf der symbolischen Ebene wurde dies, wie bereits erwähnt, dadurch zum Ausdruck gebracht, daß man den Sitz des DEKV bis 1966 in Berlin beließ und bei der Besetzung des Postens des stellvertretenden Vorsitzenden bevorzugt auf Persönlichkeiten aus Berlin zurückgriff. Der Bau

---

[169] W. Keil, An alle Evangelischen Krankenhäuser der Bundesrepublik, 20.10.1956 (veröffentlicht im Rs. des DEKV v. 17.12.1956), ADW, DEKV 8.
[170] Dr. Bremicker, Krankenhaus der Evangelischen Kirchengemeinde Kettwig, an DEKV, 17.1.1957, ADW, DEKV 8.
[171] Übersicht „Evangelische Krankenhäuser und Heilstätten in der DDR, die dringend Assistenzärzte und Pflichtassistenten benötigen" (Stand: 1.2.1957); Aktennotiz Morgenroth, 28.5.1957, ADW, DEKV 8.

der Berliner Mauer am 13. August 1961 veränderte jedoch die Rahmenbedingungen des Ost-West-Verhältnisses von Grund auf. Die Existenz zweier deutscher Staaten war nicht mehr zu leugnen, es wurde bald deutlich, daß die Deutschlandpolitik der Bundesregierung im Zeichen der Hallstein-Doktrin immer tiefer in eine Sackgasse führte. So setzte zwischen 1961 und 1969, als die Regierung der sozialliberalen Koalition ihre „neue Ostpolitik" einleitete, ein Prozeß des Umdenkens ein, in dem sich das Konzept einer Politik der kleinen Schritte herausformte, die auf einen „Wandel durch Annäherung" (Egon Bahr) abzielte. Kirche und Diakonie spielten in der neuen Ostpolitik eine wichtige Rolle, und auch der DEKV übernahm dabei seinen Part, indem er – meist still im Hintergrund wirkend – dazu beitrug, ein dichtes Netzwerk von Kontakten zwischen evangelischen Krankenhäusern in Ost und West zu knüpfen.

Anfang der 80er Jahre unterhielten die evangelischen Landes- und Freikirchen in der DDR 45 Krankenhäuser mit insgesamt etwa 6.500 Betten, in denen jährlich über 84.000 Patienten von etwa 5.300 Mitarbeitern, darunter 350 Ärzten und 3.000 Krankenschwestern, betreut wurden.[172] Aus dem Gesundheitssystem der DDR waren sie – ebenso wie die katholischen Krankenhäuser – längst nicht mehr wegzudenken. Zuletzt gab es in der DDR 46 evangelische und 31 katholische Krankenhäuser. Sie stellten 16,7 % der insgesamt 541 Krankenhäuser und 14,2 % aller Krankenhausbetten in der DDR.[173] Die staatliche Gesundheits- und Sozialpolitik hatte die Beiträge der Diakonie und der Caritas auf dem Gebiet des Krankenhauswesens von Anfang an fest in ihre Programme eingeplant, zumal die konfessionellen Einrichtungen Versorgungslücken gerade in

---

[172] Die Mehrzahl der evangelischen Krankenhäuser in der DDR dienten der Grundversorgung und umfaßten – in unterschiedlicher Kombination – Abteilungen für Innere Medizin, Chirurgie, Gynäkologie, Geburtshilfe und Pädiatrie. Diejenigen evangelischen Krankenhäuser, die die Funktion von Kreiskrankenhäusern wahrnahmen, deckten vier oder mehr klinische Fachgebiete ab und verfügten über eine Anästhesie- und Infektionsabteilung sowie eine Intensivstation. Außerdem gab es verschiedene evangelische Fachkrankenhäuser für Orthopädie, Pädiatrie, Epilepsie und Kinderneuropsychiatrie. Die meisten evangelischen Krankenhäuser hatten neben den Abteilungen für Akutkranke auch Abteilungen oder Stationen für chronisch Kranke. W. Koltzenburg, Prinzipien und Formen der Leitung von Krankenhäusern der evangelischen Kirchen in der Deutschen Demokratischen Republik, Diss. Akademie für Staats- und Rechtswissenschaft der DDR 1983, S. 1, 26 f., Anlage 1; Thesen zu dieser Dissertation, Ms., S. 2. Vgl. DW Ost, Statistische Angaben, Stand: 1.1.1988, Archiv des DEKV, Akte „Verbände DDR/Kontakte II". Danach gab es in der DDR 43 evangelische Krankenhäuser, die zusammen 6.026 Betten vorhielten und 5.875 Mitarbeiter beschäftigten. Der folgende Abschnitt basiert in der Hauptsache auf mündlichen Auskünften von Dr. Wilfrid Koltzenburg, Prof. Dr. Reinhard Turre, Pfarrer Peter Gierra und Prof. Dr. Sieghart Grafe, denen an dieser Stelle herzlich gedankt sei.

[173] DEKV, Geschäftsbericht für die Zeit vom 7. Juni 1989 bis 24. September 1990, S. 32.

Bereichen wie der Alten-, Behinderten- und Suchtkrankenarbeit schlossen, die sich nicht mit dem Bild des Neuen Menschen vertrugen, von dem sich das Regime der SED leiten ließ. Hinzu kam, daß die konfessionellen Krankenhäuser – nicht zuletzt aufgrund der Finanzhilfen und des Techniktransfers aus dem Westen – je länger, umso mehr zu „Aushängeschildern" des Gesundheitswesens in der DDR wurden. Dennoch blieben sie Fremdkörper im staatlichen Gesundheitssystem – sie wurden geduldet, weil sie unentbehrlich waren, und sie behielten ihre Selbständigkeit, weil eine Übernahme in staatliche Trägerschaft vor dem Hintergrund des in der Verfassung der DDR garantierten Grundrechts auf freie Religionsausübung politisch brisant war. Vereinzelte Versuche, konfessionelle Krankenhäuser in staatliche oder halbstaatliche umzuwandeln, konnten vereitelt werden. Zwar ließen die immer wieder auftretenden Spannungen zwischen Kirche und Staat die konfessionellen Krankenhäuser nicht unberührt. Doch spätestens seit dem Ende der 70er Jahre, als sich die Überlastung der Wirtschaft und Gesellschaft der DDR immer deutlicher abzuzeichnen begann, war der Regierung daran gelegen, Pressionen und Friktionen zu vermeiden – man ließ die konfessionellen Krankenhäuser in Ruhe, ohne daß sich an ihrer Nischenexistenz etwas änderte.

Die Beziehungen der evangelischen Krankenhäuser zum Staat wurden durch Vereinbarungen auf lokaler und zentraler Ebene geregelt. Auf der lokalen Ebene hatten sich die evangelischen Krankenhäuser in grundsätzlichen Fragen – bei der Festlegung des Versorgungsgebietes, der Ausweitung oder Einschränkung der Bettenkapazität und der Veränderung des Leistungsprofils, also über Art und Umfang der Fachdisziplinen und über das Spektrum ihrer Leistungen auf den Gebieten der Diagnostik, Therapie, Rehabilitation und Prophylaxe – mit den Abteilungen für Gesundheits- und Sozialwesen bei den Räten der Kreise „auf partnerschaftlicher Grundlage und im Rahmen der Gegebenheiten und Möglichkeiten"[174] abzustimmen. Auf der zentralen Ebene wurden die evangelischen Krankenhäuser in der DDR durch die Geschäftsstelle des DW in Ost-Berlin vertreten, die ursprünglich eine Außenstelle des DW in Stuttgart war, dann aber unter dem Dach des 1969 gegründeten Bundes der Evangelischen Kirchen in der DDR (BEK) reorganisiert wurde. Da die Regierung in Grundsatzfragen nur einen Verhandlungspartner haben wollte, nahm die Abteilung Recht und Betriebswirtschaft der Geschäftsstelle des DW, von 1972 bis 1990 geleitet von Dr. Wilfrid Koltzenburg, vitale Interessen *aller* evangelischen Krankenhäuser in der DDR wahr – das DW-Ost vertrat also nicht nur die Interessen der Krankenhäuser lutherischer und unierter Prägung, sondern

---

[174] Vereinbarung zwischen dem Ministerium für Gesundheitswesen und dem DW v. 12.10. 1977, zit. nach Koltzenburg, Prinzipien, S. 14.

auch der methodistischen und freikirchlichen Häuser, hatte mithin einen größeren Klientenkreis als der BEK. Wichtigster Verhandlungsgegenstand mit dem Ministerium für Gesundheitswesen waren die *Pflegekostensätze*, die der Sozialversicherung von den evangelischen Krankenhäusern für ihre Dienstleistungen berechnet werden durften – zu den Besonderheiten des Krankenhauswesens in der DDR gehörte es, daß nur die kirchlichen Krankenhäuser über Pflegesätze finanziert wurden. Weiter verhandelte die Geschäftsstelle des DW mit dem Ministerium über die Bestätigung der Beschlüsse der kirchlichen Rechtsträger der evangelischen Krankenhäuser über Veränderungen der Bettenzahl, die Umprofilierung des Leistungsspektrums und über die Bereitstellung von materiellen Baubilanzen für größere Investitionen. Die Geschäftsstelle gewann in dem Maße, wie die Regierung der DDR ein Interesse an einer möglichst reibungslosen Zusammenarbeit mit den konfessionellen Krankenhäusern entwickelte, nicht unbeträchtliche Handlungsspielräume in jener breiten Grauzone mündlicher Absprachen, die – gleichsam wie ein doppelter Boden – den schriftlichen Vereinbarungen unterlegt wurden und in den Akten so gut wie keinen Niederschlag fanden. So gab es in den evangelischen Krankenhäusern keine Tarifverträge, das Personal wurde nach der kirchlichen Vergütungsordnung bezahlt. Als deren Sätze angehoben wurden, stellte sich das Ministerium quer und fror in den Pflegesatzverhandlungen die Personalkosten ein. In den Verhandlungen zwischen dem DW, der Regierung und dem FDGB einigte man sich schließlich an eine „Vergütungsregelung", die sich zwar weitgehend an den staatlichen Tarifverträgen orientierte, den für die kirchlichen Träger jedoch unannehmbaren Punkt – die überaus starke Stellung der Betriebsgewerkschaftsleitung – dadurch umging, daß die Verbindung zwischen Krankenhaus und Gewerkschaft auf die zentrale Ebene gehoben wurde, wo man Spannungen und Konflikte stillschweigend aus dem Weg räumen konnte. Ein anderes Beispiel: In einer Vereinbarung zwischen dem Ministerium und dem DW aus dem Jahre 1975 wurde die Ausbildung an kirchlichen Krankenpflegeschulen als Fernstudium an einer staatlichen medizinischen Fachschule konstruiert – diese institutionelle Anbindung stand jedoch nur auf dem Papier. In der Praxis war die kirchliche Krankenpflegeausbildung weitgehend frei von staatlichen Einflüssen, und „sozialistische Ethik" stand zwar auf dem Lehrplan, beschränkte sich aber auf Sachinformationen.

Die evangelischen Krankenhäuser in der DDR befanden sich mithin in einem Schwebezustand – sie waren, obwohl ein unentbehrlicher Bestandteil der medizinischen Grundversorgung, ein abgekapselter Fremdkörper im sozialistischen Gesundheitssystem, vom Partei- und Behördenapparat vor Ort mißtrauisch beobachtet, von der Zentralregierung geduldet. In dieser Situation schlossen sie sich eng unter dem Dach des DW und des BEK zusammen. Die evangelischen Krankenhäuser in der DDR waren, zumeist in der Rechtsform der Stiftung, wirtschaftlich und rechtlich selbständige Einrichtungen der Kirche, sie blieben aber trotz ihrer formaljuristischen Selbständigkeit ein Teil der Kirche und des kirchlichen Eigentums. Diese Konstellation hatte zur Folge, daß die evangelischen Krankenhäuser in der DDR ungleich fester in Kirche und Diakonie eingebunden waren als die evangelischen Krankenhäuser in der Bundesrepublik. Die gemeinsame Abwehrfront gegen einen Staat, der das konfessionelle Krankenhauswesen zwar aus pragmatischen Motiven duldete, ihm aber mit Unverständnis und latenter Ablehnung gegenüberstand, hatte weiter zur Folge, daß die evangelischen Krankenhäuser, auf sich selbst zurückgeworfen, ihre christliche Identität ungebrochen aufrechterhielten. Eine Erosion des diakonischen Profils, wie sie im Westen drohte, gab es im Osten nicht.

Ein Blick in die Rahmenkrankenhausordnung des DW, die am 9. Juni 1980 beschlossen wurde, unterstreicht diesen Eindruck. Ihre Entstehung zeigt noch einmal den *modus vivendi*, der sich zwischen Staat, Kirche und Diakonie eingespielt hatte. Der Staat bestand nicht darauf, daß die kirchlichen Krankenhäuser die 1979 für die staatlichen Krankenhäuser erlassene Rahmenkrankenhausordnung im Rahmen einer Vereinbarung übernahmen. Vielmehr überließ der Minister für Gesundheitswesen den Kirchen die Regelung der Ordnung der kirchlichen Krankenhäuser, nachdem das DW die verbindliche Erklärung abgegeben hatte, daß man die Grundsätze der staatlichen Rahmenordnung über die medizinische Betreuung der Patienten übernehmen werde. Die kirchliche Rahmenkrankenhausordnung unterschied sich aber von der staatlichen erheblich im Hinblick auf die Organisations- und Leitungsstruktur: Die traditionelle Eigenständigkeit des Pflegebereichs wurde beibehalten, ein besonderer Ausbildungsbereich gemäß den Bestimmungen der Ausbildungsvereinbarung geschaffen. Ferner hielt man an der kollegialen Leitung des evangelischen Krankenhauses fest – gleichberechtigt gehörten der geistliche Leiter, die Oberin als Vertreterin der kirchlichen Schwesternschaft sowie die Leitung des Pflege-, des Verwaltungs- und Wirtschafts- und des ärztlichen Bereichs dem Direktorium an – die Stellung des Chefärzte war daher in den evangelischen Häusern deutlich schwächer als in den staatlichen, wo der Grundsatz der ärztlichen Leitung galt. Wohlweislich bestimmte die Rahmenkrankenhausordnung den Pfarrer als kirchlichen Amtsträger und Bevollmächtigten des kirchlichen Rechtsträgers zum Vorsitzenden des Direktoriums, was den evangelischen Krankenhäusern einen nicht unbeträchtlichen Bewegungsspielraum verschaffte. Im Grundsätzlichen fügte die kirchliche Rahmenkrankenhausordnung dem Abschnitt über die allgemeinen Aufgaben eine klare Bestimmung der kirchlichen Zielstellung der evangelischen Krankenhäuser hinzu – in gewisser Weise stellten die Beratungen über die

Rahmenordnung eine Art Leitbildprozeß dar, wie er zur gleichen Zeit in Westdeutschland vorangetrieben wurde. „In dem umfassenden diakonischen Auftrag der Kirche haben die evangelischen Krankenhäuser die Aufgabe, Leben zu erhalten, Gesundheit zu fördern, Leiden zu lindern und im Sterben zu begleiten", heißt es dazu in der Präambel der Krankenhausordnung. Der Dienst geschehe „ohne jeden Unterschied der Konfession und Weltanschauung". Als besonderes Anliegen der evangelischen Krankenhäuser wurde die „ganzheitliche Betreuung kranker Menschen" herausgestrichen. „Alle Behandlungen und Versorgungen geschehen unter diesem Gesichtspunkt. Deshalb arbeiten Arzt, Seelsorger, Schwester und Pfleger in der Betreuung des Patienten eng zusammen. Sie streben dabei mit allen weiteren Mitarbeitern des evangelischen Krankenhauses eine therapeutische Gemeinschaft an."[175] Tatsächlich blieb das *Gemeinde*modell, das in Westdeutschland schon in den 50er/60er Jahren mehr und mehr dem *Anstalts*modell hatte weichen müssen, in der DDR lebendig. Der Zusammenhalt unter dem Vorzeichen eines entschiedenen Christentums war umso größer, als die Fluktuation des Personals äußerst gering war – Ärzte und Krankenschwestern aus kirchlichen Häusern sahen in staatlichen Häusern kaum Karrieremöglichkeiten. So blieb der christliche Charakter der evangelischen Krankenhäuser in der DDR erhalten und war im Alltag gegenwärtig. Hier wurde dem Patienten und dem Besucher tatsächlich noch „die handelnde Kirche dargestellt". Das evangelische Krankenhaus war „eine Missionsstation in einer überwiegend nichtchristlichen Umgebung".[176]

Das Selbstverständnis der evangelischen Krankenhäuser in der DDR war mithin ungebrochen – in dieser Beziehung konnte der Westen vom Osten lernen. Doch standen die evangelischen Krankenhäuser in der DDR zugleich vor großen Herausforderungen. Im Gegensatz zu den staatlichen Krankenhäusern dem Zwang zur Rentabilität unterliegend, sahen sie sich einem starken Modernisierungsdruck ausgesetzt. Da sie aber im Windschatten des staatlichen Gesundheitssystems lagen, wurden sie von der allgemeinen Mangelwirtschaft besonders hart getroffen – hier konnte der Westen dem Osten helfen. Vor diesem Hintergrund entstand seit den frühen 50er Jahren ein dichtes Netzwerk von Kontakten zwischen Ost und West. Bis Ende der 80er Jahre, als die staatlichen Strukturen der DDR zusehends in Auflösung übergingen, hatte sich ein engmaschiges Beziehungsgeflecht zwischen den Landeskirchen der EKD und des BEK, den Diakonischen Werken in Stuttgart und Berlin und den evangelischen Krankenhäusern auf beiden Seiten der innerdeutschen Grenze herausgebildet.

---

[175] Zit. nach ebd., S. 1 f.
[176] R. Turre, Chancen und Grenzen des evangelischen Krankenhauses, in: Der Mitarbeiter 1979/H. 7, S. 86 f.

Die Kettfäden dieses Beziehungsgeflechts wurden von den Landeskirchen in Ost und West gespannt, die Partnerschaften eingingen, so etwa die Hannoversche und die Sächsische Landeskirche, die Kirchenprovinz Sachsen und die Landeskirchen von Hessen-Nassau und Kurhessen-Waldeck, die Landeskirchen von Mecklenburg-Vorpommern und Bayern. Innerhalb des Kaiserswerther Verbandes entstanden zudem – als Schußfäden dieses Beziehungsgeflechts – besondere Beziehungen zwischen einzelnen Diakonissenmutterhäusern, die sich nicht immer an die Verabredungen zwischen den Landeskirchen hielten. So unterhielt das Evangelische Diakoniewerk Halle/Saale Partnerschaften mit den Diakonissenmutterhäusern in Kaiserswerth und Schwäbisch-Hall, obwohl diese nicht in Hessen lagen. Dieses auf der Ebene der Mutterhausdiakonie geknüpfte Netzwerk hatte jedoch Löcher – da es von der Kaiserswerther Konferenz getragen wurde, blieben etwa das Paul-Gerhard-Stift in Wittenberg, immerhin das größte evangelische Krankenhaus der DDR, oder die Neinstedter Anstalten außen vor. Eine dritte Ebene der Vernetzung lief über die Geschäftsstelle des DW in Ost-Berlin, die regelmäßige Gesundheitskonferenzen evangelischer Einrichtungen der Diakonie sowie Treffen der Verwaltungsleiter und Chefärzte der evangelischen Krankenhäuser in der DDR organisierte. Hier war der DEKV oftmals – inoffiziell – vertreten. So behandelte die Hauptversammlung des DW am 11./12. Juni 1985 das Thema „Krankenhäuser – Gotteshäuser". Dazu erhielt auch die Vorsitzende des DEKV, Oberin Annemarie Klütz, eine Einladung *ad personam*. In solchen Metamorphosen war der DEKV im Osten präsent, auch wenn dies längst nicht in allen Fällen aktenkundig wurde.

Der DEKV trug im Rahmen seiner Möglichkeiten dazu bei, die Vernetzung der evangelischen Krankenhäuser in Ost und West voranzutreiben. Nachdem Ende der 70er Jahre im Rahmen der Diakonischen Konferenz eine persönliche Verbindung zwischen Wilfrid Koltzenburg, dem für das Krankenhauswesen zuständigen Abteilungsleiter im DW in Ost-Berlin, und Wolfgang Schenk, dem Geschäftsführer des DEKV, zustandegekommen war, kooperierten beide eng miteinander. Zu den Hauptversammlungen und theologischen Symposien des DW-Ost, zu den Verwaltungsleiterkonferenzen der evangelischen Krankenhäuser und zur Arbeitsgemeinschaft christlicher Ärzte in der DDR schickte der DEKV entweder eigene Vertreter oder er ermunterte Vertreter evangelischer Krankenhäuser in der Bundesrepublik, an solchen Treffen teilzunehmen. So bat Schenk den Chefarzt der Chirurgischen Abteilung am Evangelischen Krankenhaus Düsseldorf, Prof. Hans Helmut Gruenagel, der Einladung zu einer Tagung der Arbeitsgemeinschaft christlicher Ärzte der DDR zum Thema „Ökonomische Grenzen ärztlichen Handelns", die am 5./6. Oktober 1985 im Diakonissenmutterhaus Eisenach stattfand, auf jeden Fall zu folgen, denn

„eine kontinuierliche Kooperation mit unseren diakonischen Partnern dort ist ein vorrangiges Ziel des Diakonischen Werkes der EKD".[177] Unterstützt wurden auch Studienreisen westdeutscher Besuchergruppen zu ostdeutschen evangelischen Krankenhäusern.[178] Vor allem aber regte der DEKV evangelische Krankenhäuser in Westdeutschland an, Partnerschaften mit evangelischen Häusern in der DDR anzuknüpfen.[179] Bei seinen Bemühungen, die Kooperation zwischen Ost und West zu verbreitern und zu vertiefen, achtete der DEKV sorgsam darauf, institutionelle Querverbindungen nicht allzu deutlich werden zu lassen, um nicht den Argwohn der Regierung der DDR zu wecken. In der Regel wurden die Kontakte als Begegnung von Mensch zu Mensch arrangiert, die Verbände hielten sich im Hintergrund.

Umgekehrt lud der DEKV Vertreter der evangelischen Krankenhäuser in der DDR zu seinen Mitgliederversammlungen ein. Die Delegationen aus der DDR nutzten diese Gelegenheiten, um sich in westdeutschen Krankenhäusern über den Stand der Medizintechnik, über die Betriebsorganisation und Neuerungen im Pflegebereich – z. B. über die Pflegedokumentation – in den westdeutschen Krankenhäusern zu informieren. Fragen der Krankenhausfinanzierung traten dagegen wegen des Systemunterschieds in den Hintergrund. Im Dialog zwischen Ost und West spielten weiter Fragen der Medizinethik und der Profilierung als christliches Krankenhaus eine große Rolle – und hier profitierten besonders auch die westdeutschen Gesprächsteilnehmer.

Auf vielfältige Art und Weise leistete der DEKV – im Rahmen seiner begrenzten Möglichkeiten – den evangelischen Krankenhäusern in der DDR auch materielle Unterstützung. Der Löwenanteil an Geldern und Gütern aus der Bundesrepublik, die den evangelischen Krankenhäusern in der DDR zuflossen, lief freilich über das DW. Erhalt und Ausbau der Bauten und Einrichtungen der evangelischen Krankenhäuser, die in vielen Fällen dem Verfall bedrohlich nahe waren, stellten eine gewaltige Aufgabe dar. Für Investitionen in großem Stil reichten die von der staatlichen Sozialversicherung gezahlten Pflegesätze nicht aus. „Medizintechnik wie

---

[177] Schenk an Gruenagel, 12.11.1984, Archiv des DEKV, Akte „Verbände DDR/Kontakte I". Dort findet sich auch ein sehr anschaulicher Tagungsbericht Gruenagels.
[178] So finden sich umfangreiche Unterlagen zu einer Studienfahrt von 25 Studierenden und zwei Dozenten der Krankenpflegeschule des Deutschen Gemeinschaftsdiakonieverbandes in Marburg im Archiv des DEKV, Akte „Verbände DDR/Kontakte I". Ähnliche Studienfahrten fanden 1985 und 1987 statt.
[179] Lichtenau e.V./Orthopädische Klinik und Rehabilitationszentrum der Diakonie an DEKV, 21.4.1982, Archiv des DEKV, Akte „Verbände DDR/Kontakte I". Vgl. auch die undatierte Übersicht über solche Partnerschaften im Archiv des DEKV, Akte „Verbände DDR/Öffentlichkeitsarbeit, Pilotprojekte, Patenschaften [...]".

Geräte für die Ultraschalldiagnostik, Röntgenanlagen, Endoskope, aber auch Küchenmaschinen, Heizöfen und andere Dinge zur Deckung des täglichen Bedarfs wurden aus dem Westen importiert".[180] Die Mittel dafür, die von der Bundesregierung zur Verfügung gestellt wurden, gingen, offiziell als Spende der EKD deklariert, über das DW in Stuttgart. Die Geschäftsstelle des DW in Ost-Berlin ermittelte den Bedarf der evangelischen Krankenhäuser in der DDR und bestellte die benötigten Geräte bei westdeutschen Firmen. Der Import erfolgte über die „Kommerzielle Koordinierung" (KoKo) unter Alexander Schalck-Golodkowsky, eine Einrichtung des Außenhandelsministeriums der DDR. Auch Baumaßnahmen in großem Stil wurden über die KoKo finanziert – in drei Gesundheitsbautenprogrammen wurde bis 1980 ein zweistelliger Millionenbetrag zur Sanierung evangelischer Krankenhäuser in der DDR zur Verfügung gestellt.[181] Über das DW lief schließlich auch der Schmuggel von Medikamenten in die DDR.[182]

Unterhalb dieser Ebene ließen die evangelischen Krankenhäuser in der Bundesrepublik ihren Partnerkrankenhäusern in der DDR vielfältige materielle Unterstützung zukommen. Das Spektrum an Gütern, das auf diesem Wege in die DDR gelangte, reichte von Operationsbestecken und Kopiergeräten bis hin zu Wasserhähnen und Toilettenspülkästen. Hier leistete der DEKV Hilfestellung. So versuchte er – freilich vergeblich – die Einfuhr von Computern in die DDR zu organisieren.[183] Von nicht zu unterschätzender Bedeutung war der Schmuggel von Literatur in der Aktentasche, der mit einem hohen Risiko verbunden war – immer wieder kam es zu Leibesvisitationen und Beschlagnahmen. Fachliteratur, die legal in die DDR eingeführt werden durfte, mußte in Valuta bezahlt werden. Um Devisen zu sparen, wurde die aus Westdeutschland herübergeschickte Literatur vervielfältigt und an die evangelischen Krankenhäuser in Ostdeutschland verteilt. Auch hier schaltete sich der DEKV ein. So organisierte er ab 1974 den Versand der *Roten Liste*, des Arzneimittelverzeichnisses des Bundesverbandes der Pharmazeutischen Industrie, über das DW-Ost an die Chefärzte und Apotheker der evangelischen Krankenhäuser in der DDR und Ost-Berlin.[184]

---

180 L. Geißel, Unterhändler der Menschlichkeit. Erinnerungen, Stuttgart 1991, S. 369 f.
181 Ebd., S. 400, 413, 426.
182 Ebd., S. 337, 390.
183 Hewlett Packard an DEKV, 6.11.1984, Archiv des DEKV, Akte „Verbände DDR/Kontakte I".
184 Staudacher/DEKV, an Hahn/DW Berlin, 11.6.1981, Archiv des DEKV, Akte „Verbände DDR/Kontakte I". Staudacher bat darum, Freiexemplare der Roten Liste an Medizinalrat Dr. Hohlfeld, den Direktor der Kreispoliklinik Brand-Erbisdorf, sowie Dr. Peter Kirchner, Jüdische Gemeinde von Groß-Berlin, zu versenden.

6. Der DEVK in der Bundesrepublik Deutschland (1951–1989/90)

Schließlich leitete der DEKV auf teilweise recht abenteuerlichen Wegen westdeutsche Spendengelder an ostdeutsche Krankenhäuser weiter. Pfarrer Klaus Raßmann vom Robert-Bosch-Krankenhaus in Stuttgart überwies im September 1981 eine Spende von 1.000,- DM auf das Konto des DEKV, mit der Bitte, den Betrag in bar an das Diakonissenkrankenhaus Dresden weiterzureichen. Ein Jahr später erkundigte sich der Stuttgarter Krankenhauspfarrer vorsichtig bei Rektor Werner Fink, ob die Geldsendung – das „Päckchen", wie es in Raßmanns Brief hieß – in Dresden angekommen sei. Fink reagierte prompt auf die Anfrage: „Ich dachte schon, die Fäden zwischen uns seien abgerissen, aber so ist es nicht! Danke! Wirklich: das Päckchen vom vergangenen Herbst ist bei uns nicht angekommen. Wer weiß, wer den Schokoladenkuchen da gebacken hat. Wir klagen sonst nicht, daß etwas verlorengeht, aber in diesem Fall war es wohl so."[185] Es stellte sich freilich heraus, daß es sich um ein Mißverständnis handelte. Bernhard Staudacher vom DEKV hatte den Betrag nicht, wie ursprünglich vorgesehen, zur Sitzung des Beirats für Gesundheitswesen und zur Chefärztekonferenz am 23./24. Oktober 1981 zum DW in Ost-Berlin mitgenommen, um es dort der Oberin und dem Chefarzt des Diakonissenkrankenhauses Dresden zu übergeben. „Von der sonst üblichen Mitnahme des Barbetrages nach Ost-Berlin wird in diesem Fall abgesehen."[186] Der Grund dafür war, daß Rektor Fink im persönlichen Gespräch darum gebeten hatte, die für das Diakonissenkrankenhaus bestimmten Beträge an das Diakoniewerk Neuendettelsau weiterzuleiten, das die „Patenschaft" für das Diakonissenmutter- und Krankenhaus Dresden übernommen hatte. Dort wurden die für Dresden gespendeten Gelder gesammelt, um größere Anschaffungen – als Beispiel wurden Infusionsständer genannt – zu finanzieren. „In Dresden selbst kann Herr Rektor Fink mit DM-West-Beträgen zwar die eine oder andere Leistung für das Krankenhaus finanzieren, größere Beschaffungen seien jedoch nur über Neuendettelsau möglich."[187] Die Spende aus Stuttgart war daher vom DEKV nach Neuendettelsau überwiesen worden, wo sie 1982 immer noch lag – nur war die Information nicht nach Dresden gelangt.

Die vom DEKV tatkräftig geförderte Vernetzung des evangelischen Krankenhauswesens in Ost und West trug entscheidend dazu bei, daß die evangelischen Krankenhäuser in der DDR einen hohen Qualitätsstandard halten konnten – vielfach waren sie den staatlichen Krankenhäusern deutlich überlegen – und sich daher im sozialistischen Gesundheitssystem gut

---

[185] Fink an Raßmann, 23.9.1982, Archiv des DEKV, Akte „Verbände DDR/Kontakte I".
[186] Aktennotiz Staudacher v. 15.9.1981, Archiv des DEKV, Akte „Verbände DDR/Kontakte I".
[187] Staudacher an Raßmann, 9.9.1981, Archiv des DEKV, Akte „Verbände DDR/Kontakte I".

zu behaupten vermochten. Auf lange Sicht verschafften der nie abreißende Informationsfluß aus dem Westen und die vielfältigen Kontakte mit dem Westen den evangelischen Krankenhäusern zudem nach dem Zusammenbruch der DDR in einer sich rasch wandelnden Krankenhauslandschaft einen wertvollen Startvorteil.

6.11 „Am goldenen Zügel" – Probleme der Krankenhausfinanzierung

Finanzierungsprobleme ziehen sich wie ein roter Faden durch die Geschichte der evangelischen Krankenhäuser.[188] Der von den Nationalsozialisten im Jahre 1936 verhängte Preisstopp, der auch die Pflegesätze betraf, wurde erst 1948 aufgehoben. Im selben Jahr erreichten die Krankenkassen jedoch, daß die Krankenhausfinanzierung sich nach ihrer wirtschaftlichen Lage zu richten habe. Erhöhungen der Pflegesätze waren von einer Preisbehörde nach der Bundespflegesatzverordnung (BPflVO) vom 31. August 1954 zu genehmigen. Dies war für die Krankenhäuser deshalb von existentieller Bedeutung, weil sie sich in erster Linie aus den von den Sozialversicherungsträgern zu zahlenden *Pflegesätzen* für stationäre Leistungen finanzierten. Das galt in besonderem Maße für die privaten und freigemeinnützigen Krankenhäuser, die etwa 45 % der Krankenhausbetten vorhielten, da sie – anders als die staatlichen und kommunalen Krankenhäuser – nicht auf Steuermittel zurückgreifen konnten, um ihre Defizite zu decken. Die finanziellen Probleme der deutschen Krankenhäuser gingen zu einem erheblichen Teil auf die restriktiven Bestimmungen der BPflVO darüber zurück, welche Kostenanteile in den Pflegesatz der allgemeinen (dritten) Pflegeklasse eingehen durften. Hierbei setzte sie Grenzen, die verhinderten, daß die Pflegesätze die Selbstkosten deckten: *Zum einen* ging die BPflVO von dem Vorbehalt aus, daß bei der Bemessung der Pflegesätze auch die wirtschaftliche Leistungsfähigkeit der Sozialversicherungsträger zu berücksichtigen sei (§ 2, Abs. 4). Dieser Vorbehalt hatte zur Folge, daß die Pflegesätze der Krankenhäuser in der Regel *unter* den nachgewiesenen, nach den Bestimmungen der BPflVO berechneten Selbstkosten festgesetzt wurden. *Zum anderen* schränkte die BPflVO den Begriff der durch den Pflegesatz erstattungsfähigen Selbstkosten rigide ein (§ 6): Selbstkosten waren demnach die mit einer stationären Krankenhausbehandlung bei sparsamer Wirtschaftsführung verbundenen Kosten nach Abzug der herkömmlich geleisteten öffentlichen Betriebszuschüsse. Bei der Berechnung der Selbstkosten durften *nicht* berücksichtigt werden:

---

[188] Vgl. v. Aleman-Schwartz, Menschen, S. 342 ff.

- die Zinsen für Fremdkapital, das zur Beseitigung von Kriegsschäden oder zur Deckung des Nachholbedarfs verwendet wurde;
- Aufwendungen, die nicht unmittelbar der Krankenversorgung dienten;
- Zinsen für Eigenkapital;
- Tilgungsbeträge für Fremdkapital.

„In einer Notzeit entstanden",[189] mutete die BPflVO den Krankenhäusern zu, unter den tatsächlichen Selbstkosten zu arbeiten. Was als vorübergehende Notmaßnahme gedacht war, wurde zum Dauerzustand. Die von den Regierungen Adenauer und Erhard mehrmals zugesagte Reform der BPflVO wurde immer wieder aufgeschoben. Nach einer Enquête des Bundeswirtschaftsministeriums im Jahre 1959, der die Betriebsergebnisse aus dem Jahre 1957 zugrunde lagen, hatten die deutschen Krankenhäuser (einschließlich der geleisteten öffentlichen Betriebszuschüsse in Höhe von 200 Mio. DM) eine Jahresgesamtkostenunterdeckung von 428 Mio. DM. Für 1959 wurde das Jahresdefizit aller Krankenhäuser auf rund 500 Mio. DM geschätzt. Dabei wurde bei den staatlichen und kommunalen Krankenhäusern eine Kostenunterdeckung von 20 %, bei den freigemeinnützigen von 10 % angenommen.[190] Während aber die staatlichen und kommunalen Krankenhäuser – wie bereits erwähnt – „über einem Netz turnen", da ihre Defizite von der öffentlichen Hand ausgeglichen wurden, traf die Finanzmisere die privaten und freigemeinnützigen Krankenhäuser mit voller Wucht.

Prof. Otto Bachof, Professor des öffentlichen Rechts an der Universität Tübingen, stellte in einem von der DKG, dem DW und dem Caritasverband in Auftrag gegebenen Rechtsgutachten im Jahre 1962 fest, daß eine Festsetzung der Pflegesätze unter Zugrundelegung der nach § 6 der BPflVO errechneten Selbstkosten die Krankenhäuser dazu zwang, mit Verlust zu arbeiten. Eine solche preisregelnde Maßnahme bedeutete nach Auffassung Bachofs eine Substanzminderung, habe mithin den Charakter einer entschädigungslosen Enteignung, die nicht mit dem Grundgesetz vereinbar sei.[191]

---

[189] B. Rüther, Spiel mit dem Feuer! Einheitsfront der Versicherungsträger, der Sozialpartner und der Ärzte im Kampf gegen die Reform der BPflVO, in: Deutsche Tagespost 1.2.1966, ADW, DEKV 63.
[190] R.T. Scheffer, Memorandum zur Frage der Krankenhausfinanzierung, 17.3.1965, ADW, DEKV 65.
[191] Aktualisierte Fassung: O. Bachof, Rechtsgutachten zum Entwurf eines Gesetzes zur wirtschaftlichen Sicherung der Krankenhäuser und zur Regelung der Krankenpflegesätze, 1971, ADW, DEKV 55. Eine Zusammenfassung des Gutachtens findet sich in: Das Krankenhaus 8/1971, S. 350 ff. Unter dem Titel „Krankenhausfinanzierung und Grundgesetz" wurde Bachofs Gutachten auch in der Schriftenreihe der DKG veröffentlicht.

Daß die Pflegesätze nicht ausreichen, um die tatsächlich entstehenden Krankenhauskosten zu decken, daß die Krankenhäuser also von ihrer Substanz lebten, war weithin unbestritten. Krankenhaus- und Sozialversicherungsträger waren sich auch einig, daß dieser Substanzverzehr nicht weiter fortschreiten durfte. Über die Mittel und Wege, dem Substanzverzehr Einhalt zu gebieten, gingen die Meinungen jedoch weit auseinander. Die Sozialversicherungsträger forderten, die *Vorhaltungskosten* (Instandhaltungskosten und Abschreibungen[192]) nicht über den Preis, sondern durch Subventionen der öffentlichen Hand aufzubringen.

Die Regierung übernahm diese Position. Staatssekretär Dr. Auerbach schlug vor, den Pflegesatz in die *Vorhaltungskosten*, die das Land zu tragen hätte, und in *Benutzerkosten* (Kosten der Verpflegung und ärztlichen Betreuung), die durch den Pflegesatz abzugelten wären, aufzusplitten. Die freigemeinnützigen Krankenhäuser erhoben schwerwiegende Bedenken gegen diesen Vorschlag. Sie befürchteten, daß mit einer solchen Regelung den Ländern die Möglichkeit eröffnet würde, in alle Angelegenheiten des Krankenhauses – in seine innere Gliederung, seine Finanzwirtschaft und seine Personalwirtschaft – einzugreifen.

Als sichersten Weg, um die schwere Finanzkrise der Krankenhäuser zu überwinden, empfahlen die freigemeinnützigen Krankenhausverbände, die für die Kostenunterdeckung maßgebenden Bestimmungen der BPflVO im Wege einer Novelle zu ändern. Das Bundeswirtschaftsministerium war im Jahre 1963 auch grundsätzlich bereit, eine solche Novelle vorzubereiten. In dem vorgelegten Entwurf einer Änderungsverordnung der BPflVO war vorgesehen, daß bei der Festsetzung der Pflegesätze auf jeden Fall die Selbstkosten zugrundezulegen seien. Mit der Umwandlung der bisherigen *Soll*- in eine *Muß*-Vorschrift hätten die Krankenhäuser einen Rechtsanspruch auf Festsetzung der Pflegesätze in Höhe der nach der Verordnung errechneten Selbstkosten erhalten. Ferner sah der Entwurf vor, die in § 6 der BPflVO enthaltenen Beschränkungen der Selbstkostenberechnung aufzuheben.

Die Arbeiten an der Änderungsverordnung zur BPflVO traten jedoch aufgrund von Kompetenzkonflikten zwischen dem Bundeswirtschafts- und dem Bundesgesundheitsministerium über Jahre hinweg auf der Stelle. Die Position der DKG, des DW und des Caritasverbandes, des DEKV und des Katholischen Krankenhausverbandes Deutschlands lassen sich wie folgt zusammenfassen:

---

[192] S. Eichhorn, Die Kosten der Vorhaltung und der Anlagefinanzierung von Krankenhäusern, in: Das Krankenhaus 1964. Eichhorn unterscheidet folgende Kostenarten im Krankenhaus: Personalkosten, Sachkosten, Vorhaltungskosten und Zinsen.

– Sie forderten die Streichung des § 2 Abs. 4 der BPflVO, der die Festsetzung der Pflegesätze von der Leistungsfähigkeit der Krankenkassen abhängig machte.

– Sie verlangten ferner eine den betriebswirtschaftlichen Grundsätzen entsprechende Festlegung des Selbstkostenbegriffs durch eine Änderung des § 6 der BPflVO.

– Unter der Voraussetzung, daß die Pflegesätze die laufenden Betriebskosten deckten, die etwa 85 % der Gesamtkosten der Krankenhäuser ausmachten, erklärten sich die freigemeinnützigen Krankenhausträger bereit, auf die Erstattung der Vorhaltekosten durch den Pflegesatz in dem Umfang zu verzichten, wie sie Finanzhilfen der Länder für Neu- und Erweiterungsbauten erhielten.[193]

Trotz der Lobbyarbeit der freigemeinnützigen Krankenhausverbände lehnte das Bundeskabinett am 16. Juni 1965 auf Initiative des Bundesarbeitsministers den Erlaß der Änderungsverordnung zur BPflVO mit der Begründung ab, daß es die finanzielle Situation der Krankenkassen nicht erlaube, ihnen weitere Lasten aufzubürden.[194] Die Hauptgeschäftsstelle des DW äußerte in einer Presseerklärung „tiefe Enttäuschung und großes Befremden" über die erneute Weigerung des Bonner Kabinetts, einer Änderung der BPflVO von 1954 zuzustimmen: Das Festhalten an der alten Verordnung bedeute auf die Dauer „ein Todesurteil für die freigemeinnützigen Krankenhäuser".[195] In einem internen Aktenvermerk von Dr. Paul Collmer vom DW mischten sich in die Empörung über die Haltung der Bundesregierung aber auch selbstkritische Töne. Die Verschleppung der neuen BPflVO zeige

> „aufs Neue, daß wir als Kirche und Verband der freien Wohlfahrtspflege von der Bundesregierung nicht ernst genommen werden, sonst hätte die Bundesregierung diese Änderung nicht schon 10 Jahre anstehen lassen. Andererseits sind wir aber selbst daran schuld, denn wir haben jeweils die Nichterfüllung unserer Wünsche in diesem Punkt ohne nachhaltigen Protest zur Kenntnis genommen und uns mit dem negativen Ergebnis abgefunden."[196]

Wohl auch aufgrund der Proteste der freigemeinnützigen Krankenhäuser ermächtigte das Bundeskabinett am 11. August 1965 die Bundesministerien für Wirtschaft und Gesundheit, die Novellierung der BPflVO erneut in Angriff zu nehmen.[197] In der abermals in voller Schärfe aufbrechenden

---

[193] R.T. Scheffer, Memorandum zur Frage der Krankenhausfinanzierung, 17.3.1965, ADW, DEKV 65; Aktennotiz Scheffer, 4.3.66 betr. Änderung der BPflVO; R.T. Scheffer, Zur Lage der evangelischen Krankenhäuser, Ms. o. D., ADW, DEKV 38.
[194] Prot. der Vorstandssitzung der DKG am 2.7.1965, ADW, DEKV 65.
[195] Mitteilungen des epd, Nr. 145, 29.6.1965, ADW, DEKV 68.
[196] Aktenvermerk Collmer für Scheffer, 28.6.1965, ADW, DEKV 68.
[197] Scheffer an Verbindungsstelle Bonn/ORegR. Brügemann, 14.12.1965, ADW, DEKV 65.

öffentlichen Debatte mit den Sozialversicherungsträgern, den Arbeitnehmer- und Arbeitgeberverbänden sowie dem Verband der niedergelassenen Ärzte suchten die Trägerverbände der freigemeinnützigen Krankenhäuser – Deutscher Caritasverband, DW, Deutscher Paritätischer Wohlfahrtsverband und Deutsches Rotes Kreuz – einen engen Schulterschluß, um die längst überfällige Reform der Krankenhausfinanzierung voranzutreiben. In einer gemeinsamen Presseerklärung wiesen sie die Behauptung, daß die geplante Änderung der BPflVO den Krankenkassen Mehrkosten in Höhe von 1,85 Mrd. DM aufbürde, energisch zurück. Gestützt auf Berechnungen der DKG behaupteten sie, daß die Reform allerhöchstens Mehrkosten in Höhe von 450 Mio. DM verursachen werde, die von den Krankenkassen, die letzthin beträchtliche Überschüsse erwirtschaftet hätten, ohne Beitragserhöhung getragen werden könnten. Die Presseerklärung schloß mit den Worten:

> „Die Krankenhäuser haben einen Anspruch darauf, daß ihnen die Möglichkeit gegeben wird, aus der immer größer werdenden Defizitwirtschaft herauszukommen. Der jetzige Sachverhalt geht darauf hinaus, daß der Staat und die Gesellschaft [...] die Krankenhäuser noch dafür bestrafen, daß sie durch ihre Einrichtungen für viele kranke Menschen die Voraussetzungen schaffen, um wieder gesund und arbeitsfähig zu werden."[198]

Bemerkenswert ist, daß DW und DEKV in enger Abstimmung mit dem Deutschen Caritasverband und dem Katholischen Krankenhausverband vorgingen. Unter Federführung des Katholischen Büros der Fuldaer Bischofskonferenz in Bonn konstituierte sich „in loser Form"[199] ein interkonfessioneller Arbeitskreis, an dem auch die Verbindungsstelle Bonn des DW und der DEKV teilnahmen. Völlig reibungslos verlief die Zusammenarbeit freilich nicht:

> „Auch in diesem Arbeitskreis kommen durchaus nicht immer nur einhellige Meinungen ans Licht. Bei der Kompliziertheit der Sache kann es kaum anders sein. Es gibt unterschiedliche Beurteilungen einzelner Sachfragen, die auch insofern verständlich sind, als die Probleme beispielsweise bei den Ordenskrankenhäusern anders liegen als bei unseren mutterhauseigenen Krankenhäusern. Es ist aber bisher immer gelungen, in diesem Arbeitskreis eine einheitliche Linie zu entwickeln, auf der man sich trotz mancher Unterschiedlichkeiten in einzelnen Aspekten oder Gewichtungen einigen konnte."[200]

---

[198] Presseverlautbarung der Trägerverbände der freigemeinnützigen Krankenhäuser zur Reform der BPflVO, Anlage zum Rs. des DEKV 3/66, 9.2.1966, ADW, DEKV 13. Vgl. Das Problem der Krankenhausfinanzierung. Lösungsvorschlag der DKG, 3.3.1966, ADW, DEKV 65.
[199] Scheffer an Dir. Mordhorst, Verbindungsstelle Bonn des DW, 13.7.1967, ADW, DEKV 63: „Der Personenkreis ist eigentlich nie klar festgelegt worden. Unbestritten ist nur, daß sowohl das Katholische Büro [...], bei dem die Federführung liegt, als auch unsere Verbindungsstelle in diesem Arbeitskreis ständig vertreten sein sollten."
[200] G. Thermann, Sachstandsbericht über das Gesetzgebungsverfahren zur Krankenhausfinanzierung, 13.10.1971, ADW, DEKV 48.

Trotz mancher Reibungen war die Kooperation mit dem Caritasverband und dem Katholischen Krankenhausverband für das DW und den DEKV äußerst nützlich. So wurden, um nur ein Beispiel zu nennen, die Vertreter des evangelischen Krankenhauswesens zu einem vom Katholischen Büro arrangierten Treffen mit Bundestagsabgeordneten der CDU/CSU-Fraktion hinzugeladen.[201] Die interkonfessionelle Zusammenarbeit gipfelte vorerst in einem gemeinsamen Schreiben des Rates der Evangelischen Kirche in Deutschland und der Fuldaer Bischofskonferenz zur Novellierung der BPflVO an Bundespräsident Heinrich Lübke, Bundestagspräsident Eugen Gerstenmaier und Bundeskanzler Ludwig Erhard im Juni 1966.[202] Man arbeitete auch an einem gemeinsamen Faltblatt zur Öffentlichkeitsarbeit. Grundlage war ein Text von Pater Bernhard Rüther vom Deutschen Caritasverband, der deutlich schärfere Töne anschlug als die vorsichtig formulierten Presseerklärungen der konfessionellen Spitzenverbände:

> „In Wirklichkeit geht der Kampf um die Verstaatlichung des Gesundheitswesens! Denn darauf laufen letzten Endes die Vorschläge der Krankenkassen hinaus. Sollen auch die Unterhaltungskosten, also Reparaturen und Ersatzanschaffungen, neue Apparate und medizinische Einrichtungen, aus Steuermitteln finanziert werden, so brauchen wir dazu eine neue staatliche Verwaltungsstelle, die darüber bestimmt, welche Anschaffungen gemacht werden dürfen. Das erste wäre eine eingehende Kontrolle der Krankenhäuser, das zweite die Abhängigkeit vom Wohlwollen der staatlichen Hilfsstellen. Es ist ohne weiteres ersichtlich, daß diese Methode sehr bald zu einer vollständigen Abhängigkeit der kirchlichen Krankenhäuser führen muß. Hand in Hand mit einer staatlichen Krankenhausplanung hätten wir bald ein vollständiges System des staatlichen Dirigismus."[203]

1966/67 führte die Hauptgeschäftsstelle des DW in Verbindung mit dem DEKV eine Erhebung zur wirtschaftlichen Lage der evangelischen Krankenhäuser in der Bundesrepublik Deutschland durch. Die Auswertung gibt einen interessanten Einblick in die Finanzsituation des evangelischen Krankenhauswesens: Mitte 1967 gab es 284 evangelische Krankenhäuser mit 53.648 Betten. Bei der Erhebung wurden 44 Sanatorien, Heilstätten u. ä. mit 6.779 Betten nicht berücksichtigt, weil sie nicht an die Bestimmungen der BPflVO gebunden waren. Von den verbleibenden 240 Krankenhäusern mit 46.869 Betten hatten 118 (= 55,4 %) mit 25.971 Betten den Fragebogen ausgefüllt. 78 Krankenhäuser hatten die Beteiligung abgelehnt – wobei freilich nur neun als Grund „auskömmliche Pflegesätze oder Verlustdeckung durch Träger oder öffentliche Hand" angaben. Die ausgewerteten 118 Krankenhäuser hatten 1965 einen buchmäßigen Betriebsverlust von

---

[201] Aktennotiz betr. Besprechung mit Abgeordneten der CDU/CSU am 28.2.1966, ADW, DEKV 63.
[202] Kopie in ADW, DEKV 63.
[203] B. Rüther, Gefahr für die kirchlichen Krankenhäuser, Ms. 29.1.1966, ADW, DEKV 63.

gut 18,9 Mio. DM. Dieses Defizit konnte durch Betriebsmittelzuschüsse der Länder und Kommunen (9,1 Mio. DM) bzw. der Kirchen (1,2 Mio. DM) und Spenden (1,2 Mio. DM) sowie durch andere außerordentliche Erträge (1,2 Mio. DM) auf 6,1 Mio. DM vermindert werden. Bei der Auswertung wurde darauf hingewiesen, daß auf die Mittel aus diesen Finanzquellen kein *Rechtsanspruch* bestand. Die Erhebung kam zu dem Schluß,

> „daß die wirtschaftliche Lage der evangelischen Krankenhäuser ungesichert und im Hinblick auf die Substanzerhaltung bedenklich ist. Die derzeitige Regelung ist unübersichtlich und in den einzelnen Ländern uneinheitlich. Die Grundsätze der BPflVO über die Kostenermittlung zum Zweck der Pflegesatzfestsetzung werden durch die Preisbildungsstellen der Länder unterschiedlich gehandhabt."[204]

Insgesamt stellte sich die finanzielle Situation des evangelischen Krankenhauswesens als äußerst angespannt dar, die Ergebnisse der Erhebung – und mehr noch die Tatsache, daß etwa die Hälfte der evangelischen Krankenhäuser nicht an der Erhebung teilgenommen oder die Teilnahme sogar ausdrücklich verweigert hatte – legten aber den Schluß nahe, daß die finanzielle Situation der einzelnen Krankenanstalten durchaus unterschiedlich war. Otto Ohl räumte dies im internen Schriftverkehr auch ein: „Es bleibt die Vermutung, daß die wirtschaftliche Lage in einer ganzen Reihe dieser Häuser [...] nicht so prekär zu sein scheint, um damit eine Sofortaktion in der Öffentlichkeit zu rechtfertigen."[205]

Die Bundesregierung arbeitete in der Folgezeit darauf hin, die Krankenhausfinanzierung in den Katalog der *Gemeinschaftsaufgaben* einzubeziehen – das sind Aufgabengebiete, für die Bund und Länder gemeinsam die finanzielle Verantwortung übernehmen. Durch eine Ergänzung des Grundgesetzes sollte die wirtschaftliche Sicherung der Krankenhausversorgung in den Bereich der konkurrierenden Gesetzgebung des Bundes einbezogen werden. Reinhard Theodor Scheffer, der Geschäftsführer des DEKV, äußerte sich dazu skeptisch:

---

[204] Hauptgeschäftsstelle des DW, Auswertung der Erhebung zur wirtschaftlichen Lage der evangelischen Krankenhäuser, Stand: 16.6.1967, ADW, DEKV 63. Angaben zur Investitionsfinanzierung lagen für 107 Krankenhäuser vor. Diese hatten in dem Jahrfünft von 1961 bis 1965 insgesamt 251 Mio. DM investiert – 14,6 % des investierten Kapitals stammte aus Eigenmitteln, 5,4 % aus Mitteln der Kirchen, 6,5 % aus Mitteln der Kommunen, 45,5 % aus Mitteln der Länder, 6,1 % aus Bundesmitteln, 17,1 % aus Kapitalmarktdarlehen und 4,8 % aus sonstigen Mitteln.

[205] Ohl an Schober, 7.2.1967, ADW, DEKV 72. Vgl. auch Aktennotiz Thermann für Collmer, 30.8.1971, ADW, DEKV 64: „Der Nachweis der finanziellen Nachteile, die die freigemeinnützigen Krankenhäuser wegen der Bundespflegesatzverordnung in Kauf nehmen mußten, ist infolge der bekannten Zurückhaltung unserer Krankenhäuser in der Offenlegung ihrer Finanzen problematisch."

6. Der DEVK in der Bundesrepublik Deutschland (1951–1989/90)

„Ganz abgesehen davon, daß eine solche Ergänzung des Grundgesetzes am Widerstand der Länder im Bundesrat scheitert, bringt eine solche Grundgesetzänderung keine Erweiterung der zur Sanierung der Krankenhäuser erforderlichen Finanzmasse. Im Gegenteil steht zu befürchten, daß die Länder, die haushaltsplanmäßig erhebliche Mittel zur Investition für die Krankenhäuser bereitstellen, in ihrer bisherigen Finanzierungswilligkeit mit Rücksicht darauf, daß ja der Bund ‚auch' für die wirtschaftliche Sicherung der Krankenhausversorgung zuständig sei, erlahmen (System der Mischfinanzierung). Die Verhaltensweise des Bundesgesundheitsministeriums lenkt vom Kern der Schwierigkeiten ab, nämlich von der Tatsache, daß die laufenden Betriebskosten der Krankenhäuser von den Krankenkassen getragen werden müssen."[206]

Mit der Verkündung des 22. Gesetzes zur Änderung des Grundgesetzes vom 29. Mai 1969 wurde – durch die in Artikel 74, Absatz 1, neu eingefügte Ziffer 19 a – die Regelung von Fragen der wirtschaftlichen Sicherung der Krankenhäuser und die Regelung der Krankenhauspflegesätze in die Zuständigkeit des Bundes zur konkurrierenden Gesetzgebung aufgenommen. Damit war die Möglichkeit gegeben, die Lösung der finanziellen Probleme der Krankenhausversorgung auf Bundesebene in Angriff zu nehmen. Das Bundesgesundheitsministerium bekundete seine Absicht, es werde sich „in den kommenden Verhandlungen dafür einsetzen, daß die Vorhaltung von Krankenhäusern als öffentliche Aufgabe anerkannt wird und die hieraus entstehenden Kosten auch von der öffentlichen Hand getragen werden."[207] Bundesministerin Käthe Strobel kündigte an, in den Bundeshaushalt 1970 für die Krankenhausfinanzierung einen Betrag von 600 Mio. DM einzustellen und in der mittelfristigen Finanzplanung jährlich den gleichen Betrag zu berücksichtigen.[208]

Damit war eine neue Situation entstanden. Der Vorstand des DEKV beschloß, die Vorsitzenden und Geschäftsführer der regionalen evangelischen Krankenhausverbände und Arbeitsgemeinschaften evangelischer Krankenhäuser am 21./23. Januar 1970 zu einer Tagung nach Bückeburg zu bitten, um die bevorstehende Neuordnung der Krankenhausfinanzierung zu besprechen.[209] Inzwischen sickerten erste Informationen über die Neuordnungspläne der Bundesregierung durch. Landrat a. D. Wilhelm Adam von der DKG berichtete am 1. Dezember 1969 im interkonfessionellen Arbeits-

---

[206] R.T. Scheffer, Zur Lage der evangelischen Krankenhäuser, Ms. o. D., ADW, DEKV 38. Vgl. auch Bericht Scheffers zum Stand des Krankenhausfinanzierungsproblems für den Diakonischen Rat, 10.6.1968, ADW, DEKV 65.
[207] Bundesministerium für Gesundheit/Dr. Rachold, an DEKV/Hochstetter, 25.7.1969, ADW, DEKV 63.
[208] Strobel an DW Baden/Kirchenrat Herrmann, 19.8.1969, ADW, DEKV 63.
[209] Rs. DEKV, 16.12.1969, ADW, DEKV 63; Ergebnisse der Tagung in Bückeburg am 21./22.1.1970 betr. Neuordnung der Krankenhausfinanzierung, 27.1.1970, ADW, DEKV 37.

kreis über ein Referat, das Staatssekretär Auerbach kurze Zeit vorher vor der Gesellschaft für sozialen Fortschritt gehalten hatte:

> „Die dort entwickelten Vorstellungen, die über die bisher proklamierte Zweiteilung des Pflegesatzes hinausgehen, bewirken in Endkonsequenz eine völlige Etatisierung des Krankenhauses. [...] Die freigemeinnützigen Träger, insbesondere die konfessionellen, müßten sich, – so Herr Adam –, die Frage der Autarkie stellen."[210]

Auch auf seiten des DW und des DEKV breitete sich rasch Skepsis aus. Paul Collmer argwöhnte, daß dem geplanten Krankenhausfinanzierungsgesetz eine Haltung zugrundeliege, „die man als Verstärkung des Trends zur öffentlichen Finanzierung der Sozialeinrichtungen bezeichnen" könne, „wodurch die Position der freien Träger weiter begrenzt und beeinträchtigt" werde. Für die freigemeinnützigen Krankenhausträger ergäben sich aus dieser Situation zwei Fragen: Wie könne erreicht werden, „daß auch bei öffentlicher Finanzierung von Sozialeinrichtungen freie Träger als berechtigte Partner angesehen" würden? Und wie könne „ihre Selbständigkeit und Verantwortlichkeit auch bei öffentlicher Investitionsfinanzierung erhalten bleiben [...], so daß sie nicht nur in Delegation und Abhängigkeit von der öffentlichen Hand tätig sein können"?[211] Diese Bedenken flossen auch in die öffentliche Stellungnahme des Diakonischen Rates zum Entwurf des Krankenhausfinanzierungsgesetzes vom 9. März 1971 ein.[212]

Besonders prägnant formulierte Dr. med. Müller, der Hauptgeschäftsführer der DKG, in seinem Grundsatzreferat vor der Delegiertenversammlung des DEKV am 28. Januar 1972 die Bedenken der freigemeinnützigen Krankenhausträger gegen das neue Gesetz:

> „1. Die Gefahr eines staatlichen Dirigismus im Bereich ihrer Krankenhäuser infolge der Gewährung von Fördermitteln, auf die dem Grunde nach ein Rechtsanspruch besteht.
> 2. Eine Bedrohung der Existenz der freigemeinnützigen Krankenhäuser durch eine schleichende Enteignung infolge des Einfließens von Finanzmitteln der öffentlichen Hand.
> 3. Verlust der Basis zur Altersversorgung der Schwestern [...], insbesondere bei Nichtaufnahme in die Landeskrankenhauspläne.
> 4. Tod der kleineren, oft durchaus brauchbaren Krankenhäuser und damit Verlust der Möglichkeit zur Altersversorgung des dort tätigen Personals.
> 5. Beeinflussung der inneren Struktur der Krankenhäuser durch Auflagen des Staates."[213]

---

210 Aktennotiz Thermann, 12.1.1970, ADW, DEKV 63.
211 Aktenvermerk Collmer für Schober, 14.10.1970, ADW, DEKV 58.
212 Stellungnahme des Diakonischen Rates zum Entwurf des Krankenhausfinanzierungsgesetzes v. 9.3.1971, ADW, DEKV 19.
213 Zur Lage der Krankenhäuser. Zusammenfassung des Referats von Prof. Dr. med. Müller, gehalten auf der Delegiertenversammlung des DEKV am 28.1.1972, ADW, DEKV 64.

Buchstäblich bis zur letzten Minute versuchten die konfessionellen Krankenhausträger, das Gesetzgebungsverfahren in ihrem Sinne zu beeinflussen.[214] Das Krankenhausfinanzierungsgesetz (KHG) vom 29. Juni 1972 ersetzte das monistische Prinzip der Krankenhausfinanzierung durch die Sozialversicherungsträger durch ein duales Finanzierungssystem: Die laufenden Betriebskosten (Verbrauchsmaterial, Personalkosten und Verpflegung) sollten durch den Pflegesatz aufgebracht, die Investitions- und Reinvestitionskosten (Anschaffungen, Ausstattung und Geräte) durch staatliche Fördermittel gedeckt werden. Das freie Spiel des Marktes und der Wettbewerb zwischen den Krankenhäusern wurden bewußt eingeschränkt.[215] In den Stellungnahmen aus den Reihen der evangelischen Krankenhausträger spricht eine gewisse Unsicherheit, was das Gesetz bringen würde. „Wir haben ein Gesetz, hoffen aber, danach nicht sterben zu müssen",[216] so brachte Dr. Fritz Fuß, Verwaltungsdirektor der Diakonissenanstalt Schwäbisch-Hall, die Stimmung auf den Punkt. Der DEKV sah sich gezwungen, gegen verhaltene Kritik aus den eigenen Reihen Stellung zu beziehen:

> „Ein Widerstand gegen das tragende Prinzip des KHG, der anfangs von katholischer und teils auch evangelischer Seite gefordert wurde, war nach später übereinstimmender Meinung zwecklos, weil *keine* der im Bundestag vertretenen politischen Parteien darüber mit sich reden lassen wollte. Dafür gibt es handfeste Beweise. Also mußte man sich auf das ‚Zähneziehen' beschränken. Das aber hatte in einigen nicht unwesentlichen Fällen Erfolg."[217]

Das galt vor allem für die Verankerung des Grundsatzes, daß Fördermittel und Pflegesätze die Selbstkosten der Krankenhäuser decken mußten (§ 4 Abs. 1 KHG), der auf Drängen des Caritasverbandes und des DW in den endgültigen Gesetzentwurf aufgenommen worden war. Nachdem das Gesetz „über die Bühne"[218] war, konzentrierte sich das Interesse auf die neue BPflVO nach § 16 KHG, die am 1. Januar 1974 in Kraft trat, nachdem sie

---

[214] Vgl. Verbandsmitteilungen des DEKV 1/1972, 8.2.1972, ADW, DEKV 64.
[215] Vgl. v. Alemann-Schwartz, S. 343.
[216] Fuß an die Verwaltungsdirektoren Pflugfelder (Stuttgart), Stoya (Bremen), Rippel (Bad Kreuznach), Gebhardt (Darmstadt), Berron (Kaiserswerth), Brechtelsbauer (Hannover), Lauffer (Karlsruhe-Rüppurr), 25.5.1972, ADW, DEKV 63.
[217] Thermann an Wirtschaftsdirektor Behrens, Evangelisches Hospital Lilienthal/Bremen, 28.6.1972, ADW, DEKV 64. In der Vorstandssitzung des DEKV am 15. Februar 1973 fragte Fuß kritisch nach, welche Verbesserungen in KHG und BPflVO auf Interventionen des DEKV zurückzuführen seien. Darauf entgegnete Thermann, „daß fast alle erreichten Verbesserungen aus gemeinsamen Bemühungen der evangelischen und katholischen Seite sowie der Deutschen Krankenhausgesellschaft und der Fachvereinigung der Verwaltungsleiter resultieren." ADW, DEKV 69. Hervorhebung im Original.
[218] Thermann an Fuß, 22.5.1972, ADW, DEKV 64.

am 2. Februar 1973 vom Bundesrat angenommen worden war. Kurz nach der Verabschiedung der Verordnung versuchte der Geschäftsführer des DEKV, Gottfried Thermann, die finanziellen, rechtlichen, sozial- und gesundheitspolitischen Auswirkungen des KHG und der BPflVO abzuschätzen: Betrachte man den Aspekt der Krankenhausfinanzierung isoliert, so sein zusammenfassendes Urteil, so könnten „grundsätzliche oder gravierende Bedenken nicht mehr erhoben werden". Die neue Gesetzgebung habe aber Diskussionen angestoßen, „ob die freien und insbesondere die kirchlichen Träger ein originäres Recht haben, Krankenhäuser zu betreiben, was insbesondere von der katholischen Seite heftig verfochten wird. Man sieht sich in die Rolle des ‚Erfüllungsgehilfen des Staates' abgedrängt, auch wenn der Staat (noch?) keinen Krankenhaus-Monopolanspruch für die Kommunen und Gebietskörperschaften erhebt."[219]

Solche Ängste vor einer Verstaatlichung des gesamten Krankenhauswesens wurden nach außen hin – gerade auch von der katholischen Seite – in kräftigen Farben an die Wand gemalt. So stellte sich Dr. F. Spiegelhalter in einem Vortrag vor einem Kreis katholischer Krankenhausvertreter die Frage: „Ist der wirtschaftliche Tod des katholischen Krankenhauses vorprogrammiert?" Der Staat sei, so Spiegelhalter, beim Entwurf des Krankenhausfinanzierungsgesetzes von dem Szenario eines sich zuspitzenden Bettenmangels ausgegangen. Dem sollte abgeholfen werden durch eine staatliche Förderung, welche „die Weiterentwicklung der Krankenhäuser am goldenen Zügel führen sollte". Im Zeichen der Wirtschaftskrise hätten sich die Vorzeichen umgekehrt; man gehe nun von einem „Bettenberg", von einer „Kostenexplosion" im Krankenhauswesen aus. Man rechne für die nächsten Jahre mit einem Bettenüberhang von regional bis zu 20 und 30 %. „In dieser Situation wird das ‚Förderungsinstrument' des ‚goldenen Zügels' fast zwangsläufig zum Instrument nicht nur der Drosselung, vielmehr der Erdrosselung für viele Krankenhäuser." Es drohe eine „Vernichtungsautomatik, der gerade freigemeinnützige Krankenhäuser fast wehrlos ausgeliefert"[220] seien.

Auch wenn diese überbordende Rhetorik ein schiefes Bild vermittelt – die freigemeinnützigen Krankenhäuser standen nicht vor dem unmittelbaren Zusammenbruch, sie haben sich vielmehr dank ihres straffen Managements auch in Zeiten knapper werdender Ressourcen im Wettbewerb der Krankenhausträger behauptet und werden sich auch in Zukunft behaupten können –, so traf die Rede vom goldenen Zügel, der die freigemeinnützi-

---

[219] G. Thermann, Die Situation der evangelischen Krankenhäuser unter dem Aspekt des KHG und seiner Folgegesetze, 12.2.1973, ADW, DEKV 64.
[220] Dr. F. Spiegelhalter, ist der wirtschaftliche Tod des katholischen Krankenhauses vorprogrammiert?, Vortragsentwurf, o. D., ADW, DEKV 90.

gen Krankenhäuser zu erdrosseln drohte, doch den Kern des Problems. Wohin die Reise zu gehen drohte, zeigt das Beispiel Nordrhein-Westfalens: Die Regierung in Düsseldorf versuchte durchsetzen, daß künftig kein Theologe an der Spitze eines Krankenhauses stehen durfte, eine Regelung, die auf Grund einer Verfassungsbeschwerde vom Bundesverfassungsgericht aufgehoben wurde („St. Marien-Entscheidung").

Das duale Finanzierungssystem konnte nur so lange funktionieren, wie die Mittelzuteilung dem stetig steigenden Finanzbedarf der Krankenhäuser angepaßt wurden. Nach 1972 leerten sich die öffentlichen Kassen aber zusehends. Die neue BPflVO deckte die Selbstkosten der Krankenhäuser noch immer nicht, die vom Staat bereitgestellten Investitionsmittel reichten nicht aus. Die Folge war ein Investitionsstau, der durch die Kostendämpfungsgesetze ab 1977 (Krankenversicherungs-Kostendämpfungsgesetz von 1977, Krankenhaus-Kostendämpfungsgesetz von 1981) noch verschärft wurde. Der Bund zog sich nach der Novellierung der BPflVO im Jahre 1985 aus der Krankenhausfinanzierung zurück und wies seine bisherigen Mittel den Ländern zu. Der DEKV forderte in diesem Zusammenhang, beim Abbau der Mischfinanzierung einen Finanzausgleich zu schaffen, die Letztverantwortung für die Planung bei den Ländern zu belassen, am Kostendeckungsprinzip festzuhalten sowie die Pluralität der Krankenhausträger und die Eigenständigkeit der freigemeinnützigen Krankenhäuser zu bewahren.[221] Die Entwicklung des Krankenhausfinanzierungsrechts führte im Laufe der Zeit zu einer völligen Abkehr vom Kostendeckungsprinzip – die bis 1997 andauernde Deckelung der Kosten bürdete den Krankenhäusern ein erhebliches Risiko auf und erzwang Kürzungen im Personalbereich, Restriktionen bei der Verweildauer und eine Umstrukturierung von stationären zu ambulanten Leistungen – und zur Einführung einer großen Zahl von Vergütungsvarianten. Mit der BPflVO von 1995 wurde der Tagespflegesatz durch bewegliche Basispflegesätze, Sonderentgelte und Fallpauschalen ersetzt, wobei die Pflegesätze individuell für jedes einzelne Krankenhaus von den Kostenträgern festgelegt, Sonderentgelte und Fallpauschalen hingegen auf Landesebene einheitlich geregelt werden.[222]

Der Regierungswechsel von 1998 brachte eine erneute „Kehrtwendung in der Gesundheitspolitik". Hatte die alte Bundesregierung kurz zuvor verkündet, daß nach Einsparungen im Krankenhauswesen in Höhe von 30 Mrd. DM seit 1992 die fiskalisch orientierte Politik der Kostendämpfung ihr Ziel erreicht habe, so erhielt nun „der Gesichtspunkt der

---

[221] Aussagen der Delegiertenversammlung des DEKV am 26.9.1984 zur Änderung des Krankenhausfinanzierungsgesetzes, Archiv des DEKV, Handakte Schenk „Dokumentation KHG, Nov. 1984".
[222] v. Aleman-Schwartz, Menschen, S. 344 f.

Kostendämpfung erneut Priorität, wurde aber mit einer so bisher nicht erlebten Rigidität zur Geltung gebracht. Plötzlich war wieder von Rationalisierungsreserven und Einsparpotentialen in Milliardenhöhe die Rede, die vornehmlich im Krankenhausbereich lokalisiert wurden." Der DEKV lehnt – gemeinsam mit dem DW, dem Caritasverband, dem Katholischen Krankenhausverband und der DKG – die „Gesundheitsreform 2000" in ihrer bisherigen Gestalt ab. Elemente einer zukunftsweisenden Reform des Gesundheitswesens sieht er „in einer zweckmäßigen umfassenden Verzahnung von ambulanter und stationärer Versorgung, nicht zuletzt zur Vermeidung von Doppeluntersuchungen, in der Stärkung des Hausarztes und seiner Lotsenfunktion, in der Einführung eines wirklich leistungsgerechten Entgeltsystems, in der Einführung von Anreizen zu qualitativ hochwertiger Leistungserbringung in allen Bereichen."[223]

6.12 Das evangelische Krankenhaus und die Moderne – eine Zwischenbilanz

In den letzten fünf Jahrzehnten sahen sich die evangelischen Krankenhäuser in Deutschland einem massiven Modernisierungsdruck ausgesetzt. Wenn es auch zeitweilig so aussah, als sei die Existenz des konfessionellen Krankenhauswesens bedroht, so konnte sich der säkulare Trend zur Entkirchlichung und Verstaatlichung des sozialen Systems letztlich doch nicht durchsetzen – die freigemeinnützigen, die konfessionellen, die evangelischen Krankenhäuser sind aus dem modernen Sozialstaat, wie er sich im Gehäuse der Bundesrepublik Deutschland herausgebildet hat, nicht mehr wegzudenken. Der DEKV hat seinen Beitrag dazu geleistet. Er brachte die Stimme der evangelischen Krankenhäuser im Konzert der Krankenhausträger zu Gehör, vertrat – in enger Kooperation mit dem Katholischen Krankenhausverband – die Belange des konfessionellen Krankenhauswesens gegenüber dem Staat und betrieb nicht zuletzt Überzeugungsarbeit in den eigenen Reihen, indem er immer wieder nachdrücklich auf den diakonischen Auftrag der Kirche verwies. Aufs ganze gesehen, haben sich die evangelischen Krankenhäuser im Modernisierungsprozeß erstaunlich gut behaupten können.

Sie konnten sich freilich nicht gegen die Moderne abschotten. Die Basisprozesse der Moderne griffen zwangsläufig auf die evangelischen Krankenhäuser über – es kam darauf an, sie aktiv aufzugreifen, umzugestalten, sich anzuverwandeln, ohne das diakonische Profil des evangelischen Kran-

---

[223] DEKV, Geschäftsbericht vom 4. Juni 1997 bis 16. November 1999, hg. zur Mitgliederversammlung am 17. November 1999, Zitate S. 32, 36.

kenhauses zu verlieren: Verrechtlichung und Bürokratisierung, Ökonomisierung und Rationalisierung, Medikalisierung und Technisierung des Krankenhausbetriebes waren unumgänglich, entscheidend war, zu verhindern, daß dieser Wandel zu einem anonymen, im Minutentakt durchrationalisierten Massenbetrieb, zu einer unpersönlichen Fließbandabfertigung, zu einer den Menschen zu einer reparaturbedürftigen Maschine reduzierenden Apparatemedizin führte. Der DEKV hat in diesem spannungsreichen und konfliktgeladenen Anpassungsprozeß die Rolle eines *think tank* gespielt, der jenseits des Krankenhausalltags über Tendenzen, Risiken und Chancen nachdachte und Entscheidungshilfen gab, um die Weichen für die Zukunft zu stellen.

Ein wichtiger Grund dafür, daß die evangelischen Krankenhäuser trotz des enormen Modernisierungsdrucks ihr christliches Profil bis heute bewahrt haben, besteht darin, daß der Gedanke der *diakonischen Dienstgemeinschaft* lebendig geblieben ist. Zwar ist das alte Gemeindemodell, dem die Diakonissenkrankenhäuser des 19. Jahrhunderts folgten, unter dem Anprall einer Vielzahl von Professionalisierungsprozessen zerbrochen. Die Professionalisierung der Ärzte und die Verberuflichung der Verwaltungsfachleute, der Krankenschwestern und -pfleger, der Krankenpflegehelferinnen und -helfer, der Krankenhausfürsorgerinnen hat die evangelischen (und katholischen) Krankenhäuser von Grund auf verändert. Tendenziell stellten Professionalisierung und Verberuflichung den konfessionellen Charakter eines Krankenhauses in Frage. Die evangelischen Krankenhäuser – und der DEKV als ihre Interessenvertretung – haben daher in manchen Fällen, etwa bei den Ärzten, anfangs auch bei den Krankenschwestern, der Professionalisierung hartnäckigen Widerstand entgegengesetzt. In anderen Fällen, etwa bei den Krankenhausfürsorgerinnen, später auch bei den Krankenschwestern, haben sie hingegen die Professionalisierung mit vorangetrieben, wobei sie Wert darauf legten, daß die evangelischen Krankenhäuser ihre Rolle als Ausbildungsstätten behielten und die Balance zwischen Professionalität und Ehrenamt gewahrt blieb.

Auch die evangelischen Krankenhäuser in der DDR durchliefen – unter ganz anderen gesellschaftlichen Rahmenbedingungen – einen Modernisierungsprozeß, wobei die Partnerkrankenhäuser im Westen, die EKD, das DW und der DEKV auf vielfältige Art und Weise finanzielle, technische und organisatorische Hilfestellung leisteten. Umgekehrt profitierten auch die evangelischen Krankenhäuser in der Bundesrepublik von ihren Kontakten nach Osten, begegneten sie dort doch einer ungebrochenen, aus dem Konflikt mit dem sozialistischen Staat sogar gestärkt hervorgegangenen protestantischen Identität, die den Partnern aus dem Westen half, das eigene diakonische Profil in der Auseinandersetzung mit der Moderne zu schärfen.

7. Neue Herausforderungen (1989/90 – 2001)

7.1 Go East! Der DEKV und die deutsche Wiedervereinigung

Schon lange vor der Wende waren die evangelischen Krankenhäuser in Ost und West in ein dichtes Netzwerk eingebunden, das von den Landeskirchen, der Kaiserswerther Konferenz, dem Zehlendorfer Verband, Diakonischen Werken und auch vom DEKV geknüpft worden war. Unmittelbar nach dem Zusammenbruch wurden weitere Brücken geschlagen, etwa zwischen den benachbarten Bundesländern Niedersachsen und Sachsen-Anhalt. Eine Übersicht im Archiv des DEKV zeigt, daß bald nach der Wende – von ganz wenigen Ausnahmen abgesehen – nahezu alle evangelischen Krankenhäuser in der DDR partnerschaftliche Kontakte nach Westdeutschland unterhielten.[1] Dieses engmaschige Beziehungsgeflecht erlaubte es, für die evangelischen Krankenhäuser in Ostdeutschland in der schwierigen Übergangszeit kurzfristig Hilfe und Unterstützung zu mobilisieren – dies war ein nicht zu unterschätzender Startvorteil, denn die staatlichen und kommunalen Krankenhäuser auf dem Gebiet der ehemaligen DDR, die keine Westkontakte aus der Zeit vor der Wende hatten, waren in der krisenhaften Umbruchphase weitgehend auf sich allein gestellt. Auf Anregung des DEKV wurden noch im Berufsleben stehende oder bereits im Ruhestand befindliche Verwaltungsfachleute und Experten aus anderen im Krankenhaus tätigen Berufsgruppen (Vorsteher, Chefärzte, Pflegedienstleitungen) in den neuen Bundesländern beratend tätig. Sie unterstützten die Anpassung des kaufmännischen Rechnungswesens, die Erarbeitung von Stellenplänen, die Analyse und Beseitigung von strukturellen und organisatorischen Schwachstellen in den ärztlichen und pflegerischen Funktionsabläufen sowie den Aufbau von Managementfunktionen. Zur Fortbildung des Personals der ostdeutschen Krankenhäuser wurden Seminare abgehalten, Mitarbeiter der ostdeutschen Häuser hospitierten in diakonischen Einrichtungen in den alten Bundesländern. Bei der Wahrnehmung ihrer Interessen in den Verhandlungen mit den Kostenträgern, den Krankenkassen und den Behörden waren die evangelischen Krankenhäuser im

---

[1] Undatierte Übersicht im Archiv des DEKV, Akte „Verbände DDR/Öffentlichkeitsarbeit, Pilotprojekte, Patenschaften [...]". In den folgenden Abschnitt sind mündliche Auskünfte von Pastor Wolfgang Helbig, Dr. Wilfrid Koltzenburg, Prof. Dr. Reinhard Turre, Pfarrer Peter Gierra und Prof. Dr. Sieghart Grafe eingegangen, denen an dieser Stelle nochmals herzlich gedankt sei.

Osten in ganz besonderem Maße auf Beratung und Unterstützung angewiesen. Zwar waren die konfessionellen Krankenhäuser in den neuen Bundesländern, die ja die einzigen im verstaatlichten Gesundheitswesen der DDR gewesen waren, die von jeher über Pflegesätze finanziert wurden, mit dem Zwang zu einer kostendeckenden Betriebsführung vertraut, doch bereitete die Gewöhnung an das duale Finanzierungssystem der Bundesrepublik einige Anpassungsprobleme. Ein Aufruf des DEKV an seine Mitgliedseinrichtungen in den alten Bundesländern zur Hilfestellung bei den Budget- und Pflegesatzverhandlungen fand große Resonanz, so daß allen ostdeutschen Krankenhäusern in evangelischer Trägerschaft bei den Verhandlungen in den Jahren 1990/91 westdeutsche Partner zu Seite standen.[2] Um nur ein Beispiel zu nennen: Zu den Budgetverhandlungen des seinerzeit größten evangelischen Krankenhauses in den neuen Bundesländern, des Paul-Gerhardt-Stifts in Wittenberg, wurden Hans-Günter Ehrich, der Geschäftsführer des DEKV, sowie Emil Lauffer, Verwaltungsdirektor des Diakonissenkrankenhauses in Karlsruhe-Rüppurr und Vorstandsmitglied des DEKV, mit herangezogen, mit deren Hilfe es gelang, die Verhandlungen innerhalb weniger Tage zum Abschluß zu bringen.

Um einen reibungslosen Beitritt der ostdeutschen evangelischen Krankenhäuser zum DEKV zu ermöglichen, stellte sich die Mitgliederversammlung am 25. September 1990 auf den Rechtsstandpunkt, daß die Bestimmungen der Satzung über die Mitgliedschaft so auszulegen seien, daß die evangelischen Krankenhäuser in der DDR mit Eintritt der Wiedervereinigung bei Erfüllung der satzungsmäßigen Voraussetzungen ohne weiteres aufgenommen werden könnten, ohne daß es einer Satzungsänderung bedürfe. Auf diese Weise wurden die Weichen dafür gestellt, daß nach der rechtlichen Zusammenführung der beiden deutschen Staaten die neuen Landeskrankenhausverbände sofort integriert werden konnten.

Wichtig war, daß sich evangelische Krankenhausfachverbände in den neuen Bundesländern bildeten. Schon 1987 hatte man die Gründung eines solchen Verbandes für die gesamte DDR erwogen. Der Plan wurde jedoch zurückgestellt. Nun wurde der Aufbau von evangelischen Krankenhausfachverbänden in den neuen Bundesländern zielstrebig in Angriff genommen – der erste war bereits im Frühjahr 1989 in Sachsen-Anhalt entstanden, wo nach der Wende, im August 1990, auch die erste Landeskrankenhausgesellschaft in den neuen Bundesländern gegründet wurde, die alsbald mit Hilfe einer etwas abenteuerlichen Rechtskonstruktion – formaljuristisch waren die neuen Länder ja noch nicht Teil des Bundesgebietes – der DKG

---

2   DEKV, Geschäftsbericht für die Zeit vom 7. Juni 1989 bis 24. September 1990, S. 34; Geschäftsbericht für die Zeit vom 25. September 1990 bis 23. April 1991, S. 13; Geschäftsbericht für die Zeit vom 3. Juni 1992 bis 15. Juni 1993, S. 33.

beitrat. Die Vorreiterrolle Sachsen-Anhalts kam nicht von ungefähr. Sie hing eng mit den Kontakten nach Niedersachsen zusammen – sogar die Landeskrankenhausordnung von Sachsen-Anhalt wurde fast unverändert aus Niedersachsen übernommen. Eine Schlüsselrolle bei dieser Kooperation spielte Pastor Wolfgang Helbig, Vorsteher der Henriettenstiftung in Hannover, der in Personalunion Vorsitzender der Niedersächsischen Landeskrankenhausgesellschaft und des DEKV war und seit 1978 enge Kontakte zu den evangelischen Krankenhäusern in der DDR, gerade auch in der Kirchenprovinz Sachsen, unterhielt.[3]

Die evangelischen Krankenhausverbände aus den neuen Bundesländern erklärten zum 1. Januar 1991 für ihre angeschlossenen Krankenhäuser den Beitritt zum DEKV. 1992 konnte die Geschäftsführung melden, daß sämtliche evangelischen Krankenhäuser in den neuen Bundesländern Mitglieder des DEKV waren. Bis zur Neuwahl des Vorstandes im Jahre 1993 nahmen zwei Vertreter der ostdeutschen Krankenhäuser als ständige Gäste an den Vorstandssitzungen teil – im September 1990 war eine Zuwahl von Vertretern der ostdeutschen Krankenhäuser in den Vorstand aus rechtlichen Gründen noch nicht möglich gewesen.[4]

Als sich im April 1990 Vertreter der DKG und Vertreter von Krankenhausträgern aus der DDR zu einem „Innerdeutschen Arbeitskreis Krankenhaus" zusammenfanden, saßen auch Repräsentanten des DEKV mit am Tisch und brachten die Interessen der evangelischen Krankenhausträger in die von dem Arbeitskreis formulierten Grundsatzpositionen ein. In diesem Papier wurde als Zielsetzung für die anstehende Neuordnung des Gesundheitswesens in der DDR „ein humanes, leistungsfähiges und wirtschaftliches Krankenhaussystem bei Gewährleistung der Pluralität der Krankenhausträger, wie sich dies in der Bundesrepublik bewährt habe",[5] empfohlen. Die evangelischen Krankenhäuser auf dem Gebiet der ehemaligen DDR redeten aber keineswegs einer bedingungslosen Anpassung an die westdeutschen Verhältnisse das Wort. Sie, die aufgrund ihrer vielfältigen Westkontakte mit den Verhältnissen des Krankenhauswesens in der Bundesrepublik Deutschland ungleich besser vertraut waren als die anderen Krankenhäuser in der DDR, standen manchen Strukturen und Tendenzen im westdeutschen Gesundheitswesen durchaus kritisch gegenüber. „Wir bekommen Anteil an einem Gesundheitswesen, das seinerseits der Reform bedürftig ist", stellte Prof. Reinhard Turre, der Direktor des Diakoniewerks

---

[3] Festschrift 1990–2000. 10 Jahre Krankenhausgesellschaft Sachsen-Anhalt e.V., Halle 2000.
[4] DEKV, Geschäftsbericht für die Zeit vom 25. September 1990 bis 23. April 1991, S. 12 f.; Geschäftsbericht für die Zeit vom 24. April 1991 bis 2. Juni 1992, S. 15.
[5] DEKV, Geschäftsbericht für die Zeit vom 7. Juni 1989 bis 24. September 1990, S. 34.

Halle/Saale, 1991 in einem vielbeachteten Aufsatz klar und nannte als Stichworte „Kostenexplosion, Pflegenotstand, Disproportionen zwischen Diagnostik und Therapie, das Verhältnis von ambulanten und stationären Angeboten". Turre plädierte dafür, mit Blick auf die dringend notwendige Strukturreform im Gesundheitswesen die Konzepte in Ost und West zu prüfen und Elemente aus beiden Systemen zu einem neuen Ganzen zusammenzufügen. Er kritisierte die Tendenz im westdeutschen Gesundheitssystem, pflegebedürftige Patienten aus den Krankenhäusern abzuschieben, und warf die Frage auf, ob es „nicht für die Mitarbeiter wie für die Patienten selbst besser zu verkraften [sei], wenn es bei einer gemischten Belegung bleibt. Die Integration von Menschen verschiedener Krankheitsgrade muß weiter ein Gesichtspunkt in der medizinischen Arbeit sein." Weiter wurde die Tendenz kritisiert, die Ambulanzen und Polikliniken an den Krankenhäusern in den neuen Bundesländern zu schließen: „Was ist das aber für ein System der Versorgung, in dem die Brücke von territorialer (ambulanter) und stationärer Versorgung systematisch zerstört wird?" Auch im Betriebsgesundheitswesen der DDR sah Turre eine Chance, die Defizite medizinischer Prophylaxe in den alten Bundesländern auszugleichen.[6] Solche Anregungen sind nach der Wende weithin ungehört verschallt. Die Bilanz nach einem Jahrzehnt deutscher Einheit fällt daher aus der Sicht der evangelischen Krankenhäuser durchaus ambivalent aus: Der schwierige Übergang von einem System in das andere wurde zwar gut gemeistert, doch sind Freiräume zu diakonischem Handeln, die sich aus der Nischenexistenz der evangelischen Krankenhäuser im staatlichen Gesundheitswesen der DDR ergaben, in dem einerseits von der staatlichen Bürokratie überreglementierten, andererseits den Gesetzen der Marktwirtschaft unterworfenen Krankenhauswesen der Bundesrepublik verlorengegangen. So mußte das Personal in den ostdeutschen evangelischen Krankenhäusern drastisch abgebaut werden, was nicht ohne Auswirkungen auf das Miteinander von Pflegekräften und Patienten bleiben konnte. Trotz aller Modernisierungsleistungen bleibt daher festzuhalten, daß manche Alternative verschüttet, manche Chance verschenkt worden ist.

Der DEKV leistete massive Lobbyarbeit zugunsten der finanziellen Interessen der evangelischen Krankenhausträger in den neuen Bundesländern. Er schätzte den Nachholbedarf der ostdeutschen Krankenhäuser auf etwa 30 Mrd. DM. Schon 1990 übergab der DEKV der DKG eine Liste der am dringendsten benötigten Investitionshilfen. „Auf meine eindringlich vorgetragene Sorge, daß die evangelischen Krankenhäuser in der DDR nicht in der nötigen Weise berücksichtigt würden", so der Geschäftsführer

---

[6] R. Turre, Ein einig deutsches Krankenhaus? Beobachtungen eines Newcomers, in: Das Krankenhaus 83. 1991, S. 117–120, Zitate: S. 117 f.

des DEKV, Hans-Günter Ehrich, habe ein Vertreter der DKG „mit Nachdruck erklärt, daß die kirchlichen Krankenhäuser in der DDR nicht zu kurz kämen. Vielmehr erwartet er Proteste der dortigen kommunalen und staatlichen Krankenhäuser, weil die kirchlichen Krankenhäuser zu gut abschnitten."[7] Tatsächlich erhielten die konfessionellen Krankenhäuser wohl einen überproportionalen Anteil an den Fördermitteln aus dem „Fonds Deutsche Einheit" zugesprochen, doch angesichts des enormen Nachholbedarfs war dies kaum mehr als ein Tropfen auf den heißen Stein. Neue Möglichkeiten bot das *Gemeinschaftswerk „Aufschwung Ost"*, ein auf zwei Jahre angelegtes, für 1991 und 1992 mit je 12 Mrd. DM ausgestattetes Investitionsprogramm. Davon gingen 5 Mrd. als Investitionspauschale an die Kommunen in den neuen Bundesländern. Nach Vorlage der Jahresbilanz 1991 äußerte der DEKV gegenüber Bundesfinanzminister Theo Waigel herbe Kritik aus der Sicht der freigemeinnützigen Krankenhausträger:

> „Nach Ihren Aussagen ist die Bundesregierung mit der Jahresbilanz 1991 für das Gemeinschaftswerk „Aufschwung Ost" voll zufrieden. [...] Dennoch erlauben wir uns den Hinweis, daß nach unseren Informationen der soziale Sektor, der in freigemeinnütziger Trägerschaft steht, entsprechend seiner Bedeutung in einer pluralistischen Gesellschaft bei der Verteilung dieser Mittel weithin nicht berücksichtigt worden ist. Das trifft insbesondere für den kirchlichen Krankenhausbereich zu, den wir zu vertreten haben. Eher wurden kommunale Krankenhäuser als freigemeinnützige bei der Vergabe der Mittel bedacht."[8]

Bei der Mobilisierung von Investitionskapital sah sich der DEKV mitunter gezwungen, kurzfristig alle Hebel in Bewegung zu setzen. So wurde am 24. Oktober 1991 bekannt, daß im Rahmen des Investitionsprogramms „Aufschwung Ost" Mittel aus verschiedenen Ressorts umgewidmet und dem Bundesgesundheitsministerium zur Verfügung gestellt werden sollten. Diese Gelder, die vorrangig den freigemeinnützigen Krankenhäusern zufließen sollten, waren zur Finanzierung laufender Baumaßnahmen gedacht und mußten bis zum 31. Dezember 1991 verausgabt werden. Der DEKV benachrichtigte umgehend die evangelischen Landeskrankenhausverbände in den neuen Bundesländern sowie die Teilnehmer der ostdeutschen Chefärztekonferenz, die am 26. Oktober 1991 in Berlin-Weißensee stattfand. In einer „Blitzaktion" gelang es dem DEKV, kurzfristig 18 Anträge mit einer Anforderungssumme von 20,9 Mio. DM auf die Beine zu stellen und an

---

[7] Aktennotiz Ehrich für Präsident Karl Heinz Neukamm, 25.7.1990, Archiv des DEKV, Akte „Verbände DDR/„Aufschwung Ost", Investitionsprogramm für evangelische Krankenhäuser II".
[8] DEKV/Ehrich an Waigel, 1.4.1992, Archiv des DEKV, Akte „Verbände DDR/„Aufschwung Ost", Schriftwechsel, Vermerke".

das Bundesgesundheitsministerium weiterzuleiten. Schwierigkeiten traten Mitte November auf, als bekannt wurde, daß die Zuständigkeit zur Umwidmung und Verteilung der Gelder an die Landesfachministerien übergegangen war. Der DEKV zeigte sich enttäuscht über die „schwerfällige Bearbeitung"[9] der Anträge in den Länderministerien. Immerhin konnten auf diese Weise bis zum Jahresende Fördermittel für das Stift Bethlehem in Ludwigslust und für das Diakonissenkrankenhaus in Dresden freigesetzt werden. Da es sich um ein Sofortprogramm zur Deckung des akuten Sanierungsbedarfs handelte, wurden die Mittel nahezu ausschließlich für kurzfristig durchzuführende Sanierungsarbeiten, kaum für investive Zwecke eingesetzt.[10]

Mit dem Gesundheitsstrukturgesetz von 1992 ist ein groß angelegtes Investitionsprogramm für die ostdeutschen Krankenhäuser aufgelegt worden, das vom Bund, den neuen Ländern und den Krankenkassen getragen wird – von 1995 bis 2004 fließen jährlich 700 Mio. DM zusätzlich in die Krankenhausstrukturen der neuen Bundesländer. Auch hier ist das schon aus der allgemeinen Krankenhausfinanzierung bekannte Spannungsfeld zwischen den Krankenhäusern, den Ländern und den Krankenkassen entstanden. Mißtrauisch beobachtete der DEKV die Versuche der Krankenkassen, die Planungskompetenz zu gewinnen und sich in die Betriebs- und Leistungsstrukturen der Krankenhäuser einzumischen. Er empfahl den evangelischen Krankenhäusern in den neuen Bundesländern, sich bei Anträgen auf Fördermittel aus dem Investitionsprogramm für die in Vorbereitung oder Planung befindlichen Projekte schon im Vorfeld mit den Ländern abzustimmen „und gemeinsam ggf. mit den Ländern gegen die Krankenkassen [zu] taktieren, wenn es erforderlich werden sollte."[11]

Das evangelische Krankenhauswesen im Osten Deutschlands hat sich unter den gänzlich veränderten staatlichen, gesellschaftlichen und wirtschaftlichen Rahmenbedingungen erstaunlich gut behauptet, ja es ist sogar gestärkt aus dem Umbruch hervorgegangen, ist es doch gelungen, eine ganze Reihe von staatlichen und kommunalen Krankenhäusern in evangelische Trägerschaft zu übernehmen. Dabei kam zu einer Reihe von spektakulären Fällen: Einerseits gelang es evangelischen Trägern auch in den ehe-

---

[9] Aktennotiz Ehrich für Pfarrer Schinke betr. Pressekonferenz Präsident Dr. Neukamm am 22.11.1991, Archiv des DEKV, Akte „Verbände DDR/„Aufschwung Ost", Schriftwechsel, Vermerke I".

[10] Aktennotiz Ehrich für Neukamm, 12.12.1991, Archiv des DEKV, Akte „Verbände DDR/„Aufschwung Ost", Schriftwechsel, Vermerke I". DEKV, Geschäftsbericht für die Zeit vom 24. April 1991 bis 2. Juni 1992, S. 17 f.; Geschäftsbericht für die Zeit vom 3. Juni 1992 bis 15. Juni 1993, S. 34 f.

[11] Aktennotiz Ehrich für Neukamm, 27.1.1993, Archiv des DEKV, Akte „Verbände DDR/ „Aufschwung Ost", Schriftwechsel, Vermerke I".

mals "roten Ecken" der DDR, Krankenhäuser zu übernehmen – so etwa das kommunale Krankenhaus in Salzwedel –, andererseits gingen selbst große Bezirkskrankenhäuser wie Neubrandenburg, Chemnitz, Halle-Dölau oder Ludwigsfelde-Teltow in evangelische Trägerschaft über. Eine überragende Rolle spielte dabei die Diakoniefördergesellschaft mbH, die als Beratungs- und Betriebsführungsgesellschaft an dreißig Standorten in den neuen Bundesländern tätig ist.[12] Der DEKV ist an der Diakoniefördergesellschaft finanziell beteiligt und – wichtiger noch – durch seinen langjährigen Vorsitzenden Wolfgang Helbig, der von 1990 bis 2001 Aufsichtsratsvorsitzender der Diakoniefördergesellschaft war, personell eng mit ihr verflochten. An den Übernahmeverhandlungen vor Ort war der DEKV nur am Rande beteiligt. Er trug aber dazu bei, evangelischen Trägern, die sich in den neuen Bundesländern engagieren wollten, den Weg zu ebnen.

Zur Sicherung der Trägerpluralität und zur Gewährleistung der Wahlfreiheit der Patienten setzte sich der DEKV nachdrücklich für die Übernahme kommunaler und staatlicher Krankenhäuser in den neuen Bundesländern in evangelische Trägerschaft ein:

> "Der Strukturwandel und der Neubeginn in den jungen Bundesländern sowie die sich auflösende Staatswirtschaft waren Anlaß, uns bei der Sicherung der Trägerpluralität und zur Wahrnehmung der Wahlfreiheit durch die Patienten zu engagieren. Im Vordergrund stand dabei unser Auftrag, das Evangelium Jesu Christi in Wort und Tat zu bezeugen. Ein diakonisches Krankenhaus kann nicht ohne Zeugnis des Evangeliums und ohne Gottesdienst, ohne Seelsorge und ohne Unterricht sein. Im Wissen um die geringe Zahl aktiver Christen haben wir uns nicht leichtfertig der aktuellen Forderung gestellt. Es gehört auch zu den Investitionen in die deutsche Einheit und in die Zukunft der neuen Bundesländer, wenn wir uns der stationären Krankenversorgung annehmen. Wir sind bereit, unseren Part bei der Übertragung des fest geknüpften sozialen Netzes des alten Bundesgebietes in das Beitrittsgebiet zu übernehmen, um eine Angleichung an den Leistungsstandard in den Krankenhäusern der westlichen Bundesländer zu erreichen. Unsere Strategie dient auch so den Interessen der Menschen, nicht der Anstrengungen [sic!], mit denen die Auswirkungen des realen Sozialismus beseitigt werden müssen."[13]

---

[12] Beratung: Evangelischer Diakonieverein Berlin-Zehlendorf, Evangelisches Krankenhaus Elisabethenstift gGmbH Darmstadt, Diakoniewerk Halle/Saale, Evangelisches Krankenhaus Bethesda und Allgemeines Krankenhaus Bergedorf in Hamburg, Evangelisches Diakoniewerk Schwäbisch-Hall, Krankenhaus der Evangelischen Diakonissenanstalt Speyer, Evangelische Diakonissenanstalt Straßburg, Marienhospital Stuttgart u. a.; Geschäftsführung: Evangelisches Diakoniewerk Königin Elisabeth Berlin, Krankenhaus Bethanien gGmbH Chemnitz, Anhaltische Diakonissenanstalt Dessau, Evangelisches Bethesda-Krankenhaus, Christliches Krankenhaus Eisenach, gGmbH Essen-Borbeck, St. Markus-Krankenhaus gGmbH Frankfurt/Main, Martha-Maria Halle-Dölau gGmbH, Evangelisch-Lutherisches Diakonissenkrankenhaus Leipzig gGmbH, Diakoniekrankenhaus Seehausen, Sophien- und Hufelandklinikum Weimar gGmbH, Diakoniewerk Bethesda gGmbH Wuppertal u. a.
[13] Ms., Übernahme von Krankenhäusern in evangelische Trägerschaft, Archiv des DEKV, Akte „Übernahme in evangelische Trägerschaft I".

7. Neue Herausforderungen (1989/90–2001)

In dieses Strategiepapier sind deutlich erkennbar die Erfahrungen eingeflossen, die der DEKV bei seinen Verhandlungen in Fürstenwalde in Brandenburg gesammelt hatte. Der Geschäftsführer Hans-Günter Ehrich hatte sich am 16. Februar 1991 vor Ort einen ersten Überblick verschafft. Im Kreisgebiet gab es drei Krankenhäuser: in Fürstenwalde, in Rüdersdorf und in Bad Saarow. Das Krankenhaus in Bad Saarow, in der DDR eine Medizinische Militärakademie, befinde „sich – bezogen auf die dortigen Verhältnisse – in einem guten Zustand" und sei „apparativ weit besser als die übrigen ausgestattet". Der Standort Bad Saarow sagte dem Geschäftsführer des DEKV zu: „Bad Saarow war früher – und sicherlich auch wieder in Kürze – Naherholungsgebiet für Berlin. Bedeutende Persönlichkeiten hatten dort ihre Häuser. Von dem Flair vergangener Zeiten ist noch ein wenig erkennbar, denn offenbar lebt dort jetzt auch die politische Prominenz der ehemaligen DDR." Verhandlungen mit einem privaten Träger, der Klinikgruppe *Humaine*, um die Übernahme des Krankenhauses in Bad Saarow standen unmittelbar vor dem Abschluß. „Nach meiner Einschätzung", so bedauerte Ehrich, „besteht kaum eine Chance, die laufenden Verhandlungen zu stoppen". Dagegen hatte Ehrich den Eindruck gewonnen, „daß wir eine echte Chance haben, die Krankenhäuser in Fürstenwalde und Rüdersdorf in diakonische/kirchliche Trägerschaft zu übernehmen."[14] Im März 1991 hatten sich die Pläne konkretisiert: Der Evangelische Diakonieverein in Zehlendorf und die Samariter-Stiftung in Fürstenwalde wollten gemeinsam eines der örtlichen Krankenhäuser übernehmen. Interesse bestand jedoch auch beim Arbeiter-Samariterbund, bei der Malteser-Hilfsorganisation und bei verschiedenen privaten Klinikträgern. Mitte März brach der Kreis die Verhandlungen überraschend ab, weil er wohl in eine andere Richtung gehende Überlegungen verfolgte. Ehrich vertrat die Ansicht, man dürfe das Feld nicht so schnell räumen. Tatsächlich war zwei Wochen später „das Eis gebrochen".[15] Das Immanuel-Krankenhaus in Berlin-Wannsee übernahm das Kreiskrankenhaus in Rüdersdorf in seine Trägerschaft, und der Landrat sagte zu, den mit der Klinikgruppe Humaine abgeschlossenen Betreuungsvertrag für das Kreiskrankenhaus Fürstenwalde rückgängig zu machen und einen Abschluß mit der ortsansässigen Samariter-Stiftung anzustreben.

Für ein Gespräch mit dem Landrat von Fürstenwalde stellte Ehrich im April 1991 die Argumente für einen Trägerwechsel zusammen. Noch präg-

---

[14] Aktennotiz Ehrich für Neukamm, 20.2.1991, Archiv des DEKV, Akte „Übernahme in evangelische Trägerschaft I".
[15] Aktennotiz Ehrich für Neukamm, 2.4.1991, Archiv des DEKV, Akte „Übernahme in evangelische Trägerschaft I".

nanter als der fertig ausformulierte Text bringt ein stichwortartiger Vorentwurf den Argumentationsgang des DEKV auf den Punkt:

„Argumente für Trägerwechsel

- Ordnungspolitische Begründung,[16]
  möglichst weitgehende Dezentralisierung politischer und wirtschaftlicher Entscheidungskompetenzen
- Wirtschaftliche Gesichtspunkte,
  freie Träger arbeiten kostengünstiger als öffentliche Regiebetriebe, bestätigt durch empirische Untersuchungen
- Entlastung der Politik und Verwaltung,
  die sich dadurch verstärkt auf die genuin hoheitlichen Aufgaben konzentrieren können
- Verfassungsrechtliche Möglichkeiten,
  Nutzung der gesetzlich vorgeschriebenen pluralen Trägervielfalt, den Patienten sein Wahlrecht wahrnehmen zu lassen
- Sozialstaatsprinzip,
  es impliziert die Pflicht der öffentlichen Hand zur sozialen Vorsorge, aber keineswegs eine Verpflichtung, erforderliche Leistungen auch in öffentlicher Regie zu erstellen
- Grundsatz der Wirtschaftlichkeit und der Sparsamkeit,
  dem alle öffentlichen Haushalte verpflichtet sind. Freie Träger tragen durch kostengünstigere Leistung zur gesamtwirtschaftlichen Wohlstandserhöhung bei.
  [...]
- Verlegung [sic!] des wirtschaftlichen Risikos,
  die angespannte Finanzlage verlangt die mögliche Entlastung der öffentlichen Haushalte auf allen Ebenen und die Übertragung von Dienstleistungen zur stationären Versorgung der Bevölkerung an erfahrene freie Träger.
- Arbeitsplätze,
  das geltende Arbeits- und Sozialrecht und der weitgehende Kündigungsschutz gewährleisten den Beschäftigten auch bei einem Trägerwechsel die erforderliche Sozialverträglichkeit. Die emotionalen Schranken können abgebaut werden.
  [...]"[17]

Der Landrat zeigte sich im Gespräch mit dem Geschäftsführer des DEKV durchaus aufgeschlossen für einen Wechsel in evangelische Trägerschaft. Er äußerte jedoch Bedenken „gegen eine Monopolstellung der Diakonie in dem Landkreis. Persönlich sagte er mir, daß er der Diakonie allein das weite Feld der sozialen Arbeit nicht überlassen könne." Überraschend positiv verlief dagegen in diesem Fall eine Mitarbeiterversammlung, an der 142 von 260 Beschäftigten teilnahmen. Davon sprachen sich 137 für einen

---

16 Gemeint ist hier in erster Linie die Ausweitung der Trägervielfalt, die für das deutsche Krankenhauswesen grundlegend ist.
17 Ms., Argumente für Trägerwechsel, 9.4.1991, Archiv des DEKV, Akte „Übernahme in evangelische Trägerschaft I". Vgl. den fertig ausformulierten Text „Trägerwechsel eines Kreiskrankenhauses", 16.4.1991.

Wechsel in evangelische Trägerschaft aus, nur einer war dagegen, vier enthielten sich der Stimme.[18]

Trotz der positiven Signale scheiterte die Übernahme des Kreiskrankenhauses in Fürstenwalde. Im Dezember 1991 teilte Pastor Westphal von den Samariter-Anstalten Fürstenwalde mit, daß die „gut in Gang gekommenen Verhandlungen [...] ins Stocken geraten" seien, nachdem sich herausgestellt habe, daß es im Kreis 180 Betten zuviel gab. Die Krankenhäuser Bad Saarow und Fürstenwalde wurden zusammengefaßt und die Bettenzahl reduziert. Damit war die Samariter-Stiftung aus dem Rennen.

Das Beispiel zeigt, mit welchen Widerständen und Schwierigkeiten evangelische Krankenhausträger bei der Übernahme von Krankenhäusern in den neuen Bundesländern zu rechnen hatten. *Erstens* hatten sie sich der harten Konkurrenz anderer Krankenhausträger zu erwehren, insbesondere privater Krankenhausträgergruppen, die beträchtliche Geldmittel zur Sanierung der übernommenen Krankenhäuser bieten konnten. Mit Genugtuung nahmen die evangelischen Krankenhausträger zur Kenntnis, daß private Krankenhausträger, von denen sie ausgestochen worden waren, mitunter schon nach kurzer Zeit wieder aufgaben oder in schwere Auseinandersetzungen mit den öffentlichen Verwaltungen gerieten. Dagegen gab es keine Konflikte mit katholischen Krankenhausträgern. Mit dem Caritasverband, der anfangs wenig Interesse gezeigt hatte, später aber ein stärkeres Engagement im ostdeutschen Krankenhauswesen entwickelte, gelangte man zu einem *Gentlemen's Agreement*, „nicht gegenseitig in Konkurrenz aufzutreten, wenn es um die Übernahme von Krankenhäusern geht".[19] In einzelnen Fällen – etwa bei dem Plan, auf dem Gelände einer Kaserne der Nationalen Volksarmee in Eisenach ein gemischt-konfessionelles Krankenhaus zu erbauen[20] – kam es sogar zu einer Zusammenarbeit evangelischer und katholischer Träger. Viel schwerer wogen, *zweitens*, Vorbehalte der bisherigen staatlichen Trägerorgane gegen die evangelische Diakonie. Mitunter gab es, *drittens*, massive Widerstände aus den Reihen des Personals, das der Umwandlung in ein konfessionell gebundenes Krankenhaus mit Argwohn entgegensah. Ein gutes Beispiel bietet der Bericht über eine Betriebsversammlung in der Suchtklinik Wiesen in Wiesenthal, an der Ehrich für den DEKV und Superintendent Fritz Mieth als Vertreter des Evangelischen Diakonievereins, der als möglicher Träger im Gespräch war, teilnahmen: „Im

---

18 Aktennotiz Ehrich für Neukamm, 26.4.1991, Archiv des DEKV, Akte „Übernahme in evangelische Trägerschaft I".
19 Aktennotiz Ehrich, o. D., Archiv des DEKV, Akte „Übernahme in evangelische Trägerschaft I".
20 Aktennotiz Achim Eberhardt, 10.6.1992, Archiv des DEKV, Akte „Übernahme in evangelische Trägerschaft I".

großen und ganzen wirkte das Personal sehr zurückhaltend. Spürbar war die Angst um den Arbeitsplatz, auffällig der riesige Handwerkertrupp."[21]

Viertens mußte man angesichts der in den neuen Bundesländern weit vorangeschrittenen Entkirchlichung auch mit Ressentiments aus der Bevölkerung rechnen. So protestierte der Verband der Freidenker öffentlich dagegen, daß Diakonie und Landkreis übereingekommen waren, gemeinsam Träger des neuen Kreiskrankenhauses in Altenburg/Thüringen zu werden, da er darin eine „öffentliche Beleidigung der 75 Prozent religionsfreier Menschen in unserer Stadt"[22] erblickte.

Fünftens galt es mitunter erst einmal, diakonischen Einrichtungen in Ostdeutschland, die als Kooperationspartner vorgesehen waren, Mut zu machen. Auch das läßt sich am Beispiel Altenburg gut zeigen: Im September 1991 besuchten der Vorsitzende des DEKV, Pastor Wolfgang Helbig, und der Geschäftsführer Ehrich das Kinderhospital in Altenburg, das sich in einer schweren Krise befand – von ursprünglich 100 Betten waren nur noch 37 belegt:

> „Bedauerlicherweise ist das Kinderhospital auf Dauer nicht mehr fortzuführen. In dem Gespräch erfuhren wir, daß der Landrat dem Kinderhospital angeboten hat, das Kreiskrankenhaus zu übernehmen. Nach Aussage von P. Helbig ist auch der Sozialminister von Thüringen stark interessiert, das Kreiskrankenhaus in die Hände eines evangelischen Trägers zu geben. Aber den Vertretern des Kinderhospitals fehlt dazu nach meinem Eindruck der Mut. So haben wir unsere Unterstützung und Mithilfe angeboten. Für das zukünftige Kreiskrankenhaus sollen etwa 350 Betten vorgesehen sein. Es müßte erreicht werden, daß auch eine Kinderabteilung eingeplant wird. So könnte ein Teil der Mitarbeiterschaft überwechseln. Zur Zeit wird ein neuer Verwaltungsleiter gesucht, weil der bisherige aus politischen Gründen nicht im Amt verbleiben kann. Auch das westdeutsche Partnerkrankenhaus, Krankenhaus Eichhof in Lauterbach (Hessen) ist zur Unterstützung bereit. Der Superintendent steht der Übernahme in evangelische Trägerschaft ausgesprochen aufgeschlossen gegenüber."[23]

Sechstens schließlich hatten sich die Verwaltungsfachleute bei der Übernahme von Krankenhäusern mit einem enormen bürokratischen Wirrwarr auseinanderzusetzen. Pastor Peter Gierra, Leiter des Paul-Gerhardt-Stiftes in Wittenberg, Träger des seinerzeit größten evangelischen Krankenhauses

---

[21] Aktennotiz Klein betr. Übernahme von zwei Krankenhäusern in Zwickau durch den Evangelischen Diakonieverein, 20.12.1990, Archiv des DEKV, Akte „Übernahme in evangelische Trägerschaft III".

[22] Thüringische Landeszeitung v. 22.10.1992 („Beschluß steht unter Beschuß: Freidenker ziehen vor Gericht").

[23] Aktennotiz Ehrich, 18.9.1991, Archiv des DEKV, Akte „Übernahme in evangelische Trägerschaft I". Pastor Helbig besuchte alle Sozialminister der Bundesländer zu teils mehrfachen Gesprächen.

in der DDR, beendete seinen Bericht über die Übernahme des Fachkrankenhauses Apollensdorf mit dem Stoßseufzer: „Wer sich auf die Übernahme eines staatlichen Hauses einläßt, der muß einen unversiegbaren Optimismus, Einfallsreichtum und gute Sachberater zur Seite haben."[24] Trotz aller Widrigkeiten schritt die Übernahme öffentlicher Krankenhäuser in evangelische Trägerschaft zügig voran. Auf der Mitgliederversammlung am 3. Juni 1992 konnte die Geschäftsführung des DEKV bereits die Übernahme von elf in den neuen Bundesländern gelegenen Krankenhäusern in evangelische Trägerschaft melden.[25]

Die Krankenhausplanung für die neuen Bundesländer war bis Anfang 1993 überall abgeschlossen. Im Zuge der Umstrukturierung des Krankenhauswesens der neuen Bundesländer war die Anzahl der Krankenhausbetten in der Krankenhausplanung um etwa 37.000 reduziert worden. Aufgrund ihrer guten bis sehr guten Belegungsquote waren die evangelischen Krankenhäuser bis dahin von diesem extremen Bettenabbau wenig berührt. Allerdings hatten im Zusammenhang mit der weiter sinkenden Geburtenrate verschiedene Krankenhäuser ihre Bettenzahl in den geburtshilflichen und kinderheilkundlichen Abteilungen geringfügig verringern müssen.[26] Unter wachsendem wirtschaftlichen Druck zeichnet sich zuletzt ein Trend zur Fusion und Konzentration und damit zur Bündelung der Kräfte ab, um in der scharfen Konkurrenz der Krankenhausträger bestehen zu können. Insgesamt jedoch haben die evangelischen Krankenhäuser in Ostdeutschland – nicht zuletzt dank der tatkräftigen Unterstützung des DEKV – den Sprung in das Gesundheitssystem der Bundesrepublik gut gemeistert. Für die Aufrechterhaltung und Fortentwicklung des Krankenhauswesens in den neuen Bundesländern war dies von kaum zu unterschätzender Bedeutung. Darüber hinaus ist hervorzuheben, daß Persönlichkeiten aus dem Bereich der evangelischen Krankenhäuser der DDR nach der Wende in einem bemerkenswerten Ausmaß auch politische Verantwortung übernahmen und bis zum Minister aufstiegen.

Durch die Entwicklungen in den neuen Bundesländern seit 1990 ist die Position der evangelischen Krankenhäuser in der Krankenhauslandschaft der Bundesrepublik Deutschland deutlich gestärkt worden. Und auch der DEKV hat sich in dem Maße, wie er zu einer *gesamt*deutschen Interessen-

---

[24] Gierra, Trägerwechsel eines Kreiskrankenhauses, 16.4.1991, Archiv des DEKV, Akte „Übernahme in evangelische Trägerschaft I".
[25] DEKV, Geschäftsbericht für die Zeit vom 24. April 1991 bis 2. Juni 1992, S. 16 f. Eine vertrauliche Aufstellung vom November 1991 belegt, daß bis zu diesem Zeitpunkt acht Übernahmen bereits erfolgt waren, sechs weitere unmittelbar bevorstanden und daß in vier weiteren Fällen Gespräche eingeleitet worden waren. Aktennotiz Ehrich für Neukamm, 22.11.1991, Archiv des DEKV, Akte „Übernahme in evangelische Trägerschaft I".
[26] DEKV, Geschäftsbericht für die Zeit vom 3. Juni 1992 bis 15. Juni 1993, S. 35.

vertretung der evangelischen Krankenhäuser geworden ist, verändert. Mit der Verlegung der Geschäftsstelle des DEKV nach Berlin – seit 2000 hat der DEKV auch seinen Sitz in Berlin – wird ein neuer Weg beschritten. Der DEKV vertritt gegenwärtig etwa 270 evangelische Krankenhäuser mit etwa 63.600 Betten und etwa 103.000 Beschäftigten, in denen jährlich etwa 2 Mio. Patienten behandelt werden und die einen Jahresumsatz von etwa 12,9 Mrd. DM erwirtschaften.[27] Die evangelischen Krankenhäuser bilden damit eines der wichtigsten Segmente des deutschen Krankenhauswesens – und ihr Gewicht wird aller Voraussicht nach in den nächsten Jahrzehnten weiter zunehmen und damit auch die Bedeutung des DEKV im Gefüge der Krankenhausfachverbände.

7.2 Ethik im Krankenhaus – die Herausforderung des 21. Jahrhunderts

Medizinethik – verstanden als der Bereich der Ethik, der sich „mit Fragen nach dem moralisch Gesollten, Erlaubten und Zulässigen im Umgang mit menschlicher Krankheit und Gesundheit"[28] befaßt – war bis in die 60er Jahre hinein im wesentlichen eine Sache der ärztlichen Berufsethik. Seitdem hat sich – ausgehend von den Vereinigten Staaten, mit einer Phasenverschiebung von etwa zwei Jahrzehnten auch auf Europa übergreifend – eine breite Diskussion um die ersten und die letzten Dinge, um ethische Fragen im Zusammenhang mit Geburt und Tod, Gesundheit, Krankheit und Behinderung entfaltet, an der sich nicht mehr nur Mediziner und Juristen, sondern auch Patienten, Pflegekräfte, Philosophen, Theologen und Sozialwissenschaftler beteiligen. Die enorme Breitenwirkung und die emotionale Aufladung der Diskussion sind sichere Indizien dafür, daß der Medizinethik über die engeren Grenzen einer Bereichsethik hinaus eine große gesamtgesellschaftliche Bedeutung zukommt – gleichsam als Testfall, ob eine vernunftgeleitete Steuerung jener krisenhaften Entwicklungen, die aus den Brüchen und Verwerfungen der Moderne entstehen, überhaupt möglich ist.

Zu den wesentlichen Voraussetzungen der modernen westlichen Medizinethik gehören, *erstens*, die starke Erweiterung der Eingriffsmöglichkeiten auf vielen Feldern der Medizin, *zweitens* die durch die Erfolge der

---

27 Zahlenangaben nach der Homepage des DEKV (http://www.dekv-ev.de).
28 B. Schöne-Seifert, Medizinethik, in: J. Nida-Rümelin (Hg.), Angewandte Ethik. Die Bereichsethiken und ihre theoretische Fundierung. Ein Handbuch, Stuttgart 1996, S. 552–648, Zitat S. 552. Vgl. A. Frewer u. C. Eickhoff (Hg.), „Euthanasie" und die aktuelle Sterbehilfe-Debatte. Die historischen Hintergründe medizinischer Ethik, Frankfurt/New York 2000.

kurativen Medizin bedingte dramatische Zunahme chronisch kranker und alter Menschen, *drittens* der Umbau des modernen Sozialstaates, der mehr und mehr zur Ökonomisierung des Sozialen tendiert, *viertens* die Erosion der moralischen Autorität von Ärzten und Forschern allein kraft ihrer Profession im Zuge einer fortschreitenden Medizinkritik und *fünftens* ganz allgemein der Verlust unhinterfragter, als selbstverständlich angenommener moralischer Orientierungen im Umgang mit Kranken und Krankheit. Dieser letzte Punkt hängt – wie unschwer zu erkennen ist – eng mit der *Säkularisierung* zusammen, jenem Basisprozeß der Moderne, der mit fortschreitender Entkirchlichung auch zu einem Verblassen christlich geprägter Welt- und Menschenbilder führt.

Von dieser Entwicklung war das evangelische Krankenhaus – als spezifisch protestantischer Beitrag zur Moderne – unmittelbar betroffen. Seit seiner Wiederbegründung im Jahre 1951 ist der DEKV in einer intensiven Leitbilddiskussion begriffen, in der das diakonische Profil des evangelischen Krankenhauses immer wieder neu geschärft wird. In aktuellen medizinethischen Kontroversen – erstmals im Kontext der Reform des § 218 in den 70er Jahren – mußte er sofort Position beziehen, um den angeschlossenen Krankenhäusern Orientierungshilfen an die Hand zu geben. Diese Kontroversen wurden nicht isoliert geführt, sondern in die Bemühungen um ein patientengerechtes Krankenhaus im Sinne der evangelischen Diakonie eingebettet.

Kräftige Impulse in diese Richtung gingen nach der Vereinigung der beiden deutschen Staaten von den evangelischen Krankenhäusern in den neuen Bundesländern aus. Prof. Reinhard Turre, Direktor des Diakoniewerks in Halle/Saale, kritisierte 1991 aus der Sicht des Ostens die „Expertokratie" über das moderne Krankenhaus, „die sich über die tatsächlichen Bedürfnisse der Leidenden hinwegsetzt", und forderte einen „Paradigmenwechsel auch in der Medizin":

> „Längst ist jeder nüchternen Analyse zugänglich, daß wir einen immer höheren Aufwand für immer geringeren Effekt betreiben. Sicher sind die Möglichkeiten einer einseitig naturwissenschaftlich orientierten Medizin längst überreizt. Wer den Menschen in seiner Ganzheit sieht, wird künftig den psychischen und sozialen Ursachen von Erkrankungen bei der Diagnose und der Therapie mehr Augenmerk schenken, und er muß ein Interesse dafür haben, daß dem Menschen Geborgenheit neu angeboten und Sinn vermittelt wird für ein Leben, das ohne dies bald neu krank werden müßte. Das Krankenhaus muß ein Ort werden, an dem Schmerz und Leiden menschlich bewältigt werden und doch nur in Ausnahmefällen technisch beseitigt werden können."

Die „moralische Erneuerung", die in Ost und West gleichermaßen notwendig sei, könne von den Erfahrungen der evangelischen Krankenhäuser in der DDR profitieren:

> „Ethische Orientierung, die Ausprägung einer gesunden Helferhaltung und die Anerkennung des Lebens als hohen Wert müssen immer neu gewonnen werden. Dies scheint in einer pluralistischen Gesellschaft schwerer zu sein als in einer sozialistischen Gesellschaft, in der die Fronten klar waren."[29]

Leider fanden solche Appelle, die Vereinigung Deutschlands als Gelegenheit zur Neubesinnung zu nutzen, viel zu wenig Gehör. Es bleibt noch viel zu tun, um einen Paradigmawechsel im Gesundheitssystem des neuen Deutschlands durchzusetzen. So stand der Evangelische Krankenhauskongreß 1998 unter dem Motto: „Das Evangelische Krankenhaus – ein Zuhause auf Zeit". In seinem Hauptvortrag brachte Reinhard Turre die Grundproblematik eines patientengerechten Krankenhauses nochmals auf den Punkt. Für den Patienten sei das Krankenhaus zunächst

> „ein fremder, weil ungewohnter Ort. Der Patient begegnet ganz nah einer Vielzahl von ihm vorher unbekannten Personen. Zuständigkeiten und Funktionen sind ihm unklar. Er kann nicht sofort durchschauen, was er von wem erwarten darf. Er muß sich einfügen in eine Routine, die sich ohne ihn eingespielt hat. Ohnehin hat er das Gefühl, schon durch sein Fragen und erst recht durch die von ihm angemeldeten Bedürfnisse gerade zur unrechten Zeit zu kommen und Abläufe zu stören, die von anderen wichtiger genommen werden. Menschen, die ihm vorher unbekannt waren, begegnet er nun im wörtlichen Sinne hautnah. Scham und Unsicherheit lassen ihm das Krankenhaus zunächst als fremden Ort erscheinen."

Hier nun seien die Krankenhausträger gefordert, das Krankenhaus für die Patienten – wie auch für die Mitarbeiter – zu einem „Zuhause auf Zeit" umzugestalten:

> „Wo nur noch die betriebswirtschaftlichen Ergebnisse geprüft werden und Entlastung nur noch aufgrund des Budgets erteilt wird, da werden die Träger ihrer Verantwortung nicht gerecht. Vielmehr sollten sie die Leitungen der Häuser ermutigen und unterstützen, Leitlinien zu entwickeln, die die Tradition christlicher Krankenhausarbeit aufnehmen und für die alltägliche Arbeit Handlungsanleitungen und Zielorientierungen geben."[30]

Die für die Profilbildung des evangelischen Krankenhauses entscheidende Hinwendung des Patienten entzieht sich keineswegs der Evaluierung nach objektiven Qualitätsstandards. Der DEKV hat 1998 – gemeinsam mit dem Katholischen Krankenhausverband Deutschlands und der *Ecclesia* Versicherungsdienst GmbH – die *proCum Cert* GmbH Zertifizierungsgesellschaft, Detmold, gegründet, um eine spezifische *Zertifizierung* konfessioneller Krankenhäuser zu entwickeln. Die Arbeit an einem Handbuch für Qualitäts-

---

[29] Turre, Krankenhaus, 118 f.
[30] W. Helbig (Hg.), Das Evangelische Krankenhaus – Ein Zuhause auf Zeit. Evangelischer Krankenhaus Kongreß '98. Dokumentation, 1999, S. 17, 24.

sicherung, das der konkreten Zertifizierung zugrundegelegt wird, ist im Jahre 2000 abgeschlossen worden. *proCum cert* ist es gelungen, Standards zu definieren, die das kirchliche Profil und die daraus abgeleiteten Qualitätsmerkmale erfassen, und die Modalitäten ihrer Prüfung und Evaluation zu erarbeiten. Ziel ist ein eigenes *Gütesiegel*. Es geht also um die Erfüllung von Qualitätsstandards, die über die gesetzlichen Forderungen hinausgehen. Das Zertifizierungsverfahren soll demnächst in den Testlauf gehen.[31]

Aus der Verbindung zwischen der langfristigen Leitbilddiskussion und den punktuellen Debatten um einzelne medizinethische Fragestellungen hat sich im Laufe der letzten beiden Jahrzehnte ein umfassendes und übergreifendes Konzept einer *Ethik im Krankenhaus* herausgeformt. Freilich: Wie weit sich Gewißheiten in manchen Fragen in den letzten Jahrzehnten verflüchtigt haben, wird an der „Bitte zum Mitbedenken" deutlich, die der DEKV an die angeschlossenen Krankenhäuser richtete, nachdem das Bundesverfassungsgericht am 28. Mai 1993 das Schwangeren- und Familienhilfegesetz von 1992 gekippt hatte. Der Vorstand des DEKV hielt es ebenso wie eine eigens eingesetzte Arbeitsgruppe für „fast nicht möglich, zu einer völlig übereinstimmenden Meinung zu gelangen, zumal selbst in der Evangelischen Kirche in Deutschland und ihrem Diakonischen Werk unterschiedliche Sichtweisen bestehen." Der DEKV bat die ihm angeschlossenen Krankenhäuser „zu bedenken, ob sie den folgenden Grundpositionen zustimmen können". Sodann werden Leitsätze entfaltet, die an der prinzipiell skeptischen Haltung der evangelischen Diakonie gegenüber dem Schwangerschaftsabbruch kein Hehl machen:

> „Leben ist Geschenk Gottes. Leben bejahen schließt die Aufgabe mit ein, werdendes Leben zu schützen und für geborene Kinder gute Lebensmöglichkeiten zu schaffen. [...]
>
> Der Deutsche Evangelische Krankenhausverband bittet seine Mitgliedshäuser, werdendes Leben zu fördern und die Schwangeren zu bestärken, das sich entwickelnde Leben zu bejahen.
> Aber er sieht durchaus auch große Nöte und menschliches Leid entstehen, wenn der sehr gewissenhaft zu nutzende Rahmen, den das Bundesverfassungsgericht gezeichnet hat, nicht verantwortlich genutzt wird."

Der DEKV beharrt auch auf seiner Auffassung, daß der Krankenhausträger frei entscheiden kann, ob in seinem Hause Schwangerschaftsabbrüche vorgenommen werden sollen, und daß die Entscheidung von Ärztinnen oder Ärzten, die eine Mitwirkung an einer Schwangerschaftsunterbrechung aus Gewissensgründen ablehnen, respektiert werden muß, auch wenn der Krankenhausträger seine Zustimmung erteilt hat. Der DEKV ist der Mei-

---

[31] DEKV, Geschäftsbericht vom 4. Juni 1997 bis 16. November 1999, S. 26 f.

nung, daß Schwangerschaftsabbrüche aus medizinischer, kriminologischer und embryopathischer Indikation in evangelischen Krankenhäusern vorgenommen werden könnten. Bei allen anderen Abtreibungen empfiehlt er „größtmögliche Zurückhaltung [...] zu üben, ohne dabei aber die Hilfesuchenden zu diskriminieren."[32]

Frühzeitig hat sich der DEKV auch mit Problemen der Reproduktionsmedizin und Gentechnik befaßt. Schon beim ersten Evangelischen Krankenhaus-Kongreß, den der DEKV im Jahre 1983 in Fellbach bei Stuttgart veranstaltete, tagte ein Arbeitskreis zum Thema „Pränatale Diagnostik – Christliche Bewährungsprobe". Sehr deutlich wurde dabei die Gefahr eines Automatismus zwischen der pränatalen Diagnostik und dem Schwangerschaftsabbruch aus embryopathischer Indikation erkannt. Gesprächsgrundlage waren sechs Eckpfeiler, die von der Hauptgeschäftsstelle des DW im Austausch mit verschiedenen diakonischen Einrichtungen aufgestellt worden waren. Danach herrschte Übereinstimmung,

> „1. [...], daß auch behindertes Leben volles Leben ist,
> 2. daß ein Leben, das Gott beginnen läßt, den vollen Schutz der Menschen verdient,
> 3. daß es der Menschenwürde widerspricht, behindertes Leben vornehmlich unter wirtschaftlich-ökonomischen Gesichtspunkten zu werten,
> 4. daß jedem Menschen das durch Gott und Christus verheißene Heil unabhängig ist von den Möglichkeiten medizinischer Heilung – heiles Leben ist Leben in der Gemeinschaft mit Gott,
> 5. daß die Geburt eines behinderten Kindes zuerst eine besondere Aufgabe für die betroffenen Eltern und Geschwister ist, dann aber auch für die ganze Gemeinde,
> 6. daß das Verhalten der Kirche und ihrer Diakonie, schon während der Schwangerschaft ein als behindert anerkanntes Leben mit allen Folgelasten anzunehmen, eine beispielhafte Wirkung auf das Denken und Handeln der Gesellschaft hat."

Die Runde war sich darüber im klaren, daß man die Verbreitung der pränatalen Diagnostik nicht aufhalten könne. Es ging darum, wie man mit den Folgen umgehen sollte. In der Diskussion wurde weitgehende Übereinstimmung darüber erzielt, „daß auch im Falle eines ungünstigen Ergebnisses [...] die betroffenen Mütter und Väter ermutigt werden können, trotz der zu erwartenden, äußerst erschwerten Voraussetzungen, das Kind zu bejahen."[33]

Gentechnik und Reproduktionsmedizin haben die Grenzen des Machbaren weit vorgeschoben, die Ethik, die sich unter enormem Zeitdruck auf

---

[32] Zit. nach DEKV, Geschäftsbericht für die Zeit vom 22. Juni 1994 bis 25. April 1995, S. 18 f.
[33] DEKV, Helfen und Heilen, Auftrag und Angebot. Berichte zum Evangelischen Krankenhaus-Kongreß 1983, Stuttgart 1984, S. 47–85, Zitate S. 48, 85. Vgl. auch: Von der Würde werdenden Lebens. Extrakorporale Befruchtung, Fremdschwangerschaft und genetische Beratung. Eine Handreichung der Evangelischen Kirche in Deutschland zur ethischen Urteilsbildung, Hannover 1985.

einer *terra incognita* zurechtfinden muß, läuft Gefahr, von der normativen Kraft des Faktischen überrollt zu werden. Denn die Probleme, mit denen sie sich konfrontiert sieht, sind nicht akademischer Natur, sondern ergeben sich aus der Alltagspraxis in den Laboren der Gentechnik und Reproduktionsmedizin: Was soll mit Embryonen geschehen, die bei der In-virto-Fertilisation entstehen und nicht ausgetragen werden? Ist es vertretbar, solche Embryonen, Überschüsse aus der künstlichen Befruchtung, zu vernichten? Soll im Falle einer Zwillingsschwangerschaft die selektive Abtreibung zulässig sein? Darf ein Fötus abgetrieben werden, wenn ein Genanalyseverfahren zeigt, daß der werdende Mensch mit hoher Wahrscheinlichkeit eine schwere Erbkrankheit in sich trägt? Darf man Eingriffe in die Keimbahn vornehmen, um erbliche Krankheiten in der Generationenfolge auszurotten?

Hier deutet sich an, daß Gentechnik und Reproduktionsmedizin Gefahr laufen, in das Fahrwasser der *Neoeugenik* abzudriften. Denn die Eugenik – darauf ist nachdrücklich hinzuweisen – ist kein abgeschlossenes Kapitel der Wissenschaftsgeschichte. Den eugenischen Programmen, die zwischen 1933 und 1945 in die Praxis umgesetzt wurden, fehlte es, da die Humangenetik zu dieser Zeit noch kaum über ihre Anfänge hinausgelangt war, an dem notwendigen diagnostischen Instrumentarium. Die Rassenhygieniker hatten keine Genanalyseverfahren zur Hand, die es ermöglicht hätten, überhaupt festzustellen, wer erbkrank oder erblich behindert war. Die Forschung konzentrierte sich daher auf die statistische Evidenz, die mit Hilfe der „empirischen Erbprognose" belegt werden sollte. Man hatte zwar keine konkrete Vorstellung, wie sich psychische Krankheiten oder Behinderungen vererbten. *Daß* der Erbfaktor bei ihrer Entstehung eine entscheidende Rolle spielte, daran zweifelte man indessen nicht. Um der vermeintlich drohenden „Entartungsgefahr" zu begegnen, entschloß man sich, eugenisch-prophylaktisch tätig zu werden, obwohl die wissenschaftlichen Grundlagen dafür noch nicht gelegt waren. Nach dem Zweiten Weltkrieg waren eugenische Postulate lange Zeit tabu. Die Fortschritte der Humangenetik in jüngster Zeit haben aber dazu geführt, daß mittlerweile effektive Genanalyseverfahren existieren, die es erlauben, auf der Grundlage pränataler Diagnostik eugenisch tätig zu werden. Weil nun das diagnostische Rüstzeug zur Verfügung steht, kommt es zwangsläufig dazu, daß eugenische Konzepte und Programme – wenn auch unter einem anderen Etikett – wieder diskutiert werden. Humangenetische Beratung, „prädiktive Medizin", Sterilisierung und Schwangerschaftsabbruch aus embryopathischer Indikation rücken immer weiter in den Mittelpunkt des sozialethischen Diskurses.

Der DEKV hat aus der Geschichte gelernt: Waren im ersten Jahrzehnt seines Bestehens unter dem Einfluß Hans Harmsens eugenische Ideen auch in seine Arbeit eingesickert, so grenzt er sich in der Gegenwart gegen Konzepte der Neoeugenik entschieden ab, wie es die Stellungnahme des Vorstandes zur Präimplantationsdiagnostik (PID) vom 19. April 2001 klar zum Ausdruck bringt:

> „Bereits heute eröffnet die pränatale Diagnostik problematische Möglichkeiten der Selektion. Die PID ist nach Zielsetzung und Durchführung klar als Selektionsverfahren konzipiert. Ihre Zulassung würde die eugenische Selektion prinzipiell im Rahmen der Reproduktionsmedizin legalisieren. Mit der Weiterentwicklung der eingesetzten Diagnostik- und Analyseverfahren ist eine Ausweitung der Selektionskriterien von ‚Dispositionen für schwere Krankheiten und Behinderungen' zu ‚gewünschten Eigenschaften' vorhersehbar.
> [...] Eine Qualitäts- und Ergebnisorientierung des menschlich gesteuerten Fortpflanzungsprozesses an einem wie auch immer definierten ‚gesunden Kind' oder ‚Menschen nach Maß' ist mit der Unantastbarkeit der Würde des Menschen und dem Lebensrecht auch des kranken und behinderten Menschen, bereits in der frühesten Phase seiner Existenz, nicht zu vereinbaren.
> Mit der Durchführung der PID erreicht die Verfügungsmacht über menschliches Leben eine problematische neue Dimension, in der der Mensch bewußt die Entscheidung über Leben und Tod anderer Menschen in der frühesten Phase ihrer Existenz übernimmt.
> Verantwortliches Handeln auf der Ebene der frühesten Entwicklung menschlichen Lebens liegt außerhalb des Blickwinkels traditioneller Ethik. Hier entsteht ein dringender Bedarf an Klärung und Beschreibung relevanter neuer Handlungsfelder, für die im Rahmen einer Verantwortungsethik angemessene ethische Leitlinien und Handlungsoptionen erarbeitet werden müßten. Damit verbunden ist neu zu entfalten und deutlich zu machen, daß menschliches Leben von Gott geschenkt und ein Kind eine von Gott anvertraute Gabe ist."[34]

Die 1996 von der Parlamentarischen Versammlung des Europarates angenommene „Menschenrechtskonvention zur Biomedizin" sollte Mindeststandards auf dem Feld der Medizinethik setzen, die von keinem Unterzeichnerland unterschritten werden dürfen. Um so mehr fällt auf, daß eine Reihe von höchst umstrittenen Themen wie Hirntod, Sterbehilfe, Abtreibung oder Genpatentierung ausgeklammert wurden. Andere wichtige Bereiche, etwa die Transplantationsmedizin, wurden in wenigen dürren Worten abgehandelt oder sollen in Zusatzprotokollen geregelt werden.[35] Was übrig bleibt, ist dennoch höchst problematisch und heftig umstritten. Die Hauptkonfliktfelder sind der Embryonenschutz, der Eingriff in das

---

[34] Stellungnahme des Vorstands zur Präimplantationsdiagnostik v. 19.4.2001, http://www.dekv-ev.de. Vgl. auch K. Dörner, Medizin quo vadis? – Fortschritt u. Humanität. Perspektiven u. Herausforderungen der Gen- u. Biotechnologie für Medizin u. Gesundheitswesen aus evangelischer Sicht, in: Profil zeigen, Herausforderungen meistern. 75 Jahre Deutscher Evangelischer Krankenhausverband e.V., Berlin 2001, S. 78–83.
[35] Den Entwurf eines Zusatzprotokolls über die Transplantation von Organen und Geweben menschlichen Ursprungs gab das Ministerkomitee des Europarates 1999 frei. Auch dazu bezog der DEKV Stellung.

menschliche Genom und vor allem die Forschung an nichteinwilligungsfähigen Personen. Unter bestimmten Voraussetzungen – bei minimalem Risiko und geringer Belastung, sofern keine alternativen Forschungsmethoden zur Verfügung stehen, wenn der gesetzliche Vertreter seine Zustimmung gibt und die betroffene Person sich nicht weigert – gibt die Konvention die Forschung an *nichteinwilligungsfähigen* Menschen frei, auch wenn sie deren Gesundheit nicht unmittelbar zugute kommt. Dieser Passus war auf Grund der deutschen Einwände zunächst aus dem Entwurf gestrichen worden, er wurde jedoch – gegen das Votum der Delegationen aus Deutschland, Österreich und Zypern[36] – in die endgültige Fassung wieder aufgenommen.

Die Befürworter einer Freigabe fremdnütziger Forschung an nicht einwilligungsfähigen Menschen argumentieren in der Regel vom Einzelfall her: Medikamente zur Bekämpfung der Alzheimerschen Demenz, so heißt es etwa, müßten an Alzheimer-Patienten in einem fortgeschrittenen Krankheitsstadium erprobt werden können, auch wenn diese daraus keinen persönlichen Nutzen mehr zu erwarten hätten. Hier zeichnen sich Entwicklungslinien ab, die sowohl für die Kirchen als auch für die Krankenhäuser – und besonders für die *konfessionellen* Krankenhäuser – eine ungeheure Herausforderung darstellen. Deshalb meldete sich – neben der EKD und dem DW – auch der DEKV mit einer eigenen Stellungnahme zu Wort, um in Übereinstimmung mit den 280 evangelischen Krankenhäusern, die dem Verband angeschlossen sind, deutlich zu machen, daß man an dem Ziel, „Menschen in körperlichen und seelischen Notsituationen Hilfe anzubieten und Schaden von ihnen zu wenden", unbeirrt festhält.

> „Unser Hilfsangebot ist nur dann annehmbar, wenn es den Hilfesuchenden als mündigen Partner ernst nimmt und mit ihm zusammen und unter Nutzung der verfügbaren und erprobten Kenntnisse der medizinischen Forschung Hilfewege auswählt. Dabei soll beiden Partnern deutlich bleiben, daß alles Handeln in der Verantwortung vor Gott geschieht. Ihm verdanken wir als Geschöpfe unser Leben."

Die Stellungnahme, die vom Vorstandsreferat „Grundsatzfragen" erarbeitet worden war, erteilte der in der Bioethik-Konvention vorgesehenen Möglichkeit der fremdnützigen Forschung an nichteinwilligungsfähigen Patienten eine klare Absage. Zwar begrüßte der DEKV „alle Bemühungen, die die medizinische Forschung ermöglichen und sie fördern", aber nur, „sofern dadurch unmittelbare Hilfe für Betroffene ableitbar ist. Forschung darf nie Selbstzweck sein." Das „Recht des einzelnen Menschen auf seine

---

[36] Der Mittelmeerstaat zog damit, wie aus Delegationskreisen verlautete, die Konsequenz aus den negativen Erfahrungen mit einem Programm zur Bekämpfung der Sichelzellenanämie.

Unversehrtheit und Entscheidungsfreiheit" müsse gewahrt bleiben, denn: „Wir sehen im einzelnen Menschen Gottes Ebenbild; jeder Mensch ist in seiner Individualität zu respektieren und nach Möglichkeit zu fördern." Weiter verwies der DEKV auf das Grundgesetz, das die Würde des Menschen für unantastbar erklärt.

> „Die Klassifizierung der Bürger in einwilligungsfähige und nichteinwilligungsfähige widerspricht dem und öffnet dem Mißbrauch Tor und Tür. [...] Wer ein Sonderrecht gegenüber Nichteinwilligungsfähigen zu schaffen beabsichtigt, der setzt die Universalität der Menschenrechte außer Kraft. Diese aber schützen die Freiheit, Würde und Unversehrtheit aller Menschen, unabhängig davon, wie behindert, geschwächt oder gebrechlich sie sind."

Die Stellungnahme des DEKV führt neben dem theologischen Argument der Gottesebenbildlichkeit und dem naturrechtlichen Argument universeller Grundrechte des Menschen implizit auch ein historisches Argument an, indem sie auf die verbrecherischen Menschenversuche in den Konzentrationslagern anspielt und auch auf die ethischen Standards, die nach 1945 aus der Erfahrung der nationalsozialistischen Medizinverbrechen abgeleitet worden sind. Gemeint ist der *Nürnberger Kodex*, der 1947 als allgemeine und international anerkannte Basis medizinischer Ethik formuliert worden ist. Er hat den Grundsatz aufgestellt, daß jeder Behandlung, jedem Heilversuch und jeder medizinischen Forschung die freiwillige Einwilligung nach umfassender Information (*informed consent*) zugrunde liegen muß.

Die Stellungnahme dringt schließlich zum moralphilosophischen Kern des Problems vor, indem sie das der Konvention zugrundeliegende Menschenbild kritisch hinterfragt:

> „Es ist ein Mangel dieser Konvention, daß Leben sehr einseitig beschrieben wird. Die Auffassung, Leben allein nur dann als sinnvoll anzusehen, wenn sein Träger Selbstbewußtsein, Selbstkontrolle, Gedächtnis, Kommunikationsfähigkeit sowie die Fähigkeit, Zukunft zu planen und Zeit zu strukturieren, aufweisen kann, lehnen wir ab."[37]

In der Tat liegt die Konvention ganz auf der Linie der neuen Bioethik, wie sie etwa der australische Moralphilosoph Peter Singer etabliert hat. Danach kommt nur vernunftbegabten „Personen" ein besonderer moralischer Status zu. Geistig Behinderte, psychisch Kranke oder Wachkoma-Patienten gelten dieser Bioethik nicht als „Personen" und haben dementsprechend einen anderen, eingeschränkten moralischen Status.

Ein derart reduziertes, aus jedem Transzendenzbezug gelöstes, ganz auf die Ratio ausgerichtetes Menschenbild prägt auch die im letzten Jahrzehnt erneut aufgekommene Diskussion um Fragen des Umgangs mit dem Ster-

---

[37] Zit. nach DEKV, Geschäftsbericht für die Zeit vom 13. Juni 1996 bis 3. Juni 1997, S. 27.

ben und den Sterbenden. Angestoßen wird diese Diskussion durch die stürmische Entwicklung im Bereich der Intensivmedizin mit ihren „zunehmend als janusköpfig wahrgenommenen Möglichkeiten",[38] Leben, damit aber zugleich auch Leiden und Sterben zu verlängern. Die im Umgang mit unheilbar Kranken und Sterbenden über Jahrhunderte hinweg gültigen, im Christentum wurzelnden Normen und Werte sind – auch unter dem Druck wirtschaftlicher Zwänge – ins Wanken geraten. Der DEKV beschäftigt sich seit längerem mit Fragen der ärztlichen Sterbebegleitung und hat sich intensiv mit den Folgerungen der von der Bundesärztekammer im Jahre 1998 veröffentlichten „Grundsätze zur ärztlichen Sterbebegleitung" befaßt. Er bringt die Erfahrungen aus der evangelischen Krankenhausarbeit im Rahmen der Projektgruppe „Sterbebegleitung" des DW ein. Eine Möglichkeit, bei der Sterbebegleitung den Willen des Patienten zu respektieren, bieten Patientenverfügungen. Im September 1999 hat das Kirchenamt der Evangelischen Kirche in Deutschland gemeinsam mit der Deutschen Katholischen Bischofskonferenz und der Arbeitsgemeinschaft christlicher Kirchen eine „Handreichung zur Christlichen Patientenverfügung" veröffentlicht, in die Anregungen des DEKV eingeflossen sind. Am 19. April 2001 hat der DEKV – anläßlich der weitgehenden Freigabe der aktiven Sterbehilfe in den Niederlanden – noch einmal ein eindeutiges Votum abgegeben:

> „Aktive Sterbehilfe bedeutet eine Perversion der Grundorientierung des Krankenhauses. Sie würde das Ziel der ärztlichen, pflegerischen und organisatorischen Bemühungen, zu helfen und zu heilen, in ihr Gegenteil verkehren. Leben ist eine Gabe und eine Aufgabe Gottes.
> Evangelische Krankenhäuser setzen daher alle Kräfte ein, um Menschen in ihrer Krankheit nicht allein zu lassen, auch nicht auf der letzten Wegstrecke des Lebens. Sie fordern deshalb palliative (schmerzlindernde) Medizin und arbeiten mit Hospizen und Hospizgruppen zusammen. Sie treten für gesetzliche Regelungen ein, die die Begleitung vor allem schwerstkranker und sterbender Menschen auch finanziell sichern."[39]

Ein wichtiges Anliegen des DEKV ist es, ethische Aspekte verstärkt in die Krankenpflegeausbildung einzubringen. Dem dient das Curriculum „Pflegen können", das 1998 nach vierjährigen Vorarbeiten veröffentlicht wurde. Die Reflexion der kritischen Fragen, die durch den medizinischen Fortschritt aufgeworfen werden – „Darf die Medizin, was sie kann? Ist das

---

[38] DEKV, Geschäftsbericht vom 4. Juni 1997 bis 16. November 1999, S. 29.
[39] Stellungnahme des DEKV zur aktiven Sterbehilfe, 19.4.2001, http://www.dekv-ev.de. Vgl. R. Hartenstein, High-Tech- u. Palliativmedizin – Schluß mit den falschen Alternativen, in: Profil zeigen, Herausforderungen meistern. 75 Jahre Deutscher Evangelischer Krankenhausverband e.V., Berlin 2001, S. 46–50.

Mögliche noch bezahlbar? Gibt es in der ständigen Entwicklung wirklich einen klaren Humanitätsfortschritt? Wird ärztliches und pflegerisches Tun nicht technisch dominiert und geradezu der Ausrichtung auf das Patientenwohl entfremdet?"[40] – sollte sich aber nicht nur auf die Ausbildung beschränken, sondern muß in die Praxis der Krankenhausarbeit einfließen. Aus solchen Überlegungen heraus hat der DEKV – gemeinsam mit dem Katholischen Krankenhausverband Deutschlands – ein Konzept zur Einrichtung von „Ethik-Komitees im Krankenhaus" entwickelt, das 1997 der Öffentlichkeit vorgestellt wurde. Solche Klinischen Ethik-Komitees bieten die Möglichkeit, in einem herrschaftsfreien Raum auf konsensusorientierte Art und Weise anstehende oder bereits getroffene Entscheidungen in den Bereichen Medizin, Pflege und Ökonomie zu reflektieren. Dabei werden Mitarbeiter aus dem ärztlichen und pflegerischen Bereich, dem Sozialdienst und dem Verwaltungsbereich an einen Tisch gebracht – auf diese Weise wird auch die traditionelle „Versäulung" des Krankenhausbetriebes aufgebrochen. Die Klinischen Ethik-Komitees eröffnen die Chance, gestützt auf praktische Erfahrungen, die Umrisse einer Konsensethik zu entwickeln, derer das Krankenhaus an der Schwelle des 21. Jahrhunderts dringend bedarf. Zugleich leisten sie einen wesentlichen „Beitrag zur Kultur eines Krankenhauses" im Sinne des Auftrags, „dem Christen sich verpflichtet wissen: Kranke zu begleiten, zu pflegen und zu behandeln aus dem Geist des Evangeliums".[41]

---

[40] W. Helbig, „Ethik-Komitee im Krankenhaus" – eine Initiative der beiden christlichen Krankenhausverbände, in: DEKV/Katholischer Krankenhausverband Deutschlands (Hg.), Ethik-Komitee im Krankenhaus. Erfahrungsberichte zur Einrichtung von Klinischen Ethik-Komitees, Freiburg 1999, S. 10-14, Zitat S. 11.
[41] DEKV/Katholischer Krankenhausverband Deutschlands, Ethik-Komitee im Krankenhaus, Freiburg 1997, S. 5.

8. DEKV-Übersicht

Deutsche Liga der freien Wohlfahrtspflege, gegr. 1924
- Central-Ausschuß für die Innere Mission
- Deutscher Caritasverband
- Zentralwohlfahrtsstelle der Deutschen Juden
- „Fünfter Verband"
- Deutsches Rotes Kreuz

Reichsverband der freien gemeinnützigen Kranken- und Pflegeanstalten Deutschlands, gegr. 1919/20
- Verband der Katholischen Kranken- und Pflegeanstalten Deutschlands
- Verband der Krankenpflegeanstalten vom Roten Kreuz
- Bund der Jüdischen Kranken- und Pflegeanstalten Deutschlands
- Fünfter Verband
- Kaiserswerther Verband deutscher Diakonissen-Mutterhäuser,
   ab 1928: Gesamtverband der evangelischen Kranken- und Pflegeanstalten

Gesamtverband der evangelischen Kranken- und Pflegeanstalten, gegr. 1928

- -

**Fachgruppe IV des CA:
Gesundheitsfürsorge und Kranken- und Pflegeanstalten**

CA für die Innere Mission
Abt. Wohlfahrt
Referat Gesundheitswesen
(Dr. Hans Harmsen)

DEKV, gegr. 1926

weitere Fachverbände der Inneren Mission auf dem Gebiet der geschlossenen Gesundheitsfürsorge:
- Verband der Krüppelanstalten der Inneren Mission
- Konferenz der Vorsteher evangelischer Idioten- und Epileptikeranstalten
- Verband deutscher evangelischer Irrenseelsorger
- Verband evangelischer Heim- und Heilstätten für Kinder und Jugendliche
- u. a.

▲

Unterverbände:
– regionale evangelische Krankenhausverbände
– Johanniterorden

▲

evangelische Krankenhäuser

9. Vorsitzende und Geschäftsführer/ Verbandsdirektoren des DEKV

Vorsitzende des DEKV

1926–1932	Pfarrer D. Johannes Thiel, Verbandsdirektor Kaiserswerther Verband
1932–1949	Pastor Constantin Frick, Vorsteher Diakonissenmutterhaus, Bremen
1951–1968	Pfarrer D. Otto Ohl, Geschäftsführer Rheinischer Landesverband der Inneren Mission, Düsseldorf
1968–1975	Pfarrer Dr. Dr. Helmut Hochstetter, Bergisch Gladbach
1975–1990	Oberin Annemarie Klütz, Ev. Diakonieverein Berlin-Zehlendorf
1990–2001	Pastor Wolfgang Helbig, Vorsteher Henriettenstiftung, Hannover
seit 2001	Otto Buchholz, Geschäftsführer Ev. Krankenhaus Elim gGmbH, Hamburg

Geschäftsführer/Verbandsdirektoren

1927–1937	Dr. med. Dr. phil. Hans Harmsen
1937–1942	Pastor Dr. med. Dr. phil. Horst Fichtner
1948–1952	Verwaltungsdirektor Wilhelm Hausen (provisorisch)
1952–1954	Dr. Cropp
1954–1957	Dr. med. Renatus Kayser
1957–1960	Dr. med. Joachim Fischer
1960–1962	Ministerialrat a. D. Dr. Wolfgang Güldenpfennig (kommissarisch)
1962–1968	Dr. jur. Reinhard Theodor Scheffer
1968–1978	Dipl.- Kaufmann Johannes Gottfried Thermann
1978–1986	Dipl.- Handelslehrer Wolfgang Schenk
1986–1994	Dipl.- Volkswirt Hans-Günter Ehrich
1994–1999	Dipl.- Verwaltungswirt (FH) Hans-Peter Maier
seit Mai 1999	Pastor Norbert Groß

10. Verzeichnisse

1. Quellenverzeichnis

Archiv des Diakonischen Werkes Berlin: CA 2132; CA/G 94–113, 136, 145, 152–154, 180, 449, 728; DEKV 1–127.
Archiv des Deutschen Evangelischen Krankenhausverbandes Berlin: verschiedene ungeordnete Aktenbestände;
Archiv des Deutschen Caritasverbandes Freiburg: R 334;
Archiv der Westfälischen Diakonissenanstalt Sarepta Bielefeld: 1/370;
Interviews mit Pfarrer Peter Gierra, Prof. Dr. Sieghart Grafe, Pastor Wolfgang Helbig, Prof. Dr. Walter Hochheimer, Dr. Wilfrid Koltzenburg und Prof. Dr. Reinhard Turre.

2. Literaturverzeichnis

Ackermann, H., Ich bin krank gewesen ... Das Evangelische Krankenhaus Düsseldorf 1849–1999, Düsseldorf 1999.
Adam, Assistenzärztemangel – Legende oder Wirklichkeit?, in: Das Krankenhaus 52. 1960, S. 41–45.
Ärztetagung der Chef- und Oberärzte evangelischer Krankenhäuser in Bethel am 8. und 9. September 1928, in: Mitteilungen des Deutschen Evangelischen Krankenhausverbandes 2. 1928, S. 190ff.
v. Alemann-Schwartz, ... dem Menschen verpflichtet. Die Geschichte der Stiftung Evangelisches Kranken- und Versorgungshaus zu Mülheim an der Ruhr 1850–2000, Mülheim 2000.
Barbian, J.-P., Literaturpolitik im „Dritten Reich". Institutionen, Kompetenzen, Betätigungsfelder, München 1993.
Bavink, B., Eugenik und Protestantismus, in: G. Just (Hg.), Eugenik und Weltanschauung, Berlin 1932, S. 85–139.
Binding, K., u. A. Hoche, Die Freigabe der Vernichtung lebensunwerten Lebens. Ihr Maß und ihre Form, Leipzig 1920.
Bock, G., Zwangssterilisation im Nationalsozialismus. Studien zur Rassenpolitik und Frauenpolitik, Opladen 1986.
Choe, J.-H., u. H. Daheim, Rückkehr- u. Bleibeperspektiven koreanischer Arbeitsmigranten in der Bundesrepublik Deutschland, Frankfurt 1987.
DEKV, Humanität im Krankenhaus. Berichte und Vorschläge zur patientengerechten Gestaltung des Krankenhausbetriebes, Stuttgart 1981.

DEKV, Helfen und Heilen, Auftrag und Angebot. Berichte zum Evangelischen Krankenhaus-Kongreß 1983, Stuttgart 1984.

DEKV/Katholischer Krankenhausverband Deutschlands, Ethik-Komitee im Krankenhaus, Freiburg 1997.

Diener, Michael, Kurs halten in stürmischer Zeit. Walter Michaelis (1866–1953). Ein Leben für Kirche und Gemeinschaftsbewegung, Gießen 1998.

Die vertragliche Stellung unserer Chefärzte, in: Mitteilungen des Deutschen Evangelischen Krankenhausverbandes 3. 1929, S. 34 f.

Dörner, K., Medizin quo vadis? – Fortschritt u. Humanität, Perspektiven u. Herausforderungen der Gen- u. Biotechnologie für Medizin u. Gesundheitswesen in evangelischer Sicht, in: Profil zeigen, Herausforderungen meistern. 75 Jahre Deutscher Evangelischer Krankenhausverband e. V., Berlin 2001.

Domrich, H., Krankenhausseelsorge aus dem ärztlichen Gesichtswinkel, in: Die evangelische Krankenpflege 7. 1958, S. 129–137.

Dreißig Jahre Evangelische Krankenhaus-Hilfe, Bonn 1999.

Eichholz, W., Das Langenberger Abkommen, in: Die evangelische Krankenpflege 4. 1954, S. 1–12.

ders., Die Entwicklung des Arztvertragsrechts in den Krankenhäusern seit 1945, in: Das Krankenhaus 1975, H. 5, S. 163–174.

Eichhorn, S., Die Kosten der Vorhaltung und der Anlagefinanzierung von Krankenhäusern, in: Das Krankenhaus 1964.

v. Eickstedt, K., Leibsorge – Seelsorge – Fürsorge im Krankenhaus, in: Die evangelische Krankenpflege 12. 1962, S. 29–42.

Esser, M., Standort des konfessionellen Krankenhauses in der veränderten Struktur des sozialen Staates, in: Die evangelische Krankenpflege 3. 1953, S. 66 ff.

Die Eugenik im Dienste der Volkswohlfahrt. Bericht über die Verhandlungen eines zusammengesetzten Ausschusses des Preußischen Landesgesundheitsrats vom 2. Juli 1932, Berlin 1932.

Evangelischer Ärztetag in Bethel, in: Mitteilungen des Deutschen Evangelischen Krankenhausverbandes 2. 1928, S. 15 f.

Faulstich, H., Hungersterben in der Psychiatrie 1914–1949. Mit einer Topographie der NS-Psychiatrie, Freiburg 1998.

Festschrift 1990–2000. 10 Jahre Krankenhausgesellschaft Sachsen-Anhalt e. V., Halle 2000.

Fischer, J., Zur Frage der negativen und positiven Fortpflanzungshygiene, in: Volksgesundheitsdienst 2. 1951, S. 278–281.

ders., Soziale Krankenhausfürsorge unter besonderer Berücksichtigung der Zusammenarbeit im evangelischen Krankenhaus, in: Die evangelische Krankenpflege 10. 1960, S. 97–103.

Frewer, A., u. C. Eickhoff (Hg.), „Euthanasie" und die aktuelle Sterbehilfe-Debatte. Die historischen Hintergründe medizinischer Ethik, Frankfurt/New York 2000.

Friedrich, N., Johannes Kunze – Diakonie, Ökonomie u. Politik, in: M. Benad u. K. Winkler (Hg.), Bethels Mission (2). Bethel im Spannungsfeld von Erweckungsfrömmigkeit u. öffentlicher Fürsorge, Bielefeld 2001, S. 57–82.

Krone, H., Tagebücher, Bd. 1: 1945–1961, bearb. v. H.-O. Kleinmann, Düsseldorf 1995.

Gerhardt, M., Ein Jahrhundert Innere Mission. Die Geschichte des Central-Ausschusses für die Innere Mission der Deutschen Evangelischen Kirche, Bd. 2, Gütersloh 1948.

Harmsen, H., Bevölkerungspolitische Neuorientierung unsrer Gesundheitsfürsorge, in: Gesundheitsfürsorge. Zeitschrift der evangelischen Kranken- und Pflegeanstalten 5. 1931, S. 1–6.

ders., Eugenetische Neuorientierung unsrer Wohlfahrtspflege, in: Gesundheitsfürsorge. Zeitschrift der evangelischen Kranken- und Pflegeanstalten 5. 1931, S. 127–131.

ders., Zum Entwurf des Sterilisierungsgesetzes, in: Gesundheitsfürsorge 7. 1933, S. 1–7.

ders., Das Reichsgesetz zur Verhütung erbkranken Nachwuchses, in: Gesundheitsfürsorge. Zeitschrift der Evangelischen Kranken- und Pflegeanstalten 7. 1933, S. 184 ff.

ders., Evangelische Gesundheitsfürsorge 1916–1936. Denkschrift anläßlich des zehnjährigen Bestehens des Deutschen Evangelischen Krankenhausverbandes, zugleich Arbeitsbericht des Gesamtverbandes der deutschen evangelischen Kranken- und Pflegeanstalten und des Referates Gesundheitsfürsorge im Central-Ausschuß für die Innere Mission der Deutschen Evangelischen Kirche, Berlin 1936.

Hartenstein, R., High-Tech- u. Palliativmedizin. Schluß mit falschen Alternativen, in: Profil zeigen, Herausforderungen meistern. 75 Jahre Deutscher Evangelischer Krankenhausverband e.V., Berlin 2001, S. 46–50.

Hausen, W., Planwirtschaft, Selbstkosten und Pflegesatz, in: Gesundheitsfürsorge. Zeitschrift der Evangelischen Kranken- und Pflegeanstalten 7. 1933, S. 245 f.

W. Helbig (Hg.), Das Evangelische Krankenhaus – Ein Zuhause auf Zeit. Evangelischer Krankenhaus Kongreß 1998. Dokumentation, o. O. 1999.

ders., „Ethik-Komitee im Krankenhaus" – eine Initiative der beiden christlichen Krankenhausverbände, in: DEKV/Katholischer Krankenhausverband Deutschlands (Hg.), Ethik-Komitee im Krankenhaus. Erfahrungsberichte zur Einrichtung von Klinischen Ethik-Komitees, Freiburg 1999, S. 10–14.

Hentschel, V., Geschichte der deutschen Sozialpolitik 1880–1980, Frankfurt 1983.

Hochstetter, H., Der Seelsorger und seine Krankenhausgemeinde, in: Die Innere Mission 48. 1958, S. 179–185;

Kaiser, J.-C., Innere Mission und Rassenhygiene. Zur Diskussion im Centralausschuß für Innere Mission 1930–1938, in: Lippische Mitteilungen 55. 1986, S. 197–213.

ders., Sozialer Protestantismus im 20. Jahrhundert. Beiträge zur Geschichte der Inneren Mission 1914–1945, München 1989.

ders., K. Nowak u. M. Schwartz (Hg.), Eugenik, Sterilisation, „Euthanasie". Politische Biologie in Deutschland 1895–1945. Eine Dokumentation, Berlin 1992.

Kaminsky, U., Zwangssterilisation und „Euthanasie" im Rheinland. Evangelische Erziehungsanstalten sowie Heil- und Pflegeanstalten 1933–1945, Köln 1995.

ders., „Aktion Brandt" – Katastrophenschutz und Vernichtung, Ms.

Katscher, L., Krankenpflege und „Drittes Reich". Der Weg der Schwesternschaft des Evangelischen Diakonievereins 1933–1939, Stuttgart 1990.

Klee, E., „Euthanasie" im NS-Staat, Frankfurt 1997, 8. Aufl.

Kleßmann, C., Die doppelte Staatsgründung. Deutsche Geschichte 1945–1955, Bonn 1991, 5. Aufl.

Kümmel, F., Die „Ausschaltung" der jüdischen Ärzte in Deutschland durch den Nationalsozialismus, in: C. Pross u. R. Winau (Hg.), nicht mißhandeln. Das Krankenhaus Moabit 1920–1945, Berlin 1984, S. 30-50.

Lilienthal, G., Der Nationalsozialistische Deutsche Ärztebund (1929–1943/45): Wege zur Gleichschaltung und Führung der deutschen Ärzteschaft, in: F. Kudlien u.a., Ärzte im Nationalsozialismus, Köln 1985.

Möller, U., u. U. Hesselbarth, Die geschichtliche Entwicklung der Krankenpflege. Hintergründe, Analysen, Perspektiven, Hagen 1994.

Nipperdey, T., Religion im Umbruch. Deutschland 1870–1918, München 1988.

Nowak, K., „Euthanasie" und Sterilisierung im „Dritten Reich". Die Konfrontation der evangelischen und katholischen Kirche mit dem „Gesetz zur Verhütung erbkranken Nachwuchses" und der „Euthanasie"-Aktion, Göttingen 1984, 3. Aufl.

Ohl, O., 40 Jahre Deutscher Evangelischer Krankenhausverband – Rückblick und Ausblick, in: Die evangelische Krankenpflege 16. 1966, S. 92.

Pfarrer D. Dr. med. h.c. Ohl vollendet sein 80. Lebensjahr, in: Krankenhaus Umschau, 7.7.1966, S. 706.

Profil zeigen, Herausforderungen meistern. 75 Jahre Deutscher Evangelischer Krankenhausverband e. V., Berlin 2001.

Scheffer, R.T., Der Sozialdienst in den evangelischen Krankenhäusern, in: Die evangelische Krankenpflege 17. 1967, S. 30–35.
Schlaaff, J., Bedeutung und Aufgaben unserer evangelischen Krankenhäuser, in: Mitteilungen des Deutschen Evangelischen Krankenhausverbandes 2. 1928, S. 166–174.
Schleiermacher, S., Die Innere Mission und ihr bevölkerungspolitisches Programm, in: H. Kaupen-Haas (Hg.), Der Griff nach der Bevölkerung. Aktualität und Kontinuität nazistischer Bevölkerungspolitik, Nördlingen 1986, S. 73–89.
dies., Sozialethik im Spannungsfeld von Sozial- und Rassenhygiene. Der Mediziner Hans Harmsen im Centralausschuß für die Innere Mission, Husum 1998.
Schmuhl, H.-W., Rassenhygiene, Nationalsozialismus, Euthanasie. Von der Verhütung zur Vernichtung „lebensunwerten Lebens", 1890–1945, Göttingen 1992, 2. Aufl.
ders., Ärzte in der Anstalt Bethel, 1870–1945, Bielefeld 1998.
ders., Der Evangelische Ärztetag in Bethel 1928, in: M. Benad u. R. van Spankeren (Hg.), Traditionsabbruch, Wandlung, Kontinuitäten (= Forum Diakonie 23), Münster 2000, S. 33–40.
ders., Theologen und Ärzte in Bethel, in: F. Schophaus (Hg.), Epileptologie und Seelsorge im Epilepsie-Zentrum Bethel, Bielefeld 2000, S. 12–20.
ders., Ärzte in der Westfälischen Diakonissenanstalt Sarepta, Bielefeld 2001.
ders., Ärzte in konfessionellen Kranken- und Pflegeanstalten, in: ders. u. F.-M. Kuhlemann (Hg.), Beruf und Religion im 19. und 20. Jahrhundert, Stuttgart 2002.
Schöne-Seifert, B., Medizinethik, in: J. Nida-Rümelin (Hg.), Angewandte Ethik. Die Bereichsethiken und ihre theoretische Fundierung. Ein Handbuch, Stuttgart 1996, S. 552–648.
Scholder, K., Die Kirchen und das Dritte Reich, Bd. 1: Vorgeschichte und Zeit der Illusionen 1918–1934, Frankfurt 1986.
Schwartz, M., Bernhard Bavink, Völkische Weltanschauung – Rassenhygiene – „Vernichtung lebensunwerten Lebens", Bielefeld 1993.
Seidler, E., Geschichte der Medizin und der Krankenpflege, Stuttgart 1993, 6. Aufl.
Stolle, C., Hier ist ewig Ausland. Lebensbedingungen u. Perspektiven koreanischer Frauen in der Bundesrepublik Deutschland, Berlin 1990.
Turre, R. Ein einig deutsches Krankenhaus? Beobachtungen eines Newcomers, in: Das Krankenhaus 83. 1991, S. 117–120.
Von der Würde werdenden Lebens. Extrakorporale Befruchtung, Fremdschwangerschaft und genetische Beratung. Eine Handreichung der Evangelischen Kirche in Deutschland zur ethischen Urteilsbildung, Hannover 1985.

Vossen, J., Das staatliche Gesundheitsamt im Dienst der Rassenpolitik, in: H. Niebuhr u. A. Ruppert (Bearb.), Nationalsozialismus in Detmold. Dokumentation eines stadtgeschichtlichen Projekts, Bielefeld 1998, S. 348–373.

Walter, B., Psychiatrie und Gesellschaft in der Moderne. Geisteskrankenfürsorge in der Provinz Westfalen zwischen Kaiserreich und NS-Regime, Paderborn 1996.

Wilmanns, R., Direktion, Arzt, Verwaltung und die Grundlagen einer reibungslosen Zusammenarbeit, in: Mitteilungen des Deutschen Evangelischen Krankenhausverbandes 3. 1929, S. 19–21.

Yoo, J.-S., Die koreanische Minderheit, in: C. Schmalz-Jacobsen u. G. Hansen, Ethnische Minderheiten in der Bundesrepublik Deutschland. Ein Lexikon, München 1995, S. 285–301.

Zunke, P., Der erste Reichsärzteführer Dr. med. Gerhard Wagner, med. Diss. Kiel 1972.

3. Abkürzungsverzeichnis

ADCV	Archiv des Deutschen Caritasverbandes Freiburg
ADS	Arbeitsgemeinschaft Deutscher Schwesternverbände
ADW	Archiv des Diakonischen Werkes Berlin
Aufl.	Auflage
Bd.	Band
Bearb.	Bearbeiter
bes.	besonders
BPflVO	Bundespflegesatzverordnung
CA	Central-Ausschuß für die Innere Mission
D.	Doktor der Theologie ehrenhalber
DEKV	Deutscher Evangelischer Krankenhausverband
ders., dies.	derselbe, dieselbe
Deuzag	Deutsche Entschuldungs- und Zweckspar-Aktiengesellschaft
Devaheim	Deutsche Evangelische Heimstättengesellschaft m. b. H.
DGK	Diakonische Gesellschaft für Korea
Diss.	Dissertation
DKG	Deutsche Krankenhausgesellschaft
DW	Diakonisches Werk
ebd.	ebenda
Fs.	Festschrift
GzVeN	Gesetz zur Verhütung erbkranken Nachwuchses
H.	Heft
Hg.	Herausgeber

10.3 Abkürzungsverzeichnis

KHG	Krankenhausfinanzierungsgesetz
KKVG	Katholischer Krankenhausverband Deutschlands
Lic.	Licentiatus
Ms.	Manuskript
NSDAP	Nationalsozialistische Deutsche Arbeiterpartei
NSV	Nationalsozialistische Volkswohlfahrt
o. D.	ohne Datum
o. O.	ohne Ort
PID	Präimplantationsdagnostik
Prot.	Protokoll
Rs.	Rundschreiben
Wibu	Wirtschaftsbund der privaten gemeinnützigen Kranken- und Pflegeanstalten
Zit.	zitiert

II. Bildteil

Bild 1
Berlin-Kreuzberg, Wilhelmstraße 29–32: Predigerhaus der Böhmischen Gemeinde, um 1885. In unmittelbarer Nachbarschaft, im Hospiz St. Michael, fand am 16. April 1926 die Gründungsversammlung des DEKV statt.

II. Bildteil

Bild 2
Dr. med. Dr. phil. Hans Harmsen, Geschäftsführer des DEKV von 1927 bis 1937. Der Arzt und Nationalökonom, einer der führenden Fachleute für Eugenik und Bevölkerungspolitik in der Weimarer Republik, prägte dem Verband in den ersten Jahren seines Bestehens seinen Stempel auf. Am Anfang war die Geschäftsstelle des DEKV praktisch ein Ein-Mann-Betrieb.

Bild 3
„Eugenik ist die Selbststeuerung der menschlichen Evolution". Das Titelblatt des Third International Eugenics Congress, der 1932 in New York stattfand, verdeutlicht das Selbstverständnis der Eugenik/Rassenhygiene als neue Metawissenschaft, die dem Menschen die Möglichkeit eröffnet, die Schöpfung selbst in die Hand zu nehmen. Religion wird nur noch als eine der vielen Quellen menschlichen Ingeniums angesehen.

II. BILDTEIL

Bild 4
Das ehemalige Krankenhaus Bethanien in Berlin-Kreuzberg, in dessen Haus Tabea im Jahre 1930 die evangelische Gesundheitsfürsorgeschule eingerichtet wurde. Hier wurden Diakonissen in Schulungskursen als Gemeindeschwestern, Büroschwestern oder Diätschwestern fortgebildet. Auch die Mutterhausdiakonie antwortete auf die Herausforderungen der Moderne mit Spezialisierung und Professionalisierung.

II. BILDTEIL

Bild 5
Pastor Constantin Frick, Vorsteher des Diakonissenmutterhauses Bremen, Vorsitzender des DEKV von 1932 bis 1949. Der „‚Multifunktionär' evangelischer Liebestätigkeit" zeigte sich aus Furcht, politisch anzuecken, den braunen Machthabern gegenüber manchmal allzu zögerlich und nachgiebig.

II. BILDTEIL

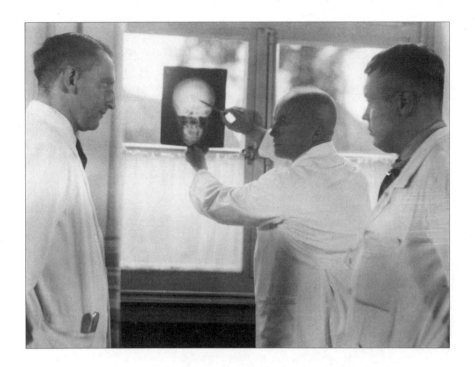

Bild 6
Dr. Werner Villinger (Mitte), Chefarzt der Anstalt Bethel, beim Studieren eines Röntgenbildes. Vermutlich handelt es sich um ein Standphoto zu dem Film „Saat und Segen in der Arbeit von Bethel", der auf der Mitgliederversammlung des DEKV am 8./10. Dezember 1937 seine Berliner Uraufführung erlebte. Auch damit setzte der DEKV ein deutliches Zeichen gegen die „Entkonfessionalisierung" der Krankenhäuser.

II. Bildteil

Bild 7
Pfarrer D. Dr. med. h.c. Otto Ohl, Geschäftsführer des Rheinischen Landesverbandes der Inneren Mission, Vorsitzender des DEKV von 1951 bis 1968. Schon bei der Gründung des DEKV im Jahre 1926 und auch bei seiner Wiederbegründung im Jahre 1951 zog Ohl im Hintergrund die Fäden. Aufgrund seiner großen Erfahrung und vielfältigen Verbindungen verschaffte er dem DEKV eine wichtige Stimme im Konzert der Krankenhausträger.

Bild 8
Dr. Fritz v. Bernuth, Leitender Arzt des Kinderkrankenhauses der Westfälischen Diakonissenanstalt Sarepta in Bethel, vor einem Schwesternkurs, aufgenommen zwischen 1945 und 1949. Das Verhältnis zwischen geistlichem Vorstand, Ärzten und Schwestern war auch in konfessionellen Krankenhäusern nicht immer spannungsfrei. Der DEKV hat viel zur Entspannung dieses schwierigen Verhältnisses beigetragen.

Bild 9
Oberin Annemarie Klütz vom Evangelischen Diakonieverein Berlin-Zehlendorf, Vorsitzende des DEKV von 1975 bis 1990, die erste Frau an der Spitze des Verbandes.

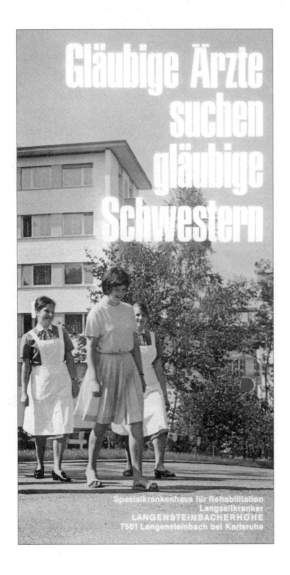

Bild 10
„Gläubige Ärzte suchen gläubige Schwestern." So versuchte ein evangelisches Krankenhaus, Frauen und Mädchen zu gewinnen, die in die diakonische Dienstgemeinschaft paßten. Ende der 60er/Anfang der 70er Jahre nahm der Mangel an Krankenschwestern und -pflegern dramatische Formen an.

II. BILDTEIL

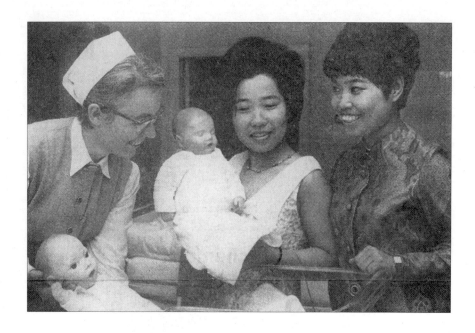

Bild 11
Koreanische Krankenschwestern in Deutschland. Der DEKV war an einer der ersten Anwerbeaktionen maßgeblich beteiligt. So problemlos, wie es das Photo suggeriert, war die Beschäftigung koreanischer Krankenschwestern anfangs jedoch nicht.

Bild 12
Heimathaus des Ev. Diakonievereins in Berlin-Zehendorf, Glockenstr. 8 –
auch heutiger Sitz der DEKV-Geschäftsstelle.

12. Personenregister

van Acken, Johannes 74–75
Adam, Wilhelm 200–201
Adenauer, Konrad 194
Alter, Geheimrat 54
Arnim auf Arnimshain, Graf 115
Auerbach, Staatssekretär 195, 201

Bachof, Otto 194
Bahr, Egon 184
Bavink, Bernhard 65
Beckmann, Präses 136–137, 139
Behm, Karl 84
Behrenbeck, Paul 126–127
Bernhardt, Rudolf 155
v. Bernuth, Fritz 247
Betsch, Hans Gottlob 138
Binding, Karl 70
Bockamp, Pfarrer 21, 24–26, 30, 33, 42
v. Bodelschwingh, Fritz 43–44, 103, 109
Böcking, Verwaltungsdiakon 24–25
Bonsel, Waldemar 86
Brandt, Karl 108
Bremer, Friedrich Wilhelm 34, 115
Bremer, Friedrich Wilhelm (jun.) 159
Breuning, Renate 138
Breuning, Pastor 115
Brüning, Heinrich 71
Buchholz, Otto 232
Burger, Dr. 171
Burghart, Hans 34, 46, 75

Cabot, Richard 49, 148
Choi, E. S. 164
Coerper, Carl 63
Collmer, Paul 196, 201
Conti, Leonardo 98, 109
Courths-Mahler, Hedwig 86
Cremer, Paul 21–22, 31, 75
Cropp, Dr. 123, 128–129, 135, 170, 232

Darwin, Charles 63
Depuhl, Alfred 82, 114–115, 123
v. Dewitz, Ursula 123, 160

Dicke, Werner 122
Dieckmann, Margarete 98
Dietrich, Ministerialdirektor a. D. 73
Dietrich, Pastor 86–87
Dittmar, Pastor 29, 31, 73–75
Donndorf, Pastor 115
Dostojewskij, Fjodor Michajlowitsch 86

Egge, Fürsorgerin 151
Ehlers, Arend 115
Ehrich, Hans-Günter 131, 208, 211, 214, 216–217, 232
Eichholz, Wolf 124, 154, 173–174, 176–179
Elster, Ruth 165
Engelmann, Wilhelm 115–120, 122
Epha, Oberkonsistorialrat 115
Erhard, Ludwig 194, 198
Esser, Max 122, 135, 138, 160–163, 165, 167

Fichtner, Horst 77, 109, 111, 114, 118–119, 232
Fink, Werner 192
Fischer, Joachim 124, 129–131, 142, 148, 232
Frey, Rudolf 142
Frey, Wilhelm 145
Frick, Constantin 74–81, 83, 85, 88, 90, 92–93, 96–97, 100, 109, 114–115, 232, 244
Fundinger, Gertrud 81
Fuß, Fritz 115, 122, 202

Gerstenmaier, Eugen 198
Gierra, Peter 217
v. Goethe, Johann Wolfgang 141
Gogol, Nikolaj Wassiljewitsch 86
Gorkij, Maxim 86
Grillo, Herbert 137
Groß, Norbert 232
v. Grothe, Oberst a.D. 75, 115
Gruenagel, Hans Helmut 189–190
Güldenpfennig, Wolfgang 122, 131, 162, 232

Personenregister

Hammerstein, Dr. v. 119
Happich, Friedrich 68
Harmsen, Hans 19, 31–33, 35–37, 39, 43–
    47, 51–52, 55–56, 60–62, 65–70, 72–83,
    88, 90–92, 95–97, 99, 101–106, 129,
    224, 230, 232, 241
Hausen, Wilhelm 93, 102, 112–113, 115,
    117–118, 120, 123, 173, 232
Heinrich, Konsistorialpräsident 115
Helbig, Wolfgang 209, 213, 216, 232
Hesse, Hermann 86
Hicks, J. M. 145
Hitler, Adolf 108
Hobohm, Johannes 43
Hoche, Alfred 70
Hochheimer, Walter 34, 124, 126–127, 138,
    147, 160, 177
Hochstetter, Helmut 128, 138, 160, 232
Hohlfeld, Dr. 191
v. Holbeck, Otto 19, 94
Hornberger, Sigrid 159

Isleib, Pastor 30

Jacobi, Ministerialdirigent 120
Jäger, August 76
Jäger, Elisabeth 120
Jeep, Walter 74
Jost, Johannes 96
Jost, Karl-Heinz 96–97
Jüngel, Hans 138, 146–147

Kayser, Renatus 128–129, 135, 153, 170–
    171, 173–174, 232
Keil, Werner 182
Kim, Jin Soon 163
Kim, Dr. 162
Kirchner, Peter 191
Kirschsieper, Paul 24
Klütz, Annemarie 128, 157–159, 189, 232,
    248
Koller, Hermann 75
Koltzenburg, Wilfrid 185, 189
Kreutz, Benedikt 74
Krone, Heinrich 104
Kunst, Hermann 140
Kunze, Johannes 95, 104

de Lamarck, Jean-Baptiste 63
Langer, Kirchenrat 120

Lauffer, Emil 133, 141, 208
Lee, Jong Soo 160–161, 165–167
Lee, Sugil 162
Lee, Young Bin 162, 166
Leich, Heinrich 122, 135
Linden, Herbert 108–109
Löhr, Hanns 43, 45–47
Lübke, Heinrich 198
Lukas, Evangelist 45

Maier, Hans-Peter 232
v. Malzahn-Gülz, Frhr. 31
Mann, Thomas 86
Marlitt, Eugenie 86
Martenstein, Kurt 122
Martin, Dr. 121
Melcher, Kurt 119–120, 123, 180
Meyer, Erich 43
v. Meyeren, Marie 114, 148–149, 155
Mieth, Fritz 115, 120, 122, 128, 135, 216
Mohrmann, Auguste 99
Müller, Ludwig 76
Müller, Dr. 201
Münchmeyer, Friedrich 115–116, 121

Nau, Rendant 21, 23–26, 30–31, 42, 75
Nell, Adolf 115–116
Niemöller, Martin 20–21, 24, 26, 43
Nipperdey, Jurist 172
Nölkensmeier, Irmgard 162

Ohl, Otto 21, 23–26, 31, 43, 51, 73–75, 77,
    114–123, 127–129, 133–135, 137, 167,
    173–174, 181, 199, 232, 246

Pak, Chung Hee 161
Philippi, Paul 135
Philipps, Wilhelm 45
Philippsborn, Alexander 47, 79–80, 88
Pilgram, Paul 75, 115
Poesche, Gustav 96–97
Puschkin, Alexander Sergejewitsch 86

v. Quast, 75

Rapp, Andreas 59
Raßmann, Klaus 192
Ritter, Karl 88
Rüther, Bernhard 198

Salomon, Alice 49
Schalck-Golodkowsky, Alexander 191
Scharf, Kurt 139
Scheffer, Reinhard Theodor 131–132, 138, 145–147, 154, 162, 165, 167–168, 172, 199, 232
Schenk, Wolfgang 131, 189, 232
v. Scheven, Maria 99
Schian, Walter 118–121, 123, 128, 134–135, 137, 146, 172
Schirmacher, Horst 76
Schirmer, Verwaltungsdirektor 132
Schlaaff, Johannes 44–45
Schlayer, Carl Robert 88–89
Schlunk, Walter 32
Schmalz, Dr. 115, 120
Schneider, Carl 68
Schober, Theodor 145–146, 157, 162, 166, 168
Scholz, Luise 160, 165
Schulte, Pastor 29, 31, 42, 52–53, 75
Schumacher, Pastor 115
Schwarzhaupt, Elisabeth 137
Schwerin v. Krosigk, Ludwig 103
Seel, Wilhelm 120, 122
Siegert, Pfarrer 92–93
Singer, Peter 227
Speer, Albert 108
Spiegelhalter, F. 203
Stachowitz, Pfarrer 84
Stahl, Pastor 43
Starck, Professor 91
Staudacher, Bernhard 191–192
Steinweg, Johannes 17–19, 21–22, 31, 35, 43, 75
Strobel, Käthe 156, 200
Sultan, Professor 88
Sumper, „Professor" 160, 162

Tegtmeyer, Paul 46
Themel, Karl 76
Thermann, Johannes Gottfried 131, 155, 202–203, 232
Thiel, Johannes 17, 19–27, 29–30, 36–37, 43, 72–73, 232
Thomas, Klaus 145
Tolstoj, Leo Nikolajewitsch 86
v. Troschke, Ilse 154–155
Turre, Reinhard 209–210, 220–221

Ulrich, Pastor 145–146
Ury, Else 86

v. Verschuer, Otmar Frhr. 68
Vietor, Hans 74
Villinger, Werner 84, 245
Vöhringer, Dr. 115
Vonessen, Dr. 181

Wagner, Gerhard 89–91
Wagner, Pastor 115
Waigel, Theo 211
Walther, Hans 147
Weismann, August 64
Weiß, Pastor 100, 115, 120, 123
Wenzel, Theodor 119–120, 122–123, 128
Westphal, Pastor 216
Wex, Dr. 117
Wichern, Johann Hinrich 17
Wilmanns, Richard 43, 45

Ziegler, Gustel 98
Ziegler, Pastor 115

Wolfgang Helbig

Profil zeigen – Herausforderungen meistern

Mehr als ein Jubiläumsmotto: Ein roter Faden auf dem Weg in die Zukunft

Der DEKV hat seine Jubiläumsfeier im Mai 2001 unter das Motto gestellt *Profil zeigen – Herausforderungen meistern.*

Im Vorstand* fanden wir damals, das sei im Kern die bleibende Aufgabe in unserer Arbeit: das Bestimmende gerade in den Veränderungen der Zeit klar zur Geltung zu bringen und zugleich in den Entwicklungen eine Gestaltungsmöglichkeit zu sehen.

Lassen sich solche Beharrlichkeit und Flexibilität auch abseits der Feststimmung im Auf und Ab der 75 Jahre Verbandstätigkeit nachweisen? Wie stellen sich in der Geschichte des DEKV Kontinuität und Wandel dar? Kann die gefundene Antwort auf die „Herausforderungen der Moderne" überzeugen? Wie soll es weitergehen?

Im Rückblick lassen sich unschwer drei große Themenkomplexe erkennen, die den DEKV und seine Mitglieder in all den Jahren immer wieder begleiten und ihnen kreative und tragfähige Antworten abverlangen.

1. Ohne einen eigenen Verband geht es nicht mehr – Innere Beweggründe

Professionalisierungsprozesse

Am Anfang steht eine zweite Professionalisierungsbewegung in den evangelischen Krankenhäusern.[1] Es ist eine Phase, in der mit dem Schritt von der Pflege- zur Behandlungseinrichtung das moderne Klinikum entsteht.

---

* Für hilfreiche und anregende Gespräche danke ich den Freunden Otto Buchholz, Peter Gierra, Norbert Groß und Reinhard Zahn. Frau Helga Langeloh bin ich dankbar für das sorgfältige Schreiben des Manuskripts.

[1] Vgl. S. 19 u. ö. Als erste ist die von Kaiserswerth ausgehende, bis in viele europäische Länder und die Vereinigten Staaten von Amerika reichende Gründung von Krankenhäusern anzusehen. Sie vollzieht sich zunächst in Diakonissenmutterhäusern. Damals erlangt, im Zusammenwirken mit den katholischen Hospitalorden, die Pflege die für die künftige Entwicklung in Deutschland benötigte Kompetenz. Der Wandel zum neuen Berufsbild der Krankenschwester ist eine Voraussetzung zum Wirksamwerden der modernen Medizin in den außeruniversitären Hospitälern.

Sie hat flächendeckend im letzten Viertel des 19. Jahrhunderts eingesetzt.[2] Die evangelischen Krankenhäuser vollziehen sie mit und sehen nach dem Ersten Weltkrieg die Zeit gekommen, ihre Angelegenheiten selbst in die Hand zu nehmen.[3] Eine Mitvertretung durch Organe außerhalb des Arbeitsbereiches kann nicht mehr angemessen funktionieren. Die zunehmende Zahl der Häuser, das Wachstum der einzelnen Kliniken, deren Differenzierung und Spezialisierung, Abstimmungsnotwendigkeiten an einem Ort und in der Region, aber auch die Entsendung von Mutterhausschwestern im Rahmen von Gestellungsverträgen an Universitätskliniken und kommunale Häuser wecken das Bedürfnis nach Austausch und gemeinsamer Vertretung. Der Komplexitätszuwachs verlangt nach professioneller Bearbeitung. So kommt es zur Gründung des DEKV. Der Kaiserswerther Verband und der Centralausschuß für die Innere Mission verlieren für den Krankenhausbereich – zwar unterschiedlich, aber langsam doch – an unmittelbarer Bedeutung.

Ein wichtiger Bereich, in dem sich die Professionalisierung auswirkt und von dem her sie vorangetrieben wird, ist der leitender Berufe. Dem gilt ein erster Blick (Abschnitt 4).

2. Anstösse von aussen und Formen partnerschaftlicher Zusammenarbeit

Staatliche Wohlfahrtspolitik

Zu den Vorgängen im Inneren kommen Anstöße von außen. In der Weimarer Republik beginnt auf dem Gebiete der Wohlfahrtspflege ein Prozeß staatlicher Verantwortungsausweitung.[4] Dazu hatte schon die Not des Ersten Weltkriegs Anlaß gegeben. Noch gravierender machen sich jetzt die Kriegsfolgen bemerkbar. Von ihnen und damit von der Inflation werden Einrichtungen der freien Wohlfahrtspflege besonders stark betroffen. Vorhandene Kapitalien zerrinnen, Spenden hören auf, die Teuerung lastet schwer.[5] Der Zusammenbruch des Obrigkeitsstaates läßt bei jetzt bestimmenden politischen Gruppierungen den Zeitpunkt für eine gesellschaft-

---

[2] Dafür sind kennzeichnend die wachsenden Zahlen der in Krankenhäusern tätigen Ärzte. Vgl. Anm. 52.
[3] 1919 ist bereits der „Reichsverband der privaten gemeinnützigen Kranken- und Pflegeanstalten Deutschlands" ins Leben gerufen worden, 1910 schon die „Freie Vereinigung der katholischen Krankenhausverbände Deutschlands".
[4] Vgl. Axel Frhr. v. Campenhausen/H.-J. Ehrhardt, Kirche. Staat. Diakonie. Zur Rechtsprechung des Bundesverfassungsgerichts im diakonischen Bereich, Hannover 1982, S. 24–41.
[5] Vgl. Evangelische Gesundheitsfürsorge 1926–1936, Berlin 1936, S. 7 ff.

liche Umwälzung als gekommen erscheinen. Seit 1919 kämpfen nicht nur evangelische Häuser gegen politische Kräfte von links, die „immer unverhüllter und lauter die Forderung erhoben, die Anstalten und Einrichtungen der freien Wohlfahrtspflege in den Besitz der öffentlichen Hand und das gesamte Heil- und Pflegepersonal, also auch das karitative, in den öffentlich-rechtlichen Dienst zu überführen".[6] Entsprechender Druck macht sich auf der Ebene des Reiches wie auch der Länder und Gemeinden deutlich bemerkbar.

Der junge, gerade 33-jährige Geschäftsführer der Inneren Mission in Westfalen, Pastor Martin Niemöller, sagt in seinem Erinnerungsbuch[7] von 1934:

> „ ... (E)s ging damals[8] darum, die freie evangelische Liebestätigkeit in den einzelnen Städten und Kreisen zu kirchlichen Jugend- und Wohlfahrtsämtern zusammenzufassen und so zu gestalten, daß sie nicht von der öffentlichen Wohlfahrtspflege des Staates und der kommunalen Selbstverwaltung aufgesaugt und damit um ihre lebendige Kraft gebracht würde. Zu diesem Zweck war ich wochenlang unterwegs und sprach auf Synoden und Pfarrkonferenzen; zugleich hatte ich die Verhandlungen mit den staatlichen Stellen und mit der Provinzialverwaltung zu führen. Aber hinter dieser unmittelbar dringenden und drängenden Aufgabe stand die andere, daß die gesamte ‚Innere Mission' der Provinz mit ihren mehreren hundert Anstalten und Einrichtungen zusammengefaßt und zu einer einheitlich kirchlichen Haltung und zu einem gemeinsamen Wollen und Handeln gebracht werden mußte."

Von hier aus fällt noch einmal erhellendes Licht auf die spannungsreichen Aktionen in Bochum und Berlin[9] und zwischen den dort jeweils handelnden Personen. Was für die evangelischen Krankenhäuser wegen der inneren Entwicklung notwendig ist, erweist sich nun auch aus Gründen äußerer Zwänge als ganz akut: Man muß zu verbandsorganisatorischen Entscheidungen kommen, und zwar je eher, desto besser. Es bedarf handlungsfähiger Strukturen, umfassender Informationen und direkter Kontakte. Für die evangelischen Krankenhäuser (und übrigens auch für andere „Anstalten" der Inneren Mission) ist Gefahr im Verzuge. Ihr will man selbstbewußt und kämpferisch begegnen, aber bei allen „tiefwurzelnde[n] sozio-theologische[n] Gebundenheiten"[10] im kritisch-konstruktiven Austausch mit den Kräften der jungen Weimarer Republik.

Unsere Satzung spricht heute[11] von der Aufgabe des Verbandes,

> „zu Fragen der Krankenhausgesetzgebung, des Auftrags, der Aufgaben, der Struktur, der Organisation sowie der Finanzierung und der Führung von Krankenhäusern

---

6 Evangelische Gesundheitsfürsorge 1926–1936, S. 10.
7 Vom U-Boot zur Kanzel, Berlin 1934, S. 205.
8 1924
9 Vgl. S. 17–27.
10 Kurt Nowak, Evangelische Kirche und Weimarer Republik, Göttingen ²1988, S. 128.
11 Satzung des DEKV i. d. F. v. 11. Mai 2001: § 2 (2) d.

> Stellung zu nehmen und gegebenenfalls die regionalen Verbände oder die einzelnen Einrichtungen – letztere unter Einschaltung des zuständigen regionalen Verbandes (§ 4 Abs. 1 der Satzung) – darin zu beraten ...".

Die etwas mühsame Formulierung ist, soweit derartige Texte überhaupt zu fesseln vermögen, ein faszinierendes Fazit der komplexen Erfahrungen. Erst werden die Bereiche genannt, um die es in den öffentlichen Auseinandersetzungen der 75 Jahre immer wieder ging – bis hinein in Anklänge an Bundesverfassungsgerichts-Entscheidungen. Und dann folgt eine Beteiligungsregelung, in der man noch nach Jahrzehnten den Widerhall der Ereignisse von 1924 bis 1926 zwischen Bochum und Berlin vernimmt. Die Bestimmung ist verbandspolitisch klug und hat sich bewährt.

Der Kaiserswerther Verband, der 1919 für die Krankenhausbelange zunächst in die Bresche gesprungen war, konzentriert sich von jetzt an immer stärker auf schwesternschaftliche Fragen, auf das, was die Mutterhäuser betrifft – mehr oder minder auch abgesehen von den eigenen Krankenhäusern. Allerdings sollte das Folgen haben, die wir noch hervorheben müssen.

Zusammenarbeit mit der Inneren Mission / dem Diakonischen Werk

Ineins damit beginnt nun eine Geschichte verschiedener Ausprägungen des Verhältnisses zur Inneren Mission bzw. zum Diakonischen Werk. Sie reicht bis in die Gegenwart.

Rechtlich muß das Miteinander so eng wie möglich gestaltet sein. Die evangelischen Krankenhäuser sind unablösbarer Teil ihrer Kirche und Diakonie. Das spiegeln die jeweiligen Regelungen in den Satzungen, heute noch sorgfältiger und ausdrücklicher als vor 75 Jahren. Das zeigen die Ordnungen des DW der EKD und des DEKV. Und das ergibt sich vor allem aus dem Selbstverständnis des Verbandes und seiner Mitglieder.

In den fachlichen Belangen aber ist spezialisierte Expertise und kurzfristige Reaktionsfähigkeit nötig. Dafür ist der ständige und intensive Austausch zwischen Verband und Mitgliedshäusern Bedingung. Die vielfältigen Netzwerke, in denen wir vor Ort, in den Ländern und im Bund arbeiten, machen Eigenständigkeit nötig. Als Kompetenz- und Dienstleistungszentrum kann der DEKV seine Arbeitsergebnisse wiederum in größere Zusammenhänge einbringen. Auch das ist 1926 einer der Gründungsimpulse gewesen.

Wie hätten kritische Entwicklungen, etwa in den dreißiger Jahren in Sachen Eugenik, sich ohne die Personalunion von Verbandsgeschäftsführer und Centralausschuß-Direktor gestaltet? Hätten sich dann hilfreiche Abstimmungsnotwendigkeiten ergeben? Die Frage ist müßig. Allerdings hat sie sich aus anderen Veranlassungen immer wieder gestellt.

1998 endet die Personalunion. Damals verlegt der DEKV seine Geschäftsstelle von Stuttgart, dem Sitz des DW, nach Berlin, dem Sitz der Bundesorgane. Die Mitgliederversammlung verbindet den Umzugsbeschluß mit einer entsprechenden personellen Ausstattung für die künftige Arbeit. Das hat sich bewährt. Die Handlungsfähigkeit hat zugenommen und muß in Dienstleistungen für die Mitglieder kontinuierlich ausgebaut werden.[12]

Förderung der Kooperation an der Basis
Die Stärkung der Zusammenarbeit auf lokaler und regionaler Ebene ist ebenso von erstrangiger Bedeutung. Der DEKV fördert sie nach Kräften.[13] Eine wichtige Initiative neben anderen ist die Gründung der Gruppe „Diakoniefördergesellschaft", Speyer, deren Mitgesellschafter wir sind.[14]

Zwischenkirchliche und ökumenische Zusammenarbeit
Ohne verläßliche Verbündete fällt es schwer, solche komplexen Aufgaben zu erfüllen. Daß wir sie auch über den Kontext der Diakonie hinaus fanden, ist eine Ermutigung und Unterstützung.

Im Laufe der Jahrzehnte hat es außerhalb der Konfessionsfamilie lutherischer, reformierter und unierter Träger, zu der ganz selbstverständlich die Gemeinschaftshäuser gehören, solche Partner gegeben.

Schon in den zwanziger Jahren, noch vor Gründung des DEKV, stehen landeskirchliche und freikirchliche Häuser „durch die Vermittlung des Kaiserswerther Verbandes im Zusammenhange".[15] Seit 1957 arbeiten die freikirchlichen Einrichtungen in der Diakonischen Konferenz und im

---

[12] Ein Vorbild für künftige Entwicklungen bleibt die früher schon einmal gegebene Zusammenfassung von Aktivitäten im „Gesamtverband der deutschen Kranken- und Pflegeanstalten". Eine weitere Herausforderung stellt die noch intensivere Gestaltung der Kooperation mit Verbänden von Berufen und Ehrenamtlichen im evangelischen Krankenhaus dar, mit den Krankenhausseelsorgerinnen und -seelsorgern etwa. Zielgerichtete Konzentration der Kräfte muß in unserer Zeit der Kooperationen und Fusionen im Krankenhausbereich von größter Bedeutung für eine erfolgreiche Wirksamkeit sein.
[13] Vgl. DEKV (Hrsg.), Auf dem Wege in eine veränderte Krankenhauslandschaft, Berlin 2001. Dort berichten der „Clinotel-Krankenhausverbund", Koblenz, und die „PRO | DIAKO gGmbH, Gesundheits- und Pflegedienstleistungen", Hannover, beides Gründungen von Mitgliedshäusern. Die von Otto Buchholz vorgestellte Planung eines Zusammenschlusses von vier evangelischen Krankenhäusern zum „Diakonie-Klinikum Hamburg" befindet sich inzwischen in der Realisierung.
[14] Der DFG geht es um Förderung der Diakonie durch Beratung, Betriebsführung und Beteiligung gerade im evangelischen Krankenhausbereich. Ihr sind auch bei inzwischen bereits abgeschlossenen Fusionen wichtige Initiativen zu danken. Vgl. S. 213.
[15] Evangelische Gesundheitsfürsorge 1926–1936, S. 26.

Diakonischen Rat des DW der EKD mit.[16] Das heißt, sie sind gemäß der Satzung[17] auch Mitglieder des Verbandes. Es spricht für sich, daß sowohl der Vorsitzende als auch der Verbandsdirektor des DEKV gegenwärtig aus Freikirchen kommen.

Die Zusammenarbeit mit unserem katholischen Schwesterverband, dem KKVD, ist in der Auseinandersetzung mit der staatlichen Krankenhauspolitik (gemeinsame Stellungnahmen, Rechtsgutachten,[18] Rechtsstreitigkeiten,[19]) aber genauso in der Verfolgung gemeinsamer christlicher Zielsetzungen (Curriculum „Pflegen können" für die praktische Krankenpflegeausbildung, Klinische Ethik-Komitees, proCum Cert) und in den von beiden Verbänden herausgebrachten Publikationen stetig gewachsen. Der laufende Arbeitskontakt gestaltet sich vertrauensvoll und eng. Er hat inzwischen eine lange Geschichte.[20]

Zusammenarbeit im Rahmen der Deutschen Krankenhausgesellschaft

Zwischen dem DEKV und der Deutschen Krankenhausgesellschaft (gegründet am 21.9.1949) wie den Landeskrankenhausgesellschaften und den regionalen evangelischen Krankenhausverbänden bestehen enge Beziehungen. Über den Spitzenverband der Wohlfahrtspflege DW der EKD gehören auch unsere Mitglieder mittelbar diesem Zusammenschluß der deutschen Krankenhausträger an.[21]

Das klingt distanzierter als es faktisch ist: Wir sind durch Repräsentanten evangelischer Krankenhäuser auf allen Ebenen der DKG vertreten.[22] Das-

---

16 Die Brüder-Unität gehört schon 1919 zum CA. Die Baptisten stehen seit 1920 in lockerer Beziehung zum Evangelischen Reichs-Erziehungsverband. Und im Laufe des Jahres 1946 erklärt eine ganze Reihe von Freikirchen ihren Beitritt zum Hilfswerk der EKD, das 1957 mit dem CA zum DW der EKD zusammengeführt wird. Vgl. Theodor Schober, Über die Anfänge, in: Diakonische Arbeitsgemeinschaft evangelischer Kirchen (Hrsg.), 1957–1997. 40 Jahre Diakonische Arbeitsgemeinschaft evangelischer Kirchen. Vertretung der „Freikirchen" im Diakonischen Werk der EKD, Stuttgart o. J., S. 11–20.
17 § 4 (1).
18 So von Otto Bachof / Dieter Scheuing 1978 und von Josef Isensee 1980.
19 Zu den Beschwerdeführern in der St.-Marien-Entscheidung (BVerfGE 53, 366), gehören katholische und evangelische Krankenhausträger.
20 Evangelische Gesundheitsfürsorge 1926–1936, S. 20: „Getragen von dem Bewußtsein innerer Verbundenheit in den letzten und höchsten Fragen der Weltanschauung, haben die Vertreter der evangelischen Inneren Mission und der katholischen Caritas im Reichsverband und in der Liga in der gemeinsamen Sorge für die christliche Liebestätigkeit stets Schulter an Schulter gestanden."
21 Die 815 freigemeinnützigen Krankenhäuser, das sind ganz überwiegend die katholischen und evangelischen, machen 36,2 % der 2.242 Allgemeinen Krankenhäuser in Deutschland aus (Stand 2000).
22 Auch das hat eine lange Geschichte. Drei Beispiele stehen für viele: Gründungsmitglied der DKG war Rechtsanwalt Wolf Eichholz, jahrelang ebenfalls Vorstandsmitglied des DEKV.

selbe gilt für die Landeskrankenhausgesellschaften. Der Austausch im Kreise aller Krankenhausträger ist unverzichtbar. Die Wahrnehmung gemeinsamer Belange aller Träger hat hier seinen angemessenen Ort.

Im Verlauf der 75-jährigen Geschichte des DEKV haben diese verschiedenen guten Arbeitsbeziehungen an Intensität stark zugenommen. Sie sind in gleicher Weise Zeichen innerevangelischer Verbundenheit, ökumenischen Vertrauens und zugleich ein Beitrag zur professionellen Profilierung des eigenen und des deutschen Krankenhauswesens insgesamt.

Kontinuität kann, das ist die Lehre aus diesen Entwicklungen auf der Ebene des Verbandes und der Mitglieder, nur durch Wandel[23] bewahrt werden. Die Vorgänge im gesundheitspolitischen Kontext, in dem wir uns vorfinden, verlangen eine kompetente Bearbeitung und Auseinandersetzung. Dem gehen wir in einer zweiten Überlegung nach (Abschnitt 5).

3. Was bedeutet „Säkularisierung" für unsere Arbeit?

Hauptzweck der Zusammenarbeit im Verband ist, „den evangelischen Charakter unserer Anstalten zu pflegen", wie es schon im Gründungsaufruf heißt und wie nachher die Satzung formuliert. Angesichts der vielberedeten „Säkularisierung" ist das eine ebenso dringende wie umfassende Aufgabe.

Der Begriff

Was heißt „Säkularisierung"? In der hier vorliegenden Geschichte unseres Verbandes ist immer wieder die Rede davon. Ganz allgemein gesprochen meint der Ausdruck[24] die Verweltlichung ursprünglich religiös, kirchlich, theologisch geprägter Bereiche, Sachverhalte und Begriffe. Das ist ein Prozeß, der sich seit Jahrhunderten auf allen Gebieten des gesellschaftlichen Lebens vollzieht und folglich – irgendwie – jeden von uns miterfaßt.

Damit stellt sich die Frage, wieweit eine konfessionell, d. h. von einem christlichen Glaubensbekenntnis geprägte Arbeit für, an und mit Kranken

---

Der zweite Präsident der DKG war Pfarrer D. Otto Ohl, bis 1968 achtzehn Jahre lang Vorsitzender des DEKV. Präsident von 1972–1973 war Pfarrer Dr. Dr. Helmut Hochstetter, Vorsitzender des DEKV von 1968–1975.

23 Zu den spannenden Vorgängen der jüngsten Zeit gehören Zusammenschlüsse über Konfessionsgrenzen hinweg. So gibt es, insbesondere in Sachsen landeskirchliche und freikirchliche (methodistische) Häuser, die unter dem Dach eines gemeinsamen Trägers zueinander fanden. Auch in Hamburg gibt es eine solche Fusion (siehe Anm. 13) evangelisch-landeskirchlicher und -freikirchlicher Kliniken. In Eisenach und Quakenbrück fusionierten evangelische und katholische Einrichtungen zu „Christlichen Krankenhäusern".

24 Vgl. Brockhaus, [17]1973, Bd 16.

in unserer „säkularen" Welt überhaupt möglich sein kann. Sehen denn alle Mitarbeiterinnen und Mitarbeiter in unseren Einrichtungen Krankheit und Heilung, gar Heil in gleicher Weise? Gibt es nicht eher eine „Spannung zwischen dem medizinischen und dem theologischen Krankheitskonzept"? Gleich der erste Evangelische Ärztetag 1928 fragt so.[25] Und schon die auf der Gründungsversammlung einstimmig beschlossene Satzung des DEKV nennt an vorderster Stelle seiner Zwecke die „Aufgabe, den evangelischen Charakter der ihm angeschlossenen Anstalten ... zu pflegen".[26] Das erschien also vordringlich – und nicht etwa selbstverständlich. Warum? Weil wir inzwischen in einer „nachchristlichen Ära" leben? Weil krank sein und gesund werden, geboren werden und sterben alle religiösen Aspekte für unsere Zeitgenossen eingebüßt hat? Manches scheint in eine solche Richtung zu weisen. Liefern unsere Berufs- und Lebenserfahrung, unsere Erkenntnisse aus der Verbandsarbeit nicht zuweilen bedrängende Beispiele dafür?[27]

Da mag es überraschen, daß inzwischen der Begriff „Säkularisierung" im wissenschaftlichen Schrifttum kaum mehr unbesehen verwendet wird. Er faßt zu viele heterogene Bedeutungen und Überlieferungen, Thesen und Hypothesen in einem Wort zusammen.

Der Soziologe Niklas Luhmann (1927–1998) urteilt:

> „Unter Religionssoziologen gilt heute als ausgemacht, daß man zwar von ‚Entkirchlichung' oder ‚De-Institutionalisierung' oder auch von Rückgang des organisierten Zugriffs auf religiöses Verhalten sprechen könne, nicht aber von einem Bedeutungsverlust des Religiösen schlechthin. Die richtungsbestimmte These der Säkularisierung wird daher durch die viel offenere, aber auch gänzlich unbestimmte Frage nach dem religiösen Wandel in unserer Zeit ersetzt."[28]

Was ergibt sich daraus für uns?

„De-Institutionalisierung"

Politik, Kunst, Wissenschaft sind aus dem Einflußbereich der Institution Kirche herausgetreten, haben Autonomie erlangt. Auch das Krankenhauswesen ist in diesem Sinne de-institutionalisiert worden. Die entsprechende Entwicklung ist noch nicht abgeschlossen. Die Tendenz des sozialstaatlichen Handelns zielt auf eine weitergehende De-Institutionalisierung: etwa, wenn der Gesetzgeber kirchlich-diakonische Krankenhäuser nicht anders behandeln will als private oder öffentliche,[29] wenn er deren Proprium

---

[25] Vgl. S. 44.
[26] Vgl. S. 27.
[27] Vgl. andererseits die EKD-Untersuchungen über Kirchenmitgliedschaft von 1972, 1982 und 1992.
[28] Niklas Luhmann, Die Religion der Gesellschaft, Frankfurt am Main 2000, S. 279.
[29] Vgl. Josef Isensee, Kirchenautonomie und sozialstaatliche Säkularisierung in der Krankenpflegeausbildung, Rechtsgutachten, hrsg. v. KKVD/DEKV, Freiburg 1980.

oder Identität in der Verwaltungspraxis nivelliert. So ist zu fragen, ob der Staat „das kirchliche Selbstbestimmungsrecht verletzt,"[30] wenn er unter DRG-Bedingungen[31] für ein Handeln gemäß dem christlichen Menschenbild kaum Raum läßt.

Was da geschieht, ereignet sich meist „in kleinen, unhörbaren Schritten" und „stößt deshalb selten auf Widerstand".[32]

Hier muß nun allerdings die Frage gestellt werden, ob ein solches Vorgehen im gegebenen Fall nicht mit der Kirchenautonomie des Art. 140 GG i. V. m. Art. 137 III Weimarer Reichsverfassung (WRV) kollidiert. Denn wie das Bundesverfassungsgericht in der Goch-Entscheidung sagt, besteht die „Eigenart des Dienstes" kirchlicher Krankenhäuser „darin, daß er sich zwar wie in jedem Krankenhaus der bestmöglichen ärztlich-medizinischen Behandlung der Kranken widmet, aber dabei das spezifisch *Religiöse* karitativer Tätigkeit im Auge behält, das die Behandlung der Kranken durchdringt ...".[33] D. h., das höchste deutsche Gericht stellt fest, daß unser Auftrag sich nicht in einen wissenschaftlich-technischen und einen religiösen aufspalten läßt. Wird die Erfüllung dieses umfassenden Auftrags aber durch staatliche Maßnahmen berührt, so stellt sich die erwähnte Frage, und der Streitfall muß ggf. verfassungsrechtlich geklärt werden.[34]

„Religiöser Wandel"

Säkularisierung in dem eben genannten Sinne hat „auch zu einer Vorstellung vom Funktionieren der Gesellschaft geführt (etwa im Gesundheitswesen, im Krankenhaus, W. H.), die auf religiöse Sinngebung weithin verzichtet".[35] Dieser Wertewandel ist für die Kirche (die Diakonie) von großer Bedeutung:

> „Sie muß zu veränderten Wertorientierungen Stellung nehmen; dabei wird mit gutem Grund von ihr erwartet, daß sie den gesellschaftlichen Wandel erfaßt, aber nicht dem Zeitgeist hinterherläuft."[36]

---

30 DEKV-Stellungnahme zum Referentenentwurf eines Gesetzes zur Einführung des DRG-Vergütungssystems für Krankenhäuser vom 11.7.2001.
31 DRG = diagnosis related groups. – Die Vergütung der im Rahmen einer Krankenhausbehandlung erforderlichen und erbrachten Leistungen soll voraussichtlich ab 2004 pauschal in Abhängigkeit von bestimmten Diagnosekonstellationen geschehen, d. h. unabhängig von dem im Einzelfall tatsächlich erforderlichen Bedarf und Aufwand.
32 Vgl. Anm. 29, Zitate S. 77.
33 BVerfGE 46, 73, 95 – Hervorhebung im Original.
34 Die Mitgliedshäuser wären überfordert, wenn sie sich in solchen sozialpolitischen, d. h. im wesentlichen gesetzgeberischen Entwicklungen nicht darauf verlassen könnten, daß der DEKV (im Zusammenwirken mit dem DW und anderen) ihre Position vertritt.
35 Wolfgang Huber, Kirche in der Zeitenwende, Gütersloh 1998, S. 10.
36 A. a. O., S. 82.

Denn in den Katastrophen unserer Zeit, den großen Unglücksfällen, aber auch in den individuellen Schicksalsschlägen einer plötzlichen, lebensbedrohenden Erkrankung, suchen Menschen ganz offenkundig den religiösen Raum, das religiöse Zeichen, das religiöse Wort (oder die religiöse Kommunikation). Sie suchen in allem Wandel das Beständige, das Verläßliche, die Kontinuität.

Wie kann der DEKV es unter diesen Bedingungen leisten, „den evangelischen Charakter unserer Anstalten zu pflegen"? Wie kann seine Arbeit gerade unter den Bedingungen der „Säkularisierung" ein evangelisches, ein christliches Angebot für Krankenhäuser darstellen? Das ist unsere dritte Frage (Abschnitt 6).

4. Krankenhausberufe professionalisieren sich

Pflegende

Ein wichtiger Aspekt in den 75 Jahren Geschichte des DEKV ist die Entwicklung der Krankenhausberufe. Sie enthält auch für die Zukunft wichtige Herausforderungen.

Die Bedeutung der Krankenpflege läßt die Pflegekräfte schon unter historischen Gesichtspunkten an der ersten Stelle stehen. Das 19. Jahrhundert hatte eine Revolution der Krankenpflege gesehen. Der Beitrag der Diakonissen war dafür so prägend, daß die – auch bei den katholischen Ordensfrauen seit langem gewohnte – Anrede „Schwester"[37] nun zur Berufsbezeichnung wird. Der Begriff „Krankenschwester" ersetzt im letzten Drittel des 19. Jahrhunderts die Bezeichnung „Krankenwärterin". Damit transportiert er zusammen mit der charakteristischen Tracht und den in der Öffentlichkeit aufmerksam registrierten Formen des Gemeinschaftslebens der Mutterhäuser gewissermaßen die gemeinsame geistliche Identität, die „Corporate Identity". Der Vorgang spiegelt die gesellschaftliche Akzeptanz, die die Diakonissen und schließlich die Schwestern überhaupt fanden. Das heißt: Die Mutterhäuser Kaiserswerther Prägung haben (seit der Wende zum 20. Jahrhundert zusammen mit den Gemeinschaftsmutterhäusern sowie den Zehlendorfer und anderen Schwesternschaften) das Bild der evangelischen Krankenschwester bis in die Gegenwart bestimmt.[38] Das schließt die später während der NS-Zeit hinzugekommene Kaiserswerther „Verbandsschwesternschaft" ein, die jüngst in „Diakonische Schwestern-(und Bruder-)schaft" umbenannt wurde.

---

[37] Sie spiegelt den Gedanken der Geschwisterlichkeit der Kinder Gottes wider. Vgl. auch das Wort Jesu in Mt. 25,40.
[38] Erst in den fünfziger, sechziger Jahren änderte sich die Situation mit dem zunächst langsamen, aber offenbar irreversiblen Rückgang der Diakonissenschwesternschaften.

Gerade vor diesem Hintergrund ist auffällig, daß Schwesternfragen in der Arbeit des DEKV der ersten Jahrzehnte eine erstaunlich geringe Rolle spielen. Sie werden bis in die Vorkriegszeit weitgehend im Kaiserswerther Verband und den anderen Schwesternverbänden behandelt. Der DEKV hält sich wegen der intensiven Zusammenarbeit und personellen Verflechtung auf diesem Felde sehr zurück. Man sieht die Thematik in guten Händen. Gewiß will man auch keine Empfindlichkeiten berühren. In den Verbandsorganen jedenfalls werden sie, wenn überhaupt, von den Mutterhausvorstehern „vertreten", also wie auch sonst meist: von Männern. Allenfalls als „sachkundige Beraterinnen" werden einzelne Schwestern einmal hinzugezogen.

Für die ersten Jahrzehnte bedeutet dies eine Einschränkung der DEKV-Wirksamkeit. Krankenhausfragen werden, konzeptionell jedenfalls, vielfach ohne die notwendige Beachtung von Pflegeaspekten bearbeitet und entwickelt. Ein solcher Mangel an Praxisreflexion und Theorieentwicklung entspricht nicht der tatsächlichen Bedeutung der Pflege und ihrer grundsätzlich hohen Anerkennung. Das hat Auswirkungen auf die weitere Professionalisierung der Pflege im evangelischen Krankenhaus. Impulse kommen von außerhalb der diakonischen Krankenhäuser, ja selbst der Mutterhäuser. Gewiß können nach dem Zweiten Weltkrieg die Schwesternverbände berufsständische Herausforderungen auf eigenen Wegen zielorientiert angehen. Auch entwickeln nun die christlichen Krankenhäuser in ihren Krankenpflegeschulen und der Verband in dem Curriculum-Projekt zielführende Aktivitäten. Doch hätte es dem DEKV wohl angestanden, sich hier schon viel früher intensiv und partnerschaftlich einzubringen. Der Verband hätte einen wesentlichen Beitrag leisten können.

Die Vermehrung des Fachwissens und der beruflichen Fertigkeiten ist nämlich stark von den Fortschritten der Medizin beeinflußt. Diese führt die theoriegeleitete Fachlichkeit zu einem ständigen Kompetenzzuwachs, umgekehrt entwickelt sich in ihrem Horizont auch eine systematische Praxisreflexion. Es darf aber nicht übersehen werden, daß das Leitbild der Krankenpflege geschichtlich vom christlichen Konzept der Zuwendung geprägt ist. Von Anfang an sieht die christliche Gemeinde im akut und im chronisch Kranken (im Mittelalter ebenso in den Armen, Obdachlosen und Pilgern) Menschen, die eine gottgegebene Würde besitzen, die das Bedürfnis nach Annahme und Umsorgtwerden (Fürsorge, Versorgung) haben, und zwar gegenüber Gott und den Menschen. Es ist, ließe sich sagen, eine dreiseitige „Beziehungspflege". Entsprechend verstehen sich die alten Hospitäler auch als „Gasthäuser Gottes" (Hôtel-Dieu).

Nehmen wir beide Entwicklungsstränge zusammen, nähern wir uns einer Betrachtungsweise, die Leib, Seele und Geist gemeinsam anschaut. Eine solche „Ganzheitspflege"

„zeichnet sich durch eine menschliche, menschengerechte Pflege aus, die sinnvoll und befriedigend ist, weil das Wesentliche Gewicht und Inhalt bekommt. Sie orientiert sich am individuellen Menschen, an seinen Bedürfnissen und seinem Befinden. Ganzheitliche Pflege steht gleichwertig neben der Medizin und ist wirksam und sinnvoll, wenn die Medizin nichts (mehr) tun kann."[39]

Dieser integrale Ansatz widerspricht auch einer „Versäulung" der Krankenhausprofessionen. Daran muß uns in Zukunft besonders gelegen sein. Die noch zu besprechende Leitbildthematik, die Klinischen Ethik-Komitees und die Qualitätsarbeit sind ohne systematische und partnerschaftliche Kooperation nicht zu denken.

Theologen

Eine dominierende Rolle spielen die Pfarrer, jedenfalls soweit sie die Funktionen eines Vorstehers in den Krankenhäusern oder „Komplexeinrichtungen", in diesem Falle meist verbunden mit einem Mutterhaus, ausüben. Nach der Generation der Gründer verkörperten sie „das patriarchalische Führungsmodell".[40] „Die Legitimation dieses Führungsmodells ergab sich einerseits aus der Tradition des eigenen Unternehmens,[41] dessen Gründung zumeist mit einer überragenden Theologen-Persönlichkeit verbunden war. Andererseits wurden die Werthaltungen von patriarchalischen Traditionen gestützt, die tief im Bereich christlich-kirchlicher Kreise verwurzelt waren. Ein autoritativer Führungsstil glaubte, problemlos auch eine biblisch-theologische Legitimation finden zu können."[42]

Diese Charakterisierung trifft auch für viele im Vorstand des DEKV handelnde Theologen zu; die Darstellung der ersten Jahrzehnte der Verbandsgeschichte ruft einen entsprechenden Eindruck hervor. In Kirche und Gemeinden werden aber inzwischen grundsätzliche Fragen gestellt: Muß im Krankenhaus ein Theologe Leitungsaufgaben wahrnehmen?[43] Es sieht so aus, als ob die angesprochenen Pfarrer ihre Verantwortung kaum theologisch vermittelten.[44] So geht die Zahl der leitenden Pfarrer im Laufe der Jahrzehnte zurück. Kirche und Diakonie sind kaum entschlossen, an dieser Stelle Flagge zu zeigen. Der DEKV bezieht zu der Entwicklung offensichtlich nicht Stellung.

---

39 Edith Kellnhauser u. a. (Hrsg.), Pflege entdecken – erleben – verstehen → professionell handeln. Begründet von Liliane Juchli. Stuttgart/New York. ⁹2000, S. 157.
40 Alfred Jäger, Diakonie als christliches Unternehmen, Gütersloh 1986 (⁴1992), S. 79.
41 Jäger hat als Beispiel Bethel im Blick.
42 A. a. O.
43 In der öffentlichen Diskussion bleibt dieser Punkt freilich oft hinter anderen verborgen, siehe Schmuhl, S. 136 f.
44 Die Erinnerungen prominenter Theologen, etwa von Johannes Steinweg, sagen dazu nichts.

Wo liegen die Gründe? Eine Antwort lautet: Noch fehlt der Versuch, das diakonische Entscheidungshandeln theologisch systematisch zu reflektieren. Anders gewendet: Die Theologie hat noch nicht einsichtig zu machen begonnen, warum, auf welcher Basis und wie im institutionellen Handeln der leitenden Theologen Entscheidungen in der Organisation Krankenhaus zustande kommen.[45] Sie kann sie nicht als theologisch begründet und insofern notwendig und wesentlich darstellen.[46] Leitungs-[47] und Leistungskonzepte in der Diakonie theologisch zu verantworten, bleibt lange eine ungewohnte Vorstellung. Die Tatsache, daß ein weites Praxisfeld auf Reflexion wartet, wird nur punktuell wahrgenommen. Eine Diakonik,[48] die als „Vermittlung der Human- und Sozialwissenschaften für die Theologie"[49] tätig werden könnte, entwickelt sich erst Ende der achtziger, Anfang der neunziger Jahre. Die Medizin ist im Blick auf das Handeln der leitenden Ärzte, die Betriebswirtschaftslehre im Blick auf das der Verwaltungsleiter bereits weiter. Ihre Funktionen gewinnen eigene institutionelle Bedeutung. Eine systematische Professionalisierung der Theologen in der Krankenhausleitung verzögert sich dagegen. Heute erkennen wir:

> „Wo immer Menschen etwas gemeinsam an die Hand nehmen, um zweck- und zielgerichtet etwas zu unternehmen und zu erreichen, zeigen sich Aspekte eines ‚produktiven sozialen Systems', je größer und komplexer die gestellte Aufgabe ist, desto deutlicher."[50]

Welche Folgen hat diese Sicht für die Leitung eines solchen „Systems", also etwa für die eines diakonischen Krankenhauses, das im Sinne des Zitats einen „sozialen" Zweck erfüllt, indem es Dienstleistungen „produziert"?

Im Blick auf die strukturellen und formalen Grundelemente der Führung unterscheidet sich ein konfessionelles Krankenhaus wenig oder gar nicht von der Leitung eines Krankenhauses in anderer Trägerschaft. Deutliche Unterschiede zeigen sich indessen, sobald „es um besondere Inhalte, Zwecke und Ziele geht",[51] also um den „evangelischen Charakter", um die

---

45 Also etwa in konzeptionellen Festlegungen, aber auch in personalpolitischen, Investitions- und Allokationsfragen. Demgegenüber entwickelt die Betriebswirtschaftslehre in der zweiten Hälfte des 20. Jahrhunderts ein entscheidungsorientiertes Programm (Edmund Heinen).
46 Das beginnt erst mit den Publikationen von Alfred Jäger in den achtziger Jahren, vgl. Anm. 47. Sowie ders., Diakonische Unternehmenspolitik, Gütersloh 1992.
47 Zu dieser kybernetischen Thematik siehe: Alfred Jäger, Diakonie als christliches Unternehmen (vgl. Anm. 40); ders., Konzepte der Kirchenleitung für die Zukunft. Wirtschaftsethische Analysen und theologische Perspektiven, Gütersloh 1993.
48 D. h. eine theologische Disziplin zur „Grundlegung und Gestaltung der Diakonie" (R. Turre).
49 Reinhard Turre, Diakonik, Neukirchen-Vluyn 1991, S. 298.
50 A. Jäger, Diakonie als christliches Unternehmen, S. 162.
51 Ebd.

christliche Identität, um den Auftrag der Sorge für Kranke in der Nachfolge Jesu.

Die Aufgabe des Theologen in der Leitung ist die kollegiale Definition von diakonischen Zwecken und Zielen. Er hat also unter Bezugnahme auf den theologischen Grundkonsens seiner Kirche die konfessionellen, d. h. die christlichen Inhalte im Gespräch mit den anderen Leitungsmitgliedern, den anderen Professionen zu bestimmen. Das geschieht (unbeschadet der jeweiligen satzungsmäßigen Entscheidungskompetenzen) in gegenseitigen Übersetzungsprozessen. D. h. Theologie, Pflege, Medizin, Ökonomie müssen ihre Leitungserkenntnisse und -erfahrungen in die Sprach- und Denkwelt der jeweiligen anderen Beteiligten bringen. Der so entstehende ständige Diskurs dreht sich um die von Bibel und Bekenntnis vorgegebene Achse. Sie ist nach dem zu „Inhalten, Zwecken und Zielen" Gesagten als *theologische Achse* zu qualifizieren.

In dieser kybernetischen Aufgabe liegt für das evangelische Krankenhaus der Zukunft eine große Herausforderung.

Es ist zu bedauern, daß der DEKV nicht verhindern konnte, daß die *Krankenhausseelsorge* organisatorisch eigene Wege ging. Die pastorale Arbeit war immer von zentraler Bedeutung für den Krankenhausalltag. Seit dem Entwicklungsschub, der durch die Klinische Seelsorge-Ausbildung eintrat, ist das noch deutlicher geworden. Im Unterricht, in der Fortbildung und neuerdings in den Klinischen Ethik-Komitees sowie im Qualitätsmanagement können theologische und seelsorgerliche Kompetenz nicht entbehrt werden. Das gilt über die primären Seelsorge- und Beratungsaufgaben an Patienten und Mitarbeiterschaft hinaus.

Die Krankenhausseelsorge hat ebenfalls einen bemerkenswerten Professionalisierungsgrad erreicht. Es wäre ein großer Gewinn, wenn sie auch institutionell in die „Organisation evangelisches Krankenhaus" integriert würde. Beide würden vertiefte Wirkungsmöglichkeiten gewinnen. Das bleibt eine gemeinsame Aufgabe.

Ärzte

Die Ärzte thematisieren die von ihnen gewünschte Leitungsbeteiligung im Krankenhaus immer wieder. Sie kennen aus den kommunalen und staatlichen Häusern andere Strukturen. Und sie machen damit schon in den zwanziger Jahren deutlich, daß sie professionell endgültig im Krankenhaus „angekommen" sind.[52] Zugleich spiegeln sich darin aber natürlich auch

---

[52] 1876 gibt es im Deutschen Reich 334 Krankenhausärzte, das sind 2,8 % aller Ärzte. 1900: 2.000 = 9 %, 1929: 9.086 = 20 %. Davon 2.553 leitende Ärzte, 6.533 Assistenzärzte. 1939: 14.780 = 24 %, 1949: 24.000 = 40 %, 1960: 22.702 = 33 %, 1970: 40.712 = 45 %, 1980: 67.964 = 53 %, 1990: 96.203 = 56 %, 2000: 142.310 = 54 %. – Die Angaben für 1876

die Auswirkungen der neuen klinischen Medizin und ihrer explosionsartig wachsenden Möglichkeiten im Krankenhaus.

H.-W. Schmuhl spricht von der „Durchsetzung des ärztlichen Behandlungsmonopols" und sagt: „Einen der Hauptkonfliktpunkte bildete die Frage, inwieweit ... Diakonissen und Diakone der ärztlichen Weisungsbefugnis unterworfen sein sollten."[53] In fachlicher Hinsicht war das kaum je strittig. Die Ärzte trugen die Verantwortung.[54] In organisatorischer Hinsicht freilich blieb die Unabhängigkeit der Pflege mit allen Mitarbeiterinnen und Mitarbeitern erhalten. Das ist im christlichen Krankenhaus bis heute Ausdruck der eigenständigen Krankenpflege, die nicht von der Medizin abgeleitet ist. Und es ist von konzeptioneller Bedeutung.

Die veränderte Stellung der (leitenden) Ärzte zeigte sich auch gegenüber der Krankenhausseelsorge. Diese hatte Ende der zwanziger Jahre, etwa in städtischen Häusern Berlins, noch gegen politisch motivierte Behinderungen zu kämpfen.[55] Jetzt wird ihre Arbeit vor und im Zweiten Weltkrieg sogar im evangelischen Krankenhaus als „Grenzüberschreitung", ja als „Einbruch in das Arbeitsgebiet der Ärzte"[56] angesehen. Eine bemerkenswerte Auffassung! Darin wirkt sich die Politik der Nationalsozialisten aus. Muß man auch eine mangelnde argumentative Kraft der Theologie und der Theologen als eine Erklärung annehmen? Es ist jedenfalls ein entscheidendes Ergebnis der Verbandstätigkeit, daß die pastorale Dimension der Krankenhausarbeit bewahrt wurde. Die Präsenz der Seelsorge hat sich, wie wir heute sagen können, einen wachsenden Radius im Krankenhaus geschaffen. Das Verdienst daran kommt, wie schon bemerkt, weitgehend der Klinischen Seelsorge-Ausbildung zu.

Bereits vor Gründung des DEKV spielten „Ärztefragen" eine große Rolle im Krankenhauswesen. H.-W. Schmuhl bezeichnet die „ungelöste Ärztefrage" als ein „wesentliches Motiv" dafür, einen „schlagkräftigen" evangelischen Krankenhausverband überhaupt erst zu schaffen.[57]

Die Thematik hängt auf engste mit der Entwicklung des Krankenhauses von der Pflege- zur Behandlungseinrichtung zusammen. Die Ärzte beginnen, auch arbeitsrechtlich ihren Platz im (evangelischen) Krankenhaus zu finden.

---

und 1900: Wolfgang U. Eckart, Geschichte der Medizin, (1990) ³1998, S. 302. Die übrigen Daten: Mitteilung der Bundesärztekammer.
53 S. 40.
54 Interessant ist in diesem Zusammenhang auch die Tatsache, daß im DEKV bis auf die Übergangszeit nach dem Krieg Mediziner von 1927–1960 Verbandsgeschäftsführer waren. Pastor Dr. Dr. Fichtner war auch promovierter Mediziner.
55 Vgl. S. 53.
56 S. 86 und 87.
57 S. 42

Das Arbeitsrecht ist aber erst im Entstehen begriffen. Koalitionsfreiheit, Tarifverträge, Betriebsverfassungsfragen werden diskutiert und anfangsweise geregelt. Der Status der Niedergelassenen (der freiberuflichen Ärzte) wirkt im Blick auf die Chefärzte jedenfalls noch lange nach. Auch Chefärzte selber hängen bis in die Nachkriegszeit dieser Vorstellung an (Nipperdey-Gutachten[58]). Man sieht sich gewissermaßen als Selbständiger und weniger als Angestellter. Dann aber, so meint man in vielen Häusern, ist das Liquidationsrecht für die leitenden Ärzte die angemessene Lösung, nicht ein Gehalt. Darum vergeht viel Zeit, bis berechtigte, ja existentielle Forderungen der Ärzte insgesamt vertraglich entsprechend umgesetzt werden.[59] Auch verzögern finanzielle Engpässe bei den freigemeinnützig-konfessionellen Häusern vorwärtsweisende Lösungen.

Gegen die Meinung mancher Krankenhausärzte muß freilich daran festgehalten werden, daß die Zielvorstellungen des kirchlichen Krankenhauses nicht zur Disposition stehen. Bestimmend für die erfolgsgewohnte Medizin ist die Allmacht ihres naturwissenschaftlichen Habitus.[60] Ihm gegenüber gerät das traditionelle Konzept des christlichen Krankenhauses leicht in die Defensive. Inzwischen wandelt sich allerdings manches. Die physikochemischen Grundlagen einer naturwissenschaftlich geprägten Medizin werden als ergänzungsbedürftig angesehen. Von ihnen aus kann nämlich die Frage „Was ist der Mensch?" nicht abschließend beantwortet werden. Ohne eine gemeinsame Bemühung um diese Antwort aber ist der Dienst am Kranken (vor allem der des Arztes[61]) heute nicht vorstellbar. Auch hier begegnen wir also der Forderung nach einem integralen Ansatz der Sorge für den kranken Menschen. In diesem Sinne ist der Arzt mehr als ein Mediziner.

Dazu kommt, daß aus den genannten Gründen die Pflege seit jeher unter der Leitung der Oberin oder der Pflegedienstleitung steht. Und dann sind bis in die Nachkriegszeit, wenn nicht noch länger, in kirchlichen Krankenhäusern vielfach Pfarrer Vorsitzende der Krankenhausleitung. In öffentlichen Kliniken dagegen waren seinerzeit Ärzte oft zugleich Pflegedienst- und Verwaltungsleiter. Auch der Wunsch mancher Ärzte, Kuratoriumsmitglied zu werden, ruft Reibungen hervor. Da man noch nicht zwischen Aufsicht und Leitung trennt (wie jetzt seit 20, 30 Jahren), sind diese Gremien gleichzeitig Trägerorgan, auch Anstellungsträger, und Krankenhausleitung. Es bilden sich

---

[58] Vgl. S. 172.
[59] Gegenwärtig und künftig wird es wichtig sein, leitende Ärzte zu gewinnen, die sich nicht mehr als Freiberufler im Krankenhaus verstehen, sondern sich als leitende Angestellte mit unternehmerischer Verantwortung betrauen lassen und sich als solche mit dem unternehmerisch handelnden Krankenhaus identifizieren.
[60] W. U. Eckart, Geschichte der Medizin, S. 321.
[61] Vgl. Klaus Dörner, Der gute Arzt. Lehrbuch der ärztlichen Grundhaltung, Stuttgart 2001.

folglich Widerstände gegen die Berufung eines oder gar mehrerer (angestellter!) Chefärzte in diese „Vorstände" oder „Kuratorien".[62]

Weder das Krankenhaus als Organisation noch die Ärzte können durch diese Unsicherheiten freilich in ihren Professionalisierungsprozessen aufgehalten werden. Man muß auch hier fragen, ob der DEKV nicht entschlossener einer „Versäulung" der Berufe[63] durch innovative Konzepte hätte entgegenwirken, einem „Lagerdenken" hätte wehren können. Die Ziele des evangelischen Krankenhauses sind jedenfalls nur gemeinsam zu verwirklichen.

Verwalter/Ökonomen

Die Position der Verwaltungsleiter gewinnt immer mehr an Gewicht. Auch hier vollzieht sich angesichts des ständigen Bedeutungszuwachses der Ökonomie im Krankenhaus eine eindrucksvolle Professionalisierung. Zur selben Zeit erfährt die Betriebswirtschaftslehre eine außerordentliche Entwicklung. Einst als praxisbezogene Kunstlehre[64] konzipiert, wird sie immer mehr zur Wissenschaft mit Erklärungs- und Gestaltungsaufgaben. Sie entwickelt nach dem Krieg verschiedene Wissenschaftsprogramme, wie das entscheidungsorientierte[65] und spezielle anwendungsorientierte Methoden. Damit kann sie den Herausforderungen des komplexer werdenden Unternehmens Krankenhaus zunehmend besser entsprechen. Gleichzeitig bildet sich die Erkenntnisperspektive der Betriebswirtschaftslehre zur Managementlehre[66] weiter. Das will sagen, ihr Objektbereich umfaßt nicht mehr nur privatwirtschaftliche Unternehmungen, sondern alle zweckgerichteten Institutionen der menschlichen Gesellschaft, wie z. B. auch Krankenhäuser. Unternehmungen werden sowohl als produktive wie auch als soziale Systeme verstanden. Für die Steuerungs-, Lenkungs- oder Führungsaufgabe im konfessionellen Krankenhaus ist das besonders bedeutsam. Es macht die Betriebswirtschaftslehre anschlußfähig für die anderen hier vertretenen Wissenschaften. Ihre Komplexität und Reichweite nehmen exponentiell zu.

Vor diesem Hintergrund vollzieht sich im Laufe der DEKV-Geschichte eine eindrucksvolle Professionalisierung der Verwaltungsleiter/Ökonomen.

---

62 Vgl. S. 41, 44, 47 f.
63 Das drückt sich auch in verbandlichen Strukturgegebenheiten aus: Alle Berufe haben eigene Zusammenschlüsse außerhalb des DEKV gefunden oder gebildet.
64 So nennt Eugen Schmalenbach (1873–1955), der Begründer der Betriebswirtschaftslehre in Deutschland, sein technologisch orientiertes System. Dessen Themen sind Bilanzierung, Finanzierung, Kostenrechnung, Betriebsleitung, Betriebsorganisation u. ä. – Das ist wichtig für die Entwicklungen im evangelischen Krankenhaus der dreißiger Jahre.
65 Von Edmund Heinen z. B.
66 Hans Ulrich: Systemtheoretisch-kybernetische Betriebswirtschaftslehre. Alfred Jäger macht ihre Erkenntnisse für seine theologische Arbeit fruchtbar, vgl. Anm. 46 und 47.

An der Entwicklung der Krankenhausbetriebswirtschaft nimmt der Verband durch praktische Beiträge teil. Pastor Frick formuliert „Einheitliche Grundsätze für das Buchführungswesen".[67] Bis 1936 kommen im Laufe der Jahre dazu ein Kontenplan, Formblätter für Vermögensaufstellung, Feststellung der Betriebsergebnisse, Feststellung der Anlagewerte sowie Richtlinien für Abschreibungen, Reparaturen usw.[68] „Grundsätzlich wird das System der doppelten Buchführung empfohlen",[69] also Jahrzehnte bevor kommunale und staatliche Häuser es schließlich einführen. Die Verbandspolitik kann in betriebswirtschaftlicher Hinsicht als vorbildlich bezeichnet werden.

Bis in die vierziger Jahre stehen in vielen Häusern Diakonissen als kompetente „Büro-" oder „Verwaltungsschwestern" in der Verantwortung. Sie haben, nicht zuletzt in den Jahren 1939–1945, Entscheidendes geleistet. Nach dem Kriege aber war die Führung eines Krankenhauses ohne zentrale Beteiligung der nun immer häufiger akademisch ausgebildeten Ökonomen nicht mehr zu denken. Das wird mit Inkrafttreten des Krankenhausfinanzierungsgesetzes (KHG) am 1.7.1972, wenn es dessen denn noch bedurfte, offenkundig.[70]

So erlebt das evangelische Krankenhaus einen kontinuierlichen Funktions- und Bedeutungswandel der wichtigsten Berufe. Jede dieser Veränderungen befragt zugleich seine evangelische Zielsetzung und verlangt nach Antworten, wie in allem Wandel die identitätsnotwendige Kontinuität bewahrt werden kann. Verunklart die Entwicklung den „evangelischen Charakter" der Häuser? Auch gesellschaftliche, politische und gesetzliche Entwicklungen rufen derartige Fragen hervor. Die Propriumsdiskussion der siebziger, achtziger Jahre spiegelt das. Im Blick auf die Führung, das Management eines diakonischen Krankenhauses, kann nun nicht länger von einem Über- und Unterordnungsverhältnis der leitenden Berufe gesprochen werden. Die Professionalisierung gleicht sie, was Verantwortung und Kompetenz anlangt, immer stärker einander an. Eine kollegiale Führung wird unerläßlich. Das hat aber auch noch andere Gründe.

Als Hans Harmsen den Evangelischen Ärztetag 1928 in Bethel plant, gibt er dem in einem Brief an Fritz v. Bodelschwingh Ausdruck.[71] Es ist ein Gedanke von programmatischer Bedeutung:[72]

---

67 Er hatte sich im Auftrage des Reichsverbandes schon ab 1923 damit befaßt.
68 Seit 1933 finden im DEKV jährlich Lehrgänge über Anstaltsbuchführung, Wirtschaftsführung u. dgl. statt. Vgl. Evangelische Gesundheitsfürsorge 1926–1936, S. 85 f.
69 1935! Vgl. Evangelische Gesundheitsfürsorge 1926–1936, S. 93 ff. (Zitat S. 94).
70 Vgl. Wolfgang Helbig, Krankenhausmanagement in Vergangenheit, Gegenwart und Zukunft, in: Wege zum Menschen 7/53 (2001), S. 427–437.
71 Vgl. S. 44.
72 Das muß man übrigens auch von der Forderung Johannes Schlaaffs auf diesem Ärztetag sagen, dem keineswegs antagonistischen Verhältnis von Naturwissenschaften (Medizin) und

„Die einzige Grundlage für eine wirklich innerliche Entwicklung unseres in seinem Bestande ernst gefährdeten Anstaltswesens kann ich nur darin sehen, daß wir zu einer starken inneren Arbeitsgemeinschaft zwischen geistlicher, ärztlicher und verwaltungstechnischer (sic!)[73] Leitung kommen auf Grundlage einer gegenseitigen Anerkennung und eines gegenseitigen Verstehens."

In diesem Kontext ist Jahrzehnte später die St.-Marien-Entscheidung des Bundesverfassungsgerichts von großer Bedeutung. Sie erklärte das KHG des Landes Nordrhein-Westfalen insoweit für verfassungswidrig, als es ein Krankenhausdirektorium auch für caritativ-diakonische Häuser vorschrieb, dem kein Pfarrer mehr angehören konnte. So wäre die tatsächliche Situation der zwanziger und dreißiger Jahre quasi auf den Kopf gestellt worden. Vor allem aber wäre die „starke innere Arbeitsgemeinschaft" behindert worden.

Im Vorstand des DEKV lief die Entwicklung folgerichtig auf eine Repräsentation aller maßgeblichen Krankenhausberufe hinaus. Seit 1952 wird die Satzung mehrmals geändert, um die umfassende Vertretung der leitenden Berufe zu gewährleisten. Die gegenwärtige Bestimmung in § 10 (4) geht auf einen Beschluß der Mitgliederversammlung des Jahres 1993 zurück. Danach müssen dem Vorstand angehören „mindestens ein Pfarrer, ein Krankenhausarzt, eine Krankenschwester, ein Verwaltungsleiter und ein Trägervertreter".

Letzten Endes ist die gemeinschaftliche Repräsentanz von Pflege, Medizin, Ökonomie und Theologie aber keine Frage ausschließlich oder vorrangig der vertretenen Berufe, sondern zuvörderst der anerkannten Dimensionen des Krankenhausgeschehens. Wo die Geschäftsführung eines Hauses nach dem Willen des Trägers in der Hand einer Person oder zweier liegt, muß die Integration theologischer, pflegerischer, medizinischer und ökonomischer Belange genauso gesucht werden.[74]

Das heißt: die Spitze des Gedankens weist heute über ein kooperatives Rollenverständnis der leitenden Krankenhausberufe hinaus auf die Integration der verschiedenen Aspekte im Leitungshandeln.

Was sich einst aus dem „patriarchalischen" Geist der Gründerzeit entwickelt haben mochte, ist längst nicht mehr angemessen. Es dürfte heute keinen leitenden Arzt mehr geben, der nicht über die für die Führung seiner Klinik notwendigen betriebswirtschaftlichen Kenntnisse verfügen möchte, keinen Verwaltungsleiter, der die theologisch-ethischen Aspekte

---

Theologie „tiefer auf den Grund zu gehen" und der ein Dictum von Ludolf v. Krehl (1861–1937) aufnehmenden Forderung: „Wir Ärzte sollten lernen, nicht Krankheiten zu behandeln, sondern kranke Menschen."

73 Vgl. Anm. 64.
74 Vgl. Alfred Jäger, Diakonie als christliches Unternehmen.

seines Handelns nicht verantworten wollte, keinen Theologen in der Geschäftsführung, der die medizinische Konzeption des Hauses nicht mit zu definieren bereit wäre usw.

Das lang vergangene Führungsmodell der Gründerjahre ist auch biblisch nicht begründet. Paulus gebraucht das Bildwort vom Leib, Fuß und Hand, Ohr und Auge. Jedes Glied hat seine eigene, für das Ganze unverzichtbare Funktion: eine Dienstleistungsfunktion.

In der Gestalt des Leibes wird aus dem Unterschiedlichen ein Einheitliches, aus dem Vielen ein Ganzes. Die Metapher des Leibes ist also Ausdruck für eine Arbeits- und Leitungsweise, für die kybernetische Leitvorstellung, die allein dem inneren, dem evangelischen Ziel des diakonischen Krankenhauses entspricht. Theologie und Medizin, Pflege und Ökonomie sind nicht zu trennen. Sie können nicht im Gegensatz zueinander ihre Dienstleistungsfunktion ausüben. Sie können das auch nicht je für sich, wenn eine der anderen Funktionen notleidend wird.

Wäre das die Ökonomie, hätte das Haus keinen Bestand; wäre es die Pflege, müßte es inhuman werden; wäre es die Medizin, könnte es den Kranken nicht helfen; wäre es die Theologie, verlöre es seinen diakonischen, seinen christlichen Charakter. Und weil das Ganze mehr ist als seine Teile, ginge jedesmal auch den anderen Gliedern Entscheidendes verloren.[75]

5. „SÄKULARISIERUNG" – MACHT SIE ALLE KRANKENHÄUSER GLEICH?

Die Herausforderung durch die staatliche Regulierung des Gesundheitswesens

Wir haben eingangs von den äußeren Anstößen zur Gründung des DEKV gesprochen, die in der Sozialpolitik der Weimarer Republik liegen. Das Grundgesetz und die einfache Gesetzgebung der Bundesrepublik knüpfen an die damalige Entwicklung an. Als die Bundesrepublik jedoch in den siebziger Jahren im Zuge der Ausformung des Sozialstaates zusätzliche Aufgaben an sich zieht, entsteht wiederum eine neue Situation. Die Aufgabe, „zu Fragen der Krankenhausgesetzgebung ... Stellung zu nehmen", bleibt von unverminderter, ja zunehmender Aktualität.

Im Krankenhauswesen tritt 1972 das KHG in Kraft. Sein Zweck ist die wirtschaftliche Sicherung der Krankenhäuser. Zugleich soll es zu sozial

---

[75] Diese Überlegung bleibt in ihrem Sinn und Recht unberührt von allen Gestaltungsweisen der vorhandenen Rechtsform. Sie gilt für den Vorstand mit dem Theologen als Vorsitzenden ebenso wie für die Geschäftsführung zweier gleichberechtigter Personen (Theologe und Kaufmann, Ökonom und Arzt oder wie immer) oder für den Alleingeschäftsführer.

tragbaren Pflegesätzen beitragen. Um das zu erreichen, muß ein Ausgleich aus staatlichen Mitteln bereitgestellt werden. Darauf sind die Häuser nun auch angewiesen; sie werden also abhängig. Bald zeigt sich ferner „die Bedrohlichkeit einer Automatik, die Finanzierung und Kontrolle koppelt. Jede Kontrolle bedeutet inhaltliche Stellungnahme".[76]

Früh ist in der evangelischen Kirche eine „Tendenz zur Ausrottung aller anerkannten Diakonie-Wirksamkeit" im Handeln gerade auch des demokratischen Rechtsstaates diagnostiziert worden.[77] Der Staat habe es „in seiner Macht, z. B. Krankenhäusern, die ‚privat'-kirchlich sind, durch Preisregulierungen die Existenzgrundlage zu nehmen". „Die Frage für morgen wird sein: *Wie wird das Verhältnis zwischen Kirche und Wohlfahrtsstaat sich gestalten können?*"[78]

Das Sozialstaatsgebot unserer Verfassung[79] läßt den Staat auf einem Felde agieren, auf dem die Diakonie seit jeher tätig ist und ihre spezifische Identität findet. Die christlichen Krankenhäuser gehören zentral dazu. Wo sind die Grenzen zwischen staatlicher Regelungskompetenz und kirchlichem Autonomiebereich zu ziehen? Das ist „die unendliche Geschichte", die noch längst nicht aufgehört hat.

Der DEKV hat sich hier zu engagieren. Das gilt auf Grund seiner Sachkunde und vor allem, weil er seiner Satzungsaufgabe zu entsprechen hat, „zu Fragen der Krankenhausgesetzgebung ... Stellung zu nehmen".[80]

H.-W. Schmuhl nennt das *Lobbyarbeit*. Was ist darunter zu verstehen? Das Wort mag häufig einen kritischen, ja negativen Unterton haben. Dann wird es als „Beeinflussung" durch „Interessengruppen", oft aus wirtschaftlichem Eigeninteresse, verstanden. Keine Frage: Wir nehmen die Interessen unserer Mitglieder wahr. Und wir tun dies in letzter Konsequenz für die Menschen, die als Patienten zu uns kommen. Denen aber dienen wir freigemeinnützig. Der DEKV kann in seinem Engagement nur Argumente einsetzen.

---

[76] A. v. Campenhausen, Kirche. Staat. Diakonie, S. 29.
[77] Bischof Eivind Berggrav auf der Vollversammlung des Lutherischen Weltbundes 1952 in Hannover. Siehe Kurt Klein, Kirche und Staat, Berlin 1953, S. 47.
[78] A. a. O., S. 45.
[79] Art. 20 (1) GG.
[80] Themen sind in den zwanziger Jahren neben der Krankenhausseelsorge u. a. das „freie Krankenhauswahlrecht der Versicherungskranken und Wohlfahrtspatienten" (Evangelische Gesundheitsfürsorge, S. 99) und in den NS-Jahren mit ihrem Unrechtsregime die Frage des Kirchenaustritts als Kündigungsgrund (vgl. S. 91 f.). Nach dem Kriege wird eine Fülle von Gutachten in verfassungsrechtlichen Fragen eingeholt. Sie alle spiegeln die Bedeutung der Freiheitsrechte im Grundgesetz gegenüber dem Handeln des Staates. – Im übrigen beteiligt sich der DEKV an Anhörungen im Gesetzgebungsprozeß und nimmt auch sonst an der Diskussion von Gesetzentwürfen teil.

Es ist nun wichtig zu wissen, daß das Bundesverfassungsgericht[81] gerade die konkrete Ausgestaltung des Sozialstaates vermittelt wissen will in „ständiger Auseinandersetzung aller an der Gestaltung des sozialen Lebens beteiligten Menschen und Gruppen". Von diesem demokratischen Recht (und dieser Verpflichtung!) machen wir Gebrauch. Wir handeln dabei gerade auch in Auseinandersetzung mit den Impulsen und Herausforderungen der „Säkularisierung".

Was wir in diesem Zusammenhang „De-Institutionalisierung" nannten, also ein Selbständigwerden gesellschaftlicher Institutionen gegenüber der Kirche, gilt nun umgekehrt genauso: Die Trennung von Kirche und Staat läßt den Staat grundsätzlich von einer Eigenständigkeit, einer Autonomie der Kirchen ausgehen.[82] Das Verhältnis beider ist von „freundschaftlicher Zusammenarbeit" geprägt.

Das bedeutet freilich nicht, daß der Auftrag der Kirche, der Diakonie und damit der evangelischen Krankenhäuser kritische Stellungnahmen nicht erlaubte.[83]

> „Das gesellschaftshomogenisierende Gesetz darf nicht wie eine Straßenwalze über die Kirche als Teil der Gesellschaft hinwegrollen. Der Gesetzgeber kann dem Ziel sozialer Gleichheit nicht jedwedes Opfer an grundrechtlicher Freiheit bringen."
> „Die korporative Religionsfreiheit offenbart gerade im caritativen Bereich ihre besondere normative Kraft ..."
> „Der Staat des Grundgesetzes achtet Freiheit und Eigenart der Kirchen in der Wohlfahrtspflege nicht allein um der Kirchen willen, sondern auch im Eigeninteresse. Die Kirchen erbringen dem säkularen Gemeinwohl Dienste. In ihnen wachsen dem Sozialstaat Kräfte zu, deren Ursprung jenseits seines verfassungsrechtlichen Horizonts liegt: im christlichen Glauben. Ihr Wirken hält den Pluralismus im Gesundheits- und Wohlfahrtswesen lebendig. Es trägt dazu bei, sozialstaatstotalitären Tendenzen zu wehren und eine soziale Gewaltenteilung aufzubauen."[84]

Hier haben die evangelischen Krankenhäuser und der DEKV für ihren Teil den „Beweis des Geistes und der Kraft" anzutreten. Können wir angesichts der religiösen Veränderungen, in denen wir leben und zu arbeiten haben, dieser Sicht der Dinge deutlich entsprechen? Die Frage nach der „Säkularisierung" stellt sich also in einer weiteren Hinsicht unabweislich.

---

81 BVerfGE 14, 85, 198.
82 Das findet seinen Ausdruck in Art. 140 GG i. V. m. Art. 137 III WRV. – Vgl. zu praktischen Aspekten den Abschnitt „De-Institutionalisierung", S. 262 f.
83 Hier sei an die oben zitierte Äußerung Eivind Berggravs erinnert! Vgl. Anm. 77.
84 Josef Isensee, Kirchenautonomie und sozialstaatliche Säkularisierung in der Krankenpflegeausbildung. Siehe Anm. 29.

6. Sind wir auf dem Wege in ein „religionsloses Zeitalter"?

Notwendigkeit und Chance, dem Christlichen neu Ausdruck zu geben
Was das Stichwort „Säkularisierung" anlangt, so läßt sich nun weiterhin im Anschluß an das Zitat von Luhmann argumentieren: Das „religionslose Zeitalter", das Bonhoeffer heraufziehen sah, ist nicht eingetreten. Allerdings vollzogen sich tiefgreifende Veränderungen, und sie gehen weiter. Nur tun wir recht daran, nicht etwa resignativ von diesen Umgestaltungen zu sprechen, als müßten sie uns lähmen, oder anklagend, als stellten sie den „großen Abfall" dar. Auch kommt es nicht darauf an, eigensinnig und unbeweglich alles Bestehende unterschiedslos zu konservieren oder einfach in antimoderne Reaktionen zu verfallen. Vielmehr gilt es, sich der Aufforderung der Reformation zu erinnern: *ecclesia semper reformanda*. Das schließt auch die *diaconia*, damit das evangelische Krankenhaus, ein: Es muß sich stets reformieren. Es geht also um ständige Erneuerung, um Tradition *und* Innovation, Kontinuität *und* Wandel. Entscheidend wird jeweils sein, ob wir bei unserer Sache bleiben, bei unserem Auftrag, Menschen um Gottes willen in der Nachfolge Christi zu dienen. Alles andere dürfen wir für flexibel, wenn nicht sogar disponibel erachten.

„Richtungsbestimmt" an der Säkularisierungsthese Luhmanns ist der Gedanke an den Wandel. Auf ihn geht es zu; er ist notwendig. Nur wenn wir ihm nicht ausweichen, können wir bleiben, was wir sind. Wo liegen dabei die Grenzen?

Geschichtlich haben wir im Krankenhaus eine „Erfindung der Christen" zu sehen. Sie wird im Laufe der Jahrhunderte zunehmend, was die Bindung an die Institution Kirche anlangt, „de-institutionalisiert". Kommunale, staatlich-universitäre, private Hospitäler entstehen. Als humane gesellschaftliche Einrichtung weist das Krankenhaus bei uns aber nach wie vor eine kulturelle Prägung auf, die ihre religiösen Wurzeln weiterhin erkennen läßt. Man sieht das – um nur einen Hinweis zu geben – an dem Wert von „Zuwendung" (oder Patientenorientierung). Er wird in den Krankenhäusern aller deutschen Trägertypen grundsätzlich hoch geschätzt.

Dieser Wert ist ohne die neutestamentliche Vorstellung von Brüderlichkeit (Lk 25,31 ff.) und Barmherzigkeit (Lk 10,25 ff.) oder vom Dienst am Nächsten (Lk 22,24 ff.) nicht wirklich zu verstehen. Diese Begriffe haben unsere Kultur über die Jahrhunderte in der Tiefe bestimmt. Nun säkularisieren sie sich. Man spricht von Partnerschaftlichkeit, Solidarität und Engagement. Das sind Vorstellungen, die ihren biblischen Ursprung nicht mehr unbedingt erkennen lassen. Inhaltlich verändern sie sich ihm gegenüber auch.

Die Frage ist demnach: Wie können wir unverfälscht die befreiende Nachricht des Evangeliums ausrichten, so daß der Zeitgenosse erfaßt: das geht mich unbedingt an? Wie können wir kranken Menschen so von Jesus Christus sprechen, daß sie erkennen: der menschenfreundliche Gott redet zu mir? Er handelt an mir! Wie können wir Mitarbeiterinnen und Mitarbeitern im Krankenhaus helfen, ganz persönlich Kraft daraus zu schöpfen, daß unser Herr und Bruder gerade zu ihnen, zu uns sagt: Ich bin es – in eurer Mitte – der euch dient (Lk. 22,27)? In dieser Kraft könnt ihr meinem Beispiel folgen!

In der Frage deutet sich eine Antwort schon an: Das Suchen nach Orientierung „nötigt dazu, traditionelle christliche Inhalte neu zu interpretieren und in der Sprache der Gegenwart verständlich zu machen."[85]

Das ist eine *Aufgabe für die ganze Kirche*. Man kann nur in Bescheidenheit davon sprechen, aber auch zuversichtlich. Christen haben insofern eine Bringschuld.

Kontinuität und Wandel: Der DEKV verändert sich und bleibt sich so treu – Die Entwicklung von Leitbildern

Im Nachdenken der Theologie hat das zu einer ganzen Literaturgattung geführt, zu ausgezeichneten zeitgenössischen Darstellungen des „Wesens" unseres Glaubens bis hin zu „Erwachsenenkatechismen". Im Blick auf das tägliche Handeln in der Diakonie hat man, mit ähnlicher Intention und gewissermaßen in kleiner Münze, *Leitbilder* entwickelt.[86] Die Erarbeitung solcher elementarer Orientierungen ist von erstrangiger Bedeutung.

Auch unsere Verbandsgeschichte spricht von einer solchen Bemühung.[87] Nun muß man allerdings sehen, „Leitbild" ist in den letzten zwanzig Jahren auch zu einem Begriff der Führungslehre geworden, zu einem kybernetischen *terminus technicus*.[88]

Ein so verstandenes Leitbild entsteht in einem konkreten und formalisierten Prozeß.[89] Dieser Prozeß resultiert in Zielvorstellungen im Sinne

---

[85] Wolfgang Huber, Kirche in der Zeitenwende, Gütersloh 1998, S. 74.
[86] Früher sprach man gern vom „Proprium". Das ist vielleicht ein eher statischer Begriff. Das Gemeinte äußert sich auch in dem Ausdruck „Profil". Vgl. die Dokumentation zur 75-Jahrfeier des DEKV: „Profil zeigen – Herausforderungen meistern", 2001.
[87] Z. B. S. 142 und 188.
[88] Er spielt eine wichtige Rolle in der systemorientierten Managementlehre, in der gesellschaftliche Institutionen wie Krankenhäuser als zweckgerichtete Unternehmungen begriffen werden. Sie weisen die Eigenschaften dynamischer und komplexer Systeme auf. Und sie sind in eine vielschichtige Umwelt eingegliedert. Darum braucht das praxisorientierte Leiten, Lenken und Gestalten ein Leitbild. Nur so läßt sich in den vielschichtigen, sich entwickelnden Gegebenheiten Kurs halten.
[89] Man könnte sagen, das sei in gewisser Weise schon bei den Diakonissen des 19. Jahrhunderts geschehen: im systematischen Schwesternunterricht des Mutterhauses und in dessen geistlichem Gemeinschaftsleben.

eines „realistischen Idealbildes". Er vollzieht sich vorzugsweise unter breiter Beteiligung der Mitarbeiterschaft. Dazu gehört eine tief gestaffelte, andauernde Kommunikation. (Das kennen wir auch aus der Qualitätsarbeit.)

Das Erarbeiten des Leitbildes geschieht in gemeinsamer, funktionsgemäßer Verantwortung von Leitung und Mitarbeiterschaft. Sie kreist um den zeitgemäßen Ausdruck für das Zeitlose, Zeitüberspannende. Auf der biblischen Basis und der Überlieferung unseres Glaubens wird der Umbau des vergangenen – soweit er erforderlich erscheint – in das künftige Konzept unternommen. Das ist ein Lernprozeß für alle. Er bildet einen Fokus für das gemeinsame Identitätsbewußtsein. Die Beteiligten denken sich und üben sich schon im Entstehungsprozeß gemeinschaftlich ein, wenn sie fragen:

– Was tun wir?
– Warum tun wir das?
– Wer sind wir?[90]

So nimmt das Leitbild Gestalt an im Miteinander auch der verschiedenen Berufe und Verantwortungsebenen.

In den letzten ein, zwei Jahrzehnten sind im Bereich der Diakonie solche formalisierten Leitbildprozesse vielerorts gelaufen und laufen weiter.[91] Zahlen mögen das andeuten:

Über 200 Leitbilder waren bis Anfang Oktober 2000 beim DW der EKD bekannt. Ein gutes Viertel stammte von Mitgliedshäusern des Verbandes.[92]

Der DEKV stützt und fördert die Leitbildarbeit. Darin liegt ein wichtiger Beitrag zur konstruktiven Auseinandersetzung mit den Säkularisierungserscheinungen der Zeit. Es ist nicht der einzige Beitrag.

---

[90] Vgl. Wolfgang Helbig (Hrsg.), Positionen und Erfahrungen. Unternehmensphilosophie in der Diakonie, Hannover 1997. Sowie: Corporate Identity. Die Formulierung von Leitbildern und Werten als Aufgabe der Supervision. Themenheft der Zeitschrift für berufsbezogene Beratung „supervision", Heft 30/November 1996.

[91] Auf der Delegiertenversammlung in Hamm am 30.11.1994 wurde dazu vorgetragen. Wichtige Beispiele liegen aus Mitgliedshäusern vor. Aus der Literatur: Alfred Jäger, Diakonische Unternehmenspolitik. Analysen und Konzepte kirchlicher Wirtschaftsethik, Gütersloh 1992, S. 171 ff. 179 ff. – Wolfgang Helbig, in: Klaus Schmidt (Hrsg.), Corporate Identity in Europa. Strategien. Instrumente. Erfolgreiche Beispiele. Frankfurt/London 1994, S. 99–111 (englisch: The Quest for Identity, 1995). Dazu: Nicholas Ind, The Corporate Brand, Basingstoke/London 1997. – Ein Lackmustest ist die Frage nach dem Ergebnis: Was bringt es? Antwort: Entscheidend ist der *Prozeß*. Hier darf es keine Kluft zwischen Organisations- und Funktionsebene oder zwischen strategischem und operativem Bereich des Krankenhauses, zwischen „denen da oben" und „uns vor Ort" geben.

[92] 15 Einrichtungen aus der Gesamtzahl hatten ihren Text bereits bis einschließlich 1995 vorgelegt, davon wieder ein Drittel Krankenhäuser, die demnach führend in den diakonischen Leitbildprozessen sind.

Eine Neuerung in den deutschsprachigen Ländern – Klinische Ethik-Komitees

Im Jahre 1976 bewegt das Schicksal von Karen N. Quinlan Menschen in aller Welt. Es geht um die Frage, ob die Apparate abgeschaltet werden dürfen, die vitale Funktionen der komatösen Patientin seit Jahren aufrecht erhalten. Der oberste Gerichtshof des amerikanischen Bundesstaates New Jersey fordert damals, Krankenhaus und Familie sollen dazu den Rat eines *ethics committee's* einholen. Diese Ethik-Komitees beschäftigen sich im konkreten Fall mit den ethischen Aspekten von Behandlung und Pflege einzelner Patienten.[93]

Den damals schon seit Jahren in vielen Krankenhäusern der USA bestehenden Komitees wird dadurch von einer höchstrichterlichen Instanz eine neue Bedeutung beigemessen. Das wird ihnen (am Ende über die Grenzen der Vereinigten Staaten hinaus) grundsätzliches Gewicht verleihen.

Zur Vorgeschichte gehört, daß auch in den USA kirchliche Krankenhäuser die Initiative zur Gründung solcher Komitees (1949) ergriffen, um ethische Fragen bearbeiten zu können. Sie ergeben sich beispielsweise, wenn bei einer Entscheidung die eigenen Traditionen mit Vorstellungen in der pluralistischen Gesellschaft in Spannung geraten. Weitere Impulse vermitteln den US-amerikanischen Ethik-Komitees Probleme der Verteilungsgerechtigkeit bei den zur Verfügung stehenden Mitteln. Durch Karen N. Quinlan wird nun über Fragen zur Patientenautonomie eine weitere Entwicklung ausgelöst. Die Ethik-Komitees erlangen von da an für das amerikanische Krankenhaus verbindliche Bedeutung.

Bis Deutschland von solchen Entwicklungen erreicht wird, dauert es noch einmal fast zwei Jahrzehnte. Dann ergreifen der KKVD und der DEKV die Initiative und schlagen – erstmalig im deutschen Sprachraum – die Bildung von Klinischen Ethik-Komitees vor. Nach einem gut anderthalbjährigen Konsultationsprozeß verabschieden die beiden Verbandsvorstände 1997 eine gemeinsame Empfehlung[94] zur Errichtung von Klinischen Ethik-Komitees in unseren jeweiligen Mitgliedshäusern. Wir wollen damit ein Forum bilden, auf dem betroffene Mitarbeiterinnen und Mitar-

---

[93] Demgegenüber befassen sich die „Institutional Review Boards", in Deutschland „Ethik-Kommissionen" bei Ärztekammern und an medizinischen Fakultäten, u. a. mit beabsichtigten klinischen Versuchen am Menschen oder der Forschung mit vitalen menschlichen Gameten: Der Arzt soll sich nach hiesiger Regelung auf diesem Wege „über die mit seinem Vorhaben verbundenen berufsethischen und berufsrechtlichen Fragen beraten" lassen (Berufsordnung für die deutschen Ärzte von 1985, § 1 Abs. 4). Richard Toellner nennt die Ethik-Kommissionen wichtige Institutionen zur Lösung eines in der modernen Medizin angelegten Dilemmas: „des Widerspruchs von medizinischem Wissen und ärztlichem Gewissen".

[94] DEKV/KKVD (Hrsg.), Ethik-Komitee im Krankenhaus, Freiburg 1997.

beiter schwierige und kontroverse ethische Entscheidungen aus dem Krankenhausalltag erörtern können. Es geht also um

> „ein *Sensibilisieren* ..., in dem gelernt werden kann, welche ethisch-moralischen Probleme in der Praxis entstehen. Daraus erwächst ein *Motivieren*. Es zeigt sich in der Entwicklung einer Bereitschaft, Handlungsprobleme des Alltages selbständig auf ethische Aspekte zu untersuchen und die eigene Grundhaltung zu reflektieren. *Orientieren* kann man den daraus folgenden Vorgang nennen, in dem eine Pluralität von Auffassungen im Blick auf Unterschiede und Gemeinsamkeiten untersucht wird. Als ein *Argumentieren* bezeichnen wir das differenzierte Beurteilen und Darstellen, mit dem Menschen lernen, eine aus eigener Sicht angemessene Lösung des Problems zu entwickeln, detailliert zu begründen und im Diskurs zu vertreten. *Entscheiden* heißt, im Arbeitsbereich des Krankenhauses zu lernen, Notwendigkeiten und Möglichkeiten für eigene Entscheidungen zu erkennen sowie bereits gefällte oder vorgefundene Entscheidungen kritisch zu reflektieren. *Entlasten* wird die ‚Zusage, daß Gewissensnöte oder das Leiden an nicht annehmbar erscheinenden Strukturen und Situationen im gemeinsamen Gespräch gehört und einer Änderung zugeführt werden können'."[95]

Diese wenigen Umschreibungen verweisen auf drei zentrale Erkenntnisse, die die Arbeit der Klinischen Ethik-Komitees bestimmen müssen:

In der klinischen Alltagspraxis haben wir, erstens, die ganze Lebenswirklichkeit eines Patienten in den Blick zu nehmen. Dazu bedarf es des Gesprächs mit allen Beteiligten. Die Krankenhausberufe sind alle involviert. Nur gemeinsam lassen sich Sachverhalte wirklich erfassen. Nur so werden Voraussetzungen zur Beantwortung ethischer Fragen geschaffen.

Wir brauchen aber auch, zweitens, den Diskurs, um die ethischen Antworten zu finden, die wir suchen. Wiederum gibt es dafür keine professionellen Grenzen. Ein Lehramt kennt die evangelische Kirche nicht. So müssen wir uns um einen Prozeß verantwortlicher Urteilsbildung bemühen, indem wir den Konsens suchen. Unsere Glaubensüberzeugungen, das Zeugnis unserer Kirchen und die Reflexion der Theologie bestimmen uns dabei. Unsere Leitbilder helfen uns.

Ohne eine intensive Aus- und Fortbildung wird sich, drittens, die Arbeit Klinischer Ethik-Komitees nicht leisten lassen. Das ist deutlich. Der DEKV hat deshalb seit Jahren regelmäßig entsprechende Seminare für alle Beteiligten angeboten. Weitere gemeinsame ärztliche, pflegerische und seelsorgerliche Angebote sind erforderlich. Davon wird dann auch die Wahrnehmung von Beratungsaufgaben in anderen Krankenhausbereichen profitieren können, etwa in der pränatalen Diagnostik.

---

[95] Wolfgang Helbig, „Ethik-Komitee im Krankenhaus" – eine Initiative der beiden christlichen Krankenhausverbände, in: DEKV/KKVD (Hrsg.), Ethik-Komitee im Krankenhaus, Erfahrungsberichte zur Einrichtung von klinischen Ethik-Komitees, Freiburg 1999, S. 10–14, Zitat S. 14.

Die Aufgabe ist groß. Schon Bonhoeffer hatte von einer „nie dagewesenen Bedrängnis durch die Fülle der Wirklichkeit konkreter ethischer Fragen" gesprochen. Zugleich muß man sagen: Die Aufgabe läßt sich ohne Klinische Ethik-Komitees gar nicht angehen. Es ist deshalb nicht wirklich überraschend, daß die Idee weite Resonanz gefunden hat. Heute gibt es bereits um hundert solcher Einrichtungen: in konfessionellen, staatlichen (universitären), kommunalen und privaten Krankenhäusern.

Die beiden christlichen Krankenhausverbände haben damit eine vielbeachtete Pionierarbeit im deutschen Krankenhauswesen geleistet. Zugleich erbringen sie einen Beitrag zur Auseinandersetzung mit dem universalen Phänomen der „Säkularisierung": „Das christliche Erbe hat sich stets auch in einer ethisch verantworteten Kultur erwiesen. Diese christliche Kultur zu pflegen und weiterzuführen, ist das Anliegen ...".[96]

Christlicher Glaube hat ein umfassendes Verständnis vom kranken Menschen ausgebildet. Die Berichte vom heilenden Handeln Jesu zeigen: Gott will, daß allen Menschen geholfen werde. Sie erzählen, wie Christus sich Kranker annimmt; wie er ihre schicksalhafte Isolierung im Leiden überwindet; denn als er sie heilt, macht er auch ihr Verhältnis zu Gott, zu den Mitmenschen und zu sich selber wieder heil, integriert er sie wieder in die Gottesfamilie.

Seitdem wissen Christen: Gott steht dem Kranken in der Krise seines Lebens helfend bei:

– körperlich, hinsichtlich seiner leiblichen Verfassung,
– seelisch, seine Gefühle betreffend,
– sozial, seine Beziehungen zu anderen Menschen anlangend,
– geistig, die persönliche Orientierung angehend,
– religiös, im Blick auf sein Gottesverhältnis, auf den möglicherweise akut in Frage gestellten Sinn seines Lebens, auf seine Existenzangst.

Gott hat keinen anderen Grund, so zu handeln, als die Liebe zu seinem Geschöpf, das er nach seinem Ebenbilde erschaffen hat. Die Christen, alle Menschen, ruft er auf, in diesem Tun seine Mitarbeiterinnen und Mitarbeiter zu sein.[97] Unsere Sorge soll ihnen helfen, das gestörte leib-seelische und geistig-soziale Gleichgewicht wiederzugewinnen. So muß unser Tun immer auf die ganze Person zielen, auf den ganzen Menschen.

---

[96] DEKV/KKVD (Hrsg.), Ethik-Komitee im Krankenhaus, S. 5.
[97] Trutz Rendtorff, Ethik, ²1990, Bd. I, S. 85: „Der freie, der in Christus befreite Mensch handelt nicht um seiner selbst willen, sondern um des Nächsten willen. Er handelt allein aus Liebe. Diese Antwort (auf die Frage nach den spezifisch theologischen Begründungen des Liebesgebotes, W. H.) enthält als Indikativ die Begründung, die in der Lehre von der Rechtfertigung ausgearbeitet worden ist."

Qualitätsmanagement und Zertifizierung –
Die konfessionellen Krankenhausverbände an der Spitze einer
neuen Entwicklung

Es ist deshalb konsequent, daß das evangelische, überhaupt das christliche Krankenhaus die Qualität seiner Arbeit am Patienten nicht allein unter medizinischen und allgemein-pflegerischen Gesichtspunkten definiert.

In den dreißiger Jahren,[98] ja bis in die Nachkriegszeit konnte dieses Menschenbild Spannungen mit der das Krankenhaus revolutionierenden Medizin hervorrufen. Das ändert sich, wenn nicht alles täuscht; denn die Medizin weiß heute, sie „kann zahllose Krankheiten sicher vorhersehen, erkennen und heilen, Organe und Gliedmaßen ersetzen; sie steht indes auch in der wachsenden Gefahr, den ganzen Menschen aus den Augen zu verlieren".[99]

Qualität in der Sicht des evangelischen Krankenhauses

Für das christliche Krankenhaus gilt: Unser Menschenbild soll alle Dimensionen patientenorientierten Handelns bestimmen, sei es ärztlicher, pflegerischer, therapeutischer, seelsorgerlicher, ja selbst wirtschaftlicher und administrativer Art. Es geht nicht um die Reparatur von Defekten, sondern um Hilfe für das Leben.

> „Qualität ist die Gesamtheit von Eigenschaften und Merkmalen ... einer Dienstleistung, die sie zur Erfüllung" aus Trägersicht „vorgegebener Erfordernisse geeignet machen."[100]

Es versteht sich, daß das jeweils nach Maßgabe der Möglichkeiten der Zeit Gestalt annimmt. Im letzten Viertel des 20. Jahrhunderts entsteht nun in der Industrie die Qualitätsbewegung.[101] Im deutschen Krankenhaus wird sie zunächst wegen dieser Herkunft nicht ohne Vorbehalte betrachtet. Langsam aber wächst das Interesse an einer belegbaren Qualitätsbestimmung.

Ein entscheidender Nachteil bleibt freilich, daß offenbar nur Meßbares erfaßt, gezählt, gewichtet werden kann, „harte Fakten" also. Kann man im Lichte diakonisch-caritativer Erfahrungen und Erkenntnisse darüber hinausgelangen?

---

[98] Vgl. S. 45 f. u. ö.
[99] Wolfgang U. Eckart, Geschichte der Medizin, S. 321.
[100] Aus DIN ISO 8402.
[101] Sie wurde wesentlich von W. Edwards Deming auf Grund seiner in Japan gemachten Erfahrungen ausgelöst. Sein gewaltiger Einfluß mag anekdotisch beschrieben werden: 1991 wählte das Nachrichtenmagazin *US News & World Report* neun Persönlichkeiten, die die Welt verändert hatten. Als erster in der Reihe erschien der Apostel Paulus, als letzter Deming!

Die proCum Cert GmbH

1998 entsteht als erste deutsche Zertifizierungsgesellschaft für Krankenhäuser die proCum Cert GmbH mit den Gesellschaftern KKVD, DEKV und Ecclesia Versicherungsdienst GmbH sowie dem DW der EKD und (später) dem Deutschen Caritasverband (DCV). Ziel der proCum Cert ist, ganzheitliche Qualitätsstandards für christliche Krankenhäuser zu definieren und zu deren Verwirklichung beizutragen. (Neben allem anderen ist dies eine bemerkenswerte ökumenische Entwicklung!)

Das Ziel wird verfolgt mit Hilfe eines Qualitätshandbuchs. Es erfaßt erstmalig in objektivierter, nachprüfbarer und belegter Weise die trägerspezifische Qualität in den Kategorien[102]

- Patientenorientierung in der Krankenversorgung
- Sicherstellung der Mitarbeiterorientierung
- Sicherheit im Krankenhaus
- Informationswesen
- Trägerverantwortung und Krankenhausführung
- Qualitätsmanagement
- Spiritualität
- Gesellschaft (Bildung, Vernetzung, Umweltschutz, Forschung und Entwicklung)

Eine vertraglich gesicherte Zusammenarbeit mit der von der Bundesärztekammer, der Deutschen Krankenhausgesellschaft und den Gesetzlichen Krankenversicherungen ins Leben gerufenen „KTQ-Kooperation für Transparenz und Qualität im Krankenhaus", ermöglicht die Einbeziehung der allgemein verbindlichen medizinisch-pflegerischen und strukturellen Standards.

Weiterhin wird das genannte Ziel verfolgt innerhalb des teilnehmenden Hauses in einer andauernden Bemühung um die Realisierung der Standards, d. h. in einem Qualitätsmanagement. Dann wird bei einer selbstverantworteten internen Bewertung der erreichte Stand erhoben. Verbesserungsbedarf wird festgestellt und umgesetzt. Es schließt sich zu gegebener Zeit eine externe Bewertung durch die Zertifizierungsgesellschaft proCum Cert an. Darüber wird ein Visitationsbericht erstellt. Er weist nach, „daß ein Qualitätsmanagementsystem im Sinne der KTQ-gGmbH i. G. und der proCum Cert GmbH eingeführt und umgesetzt ist".[103] Das daraufhin verliehene proCum Cert-KTQ-Zertifikat hat eine Gültigkeitsdauer von drei Jahren.

---

[102] Stand Juni 2002.
[103] Zitat aus dem Wortlaut der Zerifikatsurkunde.

Patienten wie Angehörige sollen auf diese Weise über die Qualität der angebotenen Leistungen informiert werden. Zugleich dürfte die so dargestellte Verwirklichung von christlichen Zielsetzungen künftig in der öffentlichen Wahrnehmung eine strategische Bedeutung erlangen. Innerhalb des Hauses hat der Prozeßcharakter über die Zertifizierung hinaus anhaltende Bedeutung. Im grundlegenden Teil des proCum Cert-Qualitätshandbuches[104] heißt es:

> „,Ich bin krank gewesen, und ihr habt mich besucht', sagt Jesus. Er identifiziert sich also mit den Kranken. Sie sollen sehen, daß Krankheit und Leiden, ja selbst Sterben und Tod, nur Stationen auf dem Wege zum Leben der Auferstehung sind. Weil Christen das glauben können, schöpfen sie immer wieder gemeinsam Hoffnung in der Bemühung um Heilung, Besserung oder Linderung und, wo es sich so fügt, in der Begleitung zum Sterben. Gottes Sorge ist das Wohl und das Heil seiner Menschen. Wir dürfen daraus Motivation und Kraft schöpfen. Für das christliche Krankenhaus bedeutet das:
> – Wir achten die Würde des Menschen.
> – Wir gehen mit allen uns verfügbaren Möglichkeiten gegen Krankheit, Leiden und Schmerz an.
> – Wir folgen dabei dem Beispiel Christi und verstehen unser Handeln ebenso als Ausdruck gehorsamer Nächstenliebe wie als Bewährung unserer Professionalität.
> – Wir bemühen uns um den ganzen Menschen.
> – Wir stehen auch den Angehörigen nach Kräften bei.
> – Wir sind gemeinsam für unsere Arbeit verantwortlich.
> – Wir gestalten Struktur und Organisation unserer Arbeit in Übereinstimmung mit unseren christlichen Überzeugungen."

Es dürfte unverkennbar sein, daß damit der Versuch unternommen wird, leitbildartig „traditionelle christliche Inhalte neu zu interpretieren und in der Sprache der Gegenwart" für die Alltagspraxis „verständlich zu machen".[105] Die Papierform ist eine Art „Merkzettel" für die gemeinsame ständige Umsetzung der Qualitätsstandards. Es geht um Handlungen und Haltungen.

Die beiden konfessionellen Krankenhausverbände und ihre Partner haben mit der proCum Cert-Initiative wiederum als erste neue Wege im Krankenhauswesen unseres Landes beschritten und über den Kreis ihrer Mitglieder hinaus Impulse zur Qualitätsentwicklung und -sicherung gesetzt. Damit wird zugleich der Erreichung christlicher Ziele in der täglichen Arbeit unter den Bedingungen der Gegenwart gedient. Dieses Vorgehen trägt bei zur Stärkung des evangelischen Charakters in ökumenisch-

---

[104] Version 3.0, proCum Cert, Bonn 2000, S. 7 f. Auf S. 11 wird auf *Leitbilder* Bezug genommen: „Sie sind Grundlage und Profil der jeweiligen Einrichtung und beschreiben somit auch das jeweilige spezifische Verständnis von Qualität."
[105] Vgl. S. 261–264, s. 277 ff. (Zitat S. 278).

kooperativem Sinne (was in paralleler Weise für unsere katholischen Partner gilt). Und es kommt schließlich der innovativen Kraft unseres Systems der Trägerpluralität zugute.

7. Leitmotive der Arbeit – Die evangelischen Krankenhauskongresse

Abschließend sei ein Blick auf die Kongresse des Deutschen Evangelischen Krankenhausverbandes in den letzten beiden Jahrzehnten geworfen. Alle vier weisen einen roten Faden auf. Es sind die Themen, die wir hier reflektiert haben. Wie um zwei Ellipsenmittelpunkte kreisen sie um die Wahrung und Festigung unserer evangelischen Identität und um die Auseinandersetzung mit den Entwicklungen der Krankenhausgesetzgebung.

Vom 6. bis 8. September 1983 lädt der DEKV in die Schwabenlandhalle Fellbach bei Stuttgart ein. *„Helfen und Heilen – Auftrag und Angebot"* lautet das Motto dieses (ersten) Krankenhauskongresses. In sechs Arbeitskreisen geht es, angeregt durch Vorträge namhafter Fachvertreter, um

– Ethik in der Krankenpflege – Entwicklung eines Lehrbuchs[106]
– Pränatale Diagnostik – christliche Bewährungsprobe
– Öffentlichkeitsarbeit – Appell an die Menschlichkeit
– Modelle zielgerichteter Betriebsführung und Trägerverantwortung
– Technik und Sicherheit für den Alltag im Krankenhaus
– KHG – Interpretation der rechtlichen Wirklichkeit

Kritisch fragt zum Abschluß eine öffentliche Festveranstaltung, ob das kirchliche Krankenhaus nur Leistungserbringer im Gesundheitswesen sei. Dazu heißt es: „Auf das Engagement von Christen kommt es an ... Dazu wollen wir das ethische Fundament, die Bindung und Freiheit unserer evangelischen, unserer christlichen Krankenhausarbeit umfassender bewußt machen, stärker reflektieren, neu formulieren und gemeinsam leben ..." Und: Angelpunkt aller Kongreßveranstaltungen ist die Frage nach der Umsetzung unseres diakonischen Auftrags, ist die Herausforderung, unser Tun als „Wesens- und Lebensäußerung der Kirche" zu bewähren.[107]

Den zweiten Evangelischen Krankenhauskongreß vom 25. bis 27. September 1990 beherbergt Duisburg in seiner Mercator-Halle. Das Thema

---

[106] Die Vorüberlegungen dazu reichen weit zurück. Vgl. den Bericht über eine Tagung in der Hannoverschen Henriettenstiftung von Hans-Martin Brand: „Überlegungen zum Ethikunterricht in Krankenpflegeschulen", in: Diakonie 1/78 (4. Jahrgang), S. 58–61.
[107] DEKV, Helfen und Heilen. Auftrag und Angebot, Berichte zum Evangelischen Krankenhaus-Kongreß vom 6.–8. September 1983 ..., Stuttgart 1983, S. 260.

lautet: „*Das christliche Krankenhaus der Zukunft*". Rund 2300 Teilnehmer besuchen die Veranstaltungen der drei Tage.[108]

Prof. Dr. Dietrich von Engelhardt, Lübeck, spricht über „Jenseits der Grenzen der Technik", Präsident Karl-Heinz Neukamm, Stuttgart, über „Das evangelische Krankenhaus bleibt Aufgabe unserer Kirche" und Schwester Hilde-Dore Abermeth, Berlin, über „Menschen tragen diese Arbeit".

An einem Rundgespräch zum Thema „Ist Schicksal administrierbar?" unter Leitung des Chefredakteurs des Deutschen Allgemeinen Sonntagsblatts nehmen teil: Dr. Rolf Thieringer, Präsident der DKG, Ulrike Peretzki-Leid, Hauptvorstand ÖTV, Wilhelm Heitzer, Vorsitzender des Bundesverbandes der Allgemeinen Ortskrankenkassen, Prof. Dr. Heyo Eckel, Göttingen, Dr. Eckhart v. Vietinghoff, Präsident des Landeskirchenamtes Hannover, Gundula Lubig, Berlin, und Oberin Annemarie Klütz, Berlin.

Die Vorträge werden jeweils in mehreren Arbeitsgruppen erörtert. Zum Abschluß moderiert der Chefredakteur des Bayerischen Rundfunks eine Podiumsdiskussion mit Bundesminister Blüm, EKD-Ratsvorsitzendem Bischof Kruse, Präsident Neukamm und DKG-Hauptgeschäftsführer Prößdorf.

Unter der Überschrift „Das christliche Krankenhaus der Zukunft" geht es also um durch die Politik gesetzten Rahmenbedingungen, die Erwartungen der Gesellschaft und den unverwechselbaren Beitrag evangelischer Häuser, aber auch um unsere Forderungen für die Sicherung einer optimalen Versorgung der Bürgerinnen und Bürger.

Auch zum (dritten) „Evangelischen Krankenhaus-Kongreß '98" am 20. und 21. Oktober 1998 treffen wir uns in der Duisburger Mercator-Halle unter dem Motto: „*Das Evangelische Krankenhaus – Ein Zuhause auf Zeit*".[109] Den Hauptvortrag zum Kongreßthema hält Prof. Dr. Reinhard Turre, Magdeburg. Die Gruppenarbeit fragt: „Ein Zuhause auf Zeit – wie wird es erlebt?" und sucht nach Antworten aus der „Sicht der Patienten", im Blick auf „Kundenorientierung", „Medien", „Grüne Damen", also Evangelische Krankenhaus-Hilfe.

Am zweiten Tag dreht sich alles um die Gestaltung dieses „Zuhause auf Zeit":

– Möglichkeiten und Grenzen der Kooperation,
   Dipl.-Kfm. Helmut Riener, DFG, Speyer.

---

[108] Gerd F. Wengeler, Geschäftsführer des Bethesda Krankenhauses zu Duisburg (seit 1993 Schatzmeister des DEKV) bereitet diese große Veranstaltung vor zusammen mit Mitarbeiterinnen und Mitarbeitern seines Krankenhauses, nicht zuletzt ehrenamtlichen. – Auch der Kongreß 1998 ist ohne diese Unterstützung nicht denkbar.

[109] Vgl. Wolfgang Helbig/DEKV (Hrsg.), Evangelischer Krankenhaus Kongreß '98, Dokumentation, Berlin 1999.

- Die Türen auf – auch für die Gesunden,
  Stiftungsdirektor Volkmar Spira, Mülheim an der Ruhr.
- Die Kirchengemeinde und ihr Krankenhaus,
  Dr. Ekkehart Schmidt, Berlin.
- Die Identität des Evangelischen Krankenhauses,
  Pfarrer Hans-Arved Wilberg, Karlsruhe-Rüppurr.

Wiederum folgt eine Podiumsdiskussion mit prominenten Gästen aus Wirtschaft, Politik, Ärzteschaft und Kirche. Der heutige Ministerpräsident von Sachsen-Anhalt, Prof. Dr. Wolfgang Böhmer, seinerzeit Sozialmedizinischer Direktor der Paul-Gerhardt-Stiftung, Lutherstadt Wittenberg, befindet sich unter ihnen. Im Schlußwort des Vorsitzenden heißt es:

> „Das Evangelische Krankenhaus – Ein Zuhause auf Zeit. Das ist ein hoher Anspruch. Ist er zu hoch?... Die Evangelischen Krankenhäuser und wir alle müssen uns fragen, wie wir in Zukunft dieser Erwartung noch besser gerecht werden können ... Wir vertrauen darauf, daß Christus auf unseren Wegen zu den Menschen an unserer Seite ist. Dann haben wir vor allem Strategien, Haltungen, Erfahrungen beispielhafter Art erörtert und uns über ermutigende Arbeitsergebnisse ausgetauscht ... Gerade daran wollen wir auch künftig noch mehr miteinander arbeiten. Nach innen müssen wir uns in allen Berufen, auf allen Verantwortungsebenen des Evangelischen Krankenhauses engagieren. Jede und jeder ist gefragt ... Wir haben Diskussionen um sich ändernde Bedarfe, um Rationalisierungen, um Personalabbau, um Qualitätsstandards. Das fordert uns. Es verlangt ständige Neuorientierung ... Die Lebensdienlichkeit des kirchlichen Zeugnisses erweist sich nicht zuletzt im Evangelischen Krankenhaus als einem Zuhause auf Zeit. Das ist unser Profil."[110]

Am 10. und 11. Mai 2002 begehen wir die *75-Jahrfeier des Deutschen Evangelischen Krankenhausverbandes* mit einem Krankenhausforum und – wie immer – mit einem Gottesdienst. Bischof Prof. Dr. Wolfgang Huber, Berlin, predigt.

Das Krankenhausforum umfaßt Vorträge zum Strukturwandel des Gesundheitswesens:

- Prof. Dr. Johannes Eekhoff, Köln: „Nur wer weit blickt, findet sich zurecht! Wohin entwickelt sich das Gesundheitswesen?"
- Präsident Jürgen Gohde, Stuttgart: „Nichts bleibt, wie es ist, aber manches muß bleiben! Wofür stehen evangelische Krankenhäuser in Zukunft?"
- Prof. Dr. Fokko ter Haseborg, Hamburg: „Es gibt viel zu tun, fangen wir an! Wie können evangelische Krankenhäuser im Wettbewerb bestehen?"

---

[110] A. a. O., S. 92, 93, 94.

In einem zweiten Teil befaßt sich das Forum mit „Akzentsetzungen":

- Prof. Dr. Dietrich von Engelhardt, Lübeck: „Illusion Gesundheit – Plädoyer für das fragmentarische Leben."
- Prof. Dr. Reiner Hartenstein, München: „High-tech- und Palliativmedizin – Schluß mit den falschen Alternativen!"
- Prof. Dr. Marianne Brieskorn-Zinke, Darmstadt: „Woran wir nicht sparen können: Professionelle Zuwendung als zentraler Beitrag der Pflege zur Gesundheitsentwicklung."

Die abschließende Podiumsdiskussion handelt von „Perspektiven und Positionen für die Zukunft".

Diese eindrucksvolle Veranstaltung mobilisiert – wie die anderen davor – eine große Anzahl von Mitarbeiterinnen und Mitarbeitern unserer Häuser, prominente Referentinnen, Referenten und Gäste, veranschaulicht die Kernthemen, um die es in unserer Arbeit geht und findet damit ein breites Medienecho. Nicht zuletzt trifft zu, was ein Bericht hervorhebt: „Die evangelischen Krankenhäuser in Deutschland wollen ihr christliches Profil deutlich herausarbeiten und damit ihre Position im Gesundheitsmarkt stärken."[111] Das bleibt eine Herausforderung – auch in der Zukunft.[112]

8. Ausblick

Der DEKV hat in Geschichte und Gegenwart versucht, seine Aufgaben nach innen und außen zu erfüllen: beharrlich, wenn auch gewiß mit unterschiedlichem Erfolg. Hier war nur die Rede von wenigen Beispielen. Sie stehen für viele. Es kann in diesem Bemühen keine Selbstzufriedenheit und keinen Stillstand geben. Kontinuität und Wandel bedingen einander und fordern heraus.

Kaum je schien der Fortbestand unserer Häuser in jedem Einzelfall fraglos gesichert. Heute gilt das in besonderer Weise. Stets mußte gekämpft werden, und zwar in doppelter Hinsicht: In roten Zahlen kann man auf die Dauer nicht gut evangelisch sein. Die schwarzen Zahlen aber sind der Weg, nicht das Ziel. – Immer wird es um beides gehen: um die „Wahrnehmung", also die Stärkung des evangelischen, des christlichen Charakters unserer Mitgliedshäuser und um die politisch-wirtschaftliche Behauptung ihrer Existenz. Dazu wollen wir auch weiterhin nach Kräften helfen.

---

[111] Krankenhaus Umschau 6/2001.
[112] Die Kongresse werden fortgesetzt: 2002 in Mühlheim a. d. Ruhr mit einem Krankenhausforum und 2004 in Hamburg.

Indem wir so beharrlich bleiben, leisten wir unseren Beitrag in der großen Gemeinschaft der evangelischen Diakonie. Indem wir so unseren Beitrag zur Trägerpluralität des Krankenhauswesens in Deutschland leisten, zu seiner Leistungsfähigkeit und Qualität, erweisen wir der Gesellschaft und den einzelnen Menschen unseren Dienst. Diesen Dienst tun wir in der Nachfolge Jesu Christi – in aller menschlichen Schwachheit zwar, aber auch in dem Wissen, daß Christi Kraft in den Schwachen mächtig ist (2. Kor. 12,9).

Wir vertrauen darauf, daß unser Auftrag uns durch die kommende Zeit trägt. Auch in Zukunft wollen wir uns an Jesu Wort ausrichten: Ich bin krank gewesen, und ihr habt mich besucht, habt nach mir gesehen, habt für mich gesorgt (Mt. 25).